U0856148

重慶调查年鉴

2017

国家统计局重庆调查总队　重庆市统计局　编
NBS SURVEY OFFICE IN CHONGQING
CHONGQING MUNICIPAL BUREAU OF STATISTICS

中国统计出版社
China Statistics Press

图书在版编目（CIP）数据

重庆调查年鉴. 2017:汉英对照 / 国家统计局重庆调查总队，重庆市统计局编. ——北京:中国统计出版社，2017.8
ISBN 978-7-5037-8281-7

Ⅰ. ①重… Ⅱ. ①国… ②重… Ⅲ. ①统计资料—重庆—2017—年鉴—汉、英 Ⅳ. ①C832.719-54

中国版本图书馆 CIP 数据核字(2017)第 200712 号

重庆调查年鉴 2017

作　　者 / 国家统计局重庆调查总队
责任编辑 / 冯诗萌
封面设计 / 李　玲
出版发行 / 中国统计出版社
通信地址 / 北京市西城区月坛南街 57 号　邮政编码 /100826
办公地址 / 北京市丰台区西三环南路甲 6 号　邮政编码 /100073
电　　话 / 邮购 (010) 63376909　书店 (010) 68783171
网　　址 / http://www.zgtjcbs.com
印　　刷 / 重庆市圣立印刷有限公司
经　　销 / 新华书店
开　　本 / 890mm×1240mm　1/16
字　　数 / 780 千字
印　　张 / 18.25
版　　别 / 2017 年 8 月第 1 版
版　　次 / 2017 年 8 月第 1 次印刷
定　　价 / 220.00 元

如有印装差错，由本社发行部调换。

《重庆调查年鉴 2017》

CHONGQING SURVEY YEARBOOK 2017

编辑说明

一、《重庆调查年鉴》是真实地反映重庆城乡居民生活、消费和生产价格变动、农业生产和农业经济发展、规模以下工业等方面的权威性工具书。《重庆调查年鉴》是《重庆统计年鉴》相关部分内容的深化和补充。

二、《重庆调查年鉴2017》一书分为六章，即：一、综合；二、人民生活；三、市场物价；四、农业农村；五、农民工；六、规下企业。为方便读者使用，主要章节末附有《主要统计指标解释》。

三、本年鉴调查数据篇第四章中有关农业方面2006年以后的数据为第二次农业普查衔接数据，读者在使用资料时，如与以往年份有出入，均以本年鉴为准。

四、本年鉴所使用的计量单位，除部分面积单位使用亩或万亩外，其他均为国际统一标准计量单位。

五、本年鉴统计表中，"#"表示其中的主要项，"空格"表示统计指标无数据。

六、在本年鉴的编辑过程中得到了有关单位和部门的大力支持与协助，在此我们深表谢意！由于我们的水平有限，书中难免有欠缺与不当，敬请广大读者批评指正，以促进我们不断提高编辑水平。

EDITOR'S NOTES

I. Chongqing Survey Yearbook is an authoritative reference book that truly reflects the urban and rural people´s living conditions, price changes of consumer and Producer, agricultural production and development of agricultural economy, industrial enterprises below designated size and other fields. Chongqing Survey Yearbook is related contents´ deepening and supplementary of Chongqing Statistical Yearbook.

II. Chongqing Survey Yearbook 2017 contains six chapters, including 1.Comprehensive Statistics, 2.People´s Livelihood, 3.Market Prices, 4.Agriculture and Rural Areas, 5. Migrant workers 6.Enterprises below Designated Size. For ease of use, Explanatory Notes on Main Statistical Indicators are provided at the end of main chapters.

III. In Chapter 4, survey data part of the yearbook, Part of the data about agriculture in 2006 and 2007 are Convergence data to the Second Agricultural Census. If readers find differences to previous yearbooks, please take this yearbook as final.

IV. The units of measurement used in this yearbook are international standard measurement units except that unit of area is partly used mu or 10 000 mu.

V. In this yearbook, "#" indicates that the major items of total, "(blank)" indicates that the date not available.

VI. We are particularly grateful to vigorous assistances of various circles during edition. Due to our limited level and hasty time, faults and shortage are unavoidable. Any criticism or suggestion is appreciated in order to improve editing capability.

目 录 CONTENTS

一 综合

Comprehensive Statistics

二 人民生活

People's Livelihood

三 市场物价

Market Prices

四 农业农村

Agriculture and Rural Areas

五 农民工

migrant workes

六、规下企业

Enterprises below Designated Size

（一）综　合

Comprehensive Statistics

1-1 行政区划（2016年）
Divisions of Administrative Areas（2016）

单位：个

地 区	Region	乡 Townships	镇 Towns	街道办事处 Street Communities	居委会 Neighborhood Committees	村委会 Village Committees
全市总计	**Total**	**190**	**622**	**216**	**3048**	**8068**
万州区	Wanzhou District	12	29	11	196	439
黔江区	Qianjiang District	12	12	6	80	138
涪陵区	Fuling District	6	12	9	118	303
渝中区	Yuzhong District			11	77	
大渡口区	Dadukou District		3	5	57	32
江北区	Jiangbei District		3	9	91	18
沙坪坝区	Shapingba District		8	20	125	66
九龙坡区	Jiulongpo District		11	8	117	101
南岸区	Nan'an District		7	8	95	55
北碚区	Beibei District		12	5	66	109
渝北区	Yubei District		11	19	212	181
巴南区	Ba'nan District		14	8	102	198
长寿区	Changshou District		12	7	42	221
江津区	Jiangjin District		25	4	98	177
合川区	Hechuan District		23	7	86	326
永川区	Yongchuan District		16	7	54	207
南川区	Nanchuan District	6	25	3	59	185
綦江区	Qijiang District		25	5	120	359
大足区	Dazu District		21	6	102	207
璧山区	Bishan District		9	6	52	135
铜梁区	Tongliang District		23	5	57	269
潼南区	Tongnan District		20	2	66	238
荣昌区	Rongchang District		15	6	76	92
开州区	Kaizhou District	7	26	7	107	427
梁平区	Lingping District	5	26	2	75	268
武隆区	Wulong District	13	13		24	186
城口县	Chengkou County	13	10	2	31	173
丰都县	Fengdu County	5	23	2	59	271
垫江县	Dianjiang County	2	22	2	75	226
忠 县	Zhongxian County	6	21	2	66	301
云阳县	Yunyang County	7	31	4	98	380
奉节县	Fengjie County	11	18	3	58	332
巫山县	Wushan County	13	11	2	34	307
巫溪县	Wuxi County	12	18	2	41	289
石柱县	Shizhu County	13	17	3	35	207
秀山县	Xiushan County	6	18	3	59	209
酉阳县	Youyang County	23	14	2	79	199
彭水县	Pengshui County	18	18	3	59	237

1–2 户籍人口与常住人口（1978–2016 年）

Household Registered Population and Resident Population（1978–2016）

单位：万人、%

年份 Year	户籍总人口 Household Registered Population	农业 Agriculture	非农业 Non–agriculture	常住人口 Resident Population	城镇 Urban	乡村 Rural	城镇化率 Rate of Urban Population
1978	2635.56	2304.66	330.90				
1980	2664.79	2291.51	373.28				
1985	2768.26	2310.89	457.37				
1987	2845.14	2370.06	475.08				
1988	2873.34	2390.36	482.98				
1989	2897.01	2405.25	491.76				
1990	2920.90	2427.92	492.98				
1991	2938.99	2439.61	499.38				
1992	2950.78	2438.94	511.84				
1993	2964.92	2438.27	526.65				
1994	2985.59	2440.41	545.18				
1995	3001.77	2442.33	559.44				
1996	3022.77	2445.65	577.12	2875.30	848.21	2027.09	29.5
1997	3042.92	2448.34	594.58	2873.36	890.74	1982.62	31.0
1998	3059.69	2445.66	614.03	2870.75	935.86	1934.89	32.6
1999	3072.34	2437.18	635.16	2860.37	981.11	1879.26	34.3
2000	3091.09	2430.20	660.89	2848.82	1013.88	1834.94	35.6
2001	3097.91	2408.39	689.52	2829.21	1058.12	1771.09	37.4
2002	3113.83	2392.38	721.45	2814.83	1123.12	1691.71	39.9
2003	3130.10	2376.18	753.92	2803.19	1174.55	1628.64	41.9
2004	3144.23	2358.40	785.83	2793.32	1215.42	1577.90	43.5
2005	3169.16	2351.88	817.28	2798.00	1265.95	1532.05	45.2
2006	3198.87	2353.44	845.43	2808.00	1311.29	1496.71	46.7
2007	3235.32	2358.35	876.97	2816.00	1361.35	1454.65	48.3
2008	3257.05	2349.67	907.38	2839.00	1419.09	1419.91	50.0
2009	3275.61	2326.92	948.69	2859.00	1474.92	1384.08	51.6
2010	3303.45	2196.45	1107.00	2884.62	1529.55	1355.07	53.0
2011	3329.81	2052.17	1277.64	2919.00	1605.96	1313.04	55.0
2012	3343.44	2026.19	1317.25	2945.00	1678.11	1266.89	57.0
2013	3358.42	2014.37	1344.05	2970.00	1732.76	1237.24	58.3
2014	3375.20	2003.08	1372.12	2991.40	1783.01	1208.39	59.6
2015	3371.84	1980.82	1391.02	3016.55	1838.41	1178.14	60.9
2016	3392.11	1776.60	1615.51	3048.43	1908.45	1139.98	62.6

注：2016 年户籍人口取消农业与非农业划分，改用乡村与城镇进行划分。

Note: The agriculture and non–agriculture population of household registration in 2016 adopted the classification of urban and rural population

1-3 各区县户籍人口与常住人口（2016 年）
Household Registered Population and Resident Population by Region of Chongqing（2016）

单位：万人、%

地 区	Region	户籍总人口 Household Registered Population	农业人口 Agriculture Population	非农业人口 Non-agriculture Population	常住人口 Resident Population	城镇人口 Urban Population	乡村人口 Rural Population	城镇化率 Rate of Urban Population
全 市	Total	3392.11	1776.60	1615.51	3048.43	1908.45	1139.98	62.60
# 都市发达经济圈	Metropolitan Developed Economic Circle	663.12	125.72	537.40	851.80	758.35	93.45	89.03
渝西经济走廊	West Chongqing Economic Corridor	1044.06	558.73	485.33	913.47	543.85	369.62	59.54
三峡库区生态经济区	Ecological Economic Zone in Three Gorges Reservoir Area	1684.93	1092.15	592.78	1283.16	606.25	676.91	47.25
# 一小时经济圈	One Hour Economic Sphere	1913.83	800.72	1113.11	1962.66	1429.63	533.03	72.84
万州区	Wanzhou District	176.05	103.57	72.48	162.33	103.55	58.78	63.79
黔江区	Qianjiang District	55.41	32.61	22.80	46.56	22.11	24.45	47.49
涪陵区	Fuling District	116.42	64.52	51.90	114.82	75.15	39.67	65.45
渝中区	Yuzhong District	52.51		52.51	65.72	65.72	0.00	100.00
大渡口区	Dadukou District	26.07		26.07	34.00	33.09	0.91	97.32
江北区	Jiangbei District	61.05	3.81	57.24	86.14	82.44	3.70	95.70
沙坪坝区	Shapingba District	81.75	10.14	71.61	113.39	107.24	6.15	94.58
九龙坡区	Jiulongpo District	91.72	15.06	76.66	120.18	110.80	9.38	92.20
南岸区	Nan'an District	69.95	5.98	63.97	87.39	82.99	4.40	94.97
北碚区	Beibei District	63.43	21.44	41.99	79.61	64.35	15.26	80.83
渝北区	Yubei District	125.16	36.08	89.08	160.25	128.59	31.66	80.24
巴南区	Ba'nan District	91.48	33.21	58.27	105.12	83.13	21.99	79.08
长寿区	Changshou District	90.23	51.75	38.48	82.57	52.28	30.29	63.32
江津区	Jiangjin District	150.06	79.57	70.49	135.33	88.59	46.74	65.46
合川区	Hechuan District	154.69	79.54	75.15	137.56	90.11	47.45	65.51
永川区	Yongchuan District	113.60	62.43	51.17	111.06	74.02	37.04	66.65
南川区	Nanchuan District	68.74	41.82	26.92	57.26	32.81	24.45	57.30
綦江区	Qijiang District	120.63	60.30	60.33	108.48	64.57	43.91	59.52
綦江区（不含万盛）	Qijiang District（excluding Wansheng）	93.83	51.12	42.71	81.53	42.91	38.62	52.63
大足区	Dazu District	106.42	58.71	47.71	77.92	43.15	34.77	55.38
璧山区	Bishan District	64.35	30.84	33.51	73.00	39.61	33.39	54.26
铜梁区	Tongliang District	84.83	45.85	38.98	71.92	38.18	33.74	53.09
潼南区	Tongnan District	95.68	56.35	39.33	70.51	35.53	34.98	50.39
荣昌区	Rongchang District	85.06	43.32	41.74	70.43	37.28	33.15	52.93
开州区	Kaizhou District	169.12	106.37	62.75	117.47	52.58	64.89	44.76
梁平区	Lingping District	93.01	57.25	35.76	65.36	28.16	37.20	43.08
武隆区	Wulong District	41.44	29.68	11.76	34.60	14.23	20.37	41.13
城口县	Chengkou County	25.24	18.40	6.84	18.49	6.18	12.31	33.42
丰都县	Fengdu County	83.04	58.95	24.09	58.74	25.44	33.30	43.31
垫江县	Dianjiang County	97.51	56.72	40.79	68.83	29.66	39.17	43.09
忠 县	Zhongxian County	100.31	67.37	32.94	71.67	29.81	41.86	41.59
云阳县	Yunyang County	134.96	89.19	45.77	91.28	37.25	54.03	40.81
奉节县	Fengjie County	106.63	78.67	27.96	74.04	30.22	43.82	40.82
巫山县	Wushan County	63.93	47.60	16.33	45.55	17.47	28.08	38.35
巫溪县	Wuxi County	54.54	35.91	18.63	38.90	13.16	25.74	33.83
石柱县	Shizhu County	54.76	38.37	16.39	38.34	15.68	22.66	40.90
秀山县	Xiushan County	66.69	47.08	19.61	48.63	18.79	29.84	38.64
酉阳县	Youyang County	85.35	58.11	27.24	55.16	17.74	37.42	32.16
彭水县	Pengshui County	70.29	49.98	20.31	49.82	16.79	33.03	33.70

1-4 从业人员及就业结构（1985–2016 年）
Number of Employed Persons and Its Composition（1985–2016）

单位：万人

年份 Year	从业人员总计 Total Employed Persons	按产业分 By Industry			按城乡分 By Urban and Rural Areas	
		第一产业 Primary Industry	第二产业 Secondary Industry	第三产业 Tertiary Industry	城镇 Urban Areas	乡村 Rural Areas
1985	1432.03	1042.22	223.37	166.44	269.37	1162.66
1986	1469.13	1048.32	241.66	179.15	275.35	1193.78
1987	1507.33	1064.06	258.93	184.34	282.39	1224.94
1988	1512.49	1056.49	262.83	193.17	288.70	1223.79
1989	1540.03	1082.41	263.81	193.81	291.29	1248.74
1990	1569.34	1103.04	263.86	202.44	296.92	1272.42
1991	1620.67	1130.47	275.72	214.48	307.87	1312.80
1992	1662.58	1118.59	277.77	266.22	313.51	1349.07
1993	1658.95	1088.70	287.88	282.37	310.05	1348.90
1994	1729.55	1062.90	301.13	365.52	326.75	1402.80
1995	1709.26	1018.30	310.88	380.08	347.06	1362.20
1996	1719.43	1001.89	320.31	397.23	463.98	1255.45
1997	1715.40	989.07	313.77	412.56	483.74	1231.66
1998	1710.97	979.48	303.18	428.31	505.22	1205.75
1999	1699.06	959.71	296.12	443.23	518.40	1180.66
2000	1661.16	920.92	290.23	450.01	528.97	1132.19
2001	1616.08	870.52	287.31	458.25	539.80	1076.28
2002	1551.77	801.04	285.09	465.64	549.17	1002.60
2003	1499.99	742.90	280.83	476.26	560.28	939.71
2004	1471.34	704.22	280.73	486.39	573.97	897.37
2005	1456.30	678.32	283.08	494.90	589.27	867.03
2006	1454.77	664.35	286.46	503.96	602.99	851.78
2007	1468.87	658.52	294.43	515.92	631.65	837.22
2008	1492.43	652.19	307.66	532.58	665.74	826.69
2009	1513.00	638.08	326.04	548.88	696.82	816.18
2010	1539.95	621.29	351.86	566.80	733.70	806.25
2011	1590.16	604.38	394.80	590.98	795.70	794.46
2012	1633.14	592.59	422.73	617.82	856.17	776.97
2013	1683.51	580.92	452.21	650.38	923.28	760.23
2014	1696.94	555.59	464.48	676.87	954.34	742.60
2015	1707.37	524.46	473.70	707.21	986.87	720.50
2016	1717.52	496.01	476.66	744.85	1021.76	695.76

1-5 地区生产总值及构成（1978–2016 年）
Gross Domestic Product and Its Composition（1978–2016）

单位：亿元、%、元

年份 Year	本市生产总值 Gross Domestic Product	按产业分 By Industry			分产业比重 Proportion by Industry			本市人均生产总值 Per Capita GDP
		第一产业 Primary Industry	第二产业 Secondary Industry	第三产业 Tertiary Industry	第一产业 Primary Industry	第二产业 Secondary Industry	第三产业 Tertiary Industry	
1978	71.70	24.81	34.46	12.43	34.6	48.1	17.3	287
1979	80.98	28.79	38.21	13.98	35.6	47.2	17.2	321
1980	90.68	32.57	42.42	15.69	35.9	46.8	17.3	357
1981	97.20	36.32	43.69	17.19	37.4	44.9	17.7	379
1982	108.08	40.62	47.14	20.32	37.6	43.6	18.8	419
1983	120.01	45.44	50.56	24.01	37.9	42.1	20.0	461
1984	141.64	50.66	60.63	30.35	35.8	42.8	21.4	542
1985	164.32	53.73	73.49	37.10	32.7	44.7	22.6	624
1986	184.60	60.06	81.38	43.16	32.5	44.1	23.4	694
1987	206.73	62.69	90.77	53.27	30.3	43.9	25.8	766
1988	261.27	75.00	117.61	68.66	28.7	45.0	26.3	958
1989	303.75	81.99	135.84	85.92	27.0	44.7	28.3	1103
1990	327.75	100.40	135.62	91.73	30.6	41.4	28.0	1181
1991	374.18	109.49	154.00	110.69	29.3	41.2	29.5	1338
1992	461.32	117.28	194.40	149.64	25.4	42.1	32.5	1641
1993	608.53	141.99	272.17	194.37	23.3	44.7	32.0	2156
1994	833.60	196.19	376.75	260.66	23.5	45.2	31.3	2935
1995	1123.06	264.19	492.67	366.20	23.5	43.9	32.6	3931
1996	1315.12	287.56	568.99	458.57	21.9	43.3	34.8	4574
1997	1509.75	307.21	650.40	552.14	20.3	43.1	36.6	5253
1998	1602.38	300.89	675.64	625.85	18.8	42.2	39.0	5579
1999	1663.20	286.16	697.81	679.23	17.2	42.0	40.8	5804
2000	1791.00	284.87	760.03	746.10	15.9	42.4	41.7	6274
2001	1976.86	294.90	841.95	840.01	14.9	42.6	42.5	6963
2002	2232.86	317.87	958.87	956.12	14.2	42.9	42.9	7912
2003	2555.72	339.06	1135.31	1081.35	13.3	44.4	42.3	9098
2004	3034.58	428.05	1376.91	1229.62	14.1	45.4	40.5	10845
2005	3467.72	463.40	1564.00	1440.32	13.4	45.1	41.5	12404
2006	3907.23	386.38	1871.65	1649.20	9.9	47.9	42.2	13939
2007	4676.13	482.39	2181.82	2011.92	10.3	46.7	43.0	16629
2008	5793.66	575.40	2586.58	2631.68	9.9	44.6	45.5	20490
2009	6530.01	606.80	2938.67	2984.54	9.3	45.0	45.7	22920
2010	7925.58	685.38	3531.10	3709.10	8.6	44.6	46.8	27596
2011	10011.37	844.52	4462.81	4704.04	8.4	44.6	47.0	34500
2012	11409.60	940.01	5174.81	5294.78	8.2	45.4	46.4	38914
2013	12783.26	1002.68	5812.29	5968.29	7.8	45.5	46.7	43223
2014	14262.60	1061.03	6529.06	6672.51	7.4	45.8	46.8	47850
2015	15719.72	1150.15	7071.82	7497.75	7.3	45.0	47.7	52332
2016	17559.25	1303.24	7755.65	8500.36	7.4	44.2	48.4	57904

注：本表人均地区生产总值按常住人口计算。

Note：Per capita GDP in this table is calculated by resident population.

1-6 各区县生产总值及构成（2016 年）

Gross Domestic Product and Its Composition by Region of Chongqing（2016）

单位：亿元、%

地 区	Region	全市生产总值 Gross Domestic Product	按产业分 By Industry			分产业比重 Proportion by Industry		
			第一产业 Primary Industry	第二产业 Secondary Industry	第三产业 Tertiary Industry	第一产业 Primary Industry	第二产业 Secondary Industry	第三产业 Tertiary Industry
全 市	Total	17559.25	1303.24	7755.65	8500.36	7.4	44.2	48.4
# 都市发达经济圈	Metropolitan Developed Economic Circle	7646.89	116.52	2855.75	4674.62	1.5	37.3	61.1
渝西经济走廊	West Chongqing Economic Corridor	4490.13	527.02	2376.08	1587.03	11.7	52.9	35.3
三峡库区生态经济区	Ecological Economic Zone in Three Gorges Reservoir Area	5422.23	659.7	2523.82	2238.71	12.2	46.5	41.3
# 一小时经济圈	One Hour Economic Sphere	13553.08	745.87	6002.85	6804.36	5.5	44.3	50.2
万州区	Wanzhou District	897.39	67.02	429.76	400.61	7.5	47.9	44.6
黔江区	Qianjiang District	218.84	22.03	115.38	81.43	10.1	52.7	37.2
涪陵区	Fuling District	896.22	58.29	538.67	299.26	6.5	60.1	33.4
渝中区	Yuzhong District	1050.21		30.33	1019.89		2.9	97.1
大渡口区	Dadukou District	176.66	1.63	67.58	107.46	0.9	38.3	60.8
江北区	Jiangbei District	778.01	1.32	211.25	565.44	0.2	27.2	72.7
沙坪坝区	Shapingba District	785.97	5.87	335.17	444.93	0.7	42.6	56.6
九龙坡区	Jiulongpo District	1089.67	9.50	479.35	600.82	0.9	44.0	55.1
南岸区	Nan'an District	745.50	4.34	433.77	307.38	0.6	58.2	41.2
北碚区	Beibei District	475.41	15.87	308.68	150.85	3.3	64.9	31.7
渝北区	Yubei District	1293.35	28.43	739.06	525.86	2.2	57.1	40.7
巴南区	Ba'nan District	635.35	49.49	289.62	296.24	7.8	45.6	46.6
长寿区	Changshou District	454.02	43.99	242.71	167.32	9.7	53.5	36.9
江津区	Jiangjin District	674.12	83.72	397.40	192.99	12.4	59.0	28.6
合川区	Hechuan District	532.19	72.53	258.99	200.67	13.6	48.7	37.7
永川区	Yongchuan District	636.18	55.38	356.10	224.69	8.7	56.0	35.3
南川区	Nanchuan District	210.78	43.42	70.45	96.90	20.6	33.4	46.0
綦江区	Qijiang District	420.14	56.59	207.29	156.25	13.5	49.3	37.2
綦江区（不含万盛）	Qijiang District（excluding Wansheng）	317.93	47.67	148.09	122.17	15.0	46.6	38.4
大足区	Dazu District	386.59	44.57	221.67	120.35	11.5	57.3	31.1
璧山区	Bishan District	428.35	27.16	301.50	99.69	6.3	70.4	23.3
铜梁区	Tongliang District	341.57	41.42	201.26	98.89	12.1	58.9	29.0
潼南县	Tongnan County	300.65	52.77	163.65	84.23	17.6	54.4	28.0
荣昌县	Rongchang County	368.12	49.18	229.21	89.73	13.4	62.3	24.4
开州区	Kaizhou District	360.62	59.45	179.20	121.97	16.5	49.7	33.8
梁平区	Lingping District	271.02	41.49	145.64	83.88	15.3	53.7	31.0
武隆区	Wulong District	145.61	21.57	57.39	66.66	14.8	39.4	45.8
城口县	Chengkou County	45.12	8.30	20.67	16.15	18.4	45.8	35.8
丰都县	Fengdu County	170.56	32.16	80.98	57.42	18.9	47.5	33.7
垫江县	Dianjiang County	263.31	40.49	130.54	92.28	15.4	49.6	35.0
忠 县	Zhongxian County	240.70	38.91	119.16	82.64	16.2	49.5	34.3
云阳县	Yunyang County	213.11	45.46	93.00	74.66	21.3	43.6	35.0
奉节县	Fengjie County	222.57	41.16	86.46	94.95	18.5	38.8	42.7
巫山县	Wushan County	101.79	22.09	32.44	47.26	21.7	31.9	46.4
巫溪县	Wuxi County	82.37	17.50	30.46	34.41	21.2	37.0	41.8
石柱县	Shizhu County	145.42	25.25	71.73	48.44	17.4	49.3	33.3
秀山县	Xiushan County	150.62	21.25	71.48	57.88	14.1	47.5	38.4
酉阳县	Youyang County	129.48	27.71	54.53	47.24	21.4	42.1	36.5
彭水县	Pengshui County	128.69	25.25	53.23	50.21	19.6	41.4	39.0

1-7 财政收入及支出（1994-2016 年）
Government Revenue and Expenditure（1994-2016）

单位：万元

年 份 Year	财政收入 Government Revenue	# 地方财政一般预算收入 General Budgetary Revenue of Local Government	基金预算收入 Budgetary Revenue from Funds	# 中央两税（四税）收入 Revenue from the 2（4）Taxes of Central Government	# 地方财政一般预算支出 General Budgetary Expenditure of Local Government	基金预算支出 Budgetary Expenditure for Funds
1994	716172	366325		349847	560818	
1995	837748	460052		377696	662235	
1996	942682	549412		393270	794216	
1997	1180555	593060	152236	435259	1010110	141517
1998	1338867	711287	146759	480821	1257608	101866
1999	1402935	767341	131571	504023	1502365	121320
2000	1632353	872442	172128	587783	1876433	148173
2001	1961761	1061243	202847	697671	2375486	180044
2002	2694610	1260674	317977	991425	3058591	392083
2003	3412781	1615618	453697	1205457	3415775	497789
2004	4629591	2006241	1018198	1435206	3957233	893988
2005	5811921	2568072	1381552	1656599	4873543	1379973
2006	7421702	3177165	2117414	1944772	5942543	2259393
2007	10572948	4427000	3458604	2491920	7683886	3339659
2008	12901828	5775738	3857654	3023634	10160112	4325469
2009	15353975	6818189	4838943	3403122	13180913	4879759
2010	29751187	10182938	9722944	4687841	17691065	9776826
2011	35236522	14883336	14205767	5607771	25702404	13896341

1-7 财政收入及支出（1994–2016 年）

Government Revenue and Expenditure（1994–2016）

续表（continued） 单位：万元

年 份 Year	财政收入 Government Revenue	#地方公共财政预算收入 Public Budgetary Revenue of Local Government	政府性基金预算收入 Budgetary Revenue from Governmental Funds	国有资本经营预算收入 State–owned Capital Operational Budgetary Revenue	#中央两税（四税）收入 Revenue from the 2（4）Taxes of Central Government	#地方公共财政预算支出 Public Budgetary Expenditure of Local Government	政府性基金预算支出 Budgetary Expenditure from Governmental Funds	国有资本经营预算支出 State–owned Capital Operational Budgetary Expenditure
2012	37268412	14658509	14808929	1911999	5888975	27177878	15114916	1131344
2013	41055563	16932438	16698044	659489	6765592	30622848	17353191	646773

注：财政收入 2002 年前为地方财政收入与中央两税（增值税和消费税）之和，2002 年起为地方财政收入、中央四税收入和其他中央收入之和。其中其他中央收入不含关税，自 2003 年起包含车辆购置税（以下各表同）。2012 年同期数已按公共财政预算口径作相应调整。

Note: Government revenue before 2002 is the sum of revenue of local government and revenue from the 2 taxes of Central Government (value–added tax and consumption tax), whereas it has been the sum of revenue of local government, revenue from the 4 taxes of Central Government and other revenue of Central Government since 2002. Other revenue of Central Government does not include tariff, while vehicle purchasing tax has been included since 2003 (the same applies to the following tables). The data of 2012 has been adjusted in accordance with the statistic scope of public financial budget.

年 份 Year	#地方一般公共预算收入 General Public Budgetary Revenue of Local Government	基金预算收入 Budgetary Revenue from Funds	国有资本经营预算收入 State–owned Capital Operational Budgetary Revenue	#中央四税收入 Revenue from the 4 Taxes of Central Government	#地方一般公共预算支出 General Public Budgetary Expenditure of Local Government	政府性基金预算支出 Budgetary Expenditure from Governmental Funds	国有资本经营预算支出 State–owned Capital Operational Budgetary Expenditure
2013	16868717	16726787	659489	6765586	30589372	17353191	646772
2014	19220159	18412843	680138	7767125	33043884	18600130	663118
2015	21548276	16642130	905730	8759172	37919973	17531573	748848

注：2015 年同期数已按一般公共预算口径作相应调整。

Note: The data of 2015 has been adjusted in accordance with the statistic scope of general public budget.

年 份 Year	#地方一般公共预算收入 General Public Budgetary Revenue of Local Government	基金预算收入 Budgetary Revenue from Funds	国有资本经营预算收入 State–owned Capital Operational Budgetary Revenue	#地方一般公共预算支出 General Public Budgetary Expenditure of Local Government	政府性基金预算支出 Budgetary Expenditure from Governmental Funds	国有资本经营预算支出 State–owned Capital Operational Budgetary Expenditure
2015	20806250	16443229	905730	38138156	17313390	748848
2016	22279117	14973130	904940	40018090	17381158	727387

注：2016 年一般公共预算收支口径调整，2015 年同期数已按同口径作相应调整。

Note: The data of 2015 has been adjusted according to the new statistic scope of general public budget.

1-8 金融机构（含外资）存贷款年末余额（1996-2016 年）

Year-end Deposit and Loan Balances of Financial Institutions（Including Foreign-funded）（1996-2016）

单位：亿元

年份 Year	本外币存款余额 Total Deposit Balance of RMB and Foreign Currencies	人民币存款余额 Total Deposit Balance of RMB	# 企业存款 Enterprise Deposit	# 储蓄存款 Urban and Rural Saving Deposit	本外币贷款余额 Total Loan Balance of RMB and Foreign Currencies	人民币贷款余额 Total Loan Balance of RMB	短期贷款 Short-term Loans	中长期贷款 Medium & Long-term Loans
1996	885.91	846.43	266.42	500.71	968.71	913.93	601.10	219.05
1997	1147.92	1098.67	429.42	580.67	1224.01	1156.13	873.14	248.06
1998	1359.52	1306.04	483.80	724.54	1443.65	1358.61	978.51	299.59
1999	1638.21	1580.80	544.00	909.10	1693.64	1611.68	1093.09	398.22
2000	1982.21	1904.71	645.54	1085.36	1966.40	1881.29	1246.81	470.70
2001	2377.99	2294.05	750.81	1317.17	1969.97	1871.98	1043.84	631.26
2002	2903.42	2821.04	909.43	1595.01	2338.17	2244.72	1191.70	754.57
2003	3512.82	3438.61	1098.15	1896.56	2976.67	2774.81	1378.85	1010.69
2004	4105.09	4039.61	1230.85	2189.73	3309.13	3246.28	1362.75	1346.91
2005	4784.76	4727.72	1337.05	2545.85	3779.28	3719.52	1471.86	1810.83
2006	5587.50	5519.75	1551.98	2949.05	4443.84	4388.28	1510.73	2392.26
2007	6662.36	6576.68	1997.71	3228.15	5197.08	5131.69	1597.12	3220.70
2008	8102.00	8021.95	2377.48	3988.96	6384.03	6320.81	1617.52	4093.50
2009	11084.82	10933.00	3770.43	4908.68	8856.56	8766.06	1499.85	6563.63
2010	13613.97	13454.98	4666.88	5839.66	10999.87	10888.15	1686.11	8705.32
2011	16128.87	15832.81	8254.56	7045.99	13195.16	13001.39	2529.81	9968.14
2012	19423.90	18934.83	9851.06	8361.64	15594.18	15131.22	3626.89	10919.76
2013	22789.17	22202.10	11697.54	9622.31	18005.69	17381.55	4613.86	12105.13
2014	25160.11	24501.54	12788.24	10774.12	20630.69	20011.50	5404.51	13615.01
2015	28778.80	28094.37	12207.28	4235.04	22955.21	22393.93	5539.43	15394.18
2016	32160.09	31216.45	13399.44	4743.21	25524.17	24785.19	5383.08	17657.00

注：2011 年起，“企业存款”更名为“单位存款”

Note: The index of “enterprise deposit” is replaced by “corporate deposit” since 2011.

主要指标解释

行政区划 指国家对行政区域的划分。根据宪法规定，我国的行政区划分如下：(1) 全国分为省、自治区、直辖市；(2) 省、自治区分为自治州、县、自治县、市；(3) 自治州分为县、自治县、市；(4) 县、自治县分为乡、民族乡、镇；(5) 直辖市和较大的市分为区、县；(6) 国家在必要时设立的特别行政区。

国内（地区）生产总值（GDP） 是按市场价格计算的一个国家（或地区）所有常住单位在一定时期内生产活动的最终成果。国内（地区）生产总值有三种表现形态，即价值形态、收入形态和产品形态。从价值形态看，它是所有常住单位在一定时期内所生产的全部货物和服务价值超过同期中间投入的全部非固定资产货物和服务价值的差额，即所有常住单位的增加值之和；从收入形态看，它是所有常住单位在一定时期内所创造并分配给常住单位和非常住单位的初次分配收入之和；从产品形态看，它是所有常住单位在一定时期内最终使用的货物和服务价值与货物和服务净出口价值之和。在实际核算中，国内（地区）生产总值的三种表现形态表现为三种计算方法，即生产法、收入法和支出法。三种方法分别从不同的方面反映国内（地区）生产总值及其构成。

三次产业 三产业的划分是世界上较为常用的产业结构分类，但各国的划分不尽一致。我国的三次产业划分是：

第一产业是指农业、林业、畜牧业、渔业和农林牧渔服务业。

第二产业是指采矿业，制造业，电力、煤气及水的生产和供应业，建筑业。

第三产业是指除第一、二产业以外的其他行业。

（二）人民生活

People's Livelihood

2-1 全体居民家庭基本情况（2015-2016 年）
Basic Conditions of All the Households（2015-2016）

单位：人/户、%

指 标	2015 年	2016 年
一、期末户均调查人口	3.33	3.40
二、期内常住成员情况		
（一）户均常住人口	2.99	3.09
# 在校学生人数	0.54	0.57
（二）性别		
1.男性	49.6	49.0
2.女性	50.4	51.0
（三）户口状况		
1.农业	51.7	50.4
2.非农业	47.9	49.3
3.其他	0.4	0.3
（四）6 岁及以上常住成员受教育程度		
1.未上过学	3.0	3.0
2.小学	29.4	29.5
3.初中	35.3	35.5
4.高中	18.1	18.0
5.大学专科	8.2	8.6
6.大学本科	5.5	5.2
7.研究生	0.3	0.2
三、常住从业人员情况		
（一）户均常住从业人数	1.74	1.76
（二）就业状况		
1.雇主	1.5	1.1
2.公职人员	2.2	2.2
3.事业单位人员	4.6	5.0
4.国有企业雇员	2.8	3.3
5.其他雇员	44.6	48.2
6.农业自营	36.1	30.5
7.非农自营	8.2	9.7
（三）主要从事行业		
1.第一产业	35.7	33.2
2.第二产业	18.4	19.4
3.第三产业	45.9	47.3

2-2 全体居民家庭现住房情况（2015-2016 年）
Housing Conditions of All the Households（2015-2016）

单位：平方米、%

指　标	2015 年	2016 年
一、人均住房建筑面积	42.41	42.28
二、按居住空间样式分的户数比重		
（一）单栋楼房	38.1	40.2
（二）单栋平房	13.5	11.6
（三）单元房	45.5	45.7
（四）筒子楼或连片平房	1.7	1.4
（五）其他	1.3	1.1
三、按主要建筑材料分的户数比重		
（一） 钢筋混凝土	34.0	35.2
（二） 砖混材料	47.2	49.5
（三） 砖瓦砖木	15.1	12.5
（四）竹草土坯	2.2	1.7
（五）其他	1.5	1.1
四、按房屋来源分的户数比重		
（一）租赁住房	5.1	4.1
（二）自建住房	50.2	52.3
（三）购买商品房	30.9	31.5
（四）购买房改住房	4.1	3.1
（五）购买保障性住房	2.2	2.1
（六）拆迁安置房	5.4	5.6
（七 ）继承或获赠住房	0.8	0.4
（八）其他	1.4	0.9

2-3 全体居民年末主要耐用消费品拥有量（2015–2016 年）
Main Durable Goods Owned All the Households（2015–2016）

单位:平均每百户

指　标	单位	2015 年	2016 年
家用汽车	辆	15.39	19.62
摩托车	辆	27.31	26.00
助力车	辆	6.18	8.60
洗衣机	台	86.57	89.01
电冰箱（柜）	台	95.74	98.08
微波炉	台	42.94	44.45
彩色电视机	台	121.83	122.57
空调	台	115.54	123.02
热水器	台	76.52	79.16
消毒碗柜	台	6.02	6.00
洗碗机	台	1.34	1.37
排油烟机	台	36.52	39.86
固定电话	部	53.20	42.11
移动电话	部	232.23	245.85
计算机	台	49.31	52.68
照相机	台	19.13	16.85
组合音响	套	7.21	5.09

2-4 全体居民人均可支配收入和现金可支配收入情况（2015–2016 年）
Per Capita Disposable Income and Cash Disposable Income of All the Households（2013–2014）

单位：元/人、%

指　标	2015 年		2016 年	
	绝对数	构成	绝对数	构成
总收入	**23710**	**100.0**	**26512**	**100.0**
一、工资性收入	10674	45.0	11558	43.6
二、经营性收入	5813	24.5	6905	26.0
（一）第一产业	2492	10.5	2638	10.0
（二）第二产业	298	1.3	342	1.3
（三）第三产业	3023	12.8	3924	14.8
三、财产性收入	1474	6.2	1494	5.6
四、转移性收入	5749	24.2	6556	24.7
#现金收入	21798	100.0	24523	100.0
一、现金工资性收入	10626	48.7	11503	46.9
二、现金经营性收入	4945	22.7	6013	24.5
（一）第一产业	1624	7.5	1746	7.1
（二）第二产业	298	1.4	342	1.4
（三）第三产业	3023	13.9	3924	16.0
三、现金财产性收入	668	3.1	685	2.8
四、 现金转移性收入	5559	25.5	6321	25.8

2-5 全体居民人均经营净收入情况（2015-2016 年）
Per Capita Net Income from Household Operations of All the Households（2015-2016）

单位：元/人、%

指　标	2015 年		2016 年	
	绝对数	构成	绝对数	构成
总支出	**23384**	**100.0**	**25342**	**100.0**
一、消费支出	15140	64.7	16385	64.7
食品烟酒	5325	22.8	5612	22.1
衣　着	1335	5.7	1374	5.4
居　住	2743	11.7	2903	11.5
生活用品及服务	1064	4.6	1146	4.5
交通通信	1746	7.5	1942	7.7
教育文化娱乐	1513	6.5	1746	6.9
医疗保健	1118	4.8	1344	5.3
其他用品及服务	294	1.3	319	1.3
二、生产经营费用支出	2249	9.6	2946	11.6
第一产业	983	4.2	992	3.9
第二产业	131	0.6	109	0.4
第三产业	1135	4.9	1845	7.3
三、财产性支出	108	0.5	80	0.3
四、转移性支出	994	4.3	1177	4.7
五、部分商业保险支出	45	0.2	62	0.2
六、购置资产及非经常性转移支出	2958	12.7	3065	12.1
七、借贷性支出	1889	8.1	1627	6.4

2-6 全体居民人均可支配收入和消费支出情况（2010-2016 年）
Per Capita Income and Expenditure of All the Households（2010-2016 年）

单位：元/人、%

指　标	2010 年	2011 年	2012 年	2013 年	2014 年	2015 年	2016 年
一、可支配收入	10984	13037	14924	16569	18352	20110	22034
（一）工资性收入	6283	7036	7925	8819	9889	10674	11558
（二）经营净收入	1795	2250	2558	2749	2981	3315	3684
（三）财产净收入	524	746	932	1193	1256	1367	1414
（四）转移净收入	2382	3006	3509	3808	4226	4754	5378
二、消费支出	8810	10263	11468	12600	13811	15140	16385
（一）食品烟酒	2989	3638	4240	4511	4972	5325	5612
（二）衣着	789	1016	1153	1213	1276	1335	1374
（三）居住	2081	2074	2084	2452	2554	2743	2903
（四）生活用品及服务	610	682	786	878	979	1064	1146
（五）交通通信	740	982	1136	1214	1476	1746	1942
（六）教育文化娱乐	862	1006	1073	1239	1319	1513	1746
（七）医疗保健	573	658	747	838	966	1118	1344
（八）其他用品和服务	167	208	250	255	268	294	319

2-7 全体居民人均经营净收入情况（2015-2016 年）
Per Capita Net Income from Household Operations of All the Households（2015-2016）

单位：元/人、%

指　标	2015 年		2016 年	
	绝对数	构成	绝对数	构成
经营净收入	3315	100.0	3684	100.0
一、第一产业经营净收入	1427	43.1	1576	42.8
（一）农业	936	28.2	1014	27.5
（二）林业	46	1.4	49	1.3
（三）牧业	423	12.8	482	13.1
（四）渔业	21	0.6	32	0.9
二、第二产业经营净收入	148	4.5	214	5.8
（一）采矿业	-3	-0.1	10	0.3
（二）制造业	82	2.5	130	3.5
（三）电力、热力、燃气及水生产和供应业	-1		5	0.1
（四）建筑业	70	2.1	69	1.9
三、第三产业经营净收入	1740	52.5	1894	51.4
（一）批发和零售业	1115	33.6	1216	33.0
（二）交通运输、仓储和邮政业	169	5.1	185	5.0
（三）住宿和餐饮业	152	4.6	138	3.7
（四）房地产业	9	0.3	15	0.4
（五）租赁和商务服务业	16	0.5	20	0.5
（六）居民服务、修理和其他服务业	244	7.4	279	7.6
（七）其他	29	0.9	47	1.3
（八）农林牧渔服务业	4	0.1	-6	-0.2

2-8 全体居民人均财产净收入情况（2015-2016 年）
Per Capita Net Income from Properties of All the Households（2015-2016）

单位：元/人、%

指　标	2015 年		2016 年	
	绝对数	构成	绝对数	构成
财产净收入	1367	100.0	1414	100.0
一、利息净收入	104	7.6	105	7.4
二、红利收入	112	8.2	125	8.8
（一）集体分配的红利	29	2.1	13	0.9
（二）其他红利收入	83	6.1	111	7.9
三、蓄性保险净收益	5	0.4	2	0.1
四、转让承包土地经营权租金净收入	30	2.2	34	2.4
五、出租房屋财产性收入	267	19.5	304	21.5
六、出租机械、专利、版权等资产的收入	16	1.2	17	1.2
七、其他财产净收入	26	1.9	18	1.3
八、房屋虚拟租金	807	59.0	809	57.2

2-9 全体居民人均转移净收入情况（2015-2016 年）
Per Capita Net Income from Transfers Of All the households（2015-2016）

单位：元/人、%

指　标	2015 年		2016 年	
	绝对数	构成	绝对数	构成
转移净收入	**4754**		**5378**	
一、转移性收入	**5749**	**100.0**	**6556**	**100.0**
（一）养老金或离退休金	3946	68.6	4582	69.9
1.离退休金	3429	59.7	3924	59.9
2.居民社会养老保险	304	5.3	356	5.4
3.新型农村养老保险	93	1.6	102	1.6
4.其他养老金	120	2.1	200	3.1
（二）社会救济和补助	84	1.5	84	1.3
1.最低生活保障费	31	0.5	28	0.4
2.五保户救助金	3	0.1	4	0.1
3.扶贫款	3		6	0.1
4.救灾款				
5.抚恤金	25	0.4	27	0.4
6.其他社会救济收入	22	0.4	18	0.3
（三）政策性生活补贴	39	0.7	50	0.8
（四）报销医疗费	173	3.0	216	3.3
（五）家庭外出从业人员寄回带回收入	962	16.7	1042	15.9
（六）赡养收入	348	6.1	366	5.6
（七）其他经常转移收入	145	2.5	153	2.3
（八）从政府和组织得到的实物产品和服务折价	16	0.3	18	0.3
（九）现金政策性惠农补贴	36	0.6	45	0.7
二、转移性支出	**994**	**100.0**	**1177**	**100.0**
（一）个人所得税	32	3.3	28	2.4
（二）社会保障支出	745	75.0	961	81.6
1.个人缴纳的养老保险	493	49.6	662	56.3
2.个人缴纳的医疗保险	212	21.3	249	21.1
3.个人缴纳的失业保险	27	2.7	34	2.9
4.其他社会保障支出	13	1.3	15	1.3
（三）外来从业人员寄给家人的支出	2	0.2		
（四）赡养支出	101	10.2	96	8.1
（五）其他转移性支出	113	11.4	92	7.8

2-10 全体居民人均现金可支配收入和现金消费支出情况（2015-2016 年）
Per Capita Cash Disposable Income and Cash Consumption Expenditure of All the Households(2015-2016)

单位：元/人、%

指 标	2015 年		2016 年	
	绝对数	构成	绝对数	构成
一、现金可支配收入	18705	100.0	20518	100.0
（一）现金工资性收入	10626	56.8	11503	56.1
（二）现金经营净收入	2954	15.8	3266	15.9
1.第一产业	899	4.8	953	4.6
2.第二产业	167	0.9	233	1.1
3.第三产业	1888	10.1	2079	10.1
（三）现金财产净收入	560	3.0	605	2.9
（四）现金转移净收入	4565	24.4	5144	25.1
二、现金消费支出	12603	100.0	13718	100.0
（一）食品烟酒	4817	38.2	5086	37.1
1.食品	3530	28.0	3699	27.0
2.烟酒	482	3.8	513	3.7
3.饮料	67	0.5	72	0.5
4.饮食服务	738	5.9	802	5.8
（二）衣着	1335	10.6	1373	10.0
1.衣类	1020	8.1	1063	7.8
2.鞋类	315	2.5	310	2.3
（三）居住	907	7.2	996	7.3
1.租赁房房租	105	0.8	102	0.7
2.住房维修及管理	209	1.7	268	2.0
3.水电燃料及其他	593	4.7	625	4.6
（四）生活用品及服务	1060	8.4	1137	8.3
1.家具及室内装饰品	177	1.4	174	1.3
2.家用器具	268	2.1	308	2.2
3.家用纺织品	93	0.7	109	0.8
4.家庭日用杂品	359	2.8	346	2.5
5.个人用品	123	1.0	151	1.1
6.家庭服务	40	0.3	50	0.4
（五）交通通信	1744	13.8	1939	14.1
1.交通	1110	8.8	1259	9.2
2.通信	634	5.0	680	5.0
（六）教育文化娱乐	1513	12.0	1745	12.7
1.教育	860	6.8	1065	7.8
2.文化娱乐	653	5.2	681	5.0
（七）医疗保健	937	7.4	1128	8.2
1.医疗器具及药品	446	3.5	499	3.6
2.医疗服务	491	3.9	629	4.6
（八）其他用品和服务	290	2.3	313	2.3
1.其他用品	159	1.3	178	1.3
2.其他服务	131	1.0	135	1.0

2-11 全体居民人均消费支出细项情况（2015-2016 年）

Per Capita Consumption Expenditure of All the Households（2015-2016）

单位：元/人、%

指　标	2015 年		2016 年	
	绝对数	构成	绝对数	构成
消费支出	**15140**	**100.0**	**16385**	**100.0**
（一）食品烟酒	5325	35.2	5612	34.2
1.食品	4008	26.5	4191	25.6
2.烟酒	482	3.2	513	3.1
3.饮料	67	0.4	72	0.5
4.饮食服务	768	5.1	835	5.1
（二）衣着	1335	8.8	1374	8.4
1.衣类	1020	6.7	1064	6.5
2.鞋类	315	2.1	310	1.9
（三）居住	2743	18.1	2903	17.7
1.租赁房房租	105	0.7	102	0.6
2.住房维修及管理	209	1.4	268	1.6
3.水电燃料及其他	630	4.2	662	4.0
4.自有住房折算租金	1800	11.9	1871	11.4
（四）生活用品及服务	1064	7.0	1146	7.0
1.家具及室内装饰品	178	1.2	176	1.1
2.家用器具	268	1.8	308	1.9
3.家用纺织品	93	0.6	109	0.7
4.家庭日用杂品	362	2.4	352	2.1
5.个人用品	123	0.7	151	0.9
6.家庭服务	40	0.3	50	0.3
（五）交通通信	1746	11.5	1942	11.9
1.交通	1113	7.4	1261	7.7
2.通信	634	4.2	680	4.2
（六）教育文化娱乐	1513	10.0	1746	10.7
1.教育	860	5.7	1065	6.5
2.文化娱乐	654	4.3	681	4.2
（七）医疗保健	1118	7.4	1344	8.2
1.医疗器具及药品	453	3.0	500	3.1
2.医疗服务	665	4.4	845	5.2
（八）其他用品和服务	294	1.9	319	1.9
1.其他用品	160	1.1	181	1.1
2.其他服务	134	0.9	137	0.8

2-12 全体居民家庭人均主要食品消费量（2015-2016 年）
Per Capita Consumption of Major Foods of All the households（2015-2016）

单位：千克/人

指 标	2015 年	2016 年
一、粮食	149.77	151.06
（一）谷物	134.34	135.99
（二）薯类	4.70	4.54
（三）豆类	10.74	10.53
二、油脂	14.36	14.24
（一）植物油	13.25	12.87
（二）动物油	1.11	1.37
三、蔬菜及菜制品	135.23	139.23
# 鲜菜	129.63	136.08
四、肉类	39.31	39.71
# 猪肉	33.67	33.56
牛肉	1.26	1.37
羊肉	0.52	0.76
五、禽类	10.20	11.31
六、水产品	9.89	9.97
# 鱼类	8.54	8.58
七、蛋类及蛋制品	10.14	9.88
# 鲜蛋	9.60	9.26
八、奶和奶制品	16.25	16.62
九、干鲜瓜果类	39.63	41.54
# 鲜瓜果	35.06	36.94
坚果类	4.04	4.12
十、糖果糕点类	7.90	7.38
# 食糖	2.94	2.79
十一、烟叶	31.24	31.36
十二、酒	11.75	11.51

2-13 全体居民第一产业生产经营收支情况（2015–2016 年）
Statistics on Income and Expenditure of the First Industry Production and Operations by All the Households（2015–2016）

单位：元/人

指　标	2015 年	2016 年
一、第一产业经营收入	2492	2638
（一）农业	1242	1294
（二）林业	54	56
（三）牧业	1151	1239
（四）渔业	50	50
二、第一产业现金经营收入	1624	1746
（一）农业	592	642
（二）林业	18	20
（三）牧业	973	1037
（四）渔业	41	47
三、第一产业生产经营费用支出	983	992
（一）农业	259	241
（二）林业	5	7
（三）牧业	700	725
（四）渔业	19	18
四、第一产业生产经营现金费用支出	725	793
（一）农业	213	239
（二）林业	5	7
（三）牧业	487	529
（四）渔业	19	18

注：本表的收支数据属于总收支、现金收支的口径，与可支配收入口径有区别。

2-14 按收入五等份分组的全体居民人均收支情况（2015 年）
Per Capita Income and Expenditure of All the Households by Incom Quintile（2015）

单位：元/人

指　标	低收入户（20%）	中低收入户（20%）	中等收入户（20%）	中高收入户（20%）	高收入户（20%）
一、可支配收入	**6221**	**11518**	**18109**	**26341**	**43661**
工资性收入	2477	4832	10119	14543	24545
经营净收入	1848	3031	3040	3163	6059
财产净收入	174	440	1134	1917	3662
转移净收入	1722	3215	3815	6718	9395
二、消费支出	**7390**	**9997**	**13661**	**18646**	**29069**
食品烟酒	2944	3891	5243	6638	8745
衣　着	457	695	1222	1779	2862
居　住	1282	1735	2476	3512	5281
生活用品及服务	529	613	934	1259	2226
交通通信	600	975	1241	2066	4372
教育文化娱乐	854	1116	1404	1757	2694
医疗保健	617	824	911	1292	2160
其他用品及服务	106	147	230	344	729

2-14 按收入五等份分组的全体居民人均收支情况（2016 年）
Per Capita Income and Expenditure of All the Households by Incom Quintile（2016）

续表（continued）

单位：元/人

指　标	低收入户（20%）	中低收入户（20%）	中等收入户（20%）	中高收入户（20%）	高收入户（20%）
一、可支配收入	**6872**	**13107**	**19730**	**29012**	**46754**
工资性收入	2923	5522	10528	16075	25783
经营净收入	2055	3427	3393	4049	6022
财产净收入	235	561	1048	1939	3755
转移净收入	1660	3597	4761	6949	11194
二、消费支出	**8353**	**10742**	**14857**	**20274**	**30667**
食品烟酒	3157	4114	5363	7086	9144
衣　着	524	676	1167	1780	3057
居　住	1465	1891	2713	3639	5321
生活用品及服务	562	733	987	1420	2251
交通通信	861	1068	1520	2180	4564
教育文化娱乐	1000	1197	1710	2164	2913
医疗保健	661	912	1169	1648	2590
其他用品及服务	122	150	228	358	827

2-15　城镇居民家庭基本情况（2015-2016 年）
Basic Conditions of Urban Households（2015-2016）

单位：人/户、%

指　　标	2015 年	2016 年
一、期末户均调查人口	3.11	3.23
二、期内常住成员情况		
（一）户均常住人口	3.00	3.13
#在校学生人数	0.48	0.51
（二）性别		
1.男性	49.3	48.6
2.女性	50.7	51.4
（三）户口状况		
1.农业	22.7	20.9
2.非农业	76.8	78.6
3.其他	0.5	0.5
（四）6 岁及以上常住成员受教育程度		
1.未上过学	1.9	1.7
2.小学	19.9	20.2
3.初中	33.3	33.4
4.高中	23.9	23.8
5.大学专科	12.2	12.5
6.大学本科	8.2	8.0
7.研究生	0.6	0.4
三、常住从业人员情况		
（一）户均常住从业人数	1.61	1.63
（二）就业状况		
1.雇主	2.4	1.6
2.公职人员	3.9	3.9
3.事业单位人员	8.0	8.7
4.国有企业雇员	5.3	6.0
5.其他雇员	62.7	62.3
6.农业自营	8.2	6.2
7.非农自营	9.5	11.3
（三）主要从事行业		
1.第一产业	8.5	7.5
2.第二产业	21.2	21.6
3.第三产业	70.3	71.0

2–16 城镇居民家庭现住房情况（2015–2016 年）
Housing Conditions of Urban Households（2015–2016）

单位：平方米、%

指　标	2015 年	2016 年
一、人均住房建筑面积	35.16	34.00
二、按居住空间样式分的户数比重		
（一）单栋楼房	18.7	18.8
（二）单栋平房	4.2	2.6
（三）单元房	75.6	77.1
（四）筒子楼或连片平房	1.0	1.0
（五）其他	0.5	0.4
三、按主要建筑材料分的户数比重		
（一）钢筋混凝土	50.0	51.1
（二）砖混材料	45.7	45.7
（三）砖瓦砖木	3.7	2.9
（四）竹草土坯	0.3	0.1
（五）其他	0.3	0.1
四、按房屋来源分的户数比重		
（一）租赁住房	7.5	6.5
（二）自建住房	18.4	20.7
（三）购买商品房	52.5	53.4
（四）购买房改住房	6.8	5.2
（五）购买保障性住房	3.6	3.5
（六）拆迁安置房	8.6	9.3
（七）继承或获赠住房	0.8	0.3
（八）其他	1.8	1.1

2-17 城镇居民年末主要耐用消费品拥有量（2015-2016 年）
Main Durable Goods Owner of Urban Households（2015-2016）

单位：平均每百户

指 标	单位	2015 年	2016 年
家用汽车	辆	20.94	25.43
摩托车	辆	17.65	16.83
助力车	辆	4.49	6.22
洗衣机	台	95.39	97.18
电冰箱（柜）	台	99.84	101.41
微波炉	台	62.92	64.61
彩色电视机	台	129.76	129.84
空调	台	170.10	181.14
热水器	台	93.11	95.06
消毒碗柜	台	9.19	9.24
洗碗机	台	1.88	1.72
排油烟机	台	57.44	62.46
固定电话	部	61.39	50.21
移动电话	部	237.65	251.89
计算机	台	72.10	75.94
照相机	台	31.29	27.09
组合音响	套	9.35	6.88

2-18 城镇居民人均总收入和现金收入情况（2015–2016 年）
Per capita Income and Cash Income of Urban Households（2015–2016）

单位：元/人、%

指 标	2015 年		2016 年	
	绝对数	构成	绝对数	构成
总收入	**30752**	**100.0**	**34186**	**100.0**
一、工资性收入	15936	51.8	17043	49.9
二、经营性收入	4825	15.7	6072	17.8
（一）第一产业	434	1.4	578	1.7
（二）第二产业	316	1.0	448	1.3
（三）第三产业	4075	13.3	5045	14.8
三、财产性收入	2355	7.7	2355	6.9
四、转移性收入	7635	24.8	8717	25.5
# 现金收入	**28864**	**100.0**	**32258**	**100.0**
一、现金工资性收入	15861	54.9	16958	52.6
二、现金经营性收入	4673	16.2	5925	18.4
（一）第一产业	282	1.0	432	1.3
（二）第二产业	316	1.1	448	1.4
（三）第三产业	4075	14.1	5045	15.6
三、现金财产性收入	950	3.3	961	3.0
四、现金转移性收入	7381	25.6	8413	26.1

2-19 城镇居民人均总支出情况（2015-2016 年）
Per Capital Expenditure of Urban Households（2015-2016）

单位：元/人、%

指　标	2015 年		2016 年	
	绝对数	构成	绝对数	构成
总支出	**28580**	**100.0**	**30766**	**100.0**
一、消费支出	19742	69.1	21031	68.4
（一）食品烟酒	6628	23.2	6884	22.4
（二）衣着	1932	6.8	1939	6.3
（三）居住	3680	12.9	3801	12.4
（四）生活用品及服务	1371	4.8	1466	4.8
（五）交通通信	2383	8.3	2574	8.4
（六）教育文化娱乐	1951	6.8	2232	7.3
（七）医疗保健	1394	4.9	1700	5.5
（八）其他用品及服务	404	1.4	434	1.4
二、生产经营费用支出	1598	5.6	2484	8.1
（一）第一产业	135	0.5	195	0.6
（二）第二产业	99	0.3	128	0.4
（三）第三产业	1364	4.8	2162	7.0
三、财产性支出	180	0.6	133	0.4
四、转移性支出	1481	5.2	1719	5.6
五、部分商业保险支出	59	0.2	81	0.3
六、购置资产及非经常性转移支出	3306	11.6	3281	10.7
七、借贷性支出	2214	7.7	2038	6.6

2-20 城镇居民人均可支配收入和消费支出情况（2010-2016 年）
Per Capita Income and Expenditure of Urban Households（2010-2016）

单位：元/人

指　标	2010 年	2011 年	2012 年	2013 年	2014 年	2015 年	2016 年
一、可支配收入	16032	18517	21003	23058	25147	27239	29610
（一）工资性收入	10542	11407	12604	13700	15020	15936	17043
（二）经营性收入	1314	1845	2244	2408	2658	2974	3348
（三）财产性收入	918	1269	1561	1970	2026	2175	2221
（四）转移性收入	3258	3996	4594	4980	5443	6154	6998
二、消费支出	12818	14394	15931	17124	18279	19742	21031
（一）食品烟酒	4058	4865	5816	6001	6308	6628	6884
（二）衣着	1288	1603	1768	1836	1878	1932	1939
（三）居住	3060	2971	2952	3424	3521	3680	3801
（四）生活用品及服务	901	932	1051	1156	1293	1371	1466
（五）交通通信	1130	1442	1625	1674	2010	2383	2574
（六）教育文化娱乐	1264	1361	1381	1604	1714	1951	2232
（七）医疗保健	836	883	943	1057	1188	1394	1700
（八）其他用品和服务	281	337	397	371	369	404	434

2-21 城镇居民人均经营净收入情况（2015-2016 年）
Per Capita Cash Income from Household Operations of Urban Households（2015-2016）

单位：元/人、%

指　标	2015 年		2016 年	
	绝对数	构成	绝对数	构成
经营净收入	**2974**	**100.0**	**3348**	**100.0**
一、第一产业经营净收入	**285**	**9.6**	**367**	**11.0**
（一）农业	188	6.3	232	6.9
（二）林业	15	0.5	16	0.5
（三）牧业	78	2.6	109	3.2
（四）渔业	4	0.1	11	0.3
二、第二产业经营净收入	**192**	**6.5**	**300**	**9.0**
（一）采矿业	-5	-0.2	-2	-0.1
（二）制造业	110	3.7	183	5.5
（三）电力、热力、燃气及水生产和供应业			8	0.2
（四）建筑业	87	2.9	112	3.3
三、第三产业经营净收入	**2497**	**84.0**	**2680**	**80.1**
（一）批发和零售业	1663	55.9	1794	53.6
（二）交通运输、仓储和邮政业	200	6.7	214	6.4
（三）住宿和餐饮业	219	7.4	184	5.5
（四）房地产业	16	0.5	26	0.8
（五）租赁和商务服务业	13	0.4	32	1.0
（六）居民服务、修理和其他服务业	344	11.6	393	11.7
（七）其他	44	1.5	39	1.2
（八）农林牧渔服务业	-1		-2	-0.1

2-22 城镇居民人均财产净收入情况（2015-2016 年）
Per Capita Income from Properties of Urban Households（2015-2016）

单位：元/人、%

指　标	2015 年		2016 年	
	绝对数	构成	绝对数	构成
财产净收入	**2175**	**100.0**	**2221**	**100.0**
一、利息净收入	94	4.3	93	4.2
二、红利收入	182	8.4	194	8.8
（一）集体分配的红利	51	2.3	20	0.9
（二）其他红利收入	132	6.1	175	7.9
三、蓄性保险净收益	7	0.3	3	0.1
四、转让承包土地经营权租金净收入	10	0.5	12	0.5
五、出租房屋财产性收入	428	19.7	491	22.1
六、出租机械、专利、版权等资产的收入	20	0.9	16	0.7
七、其他财产净收入	27	1.3	18	0.8
八、房屋虚拟租金	1405	64.6	1393	62.7

2-23　城镇居民人均转移净收入情况（2015-2016 年）
Per Capita Income from Transfers of Urban Households（2015-2016）

单位：元/人、%

指　标	2015 年		2016 年	
	绝对数	构成	绝对数	构成
转移净收入	**6154**		**6998**	
（一）转移性收入	7635	100.0	8717	100.0
1.养老金或离退休金	6266	82.1	7219	82.8
（1）离退休金	5759	75.4	6553	75.2
（2）（城镇）居民社会养老保险	356	4.7	445	5.1
（3）新型农村养老保险	23	0.3	24	0.3
（4）其他养老金	129	1.7	197	2.3
2.社会救济和补助	71	0.9	64	0.7
（1）最低生活保障费	28	0.4	25	0.3
（2）五保户救助金				
（3）扶贫款	1			
（4）救灾款				
（5）抚恤金	21	0.3	26	0.3
（6）其他社会救济收入	22	0.3	14	0.2
3.政策性生活补贴	43	0.6	44	0.5
4.报销医疗费	232	3.0	280	3.2
5.家庭外出从业人员寄回带回收入	523	6.8	574	6.6
6.赡养收入	295	3.9	298	3.4
7.其他经常转移收入	172	2.3	204	2.3
8.从政府和组织得到的实物产品和服务折价	22	0.3	24	0.3
9.现金政策性惠农补贴	12	0.2	11	0.1
（二）转移性支出	1481	100.0	1719	100.0
1.个人所得税	55	3.7	47	2.8
2.社会保障支出	1100	74.2	1401	81.5
（1）个人缴纳的养老保险	746	50.3	978	56.9
（2）个人缴纳的医疗保险	296	20.0	347	20.2
（3）个人缴纳的失业保险	45	3.0	57	3.3
（4）其他社会保障支出	13	0.9	20	1.2
3.外来从业人员寄给家人的支出	3	0.2		
4.赡养支出	156	10.6	140	8.1
5.其他转移性支出	167	11.3	130	7.6

2-24 城镇居民人均现金可支配收入和现金消费支出情况（2015–2016年）
Per Capita Cash Disposable Income and Consumption Expenditure of Urban Households（2015–2016）

单位：元/人、%

指 标	2015年		2016年	
	绝对数	构成	绝对数	构成
一、现金可支配收入	**25639**	**100.0**	**27950**	**100.0**
（一）现金工资性收入	15861	61.9	16958	60.7
（二）现金经营净收入	3109	12.1	3470	12.4
1. 第一产业	180	0.7	266	1.0
2.第二产业	218	0.9	320	1.1
3.第三产业	2711	10.6	2884	10.3
（三）现金财产净收入	770	3.0	828	3.0
（四）现金转移净收入	5900	23.0	6694	23.9
二、现金消费支出	**16884**	**100.0**	**18089**	**100.0**
（一）食品烟酒	6479	38.4	6714	37.1
1.食品	4777	28.3	4885	27.0
2.烟酒	512	3.0	534	3.0
3.饮料	83	0.5	85	0.5
4.饮食服务	1107	6.6	1208	6.7
（二）衣着	1932	11.4	1938	10.7
1.衣类	1500	8.9	1524	8.4
2.鞋类	432	2.6	414	2.3
（三）居住	1228	7.3	1333	7.4
1.租赁房房租	155	0.9	150	0.8
2.住房维修及管理	285	1.7	372	2.1
3.水电燃料及其他	789	4.7	811	4.5
（四）生活用品及服务	1367	8.1	1457	8.1
1.家具及室内装饰品	253	1.5	227	1.3
2.家用器具	338	2	385	2.1
3.家用纺织品	121	0.7	149	0.8
4.家庭日用杂品	426	2.5	405	2.2
5.个人用品	175	1	218	1.2
6.家庭服务	54	0.3	73	0.4
（五）交通通信	2379	14.1	2569	14.2
1.交通	1560	9.2	1713	9.5
2.通信	819	4.8	856	4.7
（六）教育文化娱乐	1951	11.6	2232	12.3
1.教育	949	5.6	1207	6.7
2.文化娱乐	1001	5.9	1025	5.7
（七）医疗保健	1150	6.8	1419	7.8
1.医疗器具及药品	572	3.4	647	3.6
2.医疗服务	578	3.4	772	4.3
（八）其他用品和服务	399	2.4	427	2.4
1.其他用品	208	1.2	236	1.3
2.其他服务	191	1.1	191	1.1

2-25 城镇居民人均消费支出细项情况（2015-2016 年）
Per Capita Consumption Expenditure of Urban Households（2015-2016）

单位：元/人、%

指 标	2015 年		2016 年	
	绝对数	构成	绝对数	构成
消费支出	19742	100	21031	100
一、食品烟酒	6628	33.6	6884	32.7
（一）食品	4878	24.7	5002	23.8
（二）烟酒	512	2.6	534	2.5
（三）饮料	83	0.4	85	0.4
（四）饮食服务	1155	5.8	1262	6.0
二、衣着	1932	9.8	1939	9.2
（一）衣类	1500	7.6	1525	7.3
（二）鞋类	432	2.2	414	2.0
三、居住	3680	18.6	3801	18.1
（一）租赁房房租	155	0.8	150	0.7
（二）住房维修及管理	285	1.4	372	1.8
（三）水电燃料及其他	807	4.1	825	3.9
（四）自有住房折算租金	2433	12.3	2454	11.7
四、生活用品及服务	1371	6.9	1466	7.0
（一）家具及室内装饰品	254	1.3	228	1.1
（二）家用器具	338	1.7	385	1.8
（三）家用纺织品	121	0.6	149	0.7
（四）家庭日用杂品	429	2.2	413	2.0
（五）个人用品	175	0.9	218	1.0
（六）家庭服务	54	0.3	73	0.3
五、交通通信	2383	12.1	2574	12.2
（一）交通	1564	7.9	1718	8.2
（二）通信	819	4.1	856	4.1
六、教育文化娱乐	1951	9.9	2232	10.6
（一）教育	949	4.8	1207	5.7
（二）文化娱乐	1002	5.1	1026	4.9
七、医疗保健	1394	7.1	1700	8.1
（一）医疗器具及药品	584	3.0	648	3.1
（二）医疗服务	810	4.1	1052	5.0
八、其他用品和服务	404	2.0	434	2.1
（一）其他用品	210	1.1	240	1.1
（二）其他服务	194	1.0	194	0.9

2–26 城镇居民家庭人均主要食品消费量（2015–2016 年）
Per Capita Consumption of Major Foods of Urban Households（2015–2016）

单位：千克/人

指标	2015 年	2016 年
一、粮食	114.67	111.90
（一）谷物	99.09	96.95
（二）薯类	3.58	3.38
（三）豆类	11.99	11.57
二、油脂	15.04	15.10
植物油	14.15	14.04
动物油	0.89	1.06
三、蔬菜及菜制品	135.66	137.05
# 鲜菜	126.83	132.48
四、肉类	41.79	42.45
# 猪肉	33.74	34.11
牛肉	1.89	2.05
羊肉	0.68	0.96
五、禽类	13.03	14.14
六、水产品	11.97	11.96
# 鱼类	10.06	9.98
七、蛋类及蛋制品	10.06	9.70
# 鲜蛋	9.25	8.89
八、奶和奶制品	22.39	22.47
九、干鲜瓜果类	48.03	49.94
# 鲜瓜果	42.19	44.17
坚果类	4.76	5.10
十、糖果糕点类	8.65	7.94
# 食糖	2.61	2.51
十一、烟叶	25.04	24.48
十二、酒	8.62	8.27

2–27 按收入五等份分组的城镇居民人均收支情况（2015 年）
Per Capita Income and Expenditure of Urban Households by Income Quintile（2015）

单位：元/人

指　　标	低收入户（20%）	中低收入户（20%）	中等收入户（20%）	中高收入户（20%）	高收入户（20%）
可支配收入	**12531**	**20486**	**26213**	**32979**	**50683**
工资性收入	7762	12740	15172	18868	28783
经营净收入	1419	1947	1959	3380	7147
财产净收入	867	1548	1946	2641	4504
转移净收入	2484	4251	7136	8090	10249
消费支出	**12074**	**15081**	**18534**	**23501**	**33357**
食品烟酒	4481	5655	6759	7484	9678
衣　　着	1103	1530	1736	2251	3448
居　　住	2252	2934	3512	4231	6157
生活用品及服务	666	948	1318	1468	2819
交通通信	1036	1323	1940	3269	5105
教育文化娱乐	1441	1550	1686	2381	2993
医疗保健	927	877	1265	1892	2286
其他用品及服务	168	264	319	526	870

2–27 按收入五等份分组的城镇居民人均收支情况（2016 年）
Per Capita Income and Expenditure of Urban Households by Income Quintile（2016）

续表（continued）　　单位：元/人

指　　标	低收入户（20%）	中低收入户（20%）	中等收入户（20%）	中高收入户（20%）	高收入户（20%）
可支配收入	**14120**	**22494**	**29229**	**36408**	**53941**
工资性收入	8479	13544	17322	20001	30229
经营净收入	1534	2645	2821	3322	7506
财产净收入	1100	1401	2059	2716	4534
转移净收入	3008	4904	7027	10370	11671
消费支出	**12018**	**17545**	**20502**	**24886**	**34830**
食品烟酒	4393	6020	7176	8177	9796
衣　　着	953	1457	1835	2584	3389
居　　住	2381	3152	3757	4427	6036
生活用品及服务	759	1211	1396	1690	2645
交通通信	1036	1892	2246	2660	5950
教育文化娱乐	1439	2177	2124	2378	3411
医疗保健	907	1379	1635	2326	2641
其他用品及服务	150	258	331	645	962

2-28 农村居民家庭基本情况（2015-2016 年）
Basic Conditions of Rural Households（2015-2016）

单位：人/户、%

指　标	2015 年	2016 年
一、期末户均调查人口	3.61	3.63
二、期内常住成员情况		
（一）户均常住人口	2.97	3.03
#在校学生人数	0.63	0.66
（二）性别		
1.男性	50.6	49.7
2.女性	49.4	50.3
（三）户口状况		
1.农业	91.1	91.4
2.非农业	8.8	8.4
3.其他	0.1	0.2
（四）6 岁及以上常住成员受教育程度		
1.未上过学	4.8	4.7
2.小学	42.4	42.5
3.初中	38.2	38.3
4.高中	10.1	9.9
5.大学专科	2.9	3.2
6.大学本科	1.7	1.3
7.研究生		
三、常住从业人员情况		
（一）户均常住从业人数	1.93	1.94
（二）就业状况		
1.雇主	0.5	0.5
2.公职人员	0.2	0.3
3.事业单位人员	0.8	0.9
4.国有企业雇员	0.0	0.2
5.其他雇员	24.5	32.3
6.农业自营	67.0	58.0
7.非农自营	6.9	7.8
（三）主要从事行业		
1.第一产业	66.0	62.3
2.第二产业	15.0	17.0
3.第三产业	19.0	20.7

2-29 农村居民家庭现住房情况（2015-2016 年）
Housing Conditions of Rural Households（2015-2016）

单位：平方米、%

指　　标	2015 年	2016 年
一、人均住房建筑面积	52.17	53.74
二、按居住空间样式分的户数比重		
（一）单栋楼房	64.0	68.9
（二）单栋平房	26.5	23.6
（三）单元房	4.7	3.6
（四）筒子楼或连片平房	2.1	1.9
（五）其他	2.7	2.0
三、按主要建筑材料分的户数比重		
（一）钢筋混凝土	12.5	13.8
（二）砖混材料	49.1	54.6
（三）砖瓦砖木	30.3	25.4
（四）竹草土坯	4.8	3.9
（五）其他	3.3	2.3
四、按房屋来源分的户数比重		
（一）租赁住房	1.8	0.8
（二）自建住房	92.7	94.6
（三）购买商品房	2.1	2.2
（四）购买房改住房	0.5	0.3
（五）购买保障性住房	0.1	0.3
（六）拆迁安置房	1.3	0.6
（七）继承或获赠住房	0.7	0.6
（八）其他	0.8	0.6

2–30 农村居民年末主要耐用消费品拥有量（2015–2016 年）
Main Durable Goods Owend Rural Households（2015–2016）

单位：平均每百户

指　　标	单位	2015 年	2016 年
家用汽车	辆	7.99	11.84
摩托车	辆	40.20	38.28
助力车	辆	8.44	11.78
洗衣机	台	74.80	78.07
电冰箱（柜）	台	90.27	93.62
微波炉	台	16.30	17.45
彩色电视机	台	111.26	112.83
空调	台	42.82	45.22
热水器	台	54.41	57.89
消毒碗柜	台	1.80	1.66
洗碗机	台	0.62	0.91
排油烟机	台	8.64	9.60
固定电话	部	42.30	31.25
移动电话	部	225.01	237.77
计算机	台	18.92	21.54
照相机	台	2.90	3.14
组合音响	套	4.36	2.70

2-31 农村居民人均总收入和现金收入情况（2015-2016 年）
Per Capita Income and Cash Disposable Income of Rural Households（2015-2016）

单位：元/人、%

指 标	2015 年		2016 年	
	绝对数	构成	绝对数	构成
总收入	**14221**	**100**	**15891**	**100**
一、工资性收入	3583	25.2	3966	25.0
二、经营性收入	7144	50.2	8059	50.7
（一）第一产业	5264	37.0	5490	34.5
（二）第二产业	273	1.9	196	1.2
（三）第三产业	1606	11.3	2373	14.9
三、财产性收入	288	2.0	302	1.9
四、 转移性收入	3207	22.5	3565	22.4
# 现金收入	**12276**	**100.0**	**13817**	**100.0**
一、现金工资性收入	3572	29.1	3953	28.6
二、现金经营性收入	5312	43.3	6134	44.4
（一）第一产业	3433	28.0	3565	25.8
（二）第二产业	273	2.2	196	1.4
（三）第三产业	1606	13.1	2373	17.2
三、 现金财产性收入	288	2.3	302	2.2
四、 现金转移性收入	3104	25.3	3427	24.8

2–32 农村居民人均总支出情况（2015–2016 年）
Per Capita Expenditure of Rural Households（2015–2016）

单位：元/人、%

指　标	2015 年		2016 年	
	绝对数	构成	绝对数	构成
总支出	16382	100.0	17835	100.0
一、消费支出	8938	54.6	9954	55.8
（一）食品烟酒	3571	21.8	3851	21.6
（二）衣着	530	3.2	591	3.3
（三）居住	1482	9.0	1660	9.3
（四）生活用品及服务	652	4.0	703	3.9
（五）交通通信	888	5.4	1067	6.0
（六）教育文化娱乐	923	5.6	1073	6.0
（七）医疗保健	746	4.6	852	4.8
（八）其他用品及服务	145	0.9	158	0.9
二、生产经营费用支出	3127	19.1	3585	20.1
（一）第一产业	2125	13.0	2095	11.7
（二）第二产业	176	1.1	83	0.5
（三）第三产业	827	5.0	1407	7.9
三、财产性支出	10	0.1	7	0.0
四、转移性支出	338	2.1	427	2.4
五、部分商业保险支出	27	0.2	35	0.2
六、购置资产及非经常性转移支出	2490	15.2	2767	15.5
七、借贷性支出	1452	8.9	1060	5.9

2-33 农村居民人均可支配收入和消费支出情况（2010-2016 年）
Per Capita Income and Expenditure of Rural Households（2010-2016）

单位：元/人

指　标	2010 年	2011 年	2012 年	2013 年	2014 年	2015 年	2016 年
一、可支配收入	5378	6605	7526	8493	9490	10505	11549
（一）工资性收入	1553	1904	2230	2744	3196	3583	3966
（二）经营性收入	2330	2726	2941	3173	3402	3775	4150
（三）财产性收入	87	132	166	227	252	278	296
（四）转移性收入	1408	1843	2189	2348	2639	2869	3137
二、消费支出	4359	5414	6035	6971	7983	8938	9954
（一）食品烟酒	1802	2198	2322	2657	3229	3571	3851
（二）衣着	234	327	405	437	490	530	591
（三）居住	993	1020	1028	1243	1294	1482	1660
（四）生活用品及服务	287	388	463	531	569	652	703
（五）交通通信	306	442	541	643	780	888	1067
（六）教育文化娱乐	416	590	698	784	805	923	1073
（七）医疗保健	280	394	508	564	677	746	852
（八）其他用品和服务	41	56	70	111	137	145	158

2–34 农村居民人均经营净收入情况（2015–2016 年）
Per Capita Cash Income from Operations of Rural Households（2015–2016）

单位：元/人、%

指　标	2015 年		2016 年	
	绝对数	构成	绝对数	构成
经营净收入	3775	100.0	4150	100.0
一、第一产业经营净收入	2966	78.6	3249	78.3
（一）农业	1944	51.5	2097	50.5
（二）林业	89	2.4	93	2.3
（三）牧业	889	23.5	998	24.0
（四）渔业	44	1.2	60	1.5
二、第二产业经营净收入	89	2.4	95	2.3
（一）采矿业	–1		27	0.6
（二）制造业	43	1.1	58	1.4
（三）电力、热力、燃气及水生产和供应业	–1			
（四）建筑业	47	1.3	10	0.2
三、第三产业经营净收入	719	19.1	807	19.4
（一）批发和零售业	377	10.0	417	10.1
（二）交通运输、仓储和邮政业	128	3.4	145	3.5
（三）住宿和餐饮业	63	1.7	73	1.8
（四）房地产业				
（五）租赁和商务服务业	21	0.6	2	
（六）居民服务、修理和其他服务业	110	2.9	122	2.9
（七）其他	9	0.3	58	1.4
（八）农林牧渔服务业	10	0.3	–10	–0.2

2-35 农村居民人均财产净收入情况（2015-2016 年）
Per Capita Income from Properties of Rural Households (2015-2016)

单位：元/人、%

指 标	2015 年		2016 年	
	绝对数	构成	绝对数	构成
财产净收入	278	100.0	296	100.0
一、利息净收入	117	42.2	121	41.0
二、红利收入	17	6.2	28	9.5
（一）集体分配的红利		0.1	4	1.4
（二）其他红利收入	17	6.1	24	8.0
三、蓄性保险净收益	3	0.9	1	0.2
四、转让承包土地经营权租金净收入	56	20.0	64	21.6
五、出租房屋财产性收入	51	18.2	44	15.0
六、出租机械、专利、版权等资产的收入	11	4.1	19	6.4
七、其他财产净收入	23	8.4	19	6.3

2-36 农村居民人均转移净收入情况（2015-2016 年）
Per Capita Income from Transfers of Rural Households (2015-2016)

单位：元/人、%

指　标	2015 年		2016 年	
	绝对数	构成	绝对数	构成
转移净收入	2869		3137	
一、转移性收入	3207	100.0	3565	100.0
（一）养老金或离退休金	819	25.5	933	26.2
1.离退休金	291	9.1	286	8.0
2.（城镇）居民社会养老保险	235	7.3	233	6.5
3.新型农村养老保险	187	5.8	209	5.9
4.其他养老金	107	3.3	205	5.7
（二）社会救济和补助	102	3.2	110	3.1
1.最低生活保障费	35	1.1	34	0.9
2.五保户救助金	8	0.3	9	0.3
3.扶贫款	5	0.2	15	0.4
4.救灾款				
5.抚恤金	31	1.0	28	0.8
6.其他社会救济收入	22	0.7	24	0.7
（三）政策性生活补贴	35	1.1	58	1.6
（四）报销医疗费	94	2.9	126	3.5
（五）家庭外出从业人员寄回带回收入	1554	48.4	1690	47.4
（六）赡养收入	420	13.1	462	13.0
（七）其他经常转移收入	108	3.4	83	2.3
（八）从政府和组织得到的实物产品和服务折价	8	0.2	11	0.3
（九）现金政策性惠农补贴	68	2.1	92	2.6
二、转移性支出	338	100.0	427	100.0
（一）个人所得税	2	0.5	1	0.3
（二）社会保障支出	268	79.3	350	82.0
1.个人缴纳的养老保险	154	45.5	226	52.9
2.个人缴纳的医疗保险	99	29.2	113	26.4
3.个人缴纳的失业保险	3	0.9	3	0.7
4.其他社会保障支出	13	3.7	9	2.0
（三）外来从业人员寄给家人的支出	1	0.2		0.1
（四）赡养支出	27	7.9	35	8.1
（五）其他转移性支出	41	12.1	41	9.5

2-37 农村居民人均现金可支配收入和和现金消费支出情况（2015-2016 年）
Per Capita Cash Disposable Income and Consumption Expenditure of Rural Households (2015–2016)

单位：元/人、%

指　标	2015 年		2016 年	
	绝对数	构成	绝对数	构成
一、现金可支配收入	**9362**	**100.0**	**10232**	**100.0**
（一）现金工资性收入	3572	38.1	3953	38.6
（二）现金经营净收入	2746	29.3	2983	29.2
1.第一产业	1869	20.0	1904	18.6
2.第二产业	98	1.0	113	1.1
3.第三产业	780	8.3	966	9.4
（三）现金财产净收入	278	3.0	296	2.9
（四）现金转移净收入	2767	29.5	3000	29.3
二、现金消费支出	**6836**	**100.0**	**7670**	**100.0**
（一）食品烟酒	2578	37.7	2834	36.9
1.食品	1849	27.0	2058	26.8
2.烟酒	443	6.5	483	6.3
3.饮料	47	0.7	53	0.7
4.饮食服务	240	3.5	239	3.1
（二）衣着	530	7.8	591	7.7
1.衣类	373	5.5	426	5.6
2.鞋类	157	2.3	165	2.2
（三）居住	473	6.9	529	6.9
1.租赁房房租	37	0.5	36	0.5
2.住房维修及管理	107	1.6	125	1.6
3.水电燃料及其他	330	4.8	368	4.8
（四）生活用品及服务	647	9.5	696	9.1
1.家具及室内装饰品	75	1.1	102	1.3
2.家用器具	174	2.5	201	2.6
3.家用纺织品	56	0.8	53	0.7
4.家庭日用杂品	269	3.9	264	3.4
5.个人用品	53	0.8	58	0.8
6.家庭服务	21	0.3	19	0.2
（五）交通通信	888	13.0	1067	13.9
1.交通	504	7.4	630	8.2
2.通信	384	5.6	436	5.7
（六）教育文化娱乐	923	13.5	1072	14.0
1.教育	739	10.8	868	11.3
2.文化娱乐	184	2.7	205	2.7
（七）医疗保健	651	9.5	726	9.5
1.医疗器具及药品	277	4.0	294	3.8
2.医疗服务	374	5.5	432	5.6
（八）其他用品和服务	144	2.1	156	2.0
1.其他用品	92	1.4	98	1.3
2.其他服务	52	0.8	57	0.7

2-38 农村居民人均消费支出细项情况（2015–2016 年）
Per Capita Consumption Expenditure of Rural Households（2015–2016）

单位：元/人、%

指　标	2015 年		2016 年	
	绝对数	构成	绝对数	构成
消费支出	8938	100.0	9954	100.0
一、食品烟酒	3571	40.0	3851	38.7
（一）食品	2835	31.7	3069	30.8
（二）烟酒	443	5.0	483	4.9
（三）饮料	47	0.5	53	0.5
（四）饮食服务	246	2.8	245	2.5
二、衣着	530	5.9	591	5.9
（一）衣类	373	4.2	426	4.3
（二）鞋类	157	1.8	165	1.7
三、居住	1482	16.6	1660	16.7
（一）租赁房房租	37	0.4	36	0.4
（二）住房维修及管理	107	1.2	125	1.3
（三）水电燃料及其他	391	4.4	435	4.4
（四）自有住房折算租金	947	10.6	1064	10.7
四、生活用品及服务	652	7.3	703	7.1
（一）家具及室内装饰品	77	0.9	105	1.1
（二）家用器具	174	1.9	201	2.0
（三）家用纺织品	56	0.6	53	0.5
（四）家庭日用杂品	271	3.0	267	2.7
（五）个人用品	53	0.6	58	0.6
（六）家庭服务	21	0.2	19	0.2
五、交通通信	888	9.9	1067	10.7
（一）交通	504	5.6	630	6.3
（二）通信	384	4.3	436	4.4
六、教育文化娱乐	923	10.3	1073	10.8
（一）教育	739	8.3	868	8.7
（二）文化娱乐	184	2.1	205	2.1
七、医疗保健	746	8.3	852	8.6
（一）医疗器具及药品	277	3.1	294	3.0
（二）医疗服务	469	5.2	558	5.6
八、其他用品和服务	145	1.6	158	1.6
（一）其他用品	93	1.0	100	1.0
（二）其他服务	52	0.6	59	0.6

2-39 农村居民家庭人均主要食品消费量（2015-2016 年）
Per Capita Consumption of Major Foods of Rural Households (2015-2016)

单位：千克/人

指　　标	2015 年	2016 年
一、粮食	197.07	205.26
（一）谷物	181.82	190.03
（二）薯类	6.21	6.14
（三）豆类	9.04	9.10
二、油脂	13.44	13.06
（一）植物油	12.04	11.25
（二）动物油	1.40	1.81
三、蔬菜及菜制品	134.65	142.25
# 鲜菜	133.41	141.06
四、肉类	35.97	35.91
# 猪肉	33.58	32.81
牛肉	0.41	0.43
羊肉	0.31	0.47
五、禽类	6.40	7.39
六、水产品	7.09	7.23
# 鱼类	6.48	6.63
七、蛋类及蛋制品	10.26	10.12
# 鲜蛋	10.06	9.79
八、奶和奶制品	7.97	8.51
九、干鲜瓜果类	28.31	29.93
# 鲜瓜果	25.46	26.94
坚果类	2.57	2.77
十、糖果糕点类	6.88	6.60
食糖	3.38	3.17
十一、烟叶	39.58	40.88
十二、酒	15.97	15.99

2-40 农村居民第一产业生产经营收支情况（2015-2016 年）
Statistics on Income and Expenditure of the First Industry Production and Operations by Rural Households (2015-2016)

位：元/人

指 标	2015 年	2016 年
一、第一产业经营收入	5264	5490
（一）农业	2587	2640
（二）林业	102	108
（三）牧业	2477	2642
（四）渔业	97	100
二、第一产业现金经营收入	3433	3565
（一）农业	1199	1215
（二）林业	41	41
（三）牧业	2103	2218
（四）渔业	90	92
三、第一产业生产经营费用支出	2125	2095
（一）农业	545	465
（二）林业	10	14
（三）牧业	1528	1578
（四）渔业	42	38
四、第一产业生产经营现金费用支出	1564	1661
（一）农业	449	460
（二）林业	10	14
（三）牧业	1063	1150
（四）渔业	41	37

注：本表的收支数据属于总收支、现金收支的口径，与可支配收入口径有区别。

2-41 农村居民人均主要农副产品出售量（2015–2016 年）

Sales of Major Agricultural and Subsidiary Products by Rural Households（2015–2016）

单位：千克/人

指　标	2015 年	2016 年
一、谷物	**156.42**	**158.99**
# 稻谷	115.34	110.99
玉米	40.21	46.95
二、薯类	**4.06**	**2.35**
# 红薯	2.14	1.43
马铃薯	1.42	0.77
三、豆类	**4.41**	**5.62**
大豆	2.08	2.32
四、油料	**3.97**	**3.41**
# 花生	1.29	1.59
油菜籽	2.32	1.58
五、 蔬菜	**219.82**	**188.49**
六、水果	**68.13**	**76.38**
七、家畜	**82.43**	**68.80**
# 猪	76.64	62.80
牛	3.38	1.98
羊	2.37	3.69
八、家禽	**22.53**	**11.14**
# 鸡	4.36	7.43
鸭	3.85	2.17
鹅	13.44	0.24
九、蛋类	**7.90**	**12.96**
十、渔业产品	**6.75**	**6.80**

2-42 按收入五等份分组的农村居民人均收支情况（2015 年）
Per Capita Income and Expenditure of Rural Households by Income Quintile（2015）

单位：元/人

指　　标	低收入户（20%）	中低收入户（20%）	中等收入户（20%）	中高收入户（20%）	高收入户（20%）
一、可支配收入	4404	7791	10017	13074	21440
（一）工资性收入	1830	2869	3618	4724	5923
（二）经营净收入	1268	2539	3199	4079	9831
（三）财产净收入	82	173	211	381	698
（四）转移净收入	1224	2210	2989	3890	4988
二、消费支出	6486	7782	8631	10199	13295
（一）食品烟酒	2592	3114	3401	4148	5280
（二）衣着	367	468	506	616	803
（三）居住	1101	1375	1415	1737	2013
（四）生活用品及服务	474	590	587	731	1008
（五）交通通信	559	629	874	969	1687
（六）教育文化娱乐	765	846	1063	922	1100
（七）医疗保健	543	638	630	933	1143
（八）其他用品及服务	86	122	156	143	262

2-42 按收入五等份分组的农村居民人均收支情况（2016 年）
Per Capita Income and Expenditure of Rural Households by Income Quintile（2016）

续表（continued）

单位：元/人

指　　标	低收入户（20%）	中低收入户（20%）	中等收入户（20%）	中高收入户（20%）	高收入户（20%）
一、可支配收入	5021	8676	11294	14521	22105
（一）工资性收入	2080	3362	3816	5171	6414
（二）经营净收入	1636	2930	3707	4337	9834
（三）财产净收入	137	217	239	431	555
（四）转移净收入	1168	2167	3532	4581	5302
二、消费支出	7744	8480	9492	11346	14244
（一）食品烟酒	2985	3227	3653	4403	5607
（二）衣着	470	519	543	627	886
（三）居住	1396	1410	1611	1858	2232
（四）生活用品及服务	565	536	606	864	1070
（五）交通通信	745	946	1066	1100	1668
（六）教育文化娱乐	957	1009	1107	1143	1211
（七）医疗保健	509	704	767	1175	1306
（八）其他用品及服务	116	129	139	177	264

2-43 各区县全体居民家庭基本情况（2015 年）
Basic Conditions of All the Households by Region of Chongqing (2015)

区 县	户均常住人口（人/户）	户均常住劳动力人数（人/户）	户均常住成员从业人数（人/户）	人均住房建筑面积（平方米/人）
全 市	2.99	2.14	1.74	42.41
万州区	2.84	2.07	1.86	41.70
涪陵区	2.99	2.12	1.97	37.31
渝中区	2.91	2.29	1.41	25.88
大渡口区	2.91	2.22	1.35	29.10
江北区	2.90	2.37	1.07	31.64
沙坪坝区	2.75	2.14	1.44	35.03
九龙坡区	2.69	2.06	1.43	36.07
南岸区	2.62	2.07	1.40	34.86
北碚区	2.76	2.06	1.71	37.90
綦江区	2.86	2.05	1.70	42.24
綦江区（不含万盛）	2.82	1.99	1.75	42.66
万盛经开区	2.99	2.23	1.52	40.94
大足区	3.05	2.12	1.89	44.02
渝北区	2.82	2.09	1.63	36.08
巴南区	3.08	2.29	2.03	36.29
黔江区	3.26	1.98	1.77	44.80
长寿区	2.78	2.21	2.09	44.36
江津区	3.14	2.22	1.94	41.60
合川区	2.84	2.19	1.94	45.72
永川区	3.03	2.04	1.69	38.73
南川区	3.19	2.31	2.13	49.23
潼南区	2.88	2.11	1.91	54.68
铜梁区	2.88	2.13	2.04	44.70
荣昌区	2.76	1.94	1.70	40.97
璧山区	2.87	2.20	2.00	42.71
梁平县	2.86	2.06	1.85	52.77
城口县	3.10	2.10	1.90	42.25
丰都县	3.11	2.54	2.49	39.44
垫江县	2.97	1.93	1.68	45.51
武隆县	3.36	2.16	1.98	43.51
忠 县	2.84	2.08	2.03	47.20
开 县	3.10	2.03	1.81	49.13
云阳县	3.09	2.19	2.02	44.13
奉节县	3.02	2.03	1.75	44.54
巫山县	3.20	2.18	2.10	43.71
巫溪县	3	2.18	2.03	49.77
石柱县	3.31	2.11	1.78	49.93
秀山县	3.71	2.47	2.27	40.93
酉阳县	3.17	2.05	1.90	46.52
彭水县	3.41	2.02	1.85	38.16

注：因方法制度及汇总方式的变化，部分区县重新审定了 2015 年部分数据，由此带来的变动在使用时敬请区别，下同。

2-43 各区县全体居民家庭基本情况（2016年）
Basic Conditions of All the Households by Region of Chongqing (2016)

续表（continued）

区 县	户均常住人口（人/户）	户均常住劳动力人数（人/户）	户均常住成员从业人数（人/户）	人均住房建筑面积（平方米/人）
全 市	3.09	2.19	1.76	42.28
万州区	2.85	2.07	1.87	45.69
涪陵区	3.03	2.14	1.96	37.69
渝中区	2.99	2.37	1.46	25.37
大渡口区	3.01	2.22	1.36	32.35
江北区	2.92	2.37	1.11	31.95
沙坪坝区	2.98	2.26	1.49	32.84
九龙坡区	2.86	2.25	1.43	33.62
南岸区	2.98	2.35	1.36	31.11
北碚区	2.81	2.12	1.72	37.90
綦江区	2.99	2.09	1.74	42.26
綦江区（不含万盛）	2.95	2.06	1.85	43.33
万盛经开区	3.11	2.19	1.37	39.02
大足区	3.15	2.26	1.95	44.22
渝北区	3.07	2.36	1.56	33.58
巴南区	3.16	2.46	2.16	36.38
黔江区	3.36	1.99	1.79	44.85
长寿区	3.05	2.22	2.02	43.80
江津区	3.24	2.29	1.99	41.73
合川区	2.94	2.26	1.93	45.87
永川区	3.00	2.07	1.74	38.72
南川区	3.05	2.14	1.91	50.81
潼南区	2.86	2.09	1.81	51.96
铜梁区	2.97	2.19	2.02	45.50
荣昌区	2.95	1.95	1.77	41.51
璧山区	2.99	2.27	1.92	42.36
梁平区	3.04	2.11	1.83	53.86
城口县	3.00	2.09	1.80	39.09
丰都县	3.18	2.13	1.94	45.16
垫江县	2.92	1.83	1.63	48.70
武隆区	3.48	2.30	2.11	44.64
忠 县	2.86	2.07	2.00	48.03
开州区	3.17	2.04	1.81	49.82
云阳县	3.09	2.19	2.03	44.08
奉节县	2.99	1.98	1.75	43.36
巫山县	3.26	2.10	2.01	44.47
巫溪县	3.42	2.39	2.20	50.25
石柱县	3.26	2.28	1.91	52.72
秀山县	3.77	2.43	2.19	38.39
酉阳县	3.32	2.17	1.98	46.87
彭水县	3.42	1.99	1.84	38.80

2-44 各区县全体居民人均可支配收入情况（2010–2016 年）
Per Capita Income of All the Households by Region of Chongqing（2010–2016）

单位：元/人

指　标	2010 年	2011 年	2012 年	2013 年	2014 年	2015 年	2016 年
全　市	**10984**	**13037**	**14924**	**16569**	**18352**	**20110**	**22034**
万州区	10642	12859	15024	17303	19328	21564	23965
涪陵区	11166	13378	15657	17840	19785	21884	24144
渝中区	19312	21943	24478	26803	29253	31608	34263
大渡口区	17589	20236	22576	24904	27006	29124	31632
江北区	17726	20502	23121	25732	27984	30267	32897
沙坪坝区	17529	20276	22860	25224	27385	29490	31994
九龙坡区	17069	19793	22309	24897	27148	29371	32075
南岸区	17376	20032	22583	25184	27440	29645	32160
北碚区	15048	17688	20360	22798	24838	26965	29387
綦江区	9762	11718	13526	15351	16909	18567	20340
綦江区（不含万盛）	9600	11643	13324	14968	16693	18273	20092
万盛经开区	10977	12811	14584	16139	17858	19472	21095
大足区	10028	12200	14266	16217	17942	19802	21882
渝北区	14671	17508	20367	22975	25007	27194	29752
巴南区	14578	17221	19962	22385	24499	26650	29128
黔江区	7336	8985	10881	12711	14230	15991	17820
长寿区	10860	13181	15416	17540	19341	21353	23519
江津区	11728	13998	16176	18377	20393	22543	24936
合川区	11390	13698	15935	18009	19902	21914	24079
永川区	11935	14322	16637	18806	20818	22992	25413
南川区	10116	12196	14251	16172	17819	19621	21552
潼南区	8826	10739	12744	14591	16206	18039	20055
铜梁区	10414	12653	15003	17094	18918	20818	22946
荣昌区	9910	12104	14175	16196	17920	19784	21861
璧山区	10752	13062	15433	17692	19647	21800	24186
梁平区	8437	10258	11981	13839	15515	17377	19353
城口县	5486	6812	7970	9280	10344	11570	12810
丰都县	7184	8854	10685	12338	13799	15492	17270
垫江县	8486	10330	12120	14024	15691	17591	19563
武隆区	7616	9379	11054	12919	14488	16311	18240
忠　县	8054	9926	11798	13666	15303	17112	19002
开州区	7679	9374	11104	12794	14297	15991	17761
云阳县	6642	8182	9636	11061	12360	13841	15358
奉节县	6452	7933	9375	10803	12043	13445	14910
巫山县	6294	7736	9266	10698	11911	13317	14809
巫溪县	5144	6374	7681	8871	9900	11054	12242
石柱县	7165	8963	10664	12404	13888	15577	17345
秀山县	6613	8201	9776	11431	12794	14404	16061
酉阳县	5184	6428	7572	8857	9919	11174	12521
彭水县	5919	7280	8678	10104	11317	12739	14219

2-45 各区县全体居民人均消费支出情况（2015-2016 年）
Per Capita Expenditure of All the Households by Region of Chongqing（2015-2016）

单位：元/人

指　标	2015 年	2016 年
全　市	**15140**	**16385**
万州区	16787	18409
涪陵区	17514	19287
渝中区	22572	23968
大渡口区	20344	23111
江北区	21512	22816
沙坪坝区	20627	22774
九龙坡区	20943	22682
南岸区	19812	21817
北碚区	20013	22247
綦江区	13082	14831
綦江区（不含万盛）	13401	14703
万盛经开区	12095	15216
大足区	14620	15386
渝北区	19457	21095
巴南区	20920	22777
黔江区	12329	13323
长寿区	15097	16686
江津区	16543	18066
合川区	17837	19844
永川区	13466	14397
南川区	11233	12882
潼南区	12949	13869
铜梁区	13180	14468
荣昌区	14080	14750
璧山区	13758	15540
梁平区	13784	15067
城口县	8406	8900
丰都县	10250	11671
垫江县	12151	12639
武隆区	12188	13561
忠　县	12687	13399
开州区	12554	13614
云阳县	8465	9555
奉节县	9724	10867
巫山县	10235	10787
巫溪县	8708	9591
石柱县	8844	9862
秀山县	9556	10981
酉阳县	8991	10081
彭水县	9881	10909

2–46 各区县全体居民人均可支配收入构成（2015 年）

Composition of Per Capita Disposable Income of All the Households by Region of Chongqing（2015）

单位：元/人

区 县	可支配收入	工资性收入	经营净收入	财产净收入	转移净收入
全 市	20110	10674	3315	1367	4754
万州区	21564	13354	2990	1623	3596
涪陵区	21884	12014	3724	1380	4766
渝中区	31608	18757	3283	2007	7561
大渡口区	29124	17905	1553	1847	7818
江北区	30267	18786	1399	1678	8404
沙坪坝区	29490	15502	4816	2058	7115
九龙坡区	29371	16760	2920	2670	7020
南岸区	29645	17515	2469	1907	7755
北碚区	26965	17231	1745	2102	5887
綦江区	18567	9733	2841	859	5134
綦江区（不含万盛）	18273	9580	2863	666	5165
万盛经开区	19472	10205	2772	1458	5037
大足区	19802	9640	4518	898	4746
渝北区	27194	18988	2020	2200	3987
巴南区	26650	14785	4371	2003	5491
黔江区	15991	6855	5097	1003	3036
长寿区	21353	10902	3597	1891	4963
江津区	22543	11781	4111	988	5662
合川区	21914	9599	4828	1390	6098
永川区	22992	13566	3442	1796	4188
南川区	19621	10546	4004	1273	3798
潼南区	18039	8074	4589	1082	4295
铜梁区	20818	11021	4825	1095	3877
荣昌区	19784	10003	3791	1088	4902
璧山区	21800	13344	3791	1783	2883
梁平县	17377	8296	3612	1200	4269
城口县	11570	6502	2411	874	1783
丰都县	15492	6928	4131	851	3582
垫江县	17591	7445	3826	986	5334
武隆县	16311	7671	4223	927	3491
忠 县	17112	8218	4055	912	3926
开 县	15991	7603	4166	836	3386
云阳县	13841	8448	1967	724	2702
奉节县	13445	5040	4985	529	2891
巫山县	13317	7460	2778	552	2527
巫溪县	11054	5630	3451	413	1560
石柱县	15577	7062	4942	844	2731
秀山县	14404	6556	5491	645	1712
酉阳县	11174	5067	2910	535	2662
彭水县	12739	6003	3462	1133	2141

2-46 各区县全体居民人均可支配收入构成（2016 年）
Composition of Per Capita Disposable Income of All the Households by Region of Chongqing（2016）

续表（continued） 单位：元/人

区 县	可支配收入				
		工资性收入	经营净收入	财产净收入	转移净收入
全 市	22034	11558	3684	1414	5378
万州区	23965	14746	3288	1759	4172
涪陵区	24144	13223	4075	1545	5302
渝中区	34263	20559	3590	2130	7984
大渡口区	31632	18844	1834	1902	9051
江北区	32897	19774	1542	1819	9762
沙坪坝区	31994	16574	4940	2253	8226
九龙坡区	32075	17842	3353	2879	8001
南岸区	32160	18472	3109	2140	8439
北碚区	29387	19644	1825	2187	5731
綦江区	20340	10711	3071	947	5611
綦江区（不含万盛）	20092	10693	3072	710	5617
万盛经开区	21095	10767	3067	1667	5594
大足区	21882	10691	4770	966	5456
渝北区	29752	19730	2297	2440	5285
巴南区	29128	16290	4682	2171	5985
黔江区	17820	7586	5815	1160	3259
长寿区	23519	12348	3947	1991	5233
江津区	24936	13195	4493	1068	6180
合川区	24079	10566	5287	1621	6604
永川区	25413	14626	4260	1858	4669
南川区	21552	11378	4361	1306	4507
潼南区	20055	8974	5009	1330	4742
铜梁区	22946	12019	5365	1160	4403
荣昌区	21861	11161	4112	1154	5433
璧山区	24186	14759	4168	2026	3233
梁平区	19353	9261	3978	1360	4753
城口县	12810	7147	2652	1004	2007
丰都县	17270	7875	4617	925	3854
垫江县	19563	8451	4317	1135	5660
武隆区	18240	8639	4662	991	3949
忠 县	19002	9160	4374	978	4490
开州区	17761	8495	4586	941	3740
云阳县	15358	9315	2206	812	3025
奉节县	14910	5630	5284	690	3305
巫山县	14809	8287	3070	613	2839
巫溪县	12242	6247	3698	471	1826
石柱县	17345	7856	5517	939	3034
秀山县	16061	7247	6027	683	2103
酉阳县	12521	5700	3149	610	3062
彭水县	14219	6603	3906	1263	2447

2-47 各区县全体居民人均消费支出构成情况（2015 年）
Composition of Per Capita Consumption Expenditure of All the Households by Region of Chongqing（2015）

单位：元/人

区 县	消费支出	食品烟酒	衣着	居住	生活用品及服务
全 市	15140	5325	1335	2743	1064
万州区	16787	6368	1717	2714	1100
涪陵区	17514	6307	1687	2371	1303
渝中区	22572	7802	1817	3815	1487
大渡口区	20344	7437	1702	3469	1139
江北区	21512	8290	2112	4268	1351
沙坪坝区	20627	7039	1696	3857	1813
九龙坡区	20943	7068	1981	3940	1465
南岸区	19812	6861	1694	4761	1195
北碚区	20013	5989	2140	3563	1454
綦江区	13082	4665	1181	2333	897
綦江区（不含万盛）	13401	4833	1148	2285	920
万盛经开区	12095	4145	1285	2479	826
大足区	14620	5986	1381	1895	975
渝北区	19457	6731	2190	4489	1188
巴南区	20920	6983	2202	3252	1775
黔江区	12329	4905	1055	2300	806
长寿区	15097	6229	1455	2389	999
江津区	16543	6346	1879	2423	1168
合川区	17837	6082	1749	3196	1396
永川区	13466	4636	1040	2298	862
南川区	11233	4167	885	2527	645
潼南区	12949	5137	962	2227	976
铜梁区	13180	4881	985	2506	2536
荣昌区	14080	5038	1676	1721	1286
璧山区	13758	5183	1110	2234	1070
梁平县	13784	4905	1140	2344	1025
城口县	8406	3229	866	1439	568
丰都县	10250	3759	758	1997	753
垫江县	12151	4169	937	2329	815
武隆县	12188	4622	938	2013	814
忠 县	12687	4866	919	2597	1078
开 县	12554	5160	1149	2126	1095
云阳县	8465	3366	473	2286	691
奉节县	9724	3672	1555	1303	576
巫山县	10235	3450	1034	1823	785
巫溪县	8708	4074	549	2244	638
石柱县	8844	3696	868	1767	636
秀山县	9556	3568	1098	1861	586
酉阳县	8991	3504	785	1738	571
彭水县	9881	4267	733	1656	740

2-47 各区县全体居民人均消费支出构成情况（2015 年）
Composition of Per Capita Consumption Expenditure of All the Households by Region of Chongqing（2015）

续表（continued） 单位：元/人

区 县	交通通信	教育文化娱乐	医疗保健	其他用品和服务
全 市	1746	1513	1118	294
万州区	1606	1779	1204	300
涪陵区	2073	1857	1295	621
渝中区	2821	2555	1813	462
大渡口区	2086	2468	1599	443
江北区	1767	1532	1330	862
沙坪坝区	2253	2208	1374	387
九龙坡区	1923	1959	1921	687
南岸区	2308	1631	826	537
北碚区	2541	2144	1725	456
綦江区	1410	1370	923	303
綦江区（不含万盛）	1496	1382	1013	324
万盛经开区	1146	1331	645	239
大足区	1373	1650	994	367
渝北区	2018	1514	1020	308
巴南区	2309	2078	1975	346
黔江区	1227	1147	678	213
长寿区	1253	1633	970	170
江津区	1993	1376	956	402
合川区	1374	1885	1570	585
永川区	2004	1169	1183	272
南川区	1194	971	723	120
潼南区	1111	1524	801	211
铜梁区	774	781	556	163
荣昌区	1615	1431	953	359
璧山区	1875	1200	858	226
梁平县	1583	1312	1055	420
城口县	747	875	473	210
丰都县	1004	1152	664	163
垫江县	1191	1324	1024	364
武隆县	1325	1570	683	223
忠 县	1079	991	874	283
开 县	1162	918	748	196
云阳县	612	417	472	148
奉节县	760	991	618	249
巫山县	999	1153	716	275
巫溪县	619	306	195	84
石柱县	695	488	508	187
秀山县	891	1068	379	106
酉阳县	839	828	623	103
彭水县	917	926	530	114

2-47 各区县全体居民人均消费支出构成情况（2016年）
Composition of Per Capita Consumption Expenditure of All the Households by Region of Chongqing（2016）

单位：元/人

区 县	消费支出	食品烟酒	衣着	居住	生活用品及服务
全 市	16385	5612	1374	2903	1146
万州区	18409	6649	1819	2927	1300
涪陵区	19287	6835	1826	2725	1436
渝中区	23968	8045	1842	4084	1617
大渡口区	23111	7821	1769	3808	1524
江北区	22816	8652	2129	4413	1441
沙坪坝区	22774	7226	1902	3899	1797
九龙坡区	22682	7539	2028	4358	1521
南岸区	21817	6851	1595	5106	1396
北碚区	22247	6606	2172	3678	1682
綦江区	14831	5154	1353	2691	1001
綦江区（不含万盛）	14703	5222	1280	2517	986
万盛经开区	15216	4949	1573	3216	1050
大足区	15386	6200	1422	2032	1033
渝北区	21095	6893	2217	4369	1226
巴南区	22777	7569	2374	3475	1969
黔江区	13323	5208	1115	2494	885
长寿区	16686	6849	1622	2463	1080
江津区	18066	6793	2081	2682	1271
合川区	19844	6651	1946	3455	1628
永川区	14397	4921	1172	2424	928
南川区	12882	4716	1127	2606	764
潼南区	13869	5456	1062	2436	960
铜梁区	14468	5057	1075	2681	3042
荣昌区	14750	5205	1699	1945	1300
璧山区	15540	5637	1295	2559	1247
梁平区	15067	5258	1219	2559	1158
城口县	8900	3387	903	1541	604
丰都县	11671	4240	862	2293	878
垫江县	12639	4355	1000	2365	886
武隆区	13561	4887	1001	2321	893
忠 县	13399	5015	927	2741	1162
开州区	13614	5483	1300	2484	1077
云阳县	9555	3833	541	2401	708
奉节县	10867	4090	1732	1466	642
巫山县	10787	3610	1064	2019	792
巫溪县	9591	4492	542	2447	694
石柱县	9862	3946	987	2016	721
秀山县	10981	4073	1218	2199	702
酉阳县	10081	3771	874	1929	676
彭水县	10909	4683	805	1811	814

2-47 各区县全体居民人均消费支出构成情况（2016 年）
Composition of Per Capita Consumption Expenditure of All the Households by Region of Chongqing（2016）

续表（continued）　　　　单位：元/人

区 县	交通通信	教育文化娱乐	医疗保健	其他用品和服务
全 市	1942	1746	1344	319
万州区	2124	1966	1307	317
涪陵区	2303	2070	1430	662
渝中区	3083	2630	2180	488
大渡口区	2662	3035	2042	449
江北区	1909	1749	1610	913
沙坪坝区	3224	2302	1939	485
九龙坡区	2274	2172	2083	707
南岸区	2723	2090	1501	554
北碚区	3035	2560	1995	519
綦江区	1613	1588	1071	360
綦江区（不含万盛）	1686	1523	1128	361
万盛经开区	1390	1783	899	357
大足区	1506	1764	1036	392
渝北区	2336	1968	1793	292
巴南区	2472	2304	2215	398
黔江区	1332	1280	768	240
长寿区	1413	1758	1200	300
江津区	2180	1542	1086	431
合川区	1659	2110	1717	678
永川区	2145	1319	1198	291
南川区	1434	1112	979	143
潼南区	1254	1664	858	178
铜梁区	902	888	647	176
荣昌区	1638	1525	1039	399
璧山区	2113	1416	998	276
梁平区	1735	1409	1210	519
城口县	776	931	526	234
丰都县	1112	1322	767	198
垫江县	1178	1267	1239	349
武隆区	1684	1740	793	241
忠 县	1121	1123	991	318
开州区	1287	983	789	211
云阳县	757	621	542	151
奉节县	862	1104	694	278
巫山县	1013	1220	749	319
巫溪县	610	420	295	92
石柱县	814	573	594	211
秀山县	978	1195	472	145
酉阳县	1042	997	683	109
彭水县	986	1008	634	168

2-48 各区县城镇居民家庭基本情况（2015 年）

Basic Conditions of Urban Households by Region of Chongqing（2015）

区 县	户均常住人口（人/户）	户均常住劳动力人数（人/户）	户均常住成员从业人数（人/户）	人均住房建筑面积（平方米/人）
全 市	3.00	2.20	1.61	35.16
万州区	2.79	2.03	1.72	35.90
涪陵区	2.89	2.10	1.97	35.23
渝中区	2.91	2.29	1.41	25.88
大渡口区	2.91	2.22	1.34	28.45
江北区	2.91	2.39	1.03	31.16
沙坪坝区	2.71	2.11	1.42	34.55
九龙坡区	2.71	2.06	1.40	33.89
南岸区	2.58	2.05	1.36	34.57
北碚区	2.84	2.08	1.66	35.70
綦江区	2.65	1.97	1.43	36.73
綦江区（不含万盛）	2.56	1.88	1.48	36.26
万盛经开区	2.85	2.14	1.34	37.62
大足区	2.91	2.12	1.78	44.02
渝北区	3.00	2.26	1.70	30.77
巴南区	3.14	2.34	2.06	33.35
黔江区	3.43	2.15	1.89	46.00
长寿区	2.93	2.24	2.26	39.32
江津区	3.16	2.17	1.85	40.80
合川区	2.99	2.25	1.91	40.24
永川区	3.05	2.10	1.60	35.13
南川区	3.22	2.34	2.05	50.30
潼南区	3.08	2.22	1.76	42.05
铜梁区	3.03	2.14	2.00	44.38
荣昌区	2.61	1.90	1.48	36.40
璧山区	2.88	2.15	1.81	37.45
梁平县	2.98	2.15	1.68	46.51
城口县	3.00	2.20	2.10	39.84
丰都县	2.95	3.02	2.03	37.25
垫江县	2.88	1.90	1.53	45.74
武隆县	3.50	2.37	1.99	38.91
忠 县	2.76	2.12	1.97	38.40
开 县	3.10	2.06	1.81	42.45
云阳县	3.02	1.93	1.67	45.43
奉节县	3.29	2.22	1.57	37.83
巫山县	3.38	2.24	2.09	41.21
巫溪县	2.70	2.11	1.83	50.97
石柱县	3.25	1.91	1.74	49.03
秀山县	3.70	2.68	2.34	41.87
酉阳县	3.50	2.37	1.99	40.73
彭水县	3.65	2.05	1.91	38.43

2-48 各区县城镇居民家庭基本情况（2016年）
Basic Conditions of Urban Households by Region of Chongqing（2016）

续表（continued）

区 县	户均常住人口（人/户）	户均常住劳动力人数（人/户）	户均常住成员从业人数（人/户）	人均住房建筑面积（平方米/人）
全　市	**3.13**	**2.29**	**1.63**	**34.00**
万州区	2.84	2.04	1.79	39.06
涪陵区	2.91	2.12	1.98	35.47
渝中区	2.99	2.37	1.46	25.37
大渡口区	3.02	2.23	1.34	31.89
江北区	2.94	2.39	1.07	31.19
沙坪坝区	2.94	2.23	1.47	32.47
九龙坡区	2.88	2.26	1.39	31.76
南岸区	2.94	2.32	1.30	30.91
北碚区	2.86	2.13	1.67	35.80
綦江区	2.75	2.00	1.45	36.65
綦江区（不含万盛）	2.64	1.94	1.55	36.82
万盛经开区	2.98	2.12	1.22	36.32
大足区	3.03	2.28	1.93	44.22
渝北区	3.26	2.53	1.60	28.38
巴南区	3.19	2.50	2.14	33.51
黔江区	3.54	2.17	1.91	46.10
长寿区	3.30	2.44	2.17	38.10
江津区	3.29	2.26	1.91	40.90
合川区	3.09	2.31	1.85	40.56
永川区	3.03	2.10	1.66	35.28
南川区	3.23	2.26	1.87	49.17
潼南区	3.15	2.30	1.85	40.14
铜梁区	3.05	2.23	2.01	44.80
荣昌区	2.92	1.91	1.61	37.10
璧山区	3.03	2.23	1.64	37.59
梁平区	2.99	2.16	1.60	47.20
城口县	2.90	2.20	2.20	37.56
丰都县	3.18	2.23	1.85	37.41
垫江县	2.91	1.85	1.50	44.95
武隆区	3.67	2.45	2.02	35.15
忠　县	2.75	2.06	1.93	39.26
开州区	3.31	2.13	1.85	43.94
云阳县	3.03	1.94	1.66	44.80
奉节县	3.37	2.22	1.66	32.94
巫山县	3.33	2.16	2.03	41.22
巫溪县	2.79	2.11	2.03	53.21
石柱县	3.31	2.12	1.85	49.67
秀山县	3.98	2.66	2.27	38.24
酉阳县	3.42	2.33	2.01	41.33
彭水县	3.66	2.01	1.89	38.35

2-49 各区县城镇居民人均可支配收入情况（2010-2016 年）
Per Capita Income of Urban Households by Region of Chongqing（2010-2016）

单位：元/人

指　标	2010 年	2011 年	2012 年	2013 年	2014 年	2015 年	2016 年
全　市	16032	18517	21003	23058	25147	27239	29610
万州区	15990	18582	20979	23287	25919	28459	31248
涪陵区	16185	18875	21611	23686	26149	28450	30897
渝中区	19312	21943	24478	26803	29253	31608	34263
大渡口区	18255	20928	23282	25308	27434	29546	32057
江北区	18644	21472	24152	26422	28695	31014	33681
沙坪坝区	18555	21349	24009	26050	28264	30384	32921
九龙坡区	18428	21238	23881	26150	28504	30727	33431
南岸区	18331	21091	23650	25944	28278	30441	32983
北碚区	18241	20976	23626	25800	28071	30261	32758
綦江区	14506	16798	18898	20580	22535	24360	26301
綦江区（不含万盛）	15429	17859	20092	21880	23959	25749	27809
万盛经开区	13080	15010	16886	18389	20136	21767	23465
大足区	16034	18615	20830	22726	24998	27123	29483
渝北区	18474	21243	23932	26277	28563	30819	33546
巴南区	18194	20922	23471	25677	28040	30339	32978
黔江区	13575	15749	17960	20115	22388	24672	27164
长寿区	15973	18672	21127	23113	25388	27571	29915
江津区	16038	18625	21136	23228	25667	27951	30495
合川区	15897	18465	20875	22816	25098	27231	29505
永川区	16253	18954	21614	23624	26034	28325	30903
南川区	15597	18126	20701	22564	24730	26758	28899
潼南区	15080	17374	19680	21609	23791	25932	28318
铜梁区	16587	19219	21972	24037	26417	28530	30955
荣昌区	15923	18487	20892	22918	25152	27227	29623
璧山区	16972	19764	22470	24717	27263	29744	32510
梁平区	14963	17320	19641	21703	24112	26427	28990
城口县	12222	14103	15966	17547	19355	21116	22974
丰都县	13294	15459	17779	19593	21749	23902	26268
垫江县	15195	17403	19712	21841	24222	26644	29202
武隆区	14925	17302	19781	22056	24526	27003	29703
忠　县	14874	17282	19866	21992	24455	26778	29295
开州区	13570	15651	17938	19750	21903	23984	26262
云阳县	12425	14348	16328	17830	19737	21592	23611
奉节县	12458	14366	16327	17911	19792	21633	23634
巫山县	13441	15477	17710	19322	21351	23315	25483
巫溪县	11478	13236	15023	16375	18111	19687	21380
石柱县	13980	16144	18582	20645	22916	25116	27527
秀山县	14181	16365	18655	20688	22901	25145	27483
酉阳县	11620	13405	15183	16823	18607	20449	22473
彭水县	12625	14522	16572	18345	20363	22338	24482

2-50 各区县城镇居民人均消费支出情况（2015-2016 年）
Per Capita Expenditure of Urban Households by Region of Chongqing（2015-2016）

单位：元/人

指　标	2015 年	2016 年
全　市	**19742**	**21031**
万州区	21332	22834
涪陵区	22463	24321
渝中区	22572	23968
大渡口区	20595	23363
江北区	22114	23419
沙坪坝区	21278	23361
九龙坡区	21809	23512
南岸区	20336	22420
北碚区	22442	24707
綦江区	16259	18434
綦江区（不含万盛）	17984	19319
万盛经开区	13040	16770
大足区	19685	20502
渝北区	22011	23566
巴南区	24025	25991
黔江区	18201	19155
长寿区	18754	20080
江津区	20591	22070
合川区	22224	24173
永川区	15423	16348
南川区	13099	14767
潼南区	18489	19211
铜梁区	17890	19276
荣昌区	19719	19902
璧山区	17206	19507
梁平区	18823	20568
城口县	14715	15274
丰都县	14284	16144
垫江县	16499	17214
武隆区	18044	19755
忠　县	17990	19042
开州区	17616	18738
云阳县	10728	12188
奉节县	15206	16740
巫山县	15405	15906
巫溪县	12631	13387
石柱县	11815	12844
秀山县	14223	15006
酉阳县	14684	16112
彭水县	14373	15769

2-51 各区县城镇居民人均可支配收入构成（2015 年）
Composition of Per Capita Disposable Income of Urban Households by Region of Chongqing（2015）

单位：元/人

区 县	可支配收入	工资性收入	经营净收入	财产净收入	转移净收入
全 市	27239	15936	2974	2175	6154
万州区	28459	19003	2745	2433	4278
涪陵区	28450	17291	3317	2009	5833
渝中区	31608	18757	3283	2007	7561
大渡口区	29546	18120	1524	1885	8017
江北区	31014	19254	1242	1728	8790
沙坪坝区	30384	15932	4910	2124	7418
九龙坡区	30727	17443	2890	2913	7482
南岸区	30441	17725	2545	2000	8171
北碚区	30261	19437	1602	2466	6756
綦江区	24360	14147	2399	1353	6461
綦江区（不含万盛）	25749	15357	2519	1110	6764
万盛经开区	21767	11888	2175	1808	5896
大足区	27123	15073	4599	1205	6246
渝北区	30819	22491	1690	2440	4198
巴南区	30339	17423	4163	2263	6490
黔江区	24672	12155	7909	1996	2611
长寿区	27571	16153	2923	2884	5611
江津区	27951	16118	4241	1383	6209
合川区	27231	13098	4705	1905	7523
永川区	28325	17253	3490	2750	4832
南川区	26758	16099	3628	1966	5066
潼南区	25932	14311	4062	2085	5474
铜梁区	28530	17144	5550	1860	3976
荣昌区	27227	16028	2972	2074	6153
璧山区	29744	19109	3501	3060	4074
梁平县	26427	14152	3682	2313	6280
城口县	21116	12268	2427	2335	4086
丰都县	23902	12789	4602	1720	4791
垫江县	26644	14224	3221	2023	7176
武隆县	27003	14949	4710	2032	5312
忠 县	26778	14740	4686	1890	5461
开 县	23984	12991	4764	1681	4548
云阳县	21592	15441	1040	1665	3446
奉节县	21633	8867	7031	1228	4507
巫山县	23315	15017	2624	1473	4201
巫溪县	19687	12867	3619	986	2214
石柱县	25116	12581	6352	1256	4927
秀山县	25145	12611	8990	1333	2211
酉阳县	20449	11276	3112	1406	4655
彭水县	22338	10927	4447	3255	3710

2-51 各区县城镇居民人均可支配收入构成（2016 年）
Composition of Per Capita Disposable Income of Urban Households by Region of Chongqing（2016）

续表（continued） 单位：元/人

区 县	可支配收入	工资性收入	经营净收入	财产净收入	转移净收入
全 市	29610	17043	3348	2221	6998
万州区	31248	20645	3064	2599	4940
涪陵区	30897	18656	3651	2202	6388
渝中区	34263	20559	3590	2130	7984
大渡口区	32057	19032	1821	1939	9265
江北区	33681	20233	1378	1871	10199
沙坪坝区	32921	17042	5044	2323	8512
九龙坡区	33431	18494	3318	3118	8500
南岸区	32983	18670	3206	2238	8869
北碚区	32758	22125	1622	2556	6455
綦江区	26301	15258	2621	1466	6956
綦江区（不含万盛）	27809	16770	2661	1153	7225
万盛经开区	23465	12413	2547	2053	6452
大足区	29483	16398	4801	1311	6973
渝北区	33546	23120	1978	2700	5749
巴南区	32978	19084	4436	2433	7025
黔江区	27164	13258	8900	2260	2747
长寿区	29915	17843	3183	2943	5945
江津区	30495	17745	4650	1469	6631
合川区	29505	14174	5125	2143	8063
永川区	30903	18337	4380	2776	5410
南川区	28899	16755	4136	1979	6029
潼南区	28318	15571	4390	2473	5885
铜梁区	30955	18270	6098	1936	4651
荣昌区	29623	17610	3181	2132	6699
璧山区	32510	20828	3824	3392	4465
梁平区	28990	15398	4221	2611	6761
城口县	22974	13137	2803	2621	4412
丰都县	26268	14298	5029	1839	5102
垫江县	29202	15400	3674	2323	7805
武隆区	29703	16550	5176	2115	5863
忠 县	29295	16048	5072	1984	6190
开州区	26262	14270	5216	1838	4938
云阳县	23611	16798	1131	1823	3859
奉节县	23634	9923	7232	1586	4894
巫山县	25483	16353	2885	1582	4663
巫溪县	21380	13906	3900	1074	2500
石柱县	27527	13721	7028	1381	5397
秀山县	27483	13609	9890	1437	2547
酉阳县	22473	12187	3455	1542	5288
彭水县	24482	11796	4922	3482	4282

2–52 各区县城镇居民人均消费支出构成情况（2015 年）
Composition of Per Capita Consumption Expenditure of Urban Households by Region of Chongqing（2015）

单位：元/人

区 县	消费支出	食品烟酒	衣着	居住	生活用品及服务
全 市	19742	6628	1932	3680	1371
万州区	21332	8073	2498	3320	1401
涪陵区	22463	7850	2394	2808	1675
渝中区	22572	7802	1817	3815	1487
大渡口区	20595	7519	1719	3513	1139
江北区	22114	8507	2167	4399	1397
沙坪坝区	21278	7221	1756	3968	1880
九龙坡区	21809	7312	2075	4061	1528
南岸区	20336	7022	1748	4927	1232
北碚区	22442	6411	2456	4075	1661
綦江区	16259	5496	1688	2874	1091
綦江区（不含万盛）	17984	6047	1815	3015	1196
万盛经开区	13040	4467	1450	2610	896
大足区	19685	7874	2033	2428	1277
渝北区	22011	7469	2633	5177	1315
巴南区	24025	7880	2607	3753	2039
黔江区	18201	7125	1785	3072	1292
长寿区	18754	7519	2203	2270	1313
江津区	20591	7766	2630	2756	1357
合川区	22224	7340	2506	3687	1769
永川区	15423	5126	1330	2610	977
南川区	13099	4902	1236	2770	763
潼南区	18489	6941	1717	2941	1521
铜梁区	17890	6225	1943	3302	3030
荣昌区	19719	6626	2950	1924	1775
璧山区	17206	6316	1697	2812	1193
梁平县	18823	6540	1840	3121	1414
城口县	14715	5411	1593	3162	993
丰都县	14284	5042	1312	2905	1161
垫江县	16499	5876	1619	3230	1117
武隆县	18044	6774	1444	2773	1167
忠 县	17990	6116	1684	3333	1868
开 县	17616	6960	2054	2813	1714
云阳县	10728	4429	662	3337	741
奉节县	15206	5445	2337	2583	856
巫山县	15405	4984	1757	2651	974
巫溪县	12631	5034	1092	3140	913
石柱县	11815	4597	1555	2506	901
秀山县	14223	5290	2152	2610	731
酉阳县	14684	4853	1800	2924	905
彭水县	14373	5752	1396	2835	1113

2-52 各区县城镇居民人均消费支出构成情况（2015年）
Composition of Per Capita Consumption Expenditure of Urban Households by Region of Chongqing（2015）

续表（continued） 单位：元/人

区 县	交通通信	教育文化娱乐	医疗保健	其他用品和服务
全　市	2383	1951	1394	404
万州区	1975	2276	1388	400
涪陵区	2764	2434	1677	861
渝中区	2821	2555	1813	462
大渡口区	2104	2521	1628	452
江北区	1803	1577	1365	899
沙坪坝区	2347	2324	1387	395
九龙坡区	1992	2067	2042	731
南岸区	2375	1658	823	550
北碚区	2958	2411	1964	505
綦江区	1750	1699	1298	363
綦江区（不含万盛）	2042	1848	1602	419
万盛经济开区	1205	1420	731	259
大足区	2003	2283	1373	414
渝北区	2273	1736	1061	347
巴南区	2704	2430	2237	376
黔江区	2039	1671	878	341
长寿区	1712	2349	1212	176
江津区	2740	1743	1057	542
合川区	1718	2396	1958	850
永川区	2524	1360	1204	292
南川区	1440	1112	716	161
潼南区	1697	2379	943	350
铜梁区	1098	1515	547	231
荣昌区	2381	2050	1392	621
璧山区	2421	1715	790	262
梁平县	2484	1754	1188	482
城口县	1212	1380	579	385
丰都县	1597	1218	796	253
垫江县	1545	1413	1153	546
武隆县	2043	2522	986	334
忠　县	1783	1482	1234	490
开　县	1675	1212	949	240
云阳县	672	292	316	279
奉节县	1245	1502	723	515
巫山县	1373	1811	1311	545
巫溪县	1026	793	415	219
石柱县	745	678	669	164
秀山县	1133	1703	450	155
酉阳县	1515	1362	1108	216
彭水县	1177	1198	705	196

2-52 各区县城镇居民人均消费支出构成情况（2016 年）
Composition of Per Capita Consumption Expenditure of Urban Households by Region of Chongqing（2016）

单位：元/人

区 县	消费支出	食品烟酒	衣着	居住	生活用品及服务
全 市	21031	6884	1939	3801	1466
万州区	22834	8202	2597	3453	1639
涪陵区	24321	8392	2536	3204	1827
渝中区	23968	8045	1842	4084	1617
大渡口区	23363	7886	1781	3851	1532
江北区	23419	8873	2178	4535	1489
沙坪坝区	23361	7355	1967	4012	1843
九龙坡区	23512	7773	2111	4479	1568
南岸区	22420	7007	1640	5283	1439
北碚区	24707	7019	2466	4137	1890
綦江区	18434	6114	1916	3339	1226
綦江区（不含万盛）	19319	6470	1977	3256	1257
万盛经开区	16770	5443	1800	3496	1168
大足区	20502	8163	2037	2544	1351
渝北区	23566	7531	2647	4978	1395
巴南区	25991	8491	2792	3980	2250
黔江区	19155	7406	1851	3238	1395
长寿区	20080	8071	2334	2319	1387
江津区	22070	8138	2845	3011	1458
合川区	24173	7907	2716	3930	1982
永川区	16348	5368	1490	2743	1036
南川区	14767	5513	1543	2931	876
潼南区	19211	7189	1845	3096	1429
铜梁区	19276	6404	2132	3504	3421
荣昌区	19902	6722	2870	2059	1758
璧山区	19507	7032	1917	3177	1386
梁平区	20568	7112	1906	3371	1551
城口县	15274	5632	1639	3268	1023
丰都县	16144	5649	1465	3350	1287
垫江县	17214	6039	1637	3379	1224
武隆区	19755	6881	1509	3160	1257
忠 县	19042	6395	1661	3589	1981
开州区	18738	7378	2289	2968	1460
云阳县	12188	5018	682	3543	830
奉节县	16740	5979	2564	2841	935
巫山县	15906	5081	1795	2776	976
巫溪县	13387	5362	999	3079	1047
石柱县	12844	4795	1724	2771	993
秀山县	15006	5435	2239	2791	754
酉阳县	16112	5170	1835	3037	1064
彭水县	15769	6287	1536	3062	1249

2-52 各区县城镇居民人均消费支出构成情况（2016 年）
Composition of Per Capita Consumption Expenditure of Urban Households by Region of Chongqing（2016）

续表（continued） 单位：元/人

区 县	交通通信	教育文化娱乐	医疗保健	其他用品和服务
全 市	2574	2232	1700	434
万州区	2643	2422	1474	404
涪陵区	2995	2644	1824	898
渝中区	3083	2630	2180	488
大渡口区	2677	3090	2087	459
江北区	1942	1799	1654	949
沙坪坝区	3330	2401	1954	497
九龙坡区	2365	2280	2187	749
南岸区	2804	2141	1539	567
北碚区	3502	2868	2248	577
綦江区	1974	1945	1485	436
綦江区（不含万盛）	2237	1942	1727	454
万盛经开区	1481	1950	1031	402
大足区	2161	2409	1396	441
渝北区	2503	2274	1907	332
巴南区	2866	2681	2493	437
黔江区	2112	1807	965	380
长寿区	1834	2424	1436	276
江津区	2930	1922	1198	568
合川区	1986	2603	2110	939
永川区	2679	1514	1211	307
南川区	1564	1287	876	177
潼南区	1819	2604	954	275
铜梁区	1226	1693	651	245
荣昌区	2215	2182	1426	672
璧山区	2711	2027	925	332
梁平区	2785	1839	1376	628
城口县	1235	1418	653	404
丰都县	1721	1390	984	297
垫江县	1563	1469	1347	554
武隆区	2689	2771	1143	346
忠 县	1802	1672	1393	548
开州区	1996	1357	1060	230
云阳县	800	541	505	270
奉节县	1394	1649	817	561
巫山县	1388	1839	1425	626
巫溪县	908	1071	687	234
石柱县	831	781	768	180
秀山县	1151	1777	593	267
酉阳县	1898	1675	1214	219
彭水县	1211	1271	837	316

2–53 各区县农村居民家庭基本情况（2015 年）
Basic Conditions of Rural Households by Region of Chongqing（2015）

区 县	户均常住人口（人/户）	户均常住劳动力人数（人/户）	户均常住成员从业人数（人/户）	人均住房建筑面积（平方米/人）
全 市	2.97	2.06	1.93	52.17
万州区	2.92	2.11	2.03	47.70
涪陵区	3.08	2.19	1.99	40.74
渝中区				
大渡口区	2.88	2.20	1.91	50.15
江北区	2.66	1.95	1.88	46.89
沙坪坝区	3.48	2.81	1.87	42.71
九龙坡区	2.47	2.11	1.62	58.33
南岸区	3.45	2.66	2.35	39.73
北碚区	2.67	2.03	1.88	46.20
綦江区	3.12	2.15	2.04	48.96
綦江区（不含万盛）	3.06	2.09	2.00	48.42
万盛经开区	3.68	2.66	2.37	52.95
大足区	3.18	2.13	2.13	44.03
渝北区	2.31	1.62	1.44	55.75
巴南区	2.90	2.13	1.95	46.43
黔江区	3.13	1.85	1.69	45
长寿区	2.59	1.94	1.87	51.89
江津区	3.12	2.30	2.10	43.00
合川区	2.63	2.10	1.98	54.73
永川区	2.99	1.93	1.83	44.94
南川区	3.16	2.28	2.23	47.99
潼南区	2.73	2.04	2.02	65.02
铜梁区	2.77	2.13	2.06	45.00
荣昌区	2.90	1.97	1.90	45.12
璧山区	2.86	2.25	2.18	47.73
梁平县	2.78	2.01	1.96	56.99
城口县	3.40	2.30	2.10	43.34
丰都县	3.66	2.79	2.51	40.94
垫江县	3.03	1.96	1.78	45.36
武隆县	3.27	2.03	1.97	46.41
忠 县	2.87	2.06	2.05	52.80
开 县	3.09	2.01	1.82	54.00
云阳县	3.12	2.35	2.20	43.32
奉节县	2.88	1.92	1.84	48.68
巫山县	3.11	2.15	2.10	45.11
巫溪县	3.16	2.27	2.14	49.22
石柱县	3.34	2.25	1.80	50.49
秀山县	3.71	2.35	2.22	40.40
酉阳县	3.05	1.93	1.87	48.96
彭水县	3.31	1.91	1.87	38.04

2-53 各区县农村居民家庭基本情况（2016 年）
Basic Conditions of Rural Households by Region of Chongqing（2016）

续表（continued）

区 县	户均常住人口（人/户）	户均常住劳动力人数（人/户）	户均常住成员从业人数（人/户）	人均住房建筑面积（平方米/人）
全 市	3.03	2.06	1.94	53.74
万州区	2.85	2.09	1.96	53.04
涪陵区	3.16	2.16	1.94	41.61
渝中区				
大渡口区	2.93	2.20	1.92	48.62
江北区	2.62	1.86	1.81	47.28
沙坪坝区	3.60	2.79	2.00	38.90
九龙坡区	2.65	2.16	1.84	54.42
南岸区	3.89	3.16	2.81	34.61
北碚区	2.63	2.05	1.90	46.30
綦江区	3.30	2.22	2.13	49.54
綦江区（不含万盛）	3.25	2.18	2.14	48.96
万盛经开区	3.75	2.53	2.04	49.09
大足区	3.25	2.26	2.15	44.23
渝北区	2.50	1.84	1.45	53.68
巴南区	3.06	2.35	2.26	46.69
黔江区	3.22	1.86	1.70	45.20
长寿区	2.72	1.94	1.83	52.94
江津区	3.15	2.33	2.14	43.20
合川区	2.71	2.19	2.05	55.24
永川区	2.95	2.02	1.89	45.08
南川区	2.84	1.99	1.95	52.85
潼南区	2.65	1.93	1.77	62.31
铜梁区	2.92	2.16	2.06	46.20
荣昌区	2.97	1.98	1.93	45.80
璧山区	2.95	2.31	2.19	47.24
梁平区	3.07	2.08	2.00	58.61
城口县	3.20	2.40	1.99	39.82
丰都县	3.19	2.06	2.00	50.76
垫江县	2.93	1.82	1.73	51.38
武隆区	3.37	2.21	2.16	50.93
忠 县	2.90	2.07	2.03	53.65
开州区	3.07	1.98	1.79	54.33
云阳县	3.10	2.36	2.22	43.62
奉节县	2.78	1.85	1.80	50.14
巫山县	3.21	2.06	2.00	46.37
巫溪县	3.84	2.58	2.31	48.81
石柱县	3.23	2.40	1.95	54.73
秀山县	3.65	2.31	2.14	38.49
酉阳县	3.28	2.10	1.97	49.35
彭水县	3.32	1.93	1.89	39.02

2–54 各区县农村居民人均可支配收入情况（2010–2016 年）
Per Capita Income of Rural Households by Region of Chongqing（2010–2016）

单位：元/人

指 标	2010 年	2011 年	2012 年	2013 年	2014 年	2015 年	2016 年
全 市	**5378**	**6605**	**7526**	**8493**	**9490**	**10505**	**11549**
万州区	5208	6437	7397	8417	9562	10729	11898
涪陵区	5437	6720	7782	8817	9963	11089	12253
渝中区							
大渡口区	8467	10035	11310	12667	14035	15439	16844
江北区	8297	10003	11331	12736	14125	15594	16989
沙坪坝区	8236	9986	11172	12524	13864	15264	16653
九龙坡区	8274	10020	11189	12576	13984	15480	16935
南岸区	8773	9948	11813	13313	14831	16366	17839
北碚区	7598	9308	10564	11853	13169	14499	15898
綦江区	5896	7236	8198	9321	10421	11494	12615
綦江区（不含万盛）	5960	7319	8288	9423	10535	11538	12669
万盛经开区	5727	7021	7963	9054	10123	11165	12248
大足区	6408	7849	8909	10031	11235	12437	13718
渝北区	7189	8828	9949	11223	12458	13766	15074
巴南区	7170	8775	10020	11274	12548	13878	15252
黔江区	4345	5362	6113	6944	7878	8855	9820
长寿区	6160	7589	8621	9725	10863	12047	13252
江津区	6868	8441	9656	10950	12318	13722	15177
合川区	6699	8240	9402	10605	11899	13184	14516
永川区	6887	8505	9759	11037	12406	13808	15258
南川区	5757	7086	8078	9088	10160	11237	12349
潼南区	5703	7055	8156	9208	10387	11582	12821
铜梁区	6881	8525	9813	11108	12452	13747	15108
荣昌区	6528	8075	9271	10485	11775	13035	14325
璧山区	7004	8692	10039	11394	12807	14229	15680
梁平区	5421	6749	7768	8825	10034	11268	12485
城口县	3619	4499	5079	5744	6491	7224	7946
丰都县	4640	5833	6749	7653	8679	9729	10770
垫江县	5542	6895	7950	9039	10241	11480	12697
武隆区	4499	5660	6543	7459	8489	9562	10643
忠 县	5282	6623	7623	8660	9803	10960	12100
开州区	4946	6157	7082	8022	9097	10170	11238
云阳县	4349	5466	6292	7122	8084	9054	9982
奉节县	4093	5125	5881	6648	7513	8385	9228
巫山县	3848	4772	5440	6142	6935	7733	8537
巫溪县	3551	4407	5029	5672	6392	7121	7826
石柱县	4644	5829	6674	7568	8586	9642	10674
秀山县	4009	5012	5749	6519	7431	8360	9263
酉阳县	3575	4440	5039	5704	6479	7263	8069
彭水县	4104	5117	5848	6598	7469	8388	9294

2–55 各区县农村居民人均消费支出情况（2015–2016 年）
Per Capita Expenditure of Rural Households by Region of Chongqing（2015–2016）

单位：元/人

指　标	2015 年	2016 年
全　市	**8938**	**9954**
万州区	9646	11077
涪陵区	9377	10424
渝中区		
大渡口区	12230	14356
江北区	9668	10577
沙坪坝区	10265	13066
九龙坡区	12086	13407
南岸区	11079	11317
北碚区	10825	12404
綦江区	9203	10161
綦江区（不含万盛）	9273	10263
万盛经开区	8676	9417
大足区	9525	9890
渝北区	9996	11540
巴南区	10168	11193
黔江区	7502	8329
长寿区	9624	11237
江津区	9942	11038
合川区	10633	12214
永川区	10096	10787
南川区	9041	10521
潼南区	8416	9193
铜梁区	8863	9762
荣昌区	8965	9748
璧山区	10471	11486
梁平区	10383	11147
城口县	5534	5850
丰都县	7487	8441
垫江县	9216	9380
武隆区	8491	9455
忠　县	9312	9615
开州区	8868	9683
云阳县	7067	7839
奉节县	6335	7042
巫山县	7347	7779
巫溪县	6920	7756
石柱县	6995	7907
秀山县	6929	8586
酉阳县	6590	7383
彭水县	7845	8577

2–56 各区县农村居民人均可支配收入构成（2015 年）
Composition of Per Capita Disposable Income of Rural Households by Region of Chongqing（2015）

单位：元/人

区 县	可支配收入				
		工资性收入	经营净收入	财产净收入	转移净收入
全 市	**10505**	**3583**	**3775**	**278**	**2869**
万州区	10729	4477	3376	350	2525
涪陵区	11089	3338	4392	347	3012
渝中区					
大渡口区	15439	10952	2507	602	1378
江北区	15594	9578	4493	710	813
沙坪坝区	15264	8648	3313	1009	2294
九龙坡区	15480	9777	3228	187	2288
南岸区	16366	14007	1205	351	803
北碚区	14499	8885	2289	724	2601
綦江区	11494	4344	3380	257	3514
綦江区（不含万盛）	11538	4375	3173	265	3725
万盛经开区	11165	4113	4935	191	1926
大足区	12437	4174	4436	590	3237
渝北区	13766	6011	3244	1308	3203
巴南区	13878	5651	5091	1103	2033
黔江区	8855	2498	2784	187	3386
长寿区	12047	3044	4606	405	3992
江津区	13722	4709	3899	344	4770
合川区	13184	3854	5029	544	3758
永川区	13808	7217	3358	153	3080
南川区	11237	4024	4445	459	2309
潼南区	11582	2970	5020	261	3331
铜梁区	13747	5408	4159	393	3787
荣昌区	13035	4540	4534	193	3768
璧山区	14229	7849	4067	565	1748
梁平县	11268	4343	3565	448	2912
城口县	7224	3876	2404	209	735
丰都县	9729	2912	3808	256	2753
垫江县	11480	2869	4235	286	4090
武隆县	9562	3076	3916	229	2341
忠 县	10960	4068	3653	290	2950
开 县	10170	3679	3731	220	2540
云阳县	9054	4129	2540	142	2243
奉节县	8385	2675	3721	97	1892
巫山县	7733	3239	2864	38	1592
巫溪县	7121	2332	3374	152	1262
石柱县	9642	3627	4064	587	1364
秀山县	8360	3149	3522	258	1431
酉阳县	7263	2449	2825	168	1821
彭水县	8388	3772	3016	172	1429

2-56 各区县农村居民人均可支配收入构成（2016年）
Composition of Per Capita Disposable Income of Rural Households by Region of Chongqing（2016）

续表（continued） 单位：元/人

区 县	可支配收入	工资性收入	经营净收入	财产净收入	转移净收入
全 市	11549	3966	4150	296	3137
万州区	11898	4971	3660	367	2900
涪陵区	12253	3655	4822	387	3389
渝中区					
大渡口区	16844	12302	2299	613	1630
江北区	16989	10458	4871	770	890
沙坪坝区	16653	8826	3225	1101	3501
九龙坡区	16935	10552	3741	210	2432
南岸区	17839	15026	1419	434	960
北碚区	15898	9715	2636	712	2836
綦江区	12615	4820	3653	276	3867
綦江区（不含万盛）	12669	4847	3468	284	4070
万盛经开区	12248	4622	5010	225	2392
大足区	13718	4560	4737	595	3826
渝北区	15074	6619	3533	1433	3489
巴南区	15252	6220	5567	1227	2238
黔江区	9820	2731	3174	219	3697
长寿区	13252	3525	5173	462	4091
江津区	15177	5206	4218	364	5389
合川区	14516	4208	5572	701	4035
永川区	15258	7762	4038	160	3298
南川区	12349	4643	4644	461	2601
潼南区	12821	3199	5552	329	3741
铜梁区	15108	5901	4647	401	4160
荣昌区	14325	4900	5016	205	4205
璧山区	15680	8557	4519	631	1973
梁平区	12485	4888	3805	469	3323
城口县	7946	4279	2580	230	856
丰都县	10770	3234	4320	264	2952
垫江县	12697	3501	4775	289	4132
武隆区	10643	3396	4321	245	2681
忠 县	12100	4542	3905	303	3350
开州区	11238	4063	4102	253	2820
云阳县	9982	4440	2907	153	2482
奉节县	9228	2835	4016	106	2270
巫山县	8537	3549	3178	43	1767
巫溪县	7826	2546	3600	180	1500
石柱县	10674	4012	4527	650	1485
秀山县	9263	3461	3729	235	1838
酉阳县	8069	2797	3012	193	2067
彭水县	9294	4111	3419	198	1567

2–57 各区县农村居民人均消费支出构成情况（2015 年）
Composition of Per Capita Consumption Expenditure of Rural Households by Region of Chongqing（2015）

单位：元/人

区 县	消费支出	食品烟酒	衣着	居住	生活用品及服务
全 市	8938	3571	530	1482	652
万州区	9646	3688	488	1761	627
涪陵区	9377	3771	524	1652	691
渝中区					
大渡口区	12230	4794	1153	2040	1158
江北区	9668	3902	1029	1776	434
沙坪坝区	10265	4145	737	2090	744
九龙坡区	12086	4570	1012	2708	812
南岸区	11079	4163	784	1992	563
北碚区	10825	4392	943	1626	672
綦江区	9203	3650	563	1672	660
綦江区（不含万盛）	9273	3740	547	1628	672
万盛经开区	8676	2980	686	2003	572
大足区	9525	4087	725	1359	671
渝北区	9996	3999	548	1939	718
巴南区	10168	3879	799	1518	861
黔江区	7502	3079	456	1664	406
长寿区	9624	4298	335	2568	529
江津区	9942	4030	655	1880	861
合川区	10633	4018	506	2389	784
永川区	10096	3792	542	1762	665
南川区	9041	3304	473	2242	507
潼南区	8416	3660	344	1643	530
铜梁区	8863	3480	564	1777	1151
荣昌区	8965	3598	520	1537	843
璧山区	10471	4104	551	1684	953
梁平县	10383	3802	668	1819	762
城口县	5534	2235	535	654	374
丰都县	7487	2880	378	1375	474
垫江县	9216	3018	476	1720	611
武隆县	8491	3263	618	1533	591
忠 县	9312	4070	433	2129	575
开 县	8868	3849	490	1626	644
云阳县	7067	2709	356	1637	659
奉节县	6335	2576	1071	512	403
巫山县	7347	2594	630	1361	679
巫溪县	6920	3636	301	1836	512
石柱县	6995	3135	440	1307	470
秀山县	6929	2600	505	1439	505
酉阳县	6590	2935	357	1237	430
彭水县	7845	3593	432	1121	571

2-57 各区县农村居民人均消费支出构成情况（2015年）
Composition of Per Capita Consumption Expenditure of Rural Households by Region of Chongqing（2015）

续表（continued）　　　　单位：元/人

区 县	交通通信	教育文化娱乐	医疗保健	其他用品和服务
全　市	888	923	746	145
万州区	1025	1000	914	142
涪陵区	936	909	667	227
渝中区				
大渡口区	1495	771	667	153
江北区	1054	641	654	178
沙坪坝区	761	365	1163	260
九龙坡区	1212	853	683	236
南岸区	1193	1186	877	321
北碚区	962	1135	823	272
綦江区	995	968	465	230
綦江区（不含万盛）	1003	962	482	239
万盛经开区	929	1010	333	163
大足区	739	1013	612	319
渝北区	1070	692	867	162
巴南区	940	861	1068	243
黔江区	561	715	514	107
长寿区	566	561	608	161
江津区	774	778	790	174
合川区	809	1046	932	149
永川区	1110	841	1146	238
南川区	904	806	732	72
潼南区	632	824	685	98
铜梁区	614	612	564	101
荣昌区	920	870	555	122
璧山区	1355	710	922	192
梁平县	974	1013	965	379
城口县	535	645	425	131
丰都县	598	1107	573	101
垫江县	952	1263	936	240
武隆县	872	969	492	153
忠　县	630	678	646	151
开　县	789	704	602	164
云阳县	575	495	569	67
奉节县	461	675	553	84
巫山县	790	786	384	124
巫溪县	434	84	95	22
石柱县	664	369	408	201
秀山县	754	710	338	78
酉阳县	554	603	419	55
彭水县	798	802	450	76

2-57 各区县农村居民人均消费支出构成情况（2016 年）
Composition of Per Capita Consumption Expenditure of Rural Households by Region of Chongqing（2016）

单位：元/人

区 县	消费支出	食品烟酒	衣着	居住	生活用品及服务
全 市	9954	3851	591	1660	703
万州区	11077	4077	530	2056	739
涪陵区	10424	4094	575	1883	747
渝中区					
大渡口区	14356	5547	1350	2333	1259
江北区	10577	4171	1125	1934	467
沙坪坝区	13066	5096	821	2016	1041
九龙坡区	13407	4923	1102	3004	996
南岸区	11317	4149	813	2035	640
北碚区	12404	4954	996	1841	850
綦江区	10161	3911	623	1850	711
綦江区（不含万盛）	10263	4021	609	1807	725
万盛经开区	9417	3105	725	2169	610
大足区	9890	4092	761	1483	692
渝北区	11540	4425	554	2015	576
巴南区	11193	4247	866	1654	957
黔江区	8329	3326	486	1857	447
长寿区	11237	4887	480	2696	588
江津区	11038	4433	739	2105	942
合川区	12214	4438	590	2618	1003
永川区	10787	4093	583	1833	728
南川区	10521	3718	607	2198	624
潼南区	9193	3938	377	1858	550
铜梁区	9762	3716	627	1926	1373
荣昌区	9748	3733	561	1835	856
璧山区	11486	4212	658	1927	1105
梁平区	11147	3937	729	1981	879
城口县	5850	2312	550	714	403
丰都县	8441	3221	427	1529	582
垫江县	9380	3156	545	1643	645
武隆区	9455	3565	665	1766	652
忠 县	9615	4090	435	2172	613
开州区	9683	4029	541	2112	783
云阳县	7839	3062	450	1657	629
奉节县	7042	2859	1191	571	451
巫山县	7779	2746	634	1574	684
巫溪县	7756	4072	321	2141	523
石柱县	7907	3389	503	1521	543
秀山县	8586	3263	610	1846	671
酉阳县	7383	3145	444	1433	502
彭水县	8577	3913	454	1211	605

2-57 各区县农村居民人均消费支出构成情况（2016年）
Composition of Per Capita Consumption Expenditure of Rural Households by Region of Chongqing（2016）

续表（continued） 单位：元/人

区 县	交通通信	教育文化娱乐	医疗保健	其他用品和服务
全 市	1067	1073	852	158
万州区	1263	1210	1029	173
涪陵区	1084	1060	735	246
渝中区				
大渡口区	2145	1125	476	121
江北区	1242	731	714	193
沙坪坝区	1466	651	1689	287
九龙坡区	1259	965	922	237
南岸区	1305	1197	847	332
北碚区	1167	1326	983	287
綦江区	1144	1125	535	262
綦江区（不含万盛）	1157	1120	553	272
万盛经开区	1052	1161	406	188
大足区	803	1071	649	339
渝北区	1692	786	1353	137
巴南区	1055	947	1213	255
黔江区	665	828	600	119
长寿区	738	689	822	338
江津区	864	876	888	191
合川区	1083	1240	1023	218
永川区	1157	959	1173	261
南川区	1271	894	1109	100
潼南区	760	842	774	94
铜梁区	682	687	643	109
荣昌区	1079	888	663	134
璧山区	1501	791	1073	219
梁平区	987	1102	1092	441
城口县	556	698	465	152
丰都县	673	1273	609	126
垫江县	903	1123	1162	203
武隆区	1018	1057	562	172
忠 县	665	755	722	164
开州区	744	695	582	197
云阳县	729	674	566	73
奉节县	514	749	613	93
巫山县	793	856	352	139
巫溪县	466	105	105	23
石柱县	802	436	479	232
秀山县	875	849	400	73
酉阳县	659	694	445	60
彭水县	878	882	537	97

2–58 全国各地区全体居民人均可支配收入情况（2010–2016 年）
Per Capita Income of All the Households by Region of the Nation（2010–2016）

单位：元/人

指　标	2010 年	2011 年	2012 年	2013 年	2014 年	2015 年	2016 年
全　国	12520	14551	16510	18311	20167	21966	23821
东部地区							
北　京	29228	33176	36817	40830	44489	48458	52530
天　津	19266	21714	24030	26359	28832	31291	34074
河　北	10428	12059	13647	15190	16647	18118	19725
辽　宁	13953	16429	18761	20818	22820	24576	26040
上　海	30436	34731	38550	42174	45966	49867	54305
江　苏	17006	19820	22432	24776	27173	29539	32070
浙　江	21159	24195	27020	29775	32658	35537	38529
福　建	14566	16909	19141	21218	23331	25404	27608
山　东	12922	15077	17127	19008	20864	22703	24685
广　东	16579	18916	21268	23421	25685	27859	30296
海　南	10342	12392	14180	15733	17476	18979	20653
中部地区							
山　西	10149	11959	13592	15120	16538	17854	19049
吉　林	10798	12621	14395	15998	17520	18684	19967
黑龙江	10846	12605	14302	15903	17404	18593	19838
安　徽	9955	11873	13593	15154	16796	18363	19998
江　西	10217	11870	13567	15100	16734	18437	20110
河　南	9520	11206	12772	14204	15695	17125	18443
湖　北	11069	12941	14809	16472	18283	20026	21787
湖　南	10861	12612	14391	16005	17622	19317	21115
西部地区							
重　庆	10984	13037	14924	16569	18352	20110	22034
四　川	9373	11130	12753	14231	15749	17221	18808
贵　州	7226	8594	9850	11083	12371	13697	15121
云　南	8184	9739	11233	12578	13772	15223	16720
西　藏	6628	7510	8568	9740	10730	12254	13639
陕　西	9412	11229	12885	14372	15837	17395	18874
甘　肃	7358	8463	9768	10954	12185	13467	14670
青　海	8659	10024	11470	12948	14374	15813	17302
宁　夏	9864	11480	13104	14566	15907	17329	18832
新　疆	9042	10443	12151	13670	15097	16859	18355
内蒙古	12538	14715	16800	18693	20559	22310	24127
广　西	9739	11054	12644	14082	15557	16873	18305

2-59 全国各地区全体居民人均消费支出情况（2015-2016 年）
Per Capita Expenditure of All the Households by Region of the Nation（2015-2016）

单位：元/人

指　　标	2015 年	2016 年
全　国	15712	17111
东部地区		
北　京	33803	35416
天　津	24162	26129
河　北	13031	14247
辽　宁	17200	19853
上　海	34784	37458
江　苏	20556	22130
浙　江	24117	25527
福　建	18850	20167
山　东	14578	15926
广　东	20976	23448
海　南	13575	14275
中部地区		
山　西	11729	12683
吉　林	13764	14773
黑龙江	13403	14446
安　徽	12840	14712
江　西	12403	13259
河　南	11835	12712
湖　北	14316	15889
湖　南	14267	15750
西部地区		
重　庆	15140	16385
四　川	13632	14839
贵　州	10414	11932
云　南	11005	11769
西　藏	8246	9319
陕　西	13087	13943
甘　肃	10951	12254
青　海	13611	14775
宁　夏	13816	14965
新　疆	12867	14066
内蒙古	17179	18072
广　西	11401	12295

2-60 全国各地区城镇居民人均可支配收入情况（2010-2016 年）
Per Capita Income of Urban Households by Region of the Nation（2010-2016）

单位：元/人

指 标	2010 年	2011 年	2012 年	2013 年	2014 年	2015 年	2016 年
全 国	**18779**	**21427**	**24127**	**26467**	**28844**	**31195**	**33616**
东部地区							
北 京	32132	36365	40306	44564	48532	52859	57275
天 津	21800	24158	26586	28980	31506	34101	37110
河 北	16009	18006	20222	22227	24141	26152	28249
辽 宁	18487	21362	24238	26697	29082	31126	32876
上 海	32584	37079	41130	44878	48841	52962	57692
江 苏	22273	25570	28808	31585	34346	37173	40152
浙 江	26802	30340	33846	37080	40393	43714	47237
福 建	19914	22772	25650	28174	30722	33275	36014
山 东	18971	21678	24496	26882	29222	31545	34012
广 东	21332	24010	26981	29537	32148	34757	37684
海 南	15229	17954	20446	22411	24487	26356	28453
中部地区							
山 西	15510	17965	20232	22258	24069	25828	27352
吉 林	14759	17043	19352	21331	23218	24901	26530
黑龙江	14741	16699	18894	20848	22609	24203	25736
安 徽	15566	18345	20729	22789	24839	26936	29156
江 西	15656	17692	20085	22120	24309	26500	28673
河 南	15463	17661	19843	21741	23672	25576	27233
湖 北	15891	18183	20623	22668	24852	27051	29386
湖 南	17229	19599	22173	24352	26570	28838	31284
西部地区							
重 庆	16032	18517	21003	23058	25147	27239	29610
四 川	15364	17787	20180	22228	24234	26205	28335
贵 州	14073	16413	18608	20565	22548	24580	26743
云 南	15528	17956	20371	22460	24299	26373	28611
西 藏	15258	16496	18362	20394	22016	25457	27802
陕 西	15343	17836	20269	22346	24366	26420	28440
甘 肃	13820	15707	17979	19873	21804	23767	25693
青 海	14462	16287	18336	20352	22307	24542	26757
宁 夏	15093	17291	19507	21476	23285	25186	27153
新 疆	14480	16464	19019	21091	23214	26275	28463
内蒙古	18050	20813	23611	26004	28350	30594	32975
广 西	16613	18356	20681	22689	24669	26416	28324

2-61 全国各地区城镇居民人均消费支出情况（2015-2016 年）
Per Capita Expenditure of Urban Households by Region of the Nation（2015-2016）

单位：元/人

指　　标	2015 年	2016 年
全　国	**21392**	**23079**
东部地区		
北　京	36642	38256
天　津	26230	28345
河　北	17587	19106
辽　宁	21557	24996
上　海	36946	39857
江　苏	24966	26433
浙　江	28661	30068
福　建	23520	25006
山　东	19854	21495
广　东	25673	28613
海　南	18448	19015
中部地区		
山　西	15819	16993
吉　林	17973	19166
黑龙江	17152	18145
安　徽	17234	19606
江　西	16732	17696
河　南	17154	18088
湖　北	18192	20040
湖　南	19501	21420
西部地区		
重　庆	19742	21031
四　川	19277	20660
贵　州	16914	19202
云　南	17675	18622
西　藏	17022	19440
陕　西	18464	19369
甘　肃	17451	19539
青　海	19201	20853
宁　夏	18984	20364
新　疆	19415	21229
内蒙古	21876	22744
广　西	16321	17268

2–62 全国各地区农村居民人均可支配收入情况（2010–2016 年）
Per Capita Income of Rural Households by Region of the Nation（2010–2016）

单位：元/人

指 标	2010 年	2011 年	2012 年	2013 年	2014 年	2015 年	2016 年
全 国	**6272**	**7394**	**8389**	**9430**	**10489**	**11422**	**12363**
东部地区							
北 京	12368	13742	15365	17101	18867	20569	22310
天 津	9764	11941	13593	15353	17014	18482	20076
河 北	6014	7187	8158	9188	10186	11051	11919
辽 宁	6671	8011	9061	10161	11191	12057	12881
上 海	13702	15737	17452	19208	21192	23205	25520
江 苏	9067	10744	12133	13521	14958	16257	17606
浙 江	12277	14197	15806	17494	19373	21125	22866
福 建	7573	8952	10164	11405	12650	13793	14999
山 东	7034	8395	9506	10687	11882	12930	13954
广 东	7484	8889	9999	11068	12246	13360	14512
海 南	5566	6801	7816	8802	9913	10858	11843
中部地区							
山 西	5263	6225	7064	7949	8809	9454	10082
吉 林	6341	7634	8741	9781	10780	11326	12123
黑龙江	6040	7382	8367	9369	10453	11095	11832
安 徽	5776	6811	7826	8850	9916	10821	11720
江 西	5991	7133	8103	9089	10117	11139	12138
河 南	5846	6989	7963	8969	9966	10853	11697
湖 北	6375	7540	8582	9692	10849	11844	12725
湖 南	6063	7082	8024	9029	10060	10993	11930
西部地区							
重 庆	5378	6605	7526	8493	9490	10505	11549
四 川	5400	6505	7432	8381	9348	10247	11203
贵 州	3768	4499	5159	5898	6671	7387	8090
云 南	4327	5170	5930	6724	7456	8242	9020
西 藏	4123	4886	5698	6553	7359	8244	9094
陕 西	4477	5484	6285	7092	7932	8689	9396
甘 肃	3747	4278	4931	5589	6277	6936	7457
青 海	4028	4806	5594	6462	7283	7933	8664
宁 夏	5125	5931	6776	7599	8410	9119	9852
新 疆	4993	5853	6876	7847	8724	9425	10183
内蒙古	5780	6942	7956	8985	9976	10776	11609
广 西	5214	6003	6894	7793	8683	9467	10359

2-63 全国各地区农村居民人均消费支出情况（2015–2016 年）
Per Capita Expenditure of Rural Households by Region of the Nation（2015–2016）

单位：元/人

指 标	2015 年	2016 年
全 国	**9223**	**10130**
东部地区		
北 京	15811	17329
天 津	14739	15912
河 北	9023	9798
辽 宁	8873	9953
上 海	16152	17071
江 苏	12883	14428
浙 江	16108	17359
福 建	11961	12911
山 东	8748	9519
广 东	11103	12415
海 南	8210	8921
中部地区		
山 西	7421	8029
吉 林	8783	9521
黑龙江	8391	9424
安 徽	8975	10287
江 西	8486	9128
河 南	7887	8587
湖 北	9803	10938
湖 南	9691	10630
西部地区		
重 庆	8938	9954
四 川	9251	10192
贵 州	6645	7533
云 南	6830	7331
西 藏	5580	6070
陕 西	7901	8568
甘 肃	6830	7487
青 海	8566	9222
宁 夏	8415	9138
新 疆	7698	8277
内蒙古	10637	11463
广 西	7582	8351

2-64 国家扶贫重点县农村常住居民人均可支配收入与消费支出（2015-2016 年）
Per Capita Disposabe Income and Consumption Expenditure of Rural Households in National Poverty Alleviation Counties（2015-2016）

单位：元/人

指 标	2015 年	2016 年
一、可支配收入	9120	10244
（一）工资性收入	2493	2916
（二）经营净收入	3820	4120
（三）财产净收入	164	183
（四）转移净收入	2644	3026
二、消费支出	8170	9119
（一）食品烟酒	3144	3457
（二）衣着	491	570
（三）居住	1538	1781
（四）生活用品及服务	617	679
（五）交通通信	772	906
（六）教育文化娱乐	885	971
（七）医疗保健	613	638
（八）其他用品及服务	110	118

2-65 国家扶贫重点县农村住房设施及耐用消费品拥有情况（2015-2016 年）
Housing Conditions and Main Durable Goods Owened of National Poverty Alleviation Counties（2015-2016）

单位：元/人

指 标	单位	2015 年	2016 年
农村住房及家庭设施状况			
#居住竹草土坯房的户比重	%	4.2	3.8
使用管道供水的户比重	%	56.8	65.7
使用经过净化处理自来水的户比重	%	34.3	36.3
饮水无困难的户比重	%	78.6	81.4
独用厕所的户比重	%	98.7	98.8
炊用柴草的户比重	%	61.0	58.5
农村住户耐用消费品拥有情况			
#百户汽车拥有量	辆	7.3	11.7
百户洗衣机拥有量	台	79.3	87.4
百户电冰箱拥有量	台	83.3	90.2
百户移动电话拥有量	部	206.6	223.8
百户计算机拥有量	台	17.4	21.9

2-66 国家扶贫重点县级统计数据主要情况（2015-2016 年）
Major Conditions of Statistical Data of National Poverty Alleviation Counties（2015-2016）

单位：元/人

指标	单位	2015 年	2016 年
调查县基本情况			
# 乡镇个数	个	438	438
村委会个数	个	3960	3959
境内二级及以上高等级公路里程	公里	3943	4478
数字电影院个数	个	29	34
文化馆个数	个	14	14
有改善供水的中小学校数	个	2033	2203
有卫生厕所的中小学校数	个	2267	2514
有卫生厕所的乡镇医院卫生院数	个	454	458
有污水处理系统的乡镇医院卫生院数	个	354	378
扶贫投资总额	**万元**	**417481**	**598163**
# 农业	万元	36963	57085
林业	万元	33470	31987
畜牧业	万元	20401	14262
农村饮水安全工程	万元	16621	24764
村通公路（通畅、通达工程等）	万元	76475	122566
农村危房改造	万元	12783	19196
易地扶贫搬迁	万元	78434	66632
农村中小学建设	万元	14353	29957

主要指标解释

居民可支配收入 指居民在调查期内获得的、可用于最终消费支出和储蓄的总和，即居民可以用来自由支配的收入。可支配收入既包括现金，也包括实物收入。按照收入的来源，可支配收入包含四项，分别为：工资性收入、经营净收入、财产净收入和转移净收入。

工资性收入 指就业人员通过各种途径得到的全部劳动报酬和各种福利，包括受雇于单位或个人、从事各种自由职业、兼职和零星劳动得到的全部劳动报酬和福利。

经营净收入 指居民从事生产经营活动所获得的净收入，是全部经营收入中扣除经营费用、生产性固定资产折旧和生产税之后得到的净收入。

财产净收入 指居民将其所拥有的金融资产、住房等非金融资产和自然资源交由其他机构单位、住户或个人支配而获得的回报并扣除相关的费用之后得到的净收入。财产净收入包括利息净收入、红利收入、储蓄性保险净收益、转让承包土地经营权租金净收入、出租房屋净收入、出租其他资产净收入和自有住房折算净租金等。

转移净收入 计算公式为：转移净收入=转移性收入—转移性支出

转移性收入 指国家、单位、社会团体对居民的各种经常性转移支付和居民之间的经常性收入转移。包括政府、非行政事业单位、社会团体对居民转移的养老金或退休金、社会救济和补助、惠农补贴、政策性生活补贴、救灾款、经常性捐赠和赔偿以及报销医疗费等；居民之间的赡养收入、经常性捐赠和赔偿以及农村地区（村委会）在外（含国外）工作的本住户非常住成员寄回带回的收入等。

转移性收入不包括住户之间的实物馈赠。

转移性支出 指居民对国家、单位、住户或个人的经常性或义务性转移支付。包括缴纳的税款、各项社会保障支出、赡养支出、经常性捐赠和赔偿支出以及其他经常转移支出等。

居民消费支出 指居民用于满足家庭日常生活消费需要的全部支出，包括用于消费品的支出和用于服务性消费的支出。根据用途不同，消费支出可划分为食品烟酒、衣着、居住、生活用品及服务、交通通信、教育文化娱乐、医疗保健、其他用品及服务八大类。

家庭收入分组方法 是将所有调查户按家庭人均可支配收入由低到高排队，按各20%的比例分为低收入户、中低收入户、中等收入户、中高收入户、高收入户等五组。

（三）

市场物价

Market Prices

3-1 各种消费价格指数（1951–2016 年）
Price Indices（1951–2016）

上年=100

年份 Year	居民消费价格总指数 Consumer Price Index	服务项目价格指数 Price Index of Service Items	商品零售价格总指数 Retail Price Index
1951	109.1	87.6	111.8
1952	97.3	97.8	97.2
1953	98.7	103.5	97.9
1954	100.2	97.6	100.6
1955	101.4	100.9	101.5
1956	102.4	96.7	103.2
1957	104.6	107.6	103.9
1958	99.3	108.2	98.3
1959	99.8	102.8	99.5
1960	99.9	100.0	99.9
1961	135.6	95.0	146.2
1962	95.2	96.7	95.0
1963	91.9	99.2	90.6
1964	95.3	99.3	94.6
1965	98.0	96.7	98.2
1966	101.5	100.0	101.7
1967	102.1	100.0	102.4
1968	100.3	100.0	100.3
1969	99.7	100.0	99.7
1970	99.6	100.3	99.5
1971	100.5	99.9	100.6
1972	100.1	100.0	100.1
1973	100.4	100.0	100.4
1974	100.3	100.0	100.3
1975	100.3	100.0	100.3
1976	100.2	100.0	100.2
1977	100.1	100.0	100.1
1978	102.9	100.0	103.2
1979	101.5	100.1	101.6
1980	107.9	100.2	108.6
1981	101.3	100.5	101.4
1982	102.7	102.6	102.7
1983	102.8	102.6	102.8

3-1 各种消费价格指数（1951-2016 年）
Price Indices（1951-2016）

续表（continued） 上年=100

年份 Year	居民消费价格总指数 Consumer Price Index	服务项目价格指数 Price Index of Service Items	商品零售价格总指数 Retail Price Index
1984	102.9	114.6	101.7
1985	109.9	108.5	110.0
1986	104.2	104.2	104.2
1987	109.8	103.9	110.5
1988	122.7	117.6	123.3
1989	117.1	122.2	116.5
1990	101.4	112.8	100.1
1991	107.0	114.0	106.1
1992	111.2	120.8	109.8
1993	118.7	132.4	116.3
1994	129.7	113.6	126.5
1995	119.4	120.2	116.3
1996	109.7	122.8	106.1
1997	103.3	105.3	101.7
1998	96.4	104.8	94.5
1999	99.3	115.0	96.5
2000	96.7	112.3	95.5
2001	101.7	113.6	99.0
2002	99.6	105.7	98.9
2003	100.6	100.6	99.5
2004	103.7	104.3	101.4
2005	100.8	105.0	98.7
2006	102.4	103.8	101.6
2007	104.7	100.7	103.7
2008	105.6	101.4	105.0
2009	98.4	98.4	97.3
2010	103.2	104.6	101.7
2011	105.3	102.5	104.7
2012	102.6	102.1	101.6
2013	102.7	102.0	101.8
2014	101.8	101.4	100.9
2015	101.3	101.5	100.2
2016	101.8	101.0	101.3

3-2 居民消费价格总指数（1951-2016 年）
Consumer Price Indices （CPI） （1951-2016）

年份 Year	以不同基期计算的价格指数 CPI Calculated by Different Base Period			
	上年=100 Preceding Year=100	2000 年=100 2000 Year=100	1978 年=100 1978 Year=100	1950 年=100 1950 Year=100
1951	109.1			109.1
1952	97.3			106.2
1953	98.7			104.8
1954	100.2			105.0
1955	101.4			106.5
1956	102.4			109.1
1957	104.6			114.1
1958	99.3			113.3
1959	99.8			113.0
1960	99.9			112.9
1961	135.6			153.1
1962	95.2			145.8
1963	91.9			134.0
1964	95.3			127.7
1965	98.0			125.1
1966	101.5			127.0
1967	102.1			129.7
1968	100.3			130.1
1969	99.7			129.7
1970	99.6			129.2
1971	100.5			129.8
1972	100.1			129.9
1973	100.4			130.4
1974	100.3			130.8
1975	100.3			131.2
1976	100.2			131.5
1977	100.1			131.6
1978	102.9		100.0	135.4
1979	101.5		101.5	137.5
1980	107.9		109.5	148.3
1981	101.3		110.9	150.3
1982	102.7		113.9	154.3
1983	102.8		117.1	158.6

3-2 居民消费价格总指数（1951-2016 年）
Consumer Price Indices （CPI） （1951-2016）

续表（continued）

年份 Year	以不同基期计算的价格指数 CPI Calculated by Different Base Period			
	上年=100 Preceding Year=100	2000 年=100 2000 Year=100	1978 年=100 1978 Year=100	1950 年=100 1950 Year=100
1984	102.9		120.5	163.2
1985	109.9		132.4	179.4
1986	104.2		138.0	186.9
1987	109.8		151.5	205.2
1988	122.7		185.9	251.8
1989	117.1		217.7	294.9
1990	101.4		220.7	299.0
1991	107.0		236.1	319.9
1992	111.2		262.5	355.7
1993	118.7		311.6	422.2
1994	129.7		404.1	547.6
1995	119.4		482.5	653.8
1996	109.7		529.3	717.2
1997	103.3		546.8	741.2
1998	96.4		527.1	714.5
1999	99.3		523.4	709.5
2000	96.7	100.0	506.1	686.1
2001	101.7	101.7	514.7	697.8
2002	99.6	101.3	512.6	695.0
2003	100.6	101.9	515.7	699.2
2004	103.7	105.6	534.8	725.1
2005	100.8	106.5	539.1	730.9
2006	102.4	109.0	552.0	748.4
2007	104.7	114.2	577.9	783.6
2008	105.6	120.6	610.3	827.5
2009	98.4	118.7	600.5	814.3
2010	103.2	122.5	619.8	840.3
2011	105.3	129.0	652.6	884.9
2012	102.6	132.3	669.5	907.8
2013	102.7	135.8	687.2	931.8
2014	101.8	138.2	699.3	948.2
2015	101.3	140.0	708.1	960.1
2016	101.8	142.5	720.8	977.3

3–3 商品零售价格指数（1951–2016 年）
Retail Price Indices（1951–2016）

年份 Year	以不同基期计算的价格指数 CPI Calculated by Different Base Period			
	上年=100 Preceding Year=100	2000 年=100 2000 Year=100	1978 年=100 1978 Year=100	1950 年=100 1950 Year=100
1951	111.8			111.8
1952	97.2			108.6
1953	97.9			106.3
1954	100.6			107.0
1955	101.5			108.6
1956	103.2			112.1
1957	103.9			116.4
1958	98.3			114.4
1959	99.5			113.9
1960	99.9			113.8
1961	146.2			166.3
1962	95.0			158.0
1963	90.6			143.2
1964	94.6			135.4
1965	98.2			133.0
1966	101.7			135.2
1967	102.4			138.5
1968	100.3			138.9
1969	99.7			138.5
1970	99.5			137.8
1971	100.6			138.6
1972	100.1			138.8
1973	100.4			139.3
1974	100.3			139.7
1975	100.3			140.2
1976	100.2			140.4
1977	100.1			140.6
1978	103.2		100.0	145.1
1979	101.6		101.6	147.4
1980	108.6		110.3	160.1
1981	101.4		111.9	162.3
1982	102.7		114.9	166.7
1983	102.8		118.1	171.4

3–3 商品零售价格指数（1951–2016 年）
Retail Price Indices（1951–2016）

续表（continued）

年份 Year	以不同基期计算的价格指数 CPI Calculated by Different Base Period			
	上年=100 Preceding Year=100	2000 年=100 2000 Year=100	1978 年=100 1978 Year=100	1950 年=100 1950 Year=100
1984	101.7		120.1	174.3
1985	110.0		132.0	191.7
1986	104.2		137.5	199.8
1987	110.5		151.9	220.7
1988	123.3		187.3	272.2
1989	116.5		218.2	317.1
1990	100.1		218.4	317.4
1991	106.1		231.7	336.7
1992	109.8		254.4	369.7
1993	116.3		295.9	430.0
1994	126.5		374.3	544.0
1995	116.3		435.3	632.6
1996	106.1		461.9	671.2
1997	101.7		470.4	682.6
1998	94.5		444.5	645.1
1999	96.5		428.9	622.5
2000	95.5	100.0	409.6	594.5
2001	99.0	99.0	405.5	588.6
2002	98.9	97.9	401.0	582.1
2003	99.5	97.4	399.0	579.2
2004	101.4	98.8	404.6	587.3
2005	98.7	97.5	399.3	579.7
2006	101.6	99.1	405.7	589.0
2007	103.7	102.7	420.7	610.8
2008	105.0	107.8	441.7	641.3
2009	97.3	104.9	429.8	624.0
2010	101.7	106.7	437.1	634.6
2011	104.7	111.7	457.5	664.2
2012	101.6	113.5	464.8	674.7
2013	101.8	115.5	473.2	687.0
2014	100.9	116.5	477.3	693.0
2015	100.2	116.8	478.3	694.4
2016	101.3	118.3	484.4	703.3

3-4 居民消费价格分类指数（2001–2016 年）
Consumer Price Indices by Category （2001–2016）

上年=100

项 目	Item	2001 年	2002 年	2003 年	2004 年	2005 年	2006 年	2007 年	2008 年
居民消费价格总指数	**Consumer Price Index**	**101.7**	**99.6**	**100.6**	**103.7**	**100.8**	**102.4**	**104.7**	**105.6**
非食品价格指数	Non–food Price Index	103.1	100.0	98.5	99.5	101.1	102.0	100.0	100.1
服务项目价格指数	Price Index of Service Item	113.6	105.7	100.6	104.3	105.0	103.8	100.7	101.4
工业品价格指数	Industrial Price Index						100.8	99.5	99.3
扣除食品烟酒和能源价格指数	Excluding Food Tobacco Liquor and Energy Price Index						101.6	99.7	100.0
消费品价格指数	Consumer Goods Price Index	98.2	97.5	100.6	103.4	99.3	101.9	106.2	107.1
食品	**Food**	**99.2**	**98.7**	**104.3**	**111.0**	**100.1**	**103.1**	**114.1**	**115.7**
粮食	Grain	96.3	103.0	100.5	127.1	102.7	101.3	107.9	112.0
大米	Rice	94.4	105.3	101.0	130.3	98.8	101.6	108.5	109.7
油脂	Oil or Fat	91.7	99.3	114.2	121.4	83.8	98.8	132.3	128.5
肉禽及其制品	Meal, Poultry and Processed Products	97.8	103.8	99.2	121.5	101.4	99.6	136.7	122.7
食用畜肉及副产品	Meat and its Subsidiary Products	99.2	102.3	98.0	126.1	96.3	99.6	143.5	126.5
猪肉	Pork	99.4	104.6	98.5	131.6	93.8	98.7	149.8	122.4
禽	Poultry	95.1	109.2	103.4	118.1	109.4	98.8	134.3	111.7
蛋	Eggs	104.2	104.2	98.3	117.2	104.8	97.7	120.5	103.2
水产品	Aquatic Products	98.4	97.8	104.7	111.6	104.1	98.7	109.8	125.0
菜	Vegetables	108.9	88.9	120.6	112.6	98.7	114.2	110.5	108.2
鲜菜	Fresh Vegetables	110.8	88.3	122.8	114.5	98.7	114.7	111.1	107.4
调味品	Flavoring	97.1	100.0	97.5	102.5	98.8	101.9	103.5	105.5
糖	Carbohydrate	102.3	95.3	100.3	103.1	102.9	105.7	104.9	109.6
茶及饮料	Tea and Beverages	96.3	99.3	98.5	101.9	97.6	100.5	103.2	105.6
干鲜瓜果	Dried and Fresh Melons and Fruits	103.1	89.7	122.6	99.6	96.0	116.2	99.3	118.1
糕点饼干面包	Cake, Biscuit and Bread	104.4	100.3	99.5	101.4	101.1	99.6	107.4	111.0
液体乳及乳制品	Milk and Its Products	95.1	97.9	100.5	100.1	97.0	103.6	101.6	114.2
在外用膳食品	Dining Out	98.2	98.0	101.3	100.1	101.4	100.9	107.2	110.2
其他食品	Other Foods and Manufacturing Services	97.7	100.5	102.6	101.2	99.1	102.3	102.1	112.6
烟酒	**Tobacco and Liquor**	**96.8**	**98.4**	**98.2**	**100.4**	**101.2**	**100.3**	**102.4**	**102.8**
烟草	Tobacco	95.4	98.0	97.0	98.5	101.8	99.3	99.8	99.4
酒	Liquor	99.9	99.2	101.1	106.0	99.8	102.6	109.6	112.4
吸烟、饮酒用品	Articles for Smoking and Drinking	97.1	98.5	98.2	98.6	100.3	100.9	100.3	96.3

注：根据国家统计局城市司 2011 年新的调查制度，2011 年数据中，原指标“扣除食品和能源价格指数”改为“扣除食品烟酒和能源价格指数”；原指标“烟酒及用品”改为“烟酒”，原“吸烟、饮酒用品”指标取消。下同。

Note：According to the new survey system of 2011 from Department of Urban Surveys National Bureau of Statistics, in the data of 2011, the original “Excluding Food and Energy Price Index” changed to “Excluding Food Tobacco Liquor and Energy Price Index”, the original index “Tobacco, Liquor and Articles” changed to “Tobacco and Liquor”, the original “Articles for Smoking and Drinking” index canceled.（the same below）

3–4 居民消费价格分类指数（2001–2016 年）

Consumer Price Indices by Category （2001–2016）

续表 1（continued 1）　　上年=100

项　目	Item	2008 年	2010 年	2011 年	2012 年	2013 年	2014 年	2015 年
居民消费价格总指数	**Consumer Price Index**	**98.4**	**103.2**	**105.3**	**102.6**	**102.7**	**101.8**	**101.3**
非食品价格指数	Non–food Price Index	97.5	101.7	101.5	101.5	101.9	101.0	101.0
服务项目价格指数	Price Index of Service Item	98.4	104.6	102.5	102.1	102.0	101.4	101.5
工业品价格指数	Industrial Price Index	96.9	100.0	100.8	101.1	101.8	100.6	100.5
扣除食品烟酒和能源价格指数	Excluding Food Tobacco Liquor and Energy Price Index	97.5	101.4	101.0	101.2	102.0	101.1	101.4
消费品价格指数	Consumer Goods Price Index	98.4	102.8	106.5	102.8	102.9	101.9	101.1
食品	**Food**	**100.0**	**106.5**	**114.1**	**104.7**	**104.1**	**103.3**	**101.8**
粮食	Grain	106.2	113.1	115.4	107.7	103.0	101.8	102.3
大米	Rice	108.4	117.7	115.8	107.1	102.7	98.8	100.7
油脂	Oil or Fat	80.9	105.2	116.0	106.0	98.6	94.7	96.1
肉禽及其制品	Meal, Poultry and Processed Products	86.7	104.7	130.1	99.1	103.7	99.4	106.7
食用畜肉及副产品	Meat and its Subsidiary Products	80.5	102.8	135.6	97.3	104.5	97.6	109.6
猪肉	Pork	76.4	103.1	140.2	93.1	100.8	94.0	111.8
禽	Poultry	92.8	106.8	121.5	102.3	101.7	103.4	101.3
蛋	Eggs	98.8	106.4	120.2	100.6	109.1	103.5	95.7
水产品	Aquatic Products	102.3	106.0	107.2	106.7	102.7	104.7	102.3
菜	Vegetables	115.0	109.3	103.5	112.3	107.1	105.7	100.6
鲜菜	Fresh Vegetables	116.6	108.7	103.8	113.2	106.4	105.4	100.3
调味品	Flavoring	104.1	112.3	110.1	103.4	104.7	102.0	100.8
糖	Carbohydrate	103.5	106.3	109.4	104.1	104.4	100.0	97.6
茶及饮料	Tea and Beverages	100.7	104.4	108.2	104.3	104.2	101.6	100.4
干鲜瓜果	Dried and Fresh Melons and Fruits	113.2	114.9	116.4	108.0	101.7	117.7	102.4
糕点饼干面包	Cake, Biscuit and Bread	101.6	102.3	109.2	102.4	103.2	101.8	100.3
液体乳及乳制品	Milk and Its Products	101.0	103.3	107.5	104.4	106.1	108.5	94.9
在外用膳食品	Dining Out	103.9	104.2	107.1	105.9	104.6	102.5	101.4
其他食品	Other Foods and Manufacturing Services	98.9	96.7	106.8	107.6	100.8	101.5	98.4
烟酒	**Tobacco and Liquor**	**101.6**	**104.3**	**103.7**	**107.1**	**100.6**	**97.8**	**99.1**
烟草	Tobacco	100.0	101.4	99.8	99.8	100.0	99.7	102.8
酒	Liquor	105.3	112.7	112.7	122.0	101.6	94.5	92.6
吸烟、饮酒用品	Articles for Smoking and Drinking	100.6	101.1					

注：根据国家统计局城市司 2011 年新的调查制度，2011 年数据中，原指标“扣除食品和能源价格指数”改为“扣除食品烟酒和能源价格指数”；原指标“烟酒及用品”改为“烟酒”，原“吸烟、饮酒用品”指标取消。下同。

Note：According to the new survey system of 2011 from Department of Urban Surveys National Bureau of Statistics, in the data of 2011, the original “Excluding Food and Energy Price Index” changed to “Excluding Food Tobacco Liquor and Energy Price Index”, the original index “Tobacco, Liquor and Articles” changed to “Tobacco and Liquor”, the original “Articles for Smoking and Drinking” index canceled.（the same below）

3-4 居民消费价格分类指数（2001–2016 年）
Consumer Price Indices by Category （2001–2016）

续表 2（continued 2） 上年=100

项 目	2016 年
居民消费价格总指数	101.8
非食品价格指数	101.1
服务价格指数	101.0
工业品价格指数	101.0
扣除食品和能源价格指数	101.3
消费品价格指数	102.2
食品烟酒	103.6
食品	104.7
粮食	102.4
大米	100.7
薯类	126.0
食用油	103.0
菜	108.7
鲜菜	109.3
畜肉类	111.9
猪肉	117.1
禽肉类	100.3
水产品	104.7
蛋类	96.4
奶类	99.4
干鲜瓜果类	97.8
糖果糕点类	101.4
调味品	100.5
其他食品类	101.6
茶及饮料	98.9
烟酒	100.2
烟草	100.4
酒类	99.8
在外餐饮	102.3

注：根据国家统计局城市司 2016 年新的调查制度，2016 年数据中，原指标“食品”改为“食品烟酒”，原“烟酒”指标取消。下同。

Note：According to the new survey system of 2016 from Department of Urban Surveys National Bureau of Statistics, in the data of 2016,the original index " Food" changed to " Food alcohol and tobacco" , the original " Tobacco and Liquor" index canceled. （the same below）

3-4 居民消费价格分类指数（2001-2016 年）
Consumer Price Indices by Category （2001-2016）

续表 3（continued 3） 上年=100

项 目	Item	2001 年	2002 年	2003 年	2004 年	2005 年	2006 年	2007 年	2008 年
衣着	**Clothing**	**97.4**	**93.5**	**94.2**	**91.2**	**92.1**	**98.2**	**94.2**	**94.2**
服装	Garments	98.2	92.3	93.9	93.4	94.0	100.4	95.7	94.5
衣着材料	Clothing Material	101.0	98.9	103.1	101.8	96.3	100.0	100.0	100.0
鞋袜帽	Footgear and Hats	94.8	96.0	94.3	84.4	86.1	91.3	89.0	92.9
衣着加工服务费	Clothing Manufacturing Services	100.0	101.3	98.9	98.8	101.0	102.5	100.3	102.1
家庭设备用品及维修服务	**Household Facilities, Articles and Services**	**95.7**	**96.8**	**95.5**	**98.5**	**100.1**	**100.3**	**101.8**	**102.5**
耐用消费品	Durable Consumer Goods	92.6	93.8	94.2	95.6	99.1	99.8	102.5	101.3
室内装饰品	Interior Decorations	91.5	99.9	99.6	99.1	100.3	98.2	97.0	96.6
床上用品	Bed Articles	99.7	100.4	99.0	99.1	99.1	92.7	95.0	102.4
家庭日用杂品	Daily Use Household Articles	98.8	97.4	94.0	103.8	100.3	99.4	102.3	102.8
家庭服务及加工维修服务	Household Services and Maintenance and Renovation	101.7	105.3	99.8	100.8	104.6	109.5	104.0	108.6
医疗保健和个人用品	**Health Care and Personal Articles**	**98.9**	**95.6**	**99.3**	**99.4**	**102.5**	**100.8**	**99.1**	**101.9**
医疗保健	Health Care	98.7	94.4	99.2	98.7	104.0	100.1	98.8	101.4
西药	Western Medicine	93.7	89.5	97.7	91.9	101.5	101.1	98.5	101.9
医疗保健服务	Health Care Services	100.0	101.2	104.3	116.0	107.2	99.8	98.2	100.0
个人用品及服务	Personal Articles and Services	99.3	99.1	99.8	101.2	98.1	102.8	100.0	103.1
交通和通信	**Transportation and Communication**	**102.4**	**99.4**	**98.7**	**99.2**	**99.9**	**98.7**	**99.0**	**99.3**
交通	Transportation	106.7	100.7	100.2	100.8	102.3	102.1	100.4	102.7
市区公共交通费	Incity Traffic Fare	120.8	103.6	99.2	100.0	100.0	100.0	100.0	100.0
城市间交通费	Intercity Traffic Fare	101.4	99.0	102.2	101.1	103.9	98.2	99.6	102.5
通信	Communication	99.5	98.4	97.7	98.0	98.1	96.6	98.0	97.3
娱乐教育文化用品及服务	**Recreation, Education and Culture Articles**	**114.8**	**105.5**	**99.6**	**103.2**	**104.1**	**104.3**	**99.4**	**100.3**
文娱用耐用消费品及服务	Durable Consumer Goods for Cultural and Recreational Use and Services	91.2	91.4	93.0	93.0	90.4	94.8	93.4	93.4
教育	Education	133.5	111.8	102.2	107.2	112.2	106.4	103.6	101.2
文化娱乐类	Cultural and Recreational Articles	104.0	103.2	98.8	99.0	100.7	102.1	102.0	101.5
旅游	Touring and Outing	91.4	94.3	98.7	105.5	90.5	109.3	88.4	104.6
居住	**Residence**	**102.6**	**104.1**	**102.2**	**100.9**	**103.0**	**106.0**	**105.5**	**101.8**
建房及装修材料	Building and Building Decoration Materials	99.1	99.9	100.0	97.6	101.2	107.5	108.2	104.5
租房	Renting	108.5	115.6	99.9	100.5	100.0	100.0	101.5	103.8
自有住房	Private Housing	100.0	92.4	98.5	103.1	106.1	102.7	105.5	101.7
水、电、燃料	Water, Electricity and Fuels	104.4	109.0	106.1	102.1	103.6	108.0	105.1	100.4
水	Water	121.0	149.3	105.4	101.9	107.8	102.6	102.6	100.0
电	Electricity	103.9	100.7	108.0	102.8	103.9	105.4	105.0	100.0
管道燃气	Pipeline Gas	100.0	103.7	100.9	100.0	100.0	117.4	107.4	100.0

3-4 居民消费价格分类指数（2001-2016 年）
Consumer Price Indices by Category （2001-2016）

续表 4（continued 4）

上年=100

项 目	Item	2009 年	2010 年	2011 年	2012 年	2013 年	2014 年	2015 年
衣着	**Clothing**	**94.7**	**98.4**	**101.3**	**102.2**	**106.3**	**102.0**	**102.8**
服装	Garments	98.7	99.6	101.6	101.1	106.2	102.3	103.1
衣着材料	Clothing Material	100.3	100.5	114.1	101.4	102.6	100.9	99.0
鞋袜帽	Footgear and Hats	82.2	94.8	100.1	105.2	106.9	101.0	102.2
衣着加工服务费	Clothing Manufacturing Services	100.0	100.0	102.4	108.0	106.7	105.7	103.8
家庭设备用品及维修服务	**Household Facilities, Articles and Services**	**97.2**	**100.2**	**102.2**	**100.9**	**101.6**	**100.5**	**100.0**
耐用消费品	Durable Consumer Goods	94.4	96.0	97.3	99.9	100.4	100.6	98.9
室内装饰品	Interior Decorations	96.2	99.6	95.3	98.0	98.0	98.6	100.2
床上用品	Bed Articles	96.5	100.6	109.9	97.9	101.0	98.1	100.1
家庭日用杂品	Daily Use Household Articles	102.4	104.9	104.6	102.8	100.6	99.5	100.2
家庭服务及加工维修服务	Household Services and Maintenance and Renovation	100.5	107.4	110.6	104.2	111.4	106.0	102.9
医疗保健和个人用品	**Health Care and Personal Articles**	**99.4**	**102.5**	**102.0**	**101.9**	**101.0**	**101.7**	**102.6**
医疗保健	Health Care	99.8	103.4	101.5	102.0	101.2	102.8	104.1
西药	Western Medicine	100.9	100.4	98.8	100.4	101.1	100.5	100.8
医疗保健服务	Health Care Services	100.3	101.0	100.3	100.6	100.6	100.5	101.0
个人用品及服务	Personal Articles and Services	97.9	101.0	102.7	101.7	100.6	99.8	99.9
交通和通信	**Transportation and Communication**	**98.2**	**99.5**	**99.1**	**98.3**	**98.3**	**100.3**	**98.0**
交通	Transportation	100.7	103.6	103.2	101.3	99.3	102.0	97.6
市区公共交通费	Incity Traffic Fare	100.3	105.7	102.7	100.8	101.1	106.5	103.0
城市间交通费	Intercity Traffic Fare	109.0	98.3	103.3	103.8	96.1	99.6	99.1
通信	Communication	96.5	96.4	95.5	95.5	97.2	98.5	98.4
娱乐教育文化用品及服务	**Recreation, Education and Culture Articles**	**98.5**	**102.7**	**98.9**	**100.9**	**101.4**	**100.1**	**101.2**
文娱用耐用消费品及服务	Durable Consumer Goods for Cultural and Recreational Use and Services	88.8	86.6	86.8	95.6	99.3	96.9	98.7
教育	Education	102.8	105.9	101.8	102.6	103.3	101.1	103.2
文化娱乐类	Cultural and Recreational Articles	102.3	101.6	100.3	101.0	101.9	101.0	101.6
旅游	Touring and Outing	88.3	112.5	104.2	102.5	98.2	99.1	98.0
居住	**Residence**	**95.9**	**105.4**	**103.7**	**102.5**	**102.8**	**101.6**	**101.2**
建房及装修材料	Building and Building Decoration Materials	100.9	101.4	104.0	102.6	102.9	102.9	100.2
租房	Renting	99.9	103.2	106.5	104.9	103.7	102.5	101.4
自有住房	Private Housing	81.4	107.0	103.1	102.9	103.3	101.8	102.1
水、电、燃料	Water, Electricity and Fuels	100.0	106.9	103.6	101.0	101.5	100.3	100.1
水	Water	100.0	124.3	101.9	100.7	101.6	101.5	100.2
电	Electricity	100.0	100.0	100.0	101.1	101.0	100.0	100.0
管道燃气	Pipeline Gas	100.0	109.1	112.6	101.1	102.2	100.0	100.0

3-4 居民消费价格分类指数（2001-2016 年）
Consumer Price Indices by Category （2001-2016）

续表 5（continued 5） 上年=100

项 目	2016 年
衣着	**102.4**
服装	102.3
服装材料	99.7
其他衣着及配件	100.3
衣着加工服务费	101.7
居住	**101.1**
租赁房房租	101.6
住房保养维修及管理	100.2
水电燃料	100.1
自有住房	101.9
生活用品及服务	**100.6**
家具及室内装饰品	102.6
家用器具	98.8
家用纺织品	101.2
家庭日用杂品	100.8
个人护理用品	100.6
家庭服务	100.7
交通和通信	**100.6**
交通	101.0
交通工具用燃料	95.5
交通费	105.7
通信	99.9
教育文化和娱乐	**99.5**
教育	101.3
文化娱乐	97.9
旅游	95.6
医疗保健	**101.8**
药品及医疗器具	104.3
中药	107.7
西药	103.6
医疗服务	100.0
其他用品和服务	**102.6**
其他用品类	104.1
其他服务类	101.6

3-5 商品零售价格分类指数（2003-2016 年）
Retail Price Indices by Category （2003-2016）

上年=100

项　目	Item	2003 年	2004 年	2005 年	2006 年	2007 年	2008 年	2009 年
商品零售价格总指数	**Retail Price Index**	**99.5**	**101.4**	**98.7**	**101.6**	**103.7**	**105.0**	**97.3**
食品	Food	104.4	111.2	100.2	103.1	114.4	116.0	100.1
饮料烟酒	Beverages, Tobacco and Liquor	98.6	101.4	100.4	100.4	103.0	103.9	101.6
服装鞋帽	Garments, Shoes and Hats	94.0	91.1	92.2	98.4	94.2	94.1	94.7
纺织品	Textiles	100.5	99.8	98.7	93.6	95.8	102.2	96.9
家用电器及音像器材	Household Appliances, Music and Video Equipment	93.5	93.0	95.6	96.3	97.6	97.8	91.0
文化办公用品	Cultural and Office Appliances	98.2	98.2	99.8	100.0	99.3	97.9	96.3
日用品	Articles for Daily Use	94.9	99.9	100.0	101.0	101.7	103.3	100.5
体育娱乐用品	Sports and Recreation Articles	98.9	96.7	94.1	98.1	95.0	98.2	99.1
交通、通信用品	Transportation and Communication Appliances	90.8	89.6	88.9	88.8	88.6	89.4	91.5
家具	Furniture	98.2	99.7	101.3	100.5	101.0	100.4	96.8
化妆品	Cosmetics	97.1	101.8	100.8	98.5	99.0	101.1	100.6
金银珠宝	Gold, Silver and Jewelry	110.5	106.5	104.0	123.5	106.5	119.7	91.0
中西药品及医疗保健用品	Traditional Chinese and Western Medicines and Health Care Articles	97.8	93.2	102.6	100.2	98.9	102.0	99.7
书报杂志及电子出版物	Books, Newspapers, Magazines and Electronic Publications	100.2	101.1	99.7	100.5	100.0	100.4	103.4
燃料	Fuels	105.3	106.2	107.9	116.5	106.0	107.0	95.3
建筑材料及五金电料	Building Materials and Hardware	100.1	99.0	101.3	106.4	109.2	105.1	99.7

3-5 商品零售价格分类指数（2003–2016 年）
Retail Price Indices by Category （2003–2016）

续表（continued） 上年=100

项　目	Item	2010 年	2011 年	2012 年	2013 年	2014 年	2015 年	2016 年
商品零售价格总指数	**Retail Price Index**	**101.7**	**104.7**	**101.6**	**101.8**	**100.9**	**100.2**	**101.3**
食品	Food	106.5	113.6	104.8	103.3	101.8	101.4	104.0
饮料烟酒	Beverages, Tobacco and Liquor	104.5	105.6	106.2	102.0	99.2	99.6	99.9
服装鞋帽	Garments, Shoes and Hats	98.4	101.4	101.8	106.3	102.1	102.9	102.4
纺织品	Textiles	100.6	111.9	96.4	100.8	98.2	100.0	101.1
家用电器及音像器材	Household Appliances, Music and Video Equipment	88.4	90.5	98.4	100.4	98.7	97.8	97.9
文化办公用品	Cultural and Office Appliances	95.0	93.2	98.2	98.7	99.7	100.1	102.4
日用品	Articles for Daily Use	99.5	104.5	102.5	100.5	100.3	101.2	99.6
体育娱乐用品	Sports and Recreation Articles	96.8	96.9	100.5	99.8	99.8	100.0	100.0
交通、通信用品	Transportation and Communication Appliances	92.3	93.2	90.7	96.9	98.5	96.4	99.6
家具	Furniture	101.0	99.8	98.5	99.6	100.3	101.4	103.0
化妆品	Cosmetics	100.1	102.0	102.3	102.6	100.9	100.2	100.9
金银珠宝	Gold, Silver and Jewelry	119.2	113.3	99.0	93.9	94.3	95.4	109.5
中西药品及医疗保健用品	Traditional Chinese and Western Medicines and Health Care Articles	104.3	102.4	102.7	101.3	104.3	105.5	104.3
书报杂志及电子出版物	Books, Newspapers, Magazines and Electronic Publications	100.6	101.0	101.9	100.7	100.9	103.0	100.0
燃料	Fuels	109.2	111.3	102.1	100.7	99.4	93.4	98.1
建筑材料及五金电料	Building Materials and Hardware	103.1	105.1	102.6	103.1	102.6	99.5	100.3

3-6 各月居民消费价格指数（2011 年）
Consumer Price Indices by Month （2011）

上年同期=100

类 别	Item	1 月 January	2 月 February	3 月 March	4 月 April	5 月 May	6 月 June
居民消费价格总指数	**General Consumer Price Index**	**105.0**	**105.4**	**105.5**	**104.8**	**104.6**	**105.5**
非食品价格指数	Non-food Price Index	101.5	101.4	101.6	101.2	101.1	101.3
服务项目价格指数	Price Indices of Service Item	105.0	103.9	104.2	102.7	101.3	101.1
工业品价格指数	Industrial Products Price Index	99.1	99.7	99.8	100.2	100.9	101.4
扣除食品烟酒和能源价格指数	Excluding Food Tobacco Liquor and Energy Price Index	100.9	100.8	101.0	100.5	100.4	100.6
消费品价格指数	Consumer Goods Price Index	105.0	106.0	106.0	105.6	105.9	107.3
食品	**Food**	**113.3**	**114.8**	**114.6**	**113.1**	**112.8**	**115.5**
粮食	Grain	117.2	116.5	115.0	115.7	115.1	115.9
大米	Rice	121.9	120.9	117.5	117.5	117.0	116.5
油脂	Oil or Fat	117.8	116.7	118.0	119.1	117.8	119.0
肉禽及其制品	Meal, Poultry and Processed Products	118.7	122.1	126.0	131.2	131.7	138.0
食用畜肉及副产品	Meat and its Subsidiary Products	120.4	125.1	130.9	137.6	138.0	147.1
猪肉	Pork	121.4	127.4	135.9	144.9	144.6	155.1
禽	Poultry	117.4	118.0	118.6	122.3	123.4	125.2
蛋	Eggs	117.6	117.8	116.1	119.7	119.8	122.7
水产品	Aquatic Products	106.5	102.0	103.2	106.2	109.1	109.8
菜	Vegetables	117.0	128.4	118.8	90.8	86.9	92.4
鲜菜	Fresh Vegetables	117.9	130.6	120.2	89.5	85.5	92.4
调味品	Flavoring	117.2	114.2	113.2	116.3	112.9	113.0
糖	Carbohydrate	109.3	108.4	108.2	108.7	109.2	110.3
茶及饮料	Tea and Beverages	108.8	108.5	108.6	109.7	110.7	111.3
干鲜瓜果	Dried and Fresh Melons and Fruits	121.5	120.0	119.7	124.4	121.8	124.0
糕点饼干面包	Cake, Biscuit and Bread	107.4	108.9	108.7	110.1	109.8	109.8
液体乳及乳制品	Milk and Its Products	107.9	107.4	105.7	107.4	106.1	106.5
在外用膳食品	Dining Out	106.2	105.7	106.8	106.8	108.5	108.3
其他食品	Other Foods and Manufacturing Services	99.7	100.9		102.4	103.2	106.6
烟酒	**Tobacco and Liquor**	**103.4**	**102.7**	**103.1**	**103.4**	**103.2**	**102.8**
烟草	Tobacco	99.9	100.0	99.8	99.8	99.8	99.8
酒	Liquor	112.0	109.3	110.9	112.0	111.2	109.7

3-6 各月居民消费价格指数（2011 年）
Consumer Price Indices by Month （2011）

续表 1（continued 1） 上年同期=100

类 别	Item	7 月 July	8 月 August	9 月 September	10 月 October	11 月 November	12 月 December
居民消费价格总指数	**General Consumer Price Index**	**105.6**	**105.7**	**106.1**	**105.8**	**104.8**	**104.9**
非食品价格指数	Non-food Price Index	101.2	101.2	101.5	101.9	101.8	102.1
服务项目价格指数	Price Indices of Service Item	100.8	101.3	101.6	103.3	101.8	102.8
工业品价格指数	Industrial Products Price Index	101.4	101.1	101.4	100.9	101.7	101.6
扣除食品烟酒和能源价格指数	Excluding Food Tobacco Liquor and Energy Price Index	100.5	100.8	101.3	101.7	101.4	101.8
消费品价格指数	Consumer Goods Price Index	107.6	107.5	107.9	106.8	106.0	105.8
食品	**Food**	**116.1**	**116.0**	**116.4**	**114.5**	**111.3**	**111.1**
粮食	Grain	117.4	115.5	115.7	115.4	114.3	111.6
大米	Rice	117.1	112.9	112.4	113.1	114.0	110.7
油脂	Oil or Fat	117.4	119.9	120.3	116.9	106.8	105.9
肉禽及其制品	Meal, Poultry and Processed Products	142.9	140.0	137.2	131.5	124.0	120.7
食用畜肉及副产品	Meat and its Subsidiary Products	153.6	147.2	144.0	136.8	127.9	123.7
猪肉	Pork	163.2	153.9	149.2	139.9	129.8	125.2
禽	Poultry	126.1	128.7	125.6	122.5	116.5	115.4
蛋	Eggs	125.1	125.0	120.8	124.7	119.0	114.3
水产品	Aquatic Products	109.8	108.6	107.7	107.1	107.7	108.8
菜	Vegetables	92.1	95.9	107.0	102.7	101.9	111.8
鲜菜	Fresh Vegetables	92.2	95.6	107.7	102.9	102.2	113.3
调味品	Flavoring	109.4	109.5	104.7	104.8	104.5	104.5
糖	Carbohydrate	110.1	110.3	111.1	111.9	108.3	106.5
茶及饮料	Tea and Beverages	108.6	108.5	105.5	106.1	106.0	106.3
干鲜瓜果	Dried and Fresh Melons and Fruits	115.8	110.3	110.9	112.0	111.5	106.3
糕点饼干面包	Cake, Biscuit and Bread	110.6	110.4	110.1	108.9	108.5	107.9
液体乳及乳制品	Milk and Its Products	107.7	110.1	107.8	108.4	107.8	107.3
在外用膳食品	Dining Out	108.6	108.6	108.5	107.3	104.8	105.5
其他食品	Other Foods and Manufacturing Services	106.9	111.3	109.5	112.6	113.7	113.5
烟酒	**Tobacco and Liquor**	**102.6**	**103.0**	**103.2**	**103.6**	**106.5**	**107.3**
烟草	Tobacco	99.8	99.8	99.9	99.9	99.8	99.9
酒	Liquor	108.9	110.3	110.6	111.9	121.3	123.6

3-6 各月居民消费价格指数（2011 年）
Consumer Price Indices by Month (2011)

续表 2（continued 2）

上年同期=100

类 别	Item	1月 January	2月 February	3月 March	4月 April	5月 May	6月 June
衣着	**Clothing**	**95.8**	**97.2**	**96.8**	**99.2**	**102.3**	**104.1**
服装	Garments	98.8	99.3	99.1	102.3	102.7	105.1
衣着材料	Clothing Material	109.8	113.5	114.9	116.2	117.1	115.4
鞋袜帽	Footgear and Hats	87.5	91.0	90.1	90.3	101.1	101.2
衣着加工服务费	Clothing Manufacturing Services	100.9	100.9	100.9	100.9	102.0	102.0
家庭设备用品及维修服务	**Household Facilities, Articles and Services**	**101.5**	**101.6**	**101.9**	**101.3**	**101.3**	**101.2**
耐用消费品	Durable Consumer Goods	95.5	96.2	95.9	95.1	96.0	95.0
室内装饰品	Interior Decorations	97.0	95.4	95.1	94.9	94.9	94.9
床上用品	Bed Articles	111.5	112.0	112.0	112.0	112.0	111.5
家庭日用杂品	Daily Use Household Articles	104.3	103.7	104.5	103.5	103.2	104.5
家庭服务及加工维修服务	Household Services and Maintenance and Renovation	111.2	110.5	112.6	112.8	108.8	108.9
医疗保健和个人用品	**Health Care and Personal Articles**	**101.9**	**102.1**	**102.0**	**102.1**	**101.6**	**101.5**
医疗保健	Health Care	102.7	102.7	102.4	101.9	101.3	101.3
西药	Western Medicine	100.9	101.2	100.7	98.7	98.5	97.8
医疗保健服务	Health Care Services	100.0	100.0	100.0	100.0	100.0	100.0
个人用品及服务	Personal Articles and Services	100.6	101.2	101.4	102.4	102.1	102.0
交通和通信	**Transportation and Communication**	**98.1**	**98.9**	**99.3**	**99.6**	**99.6**	**100.3**
交通	Transportation	102.0	102.5	103.0	103.8	103.7	104.5
市区公共交通费	Incity Traffic Fare	105.1	105.1	105.1	105.1	105.4	105.4
城市间交通费	Intercity Traffic Fare	95.0	97.8	98.2	101.4	102.3	103.9
通信	Communication	94.8	95.8	96.1	96.1	96.2	96.7
娱乐教育文化用品及服务	**Recreation, Education and Culture Articles**	**101.4**	**100.8**	**99.1**	**96.9**	**96.9**	**97.5**
文娱用耐用消费品及服务	Durable Consumer Goods for Cultural and Recreational Use and Services	82.9	85.6	85.8	84.9	85.0	84.9
教育	Education	108.6	108.7	106.1	99.9	99.3	99.3
文化娱乐类	Cultural and Recreational Articles	100.8	100.8	97.9	98.8	98.8	99.2
旅游	Touring and Outing	113.4	103.6	103.3	101.7	102.5	106.2
居住	**Residence**	**106.0**	**104.7**	**106.4**	**105.1**	**103.3**	**102.4**
建房及装修材料	Building and Building Decoration Materials	103.3	103.4	103.9	103.7	105.1	105.0
租房	Renting	107.5	107.5	109.8	109.8	109.8	107.0
自有住房	Private Housing	105.9	104.1	107.0	104.4	100.4	99.3
水、电、燃料	Water, Electricity and Fuels	106.8	105.4	105.4	105.4	105.9	105.9
水	Water	107.1	100.0	100.0	100.0	102.0	102.0
电	Electricity	100.0	100.0	100.0	100.0	100.0	100.0
管道燃气	Pipeline Gas	122.9	122.9	122.9	122.9	122.9	122.9

3-6 各月居民消费价格指数（2011 年）
Consumer Price Indices by Month （2011）

续表 3（continued 3） 上年同期=100

类 别	Item	7 月 July	8 月 August	9 月 September	10 月 October	11 月 November	12 月 December
衣着	**Clothing**	**102.5**	**103.1**	**103.7**	**102.9**	**104.1**	**103.8**
服装	Garments	102.7	102.2	102.4	101.6	101.7	101.7
衣着材料	Clothing Material	115.5	115.5	115.0	115.8	113.5	107.4
鞋袜帽	Footgear and Hats	102.0	105.7	107.3	106.4	111.3	109.9
衣着加工服务费	Clothing Manufacturing Services	102.0	102.2	103.4	104.7	104.7	104.3
家庭设备用品及维修服务	**Household Facilities, Articles and Services**	**101.3**	**101.8**	**104.0**	**103.9**	**103.8**	**102.6**
耐用消费品	Durable Consumer Goods	95.6	97.0	101.0	100.1	100.6	100.0
室内装饰品	Interior Decorations	94.9	95.0	94.3	94.1	95.7	96.7
床上用品	Bed Articles	111.1	109.1	107.8	110.7	106.7	103.5
家庭日用杂品	Daily Use Household Articles	104.1	104.2	105.8	105.7	105.8	105.6
家庭服务及加工维修服务	Household Services and Maintenance and Renovation	108.9	110.9	112.0	112.0	112.0	106.6
医疗保健和个人用品	**Health Care and Personal Articles**	**102.0**	**102.1**	**102.2**	**102.0**	**102.1**	**101.9**
医疗保健	Health Care	101.5	100.8	101.0	101.0	101.0	100.9
西药	Western Medicine	97.9	98.1	98.2	97.8	97.8	97.5
医疗保健服务	Health Care Services	100.0	100.6	100.6	100.6	100.6	100.6
个人用品及服务	Personal Articles and Services	102.9	104.4	104.3	103.8	104.1	103.7
交通和通信	**Transportation and Communication**	**100.0**	**99.6**	**98.5**	**98.4**	**98.5**	**98.3**
交通	Transportation	103.2	103.6	103.5	103.3	103.0	102.4
市区公共交通费	Incity Traffic Fare	100.3	100.3	100.3	100.3	100.3	100.3
城市间交通费	Intercity Traffic Fare	105.0	106.2	106.2	107.7	109.8	107.2
通信	Communication	97.1	96.1	94.1	94.1	94.5	94.7
娱乐教育文化用品及服务	**Recreation, Education and Culture Articles**	**98.1**	**97.8**	**98.2**	**100.4**	**99.9**	**99.8**
文娱用耐用消费品及服务	Durable Consumer Goods for Cultural and Recreational Use and Services	86.3	86.4	89.0	90.5	90.9	91.2
教育	Education	99.4	99.8	100.5	100.5	100.5	101.2
文化娱乐类	Cultural and Recreational Articles	101.1	101.0	101.1	101.3	101.5	101.5
旅游	Touring and Outing	103.7	100.7	97.6	110.1	105.7	102.8
居住	**Residence**	**102.5**	**102.3**	**102.7**	**103.3**	**101.9**	**103.9**
建房及装修材料	Building and Building Decoration Materials	105.0	104.5	105.0	99.8	104.8	104.6
租房	Renting	103.0	103.1	103.1	104.0	106.9	107.4
自有住房	Private Housing	99.9	102.1	103.3	105.7	101.2	105.0
水、电、燃料	Water, Electricity and Fuels	105.9	101.5	100.5	100.5	100.5	100.5
水	Water	102.0	102.0	102.0	102.0	102.0	102.0
电	Electricity	100.0	100.0	100.0	100.0	100.0	100.0
管道燃气	Pipeline Gas	122.9	103.8	100.0	100.0	100.0	100.0

3–6 各月居民消费价格指数（2012 年）
Consumer Price Indices by Month （2012）

上年同期=100

类 别	Item	1 月 January	2 月 February	3 月 March	4 月 April	5 月 May	6 月 June
居民消费价格总指数	**General Consumer Price Index**	**105.0**	**103.6**	**103.6**	**103.8**	**103.3**	**102.2**
非食品价格指数	Non–food Price Index	102.0	102.0	101.7	101.5	100.8	100.5
服务项目价格指数	Price Indices of Service Item	102.8	102.3	101.7	101.6	101.6	101.6
工业品价格指数	Industrial Products Price Index	101.5	101.8	101.8	101.4	100.2	99.7
扣除食品烟酒和能源价格指数	Excluding Food Tobacco Liquor and Energy Price Index	101.7	101.7	101.3	101.1	100.4	100.1
消费品价格指数	Consumer Goods Price Index	105.9	104.1	104.4	104.7	103.9	102.4
食品	**Food**	**111.3**	**106.8**	**107.5**	**108.7**	**108.5**	**105.7**
粮食	Grain	111.1	110.2	110.3	108.9	110.0	108.1
大米	Rice	110.1	107.7	108.2	106.9	107.9	107.3
油脂	Oil or Fat	105.5	105.5	104.9	105.7	107.8	107.6
肉禽及其制品	Meal, Poultry and Processed Products	120.6	111.9	109.4	104.8	102.6	96.4
食用畜肉及副产品	Meat and its Subsidiary Products	124.1	113.6	109.2	103.2	100.5	93.4
猪肉	Pork	124.8	113.1	106.7	99.4	96.5	88.5
禽	Poultry	114.0	108.2	110.0	108.2	106.5	101.9
蛋	Eggs	107.9	99.7	98.0	95.1	94.1	102.6
水产品	Aquatic Products	110.2	107.7	109.5	108.8	109.7	108.5
菜	Vegetables	109.7	96.5	109.6	135.9	142.1	131.6
鲜菜	Fresh Vegetables	111.2	96.7	111.0	140.6	147.2	133.7
调味品	Flavoring	104.3	103.7	101.4	103.9	105.2	102.9
糖	Carbohydrate	106.9	106.4	105.7	104.7	104.2	103.7
茶及饮料	Tea and Beverages	106.2	107.0	106.8	105.3	104.4	104.3
干鲜瓜果	Dried and Fresh Melons and Fruits	113.0	109.3	107.5	104.0	106.8	107.2
糕点饼干面包	Cake, Biscuit and Bread	106.4	104.4	104.4	103.4	102.5	101.7
液体乳及乳制品	Milk and Its Products	107.4	106.0	106.0	104.9	104.3	105.1
在外用膳食品	Dining Out	105.9	106.2	105.9	107.0	105.1	104.4
其他食品	Other Foods and Manufacturing Services	113.8	113.7	113.3	112.3	110.5	109.4
烟酒	**Tobacco and Liquor**	**108.1**	**108.5**	**108.5**	**108.5**	**108.3**	**108.2**
烟草	Tobacco	100.1	100.1	100.1	100.3	99.9	99.8
酒	Liquor	125.5	126.8	126.5	125.8	125.9	126.0

3-6 各月居民消费价格指数（2012 年）
Consumer Price Indices by Month （2012）

续表 1（continued 1）　　　　上年同期=100

类 别	Item	7 月 July	8 月 August	9 月 September	10 月 October	11 月 November	12 月 December
居民消费价格总指数	**General Consumer Price Index**	**101.6**	**101.3**	**101.5**	**101.6**	**101.6**	**102.0**
非食品价格指数	Non-food Price Index	101.0	101.2	101.9	102.2	101.8	101.9
服务项目价格指数	Price Indices of Service Item	102.2	102.5	102.9	102.7	101.9	101.8
工业品价格指数	Industrial Products Price Index	100.1	100.2	101.3	101.8	101.7	101.9
扣除食品烟酒和能源价格指数	Excluding Food Tobacco Liquor and Energy Price Index	100.7	100.9	101.6	101.8	101.6	101.7
消费品价格指数	Consumer Goods Price Index	101.4	100.8	101.0	101.2	101.5	102.1
食品	**Food**	**103.0**	**101.5**	**100.7**	**100.6**	**101.3**	**102.3**
粮食	Grain	106.1	105.1	105.5	106.7	105.5	105.3
大米	Rice	105.6	105.1	106.9	107.6	106.4	105.8
油脂	Oil or Fat	107.3	105.2	105.7	105.9	105.6	105.6
肉禽及其制品	Meal, Poultry and Processed Products	91.6	88.9	89.2	91.1	93.6	96.7
食用畜肉及副产品	Meat and its Subsidiary Products	87.4	85.3	85.7	88.5	91.6	95.9
猪肉	Pork	81.7	79.9	80.3	82.8	86.4	91.3
禽	Poultry	100.2	95.8	96.1	96.1	96.8	97.7
蛋	Eggs	95.1	98.2	103.7	101.5	102.4	107.4
水产品	Aquatic Products	107.1	105.8	104.2	104.2	102.9	102.7
菜	Vegetables	119.8	117.4	104.1	97.4	98.0	100.0
鲜菜	Fresh Vegetables	120.7	118.6	103.7	96.2	96.5	98.8
调味品	Flavoring	103.8	102.4	103.8	104.0	102.8	102.9
糖	Carbohydrate	104.1	103.6	103.5	102.0	102.2	103.0
茶及饮料	Tea and Beverages	103.8	103.2	102.0	102.4	103.0	103.3
干鲜瓜果	Dried and Fresh Melons and Fruits	112.7	109.8	108.1	106.6	105.5	105.8
糕点饼干面包	Cake, Biscuit and Bread	102.2	101.1	100.6	101.6	100.6	100.2
液体乳及乳制品	Milk and Its Products	103.6	101.9	101.7	101.4	105.2	105.6
在外用膳食品	Dining Out	104.2	105.0	106.8	107.6	106.8	105.9
其他食品	Other Foods and Manufacturing Services	109.3	104.6	104.3	102.0	100.6	100.1
烟酒	**Tobacco and Liquor**	**108.1**	**107.7**	**107.2**	**106.5**	**103.5**	**103.0**
烟草	Tobacco	99.7	99.7	99.5	99.5	99.7	99.8
酒	Liquor	125.7	124.2	122.7	120.3	110.6	108.6

3-6 各月居民消费价格指数（2012年）
Consumer Price Indices by Month (2012)

续表2（continued 2）　　上年同期=100

类 别	Item	1月 January	2月 February	3月 March	4月 April	5月 May	6月 June
衣着	**Clothing**	**103.9**	**104.3**	**104.4**	**102.2**	**98.7**	**96.9**
服装	Garments	101.7	101.6	101.7	99.1	98.5	96.1
衣着材料	Clothing Material	105.7	104.2	103.1	102.1	101.4	100.8
鞋袜帽	Footgear and Hats	110.7	112.2	112.5	111.7	99.1	99.0
衣着加工服务费	Clothing Manufacturing Services	106.0	106.2	107.0	109.2	109.3	109.3
家庭设备用品及维修服务	**Household Facilities, Articles and Services**	**102.3**	**102.8**	**101.8**	**102.2**	**101.4**	**100.7**
耐用消费品	Durable Consumer Goods	99.6	100.4	100.1	100.9	101.0	100.9
室内装饰品	Interior Decorations	97.1	99.3	99.1	98.2	98.1	97.8
床上用品	Bed Articles	100.7	100.5	100.7	96.6	95.0	95.0
家庭日用杂品	Daily Use Household Articles	106.1	106.4	104.1	106.3	104.5	101.9
家庭服务及加工维修服务	Household Services and Maintenance and Renovation	107.1	107.1	104.8	104.8	104.8	104.7
医疗保健和个人用品	**Health Care and Personal Articles**	**101.9**	**102.1**	**102.2**	**102.3**	**102.0**	**101.8**
医疗保健	Health Care	101.1	101.3	101.7	102.3	102.2	102.1
西药	Western Medicine	97.9	97.7	98.2	100.4	100.6	100.8
医疗保健服务	Health Care Services	100.6	100.6	100.6	100.6	100.6	100.6
个人用品及服务	Personal Articles and Services	103.3	103.4	103.0	102.2	101.5	101.4
交通和通信	**Transportation and Communication**	**98.0**	**98.1**	**98.4**	**98.2**	**97.7**	**97.4**
交通	Transportation	102.0	101.9	102.2	102.3	101.5	100.7
市区公共交通费	Incity Traffic Fare	100.3	100.3	100.3	100.3	100.0	100.0
城市间交通费	Intercity Traffic Fare	106.7	105.8	106.1	105.1	103.4	103.7
通信	Communication	94.5	94.7	95.0	94.4	94.1	94.2
娱乐教育文化用品及服务	**Recreation, Education and Culture Articles**	**99.9**	**99.1**	**99.8**	**100.1**	**100.1**	**100.3**
文娱用耐用消费品及服务	Durable Consumer Goods for Cultural and Recreational Use and Services	91.6	93.2	93.8	95.4	94.7	95.0
教育	Education	101.2	101.2	101.3	101.4	101.7	101.9
文化娱乐类	Cultural and Recreational Articles	101.2	101.9	101.9	101.6	101.6	101.5
旅游	Touring and Outing	103.3	95.3	98.5	99.2	99.3	99.7
居住	**Residence**	**103.8**	**103.7**	**102.2**	**102.1**	**101.9**	**102.2**
建房及装修材料	Building and Building Decoration Materials	103.9	103.3	102.0	102.1	101.6	103.4
租房	Renting	107.1	106.8	104.6	104.6	104.6	104.0
自有住房	Private Housing	105.0	105.0	102.8	102.6	102.6	102.7
水、电、燃料	Water, Electricity and Fuels	100.4	100.4	100.4	100.4	100.0	100.0
水	Water	102.0	102.0	102.0	102.0	100.0	100.0
电	Electricity	100.0	100.0	100.0	100.0	100.0	100.0
管道燃气	Pipeline Gas	100.0	100.0	100.0	100.0	100.0	100.0

3-6 各月居民消费价格指数（2012 年）
Consumer Price Indices by Month （2012）

续表 3（continued 3）　　上年同期=100

类 别	Item	7 月 July	8 月 August	9 月 September	10 月 October	11 月 November	12 月 December
衣着	**Clothing**	**99.2**	**99.9**	**102.1**	**104.4**	**104.9**	**106.0**
服装	Garments	99.1	100.0	101.3	103.8	105.3	105.8
衣着材料	Clothing Material	100.5	100.1	100.5	99.5	99.4	99.7
鞋袜帽	Footgear and Hats	99.2	99.4	104.5	106.2	103.9	106.5
衣着加工服务费	Clothing Manufacturing Services	109.3	109.1	107.9	106.6	107.4	108.9
家庭设备用品及维修服务	**Household Facilities, Articles and Services**	**100.5**	**100.1**	**99.5**	**99.4**	**99.7**	**100.1**
耐用消费品	Durable Consumer Goods	100.4	98.9	98.9	98.8	99.2	100.0
室内装饰品	Interior Decorations	97.7	97.4	97.7	98.5	97.4	97.4
床上用品	Bed Articles	95.0	99.4	99.0	97.4	97.5	97.5
家庭日用杂品	Daily Use Household Articles	102.2	101.3	99.8	100.2	100.9	101.0
家庭服务及加工维修服务	Household Services and Maintenance and Renovation	104.8	103.3	102.2	102.3	102.4	102.6
医疗保健和个人用品	**Health Care and Personal Articles**	**101.7**	**101.5**	**101.7**	**102.0**	**101.9**	**101.9**
医疗保健	Health Care	102.2	102.1	102.1	102.4	102.4	102.3
西药	Western Medicine	101.2	101.0	101.2	101.9	102.1	102.1
医疗保健服务	Health Care Services	100.6	100.6	100.6	100.6	100.6	100.6
个人用品及服务	Personal Articles and Services	100.9	100.5	101.1	101.3	100.9	101.3
交通和通信	**Transportation and Communication**	**97.1**	**97.7**	**99.6**	**99.4**	**99.2**	**98.8**
交通	Transportation	100.1	99.9	101.6	101.4	101.3	100.4
市区公共交通费	Incity Traffic Fare	101.0	102.1	101.8	101.1	101.1	101.1
城市间交通费	Intercity Traffic Fare	103.4	100.7	105.5	102.3	103.0	99.8
通信	Communication	94.2	95.6	97.7	97.5	97.2	97.2
娱乐教育文化用品及服务	**Recreation, Education and Culture Articles**	**101.4**	**101.6**	**102.4**	**102.4**	**101.9**	**102.1**
文娱用耐用消费品及服务	Durable Consumer Goods for Cultural and Recreational Use and Services	95.2	96.1	98.6	97.9	98.1	98.0
教育	Education	102.5	102.1	104.1	104.1	104.7	104.9
文化娱乐类	Cultural and Recreational Articles	100.6	100.6	100.5	100.4	100.2	100.4
旅游	Touring and Outing	107.0	108.0	105.9	107.2	103.0	103.1
居住	**Residence**	102.4	102.6	103.0	102.8	102.0	101.8
建房及装修材料	Building and Building Decoration Materials	102.9	102.6	102.3	101.4	102.6	102.7
租房	Renting	104.5	105.5	106.2	105.6	102.8	102.4
自有住房	Private Housing	102.5	102.9	103.2	103.1	101.7	101.4
水、电、燃料	Water, Electricity and Fuels	101.1	101.1	102.0	102.0	102.0	102.0
水	Water	100.0	100.0	100.0	100.0	100.0	100.0
电	Electricity	102.1	102.1	102.1	102.1	102.1	102.1
管道燃气	Pipeline Gas	100.0	100.0	103.3	103.3	103.3	103.3

3-6 各月居民消费价格指数（2013 年）
Consumer Price Indices by Month （2013）

上年同期=100

类 别	Item	1 月 January	2 月 February	3 月 March	4 月 April	5 月 May	6 月 June
居民消费价格总指数	**General Consumer Price Index**	**102.0**	**103.4**	**102.6**	**102.5**	**102.1**	**102.5**
非食品价格指数	Non–food Price Index	102.1	102.4	102.8	102.5	102.3	102.3
服务项目价格指数	Price Indices of Service Item	102.1	103.3	103.1	102.6	102.0	102.2
工业品价格指数	Industrial Products Price Index	102.1	101.8	102.5	102.5	102.6	102.5
扣除食品烟酒和能源价格指数	Excluding Food Tobacco Liquor and Energy Price Index	102.0	102.4	102.8	102.6	102.5	102.4
消费品价格指数	Consumer Goods Price Index	102.0	103.5	102.4	102.5	102.1	102.7
食品	**Food**	**101.9**	**105.4**	**102.2**	**102.6**	**101.5**	**102.9**
粮食	Grain	104.9	104.3	103.9	104.0	102.9	103.3
大米	Rice	105.3	105.3	104.5	104.0	102.9	103.4
油脂	Oil or Fat	104.9	105.7	105.5	103.0	98.7	98.2
肉禽及其制品	Meal, Poultry and Processed Products	97.6	104.8	99.7	99.2	100.1	103.6
食用畜肉及副产品	Meat and its Subsidiary Products	97.4	105.7	98.2	98.8	100.9	105.2
猪肉	Pork	93.8	102.1	92.2	93.0	95.2	101.1
禽	Poultry	97.0	103.2	102.9	99.0	97.1	99.2
蛋	Eggs	110.5	119.3	117.8	118.0	119.4	105.9
水产品	Aquatic Products	101.3	107.5	103.3	102.0	100.0	100.3
菜	Vegetables	104.0	108.4	93.5	101.4	93.9	98.8
鲜菜	Fresh Vegetables	103.2	107.6	91.5	100.2	92.1	97.3
调味品	Flavoring	103.3	103.9	106.5	104.0	104.4	105.1
糖	Carbohydrate	103.4	103.8	104.0	105.0	106.1	105.6
茶及饮料	Tea and Beverages	104.0	103.7	104.3	103.5	103.4	103.7
干鲜瓜果	Dried and Fresh Melons and Fruits	93.3	99.5	99.1	97.7	96.9	98.5
糕点饼干面包	Cake, Biscuit and Bread	100.2	101.2	101.4	102.1	103.4	104.3
液体乳及乳制品	Milk and Its Products	104.9	105.6	106.1	105.7	106.7	105.2
在外用膳食品	Dining Out	105.8	105.7	106.1	105.3	105.2	105.8
其他食品	Other Foods and Manufacturing Services	99.1	99.0	98.3	100.2	101.4	101.4
烟酒	**Tobacco and Liquor**	**102.2**	**101.6**	**101.0**	**100.8**	**100.9**	**101.0**
烟草	Tobacco	99.8	99.7	99.7	99.5	100.0	100.2
酒	Liquor	106.4	104.8	103.3	103.0	102.4	102.3

3-6 各月居民消费价格指数（2013 年）
Consumer Price Indices by Month （2013）

续表 1（continued 1） 上年同期=100

类 别	Item	7 月 July	8 月 August	9 月 September	10 月 October	11 月 November	12 月 December
居民消费价格总指数	**General Consumer Price Index**	**103.3**	**103.2**	**103.1**	**102.5**	**102.5**	**102.0**
非食品价格指数	Non-food Price Index	102.3	102.0	101.5	101.0	100.9	100.9
服务项目价格指数	Price Indices of Service Item	102.1	101.9	101.7	100.9	101.0	101.3
工业品价格指数	Industrial Products Price Index	102.5	102.1	101.3	101.0	100.8	100.6
扣除食品烟酒和能源价格指数	Excluding Food Tobacco Liquor and Energy Price Index	102.3	102.0	101.6	101.1	101.0	100.9
消费品价格指数	Consumer Goods Price Index	103.8	103.8	103.7	103.1	103.1	102.2
食品	**Food**	**105.3**	**105.7**	**106.4**	**105.7**	**105.8**	**104.2**
粮食	Grain	103.6	103.5	102.2	100.6	101.6	102.0
大米	Rice	103.6	103.5	101.2	99.4	99.7	99.7
油脂	Oil or Fat	98.0	95.4	92.4	93.0	94.3	95.2
肉禽及其制品	Meal, Poultry and Processed Products	107.2	108.0	107.8	106.2	106.1	104.7
食用畜肉及副产品	Meat and its Subsidiary Products	109.0	109.6	109.6	107.4	107.5	105.1
猪肉	Pork	106.3	107.5	107.1	105.1	105.1	102.3
禽	Poultry	103.3	104.9	103.6	103.3	103.1	103.8
蛋	Eggs	110.1	105.9	101.5	102.3	103.3	101.5
水产品	Aquatic Products	100.1	100.9	102.8	103.8	105.5	105.6
菜	Vegetables	109.2	107.1	117.0	122.4	125.2	111.6
鲜菜	Fresh Vegetables	108.5	106.3	117.3	123.5	126.9	111.5
调味品	Flavoring	105.1	105.1	105.2	104.1	105.0	104.8
糖	Carbohydrate	105.0	103.8	103.7	104.4	104.5	103.6
茶及饮料	Tea and Beverages	103.8	105.4	105.8	104.7	104.7	103.6
干鲜瓜果	Dried and Fresh Melons and Fruits	101.2	110.0	113.0	104.7	103.2	104.6
糕点饼干面包	Cake, Biscuit and Bread	103.7	104.3	105.3	103.3	104.2	105.1
液体乳及乳制品	Milk and Its Products	105.5	105.9	108.0	109.1	105.0	105.1
在外用膳食品	Dining Out	105.7	105.1	103.5	102.5	102.4	102.2
其他食品	Other Foods and Manufacturing Services	102.6	102.3	101.6	100.2	101.7	101.4
烟酒	**Tobacco and Liquor**	**100.5**	**99.9**	**100.0**	**99.7**	**99.7**	**99.4**
烟草	Tobacco	100.1	100.1	100.2	100.2	100.1	100.0
酒	Liquor	101.4	99.6	99.7	99.1	99.1	98.3

3-6 各月居民消费价格指数（2013 年）
Consumer Price Indices by Month (2013)

续表 2（continued 2）　　上年同期=100

类 别	Item	1 月 January	2 月 February	3 月 March	4 月 April	5 月 May	6 月 June
衣着	**Clothing**	**106.6**	**107.0**	**108.5**	**108.9**	**108.9**	**108.9**
服装	Garments	106.5	107.1	108.4	108.5	108.3	108.4
衣着材料	Clothing Material	99.6	100.0	101.0	101.4	101.7	102.5
鞋袜帽	Footgear and Hats	107.2	106.8	108.7	110.1	110.9	110.6
衣着加工服务费	Clothing Manufacturing Services	106.8	107.1	107.6	106.0	104.8	104.8
家庭设备用品及维修服务	**Household Facilities, Articles and Services**	**100.4**	**99.6**	**101.4**	**101.0**	**101.5**	**101.6**
耐用消费品	Durable Consumer Goods	100.4	99.1	100.1	99.5	100.0	99.4
室内装饰品	Interior Decorations	97.3	97.7	98.2	99.3	99.7	97.9
床上用品	Bed Articles	98.1	98.8	98.8	103.1	104.4	104.4
家庭日用杂品	Daily Use Household Articles	100.6	98.3	101.5	99.1	99.5	100.1
家庭服务及加工维修服务	Household Services and Maintenance and Renovation	104.6	107.4	110.2	110.3	110.5	112.4
医疗保健和个人用品	**Health Care and Personal Articles**	**101.8**	**101.4**	**101.6**	**101.5**	**101.4**	**101.1**
医疗保健	Health Care	101.8	101.6	101.5	101.5	101.4	101.2
西药	Western Medicine	101.9	101.8	102.0	101.8	101.6	101.3
医疗保健服务	Health Care Services	100.6	100.6	100.6	101.0	101.0	101.0
个人用品及服务	Personal Articles and Services	101.8	101.1	101.7	101.4	101.4	101.0
交通和通信	**Transportation and Communication**	**98.6**	**99.6**	**98.8**	**98.1**	**96.7**	**97.7**
交通	Transportation	99.7	101.5	99.8	97.9	97.3	98.9
市区公共交通费	Incity Traffic Fare	101.1	101.1	101.1	101.1	101.1	101.1
城市间交通费	Intercity Traffic Fare	95.5	105.8	98.0	94.7	92.5	97.2
通信	Communication	97.6	97.7	97.8	98.3	96.2	96.5
娱乐教育文化用品及服务	**Recreation, Education and Culture Articles**	**102.3**	**103.9**	**103.7**	**102.5**	**102.4**	**102.3**
文娱用耐用消费品及服务	Durable Consumer Goods for Cultural and Recreational Use and Services	98.8	99.3	100.2	99.9	101.0	100.7
教育	Education	105.2	105.2	105.4	105.1	104.7	104.5
文化娱乐类	Cultural and Recreational Articles	101.5	100.7	101.4	101.8	102.5	101.9
旅游	Touring and Outing	100.7	112.4	108.0	100.7	98.2	99.7
居住	**Residence**	**102.5**	**102.6**	**103.0**	**103.2**	**103.1**	**102.7**
建房及装修材料	Building and Building Decoration Materials	103.1	102.3	103.9	104.0	103.7	101.3
租房	Renting	102.3	102.7	102.9	103.8	104.2	104.3
自有住房	Private Housing	102.6	102.9	103.2	103.3	103.1	103.0
水、电、燃料	Water, Electricity and Fuels	102.0	102.0	102.0	102.4	102.4	102.4
水	Water	100.0	100.0	100.0	102.1	102.1	102.1
电	Electricity	102.1	102.1	102.1	102.1	102.1	102.1
管道燃气	Pipeline Gas	103.3	103.3	103.3	103.3	103.3	103.3

3-6 各月居民消费价格指数（2013 年）
Consumer Price Indices by Month (2013)

续表 3（continued 3） 上年同期=100

类 别	Item	7 月 July	8 月 August	9 月 September	10 月 October	11 月 November	12 月 December
衣着	**Clothing**	**108.8**	**106.9**	**104.6**	**102.8**	**102.8**	**102.0**
服装	Garments	108.2	106.5	104.7	102.7	102.6	102.5
衣着材料	Clothing Material	103.1	103.9	104.1	104.6	105.0	104.3
鞋袜帽	Footgear and Hats	110.5	107.9	104.3	103.0	103.1	100.6
衣着加工服务费	Clothing Manufacturing Services	104.8	104.8	107.8	108.9	108.7	108.1
家庭设备用品及维修服务	**Household Facilities, Articles and Services**	**102.1**	**102.5**	**102.5**	**102.8**	**102.3**	**101.6**
耐用消费品	Durable Consumer Goods	100.4	101.6	101.0	101.8	101.2	100.6
室内装饰品	Interior Decorations	97.7	97.4	97.9	97.9	97.4	97.4
床上用品	Bed Articles	104.4	100.1	100.4	100.7	100.0	99.5
家庭日用杂品	Daily Use Household Articles	100.2	101.8	102.2	102.1	101.4	100.2
家庭服务及加工维修服务	Household Services and Maintenance and Renovation	113.1	113.3	113.4	113.4	113.9	114.1
医疗保健和个人用品	**Health Care and Personal Articles**	**100.8**	**100.7**	**100.4**	**100.4**	**100.3**	**100.4**
医疗保健	Health Care	100.9	100.7	100.7	100.8	100.7	101.0
西药	Western Medicine	100.7	100.5	100.6	100.3	100.2	100.2
医疗保健服务	Health Care Services	101.0	100.4	100.4	100.4	100.4	100.4
个人用品及服务	Personal Articles and Services	100.7	100.6	99.8	99.5	99.4	99.3
交通和通信	**Transportation and Communication**	**98.4**	**98.4**	**98.5**	**97.9**	**98.0**	**98.5**
交通	Transportation	99.8	99.8	99.8	98.7	98.8	99.9
市区公共交通费	Incity Traffic Fare	101.1	100.0	100.3	101.4	101.6	101.6
城市间交通费	Intercity Traffic Fare	95.7	95.9	97.5	92.4	92.2	95.5
通信	Communication	96.9	97.0	97.1	97.1	97.1	97.1
娱乐教育文化用品及服务	**Recreation, Education and Culture Articles**	**101.8**	**100.9**	**100.0**	**99.0**	**99.2**	**99.2**
文娱用耐用消费品及服务	Durable Consumer Goods for Cultural and Recreational Use and Services	100.4	99.3	98.2	98.7	97.9	97.6
教育	Education	104.2	104.0	100.8	100.8	100.2	100.0
文化娱乐类	Cultural and Recreational Articles	102.2	102.5	102.2	101.9	102.1	102.0
旅游	Touring and Outing	97.2	92.8	96.0	89.9	92.9	93.1
居住	**Residence**	**102.7**	**103.1**	**102.8**	**102.6**	**102.4**	**102.7**
建房及装修材料	Building and Building Decoration Materials	101.7	102.2	102.4	103.6	102.5	103.6
租房	Renting	104.1	104.4	104.3	103.8	103.6	103.6
自有住房	Private Housing	103.5	104.1	104.0	103.4	103.1	103.6
水、电、燃料	Water, Electricity and Fuels	101.3	101.3	100.4	100.4	100.4	100.4
水	Water	102.1	102.1	102.1	102.1	102.1	102.1
电	Electricity	100.0	100.0	100.0	100.0	100.0	100.0
管道燃气	Pipeline Gas	103.3	103.3	100.0	100.0	100.0	100.0

3-6 各月居民消费价格指数（2014 年）
Consumer Price Indices by Month （2014）

上年同期=100

类 别	Item	1 月 January	2 月 February	3 月 March	4 月 April	5 月 May	6 月 June
居民消费价格总指数	**General Consumer Price Index**	**101.9**	**101.5**	**101.8**	**101.2**	**101.8**	**102.0**
非食品价格指数	Non-food Price Index	100.7	100.7	100.2	100.3	100.7	100.8
服务项目价格指数	Price Indices of Service Item	101.2	101.1	100.8	101.0	101.4	101.4
工业品价格指数	Industrial Products Price Index	100.3	100.4	99.7	99.8	100.2	100.4
扣除食品烟酒和能源价格指数	Excluding Food Tobacco Liquor and Energy Price Index	100.7	100.8	100.3	100.4	100.8	100.9
消费品价格指数	Consumer Goods Price Index	102.1	101.6	102.1	101.2	101.9	102.2
食品	**Food**	**104.1**	**102.9**	**104.8**	**102.8**	**103.9**	**104.4**
粮食	Grain	102.7	102.8	103.1	100.6	100.5	100.7
大米	Rice	100.6	100.7	100.8	97.3	97.0	97.0
油脂	Oil or Fat	94.8	93.7	92.6	93.7	94.4	94.5
肉禽及其制品	Meal, Poultry and Processed Products	100.4	94.0	96.9	97.5	102.5	102.0
食用畜肉及副产品	Meat and its Subsidiary Products	99.2	91.3	95.6	94.8	101.1	100.2
猪肉	Pork	95.1	85.9	91.4	90.3	98.8	96.6
禽	Poultry	103.3	99.2	98.4	102.9	106.1	106.9
蛋	Eggs	99.5	96.7	100.3	101.2	105.5	103.1
水产品	Aquatic Products	105.2	101.8	104.0	104.0	104.3	104.7
菜	Vegetables	108.8	113.2	122.0	103.4	101.7	106.2
鲜菜	Fresh Vegetables	108.8	113.7	123.4	102.9	101.1	106.4
调味品	Flavoring	105.1	104.2	104.9	103.7	101.9	101.8
糖	Carbohydrate	102.6	102.1	102.0	100.5	98.5	99.2
茶及饮料	Tea and Beverages	102.8	102.3	102.8	103.1	102.7	102.1
干鲜瓜果	Dried and Fresh Melons and Fruits	118.7	121.1	121.2	122.7	123.1	121.8
糕点饼干面包	Cake, Biscuit and Bread	104.6	104.0	104.8	103.3	101.1	101.5
液体乳及乳制品	Milk and Its Products	109.5	111.0	111.3	111.9	110.7	110.6
在外用膳食品	Dining Out	102.4	102.3	101.8	101.4	101.4	102.7
其他食品	Other Foods and Manufacturing Services	102.9	102.8	104.3	102.2	102.2	100.3
烟酒	**Tobacco and Liquor**	**99.4**	**99.0**	**98.7**	**97.6**	**97.4**	**97.3**
烟草	Tobacco	100.0	99.9	100.0	99.7	99.6	99.5
酒	Liquor	98.5	97.5	96.6	94.3	93.8	93.6

3-6 各月居民消费价格指数（2014 年）
Consumer Price Indices by Month （2014）

续表 1（continued 1）

上年同期=100

类 别	Item	7 月 July	8 月 August	9 月 September	10 月 October	11 月 November	12 月 December
居民消费价格总指数	**General Consumer Price Index**	**101.9**	**101.7**	**101.6**	**102.2**	**101.9**	**101.8**
非食品价格指数	Non-food Price Index	100.8	101.1	101.4	101.6	101.6	101.5
服务项目价格指数	Price Indices of Service Item	101.2	101.0	101.9	102.1	102.0	101.9
工业品价格指数	Industrial Products Price Index	100.6	101.2	101.0	101.3	101.3	101.3
扣除食品烟酒和能源价格指数	Excluding Food Tobacco Liquor and Energy Price Index	100.9	101.2	101.6	101.9	101.9	101.9
消费品价格指数	Consumer Goods Price Index	102.2	101.9	101.5	102.2	101.8	101.8
食品	**Food**	**104.0**	**102.8**	**102.1**	**103.2**	**102.4**	**102.4**
粮食	Grain	101.1	101.2	101.5	102.6	102.1	102.5
大米	Rice	97.9	97.9	98.2	99.0	98.8	99.9
油脂	Oil or Fat	94.8	96.5	97.8	95.7	95.1	93.0
肉禽及其制品	Meal, Poultry and Processed Products	99.1	100.0	100.6	101.3	100.8	98.2
食用畜肉及副产品	Meat and its Subsidiary Products	97.4	98.6	98.8	99.8	99.1	96.1
猪肉	Pork	93.0	95.2	96.3	97.2	96.3	92.5
禽	Poultry	102.7	103.2	105.1	105.5	105.1	103.2
蛋	Eggs	106.2	106.4	106.0	106.2	106.0	105.3
水产品	Aquatic Products	103.2	104.7	105.3	106.9	106.6	105.8
菜	Vegetables	112.0	103.3	96.4	98.4	97.2	108.2
鲜菜	Fresh Vegetables	112.9	102.6	95.0	97.3	95.9	108.3
调味品	Flavoring	100.9	99.0	100.6	101.1	99.6	100.9
糖	Carbohydrate	99.1	100.1	100.6	99.0	98.1	98.5
茶及饮料	Tea and Beverages	101.6	100.5	100.4	100.7	100.2	100.7
干鲜瓜果	Dried and Fresh Melons and Fruits	115.8	110.5	110.7	119.7	115.2	112.5
糕点饼干面包	Cake, Biscuit and Bread	101.1	100.4	99.9	101.1	100.7	99.4
液体乳及乳制品	Milk and Its Products	109.9	108.1	105.9	105.7	105.8	101.7
在外用膳食品	Dining Out	103.3	103.2	103.0	103.1	102.9	102.8
其他食品	Other Foods and Manufacturing Services	99.0	99.4	101.1	102.0	100.4	101.1
烟酒	**Tobacco and Liquor**	**97.7**	**98.0**	**97.5**	**97.3**	**96.8**	**96.5**
烟草	Tobacco	99.7	99.7	99.7	99.7	99.7	99.7
酒	Liquor	94.5	95.1	93.9	93.2	91.9	91.2

3-6 各月居民消费价格指数（2014年）
Consumer Price Indices by Month （2014）

续表2（continued 2） 上年同期=100

类 别	Item	1月 January	2月 February	3月 March	4月 April	5月 May	6月 June
衣着	**Clothing**	**101.4**	**100.9**	**99.9**	**100.3**	**100.8**	**101.1**
服装	Garments	101.8	101.3	100.3	100.8	101.2	101.6
衣着材料	Clothing Material	104.5	104.1	102.1	101.3	100.8	100.6
鞋袜帽	Footgear and Hats	100.2	99.6	98.7	99.0	99.4	99.5
衣着加工服务费	Clothing Manufacturing Services	108.1	108.9	107.0	106.5	106.4	106.4
家庭设备用品及维修服务	**Household Facilities, Articles and Services**	**101.3**	**102.1**	**100.4**	**100.5**	**100.9**	**100.6**
耐用消费品	Durable Consumer Goods	100.2	101.3	101.0	101.2	101.5	102.0
室内装饰品	Interior Decorations	97.4	96.9	96.7	96.8	96.6	98.7
床上用品	Bed Articles	99.6	98.3	96.5	98.5	98.4	97.3
家庭日用杂品	Daily Use Household Articles	100.3	102.4	99.5	98.9	99.8	98.9
家庭服务及加工维修服务	Household Services and Maintenance and Renovation	111.5	110.8	106.5	106.3	106.3	104.8
医疗保健和个人用品	**Health Care and Personal Articles**	**100.4**	**100.8**	**100.7**	**100.4**	**100.7**	**100.9**
医疗保健	Health Care	101.1	101.2	101.4	101.2	101.4	101.4
西药	Western Medicine	100.4	100.5	100.3	100.3	100.6	100.6
医疗保健服务	Health Care Services	100.3	100.3	100.6	100.2	100.2	100.3
个人用品及服务	Personal Articles and Services	99.0	99.9	99.4	99.0	99.5	100.1
交通和通信	**Transportation and Communication**	**99.3**	**99.3**	**99.3**	**99.7**	**101.6**	**101.6**
交通	Transportation	101.9	101.8	101.8	102.3	103.5	103.3
市区公共交通费	Incity Traffic Fare	103.8	107.0	107.0	107.0	107.0	107.0
城市间交通费	Intercity Traffic Fare	100.4	97.5	98.0	97.8	100.2	98.4
通信	Communication	96.7	96.8	96.8	97.1	99.7	99.8
娱乐教育文化用品及服务	**Recreation, Education and Culture Articles**	**99.3**	**98.6**	**98.7**	**99.7**	**99.4**	**99.5**
文娱用耐用消费品及服务	Durable Consumer Goods for Cultural and Recreational Use and Services	96.2	95.2	94.3	94.9	95.1	95.8
教育	Education	99.8	99.9	100.0	100.1	100.0	100.0
文化娱乐类	Cultural and Recreational Articles	101.0	101.2	101.0	101.1	100.6	101.0
旅游	Touring and Outing	97.5	94.3	95.3	100.3	100.0	99.2
居住	**Residence**	**102.1**	**102.2**	**101.6**	**101.4**	**101.5**	**101.7**
建房及装修材料	Building and Building Decoration Materials	103.4	104.4	102.0	102.6	102.8	103.5
租房	Renting	104.0	104.1	103.6	102.7	102.3	102.3
自有住房	Private Housing	102.2	102.3	101.7	101.4	101.7	101.9
水、电、燃料	Water, Electricity and Fuels	100.4	100.4	100.6	100.2	100.2	100.2
水	Water	102.1	102.1	103.3	101.2	101.2	101.2
电	Electricity	100.0	100.0	100.0	100.0	100.0	100.0
管道燃气	Pipeline Gas	100.0	100.0	100.0	100.0	100.0	100.0

3–6 各月居民消费价格指数（2014 年）
Consumer Price Indices by Month (2014)

续表 3（continued 3）

上年同期=100

类 别	Item	7 月 July	8 月 August	9 月 September	10 月 October	11 月 November	12 月 December
衣着	**Clothing**	**101.0**	**102.7**	**102.8**	**104.1**	**104.5**	**104.2**
服装	Garments	101.5	102.9	103.4	104.4	104.5	103.9
衣着材料	Clothing Material	100.1	99.8	99.6	99.4	99.0	99.4
鞋袜帽	Footgear and Hats	99.6	102.2	101.1	103.3	104.6	104.9
衣着加工服务费	Clothing Manufacturing Services	106.4	106.4	103.5	102.2	103.6	103.9
家庭设备用品及维修服务	**Household Facilities, Articles and Services**	**100.1**	**100.2**	**100.0**	**99.9**	**99.7**	**100.2**
耐用消费品	Durable Consumer Goods	100.6	100.2	100.2	99.7	99.7	99.7
室内装饰品	Interior Decorations	99.3	100.2	100.1	100.1	100.1	100.1
床上用品	Bed Articles	97.4	98.5	97.2	97.6	98.6	99.3
家庭日用杂品	Daily Use Household Articles	99.0	99.2	98.9	99.3	98.4	99.5
家庭服务及加工维修服务	Household Services and Maintenance and Renovation	104.2	104.5	104.9	104.9	104.2	104.2
医疗保健和个人用品	**Health Care and Personal Articles**	**101.8**	**102.9**	**102.9**	**102.8**	**102.8**	**103.8**
医疗保健	Health Care	102.7	104.6	104.5	104.2	104.3	105.5
西药	Western Medicine	100.7	101.0	100.4	100.3	100.3	100.4
医疗保健服务	Health Care Services	100.4	100.4	100.8	100.8	100.8	100.9
个人用品及服务	Personal Articles and Services	100.3	99.7	100.0	100.2	100.2	100.5
交通和通信	**Transportation and Communication**	**101.6**	**100.9**	**100.3**	**100.4**	**100.0**	**99.3**
交通	Transportation	103.5	102.4	101.6	101.6	100.9	99.7
市区公共交通费	Incity Traffic Fare	107.3	107.3	107.3	106.0	105.8	105.8
城市间交通费	Intercity Traffic Fare	99.9	98.5	99.4	102.0	103.2	100.2
通信	Communication	99.6	99.4	98.9	99.2	99.1	99.0
娱乐教育文化用品及服务	**Recreation, Education and Culture Articles**	**99.1**	**99.4**	**102.0**	**101.9**	**101.9**	**101.8**
文娱用耐用消费品及服务	Durable Consumer Goods for Cultural and Recreational Use and Services	96.1	97.4	99.4	99.5	99.8	99.9
教育	Education	99.7	99.7	103.3	103.4	103.4	103.3
文化娱乐类	Cultural and Recreational Articles	100.8	100.7	101.1	101.3	101.2	101.2
旅游	Touring and Outing	97.2	98.1	103.2	102.0	101.8	101.3
居住	**Residence**	**101.7**	**101.3**	**101.3**	**101.5**	**101.6**	**101.3**
建房及装修材料	Building and Building Decoration Materials	103.6	103.5	102.8	102.4	102.7	101.0
租房	Renting	102.3	101.3	101.8	102.0	102.0	102.0
自有住房	Private Housing	101.8	101.3	101.4	101.9	101.9	101.8
水、电、燃料	Water, Electricity and Fuels	100.2	100.2	100.2	100.2	100.2	100.2
水	Water	101.2	101.2	101.2	101.2	101.2	101.2
电	Electricity	100.0	100.0	100.0	100.0	100.0	100.0
管道燃气	Pipeline Gas	100.0	100.0	100.0	100.0	100.0	100.0

3-6 各月居民消费价格指数（2015年）
Consumer Price Indices by Month （2015）

上年同期=100

类 别	Item	1月 January	2月 February	3月 March	4月 April	5月 May	6月 June
居民消费价格总指数	**General Consumer Price Index**	**100.9**	**101.2**	**101.4**	**101.5**	**101.4**	**101.3**
非食品价格指数	Non-food Price Index	101.3	101.2	101.3	101.2	101.0	100.9
服务项目价格指数	Price Indices of Service Item	101.9	101.6	101.7	101.6	101.5	101.4
工业品价格指数	Industrial Products Price Index	100.9	100.9	100.9	100.8	100.6	100.5
扣除食品烟酒和能源价格指数	Excluding Food Tobacco Liquor and Energy Price Index	101.8	101.7	101.8	101.6	101.4	101.3
消费品价格指数	Consumer Goods Price Index	100.6	101.1	101.3	101.5	101.3	101.2
食品	**Food**	**100.2**	**101.3**	**101.7**	**102.3**	**102.0**	**102.0**
粮食	Grain	101.9	101.9	101.3	103.1	103.8	101.8
大米	Rice	98.2	98.9	98.4	102.0	103.4	100.5
油脂	Oil or Fat	94.0	93.7	94.6	94.5	95.8	96.8
肉禽及其制品	Meal, Poultry and Processed Products	97.1	102.3	104.9	108.0	106.4	107.2
食用畜肉及副产品	Meat and its Subsidiary Products	95.4	102.0	105.7	111.0	108.2	110.4
猪肉	Pork	91.9	100.9	105.4	113.2	109.5	113.1
禽	Poultry	101.2	104.0	104.4	103.4	103.8	101.2
蛋	Eggs	102.8	103.7	101.0	96.5	93.1	95.1
水产品	Aquatic Products	103.5	103.2	102.7	102.6	102.4	101.9
菜	Vegetables	99.4	101.7	95.9	99.7	101.5	103.1
鲜菜	Fresh Vegetables	98.5	101.3	95.3	99.2	101.1	102.9
调味品	Flavoring	100.1	98.8	96.4	100.0	100.0	99.9
糖	Carbohydrate	97.3	96.5	97.9	97.9	98.6	97.3
茶及饮料	Tea and Beverages	101.1	101.0	100.3	99.7	99.9	100.1
干鲜瓜果	Dried and Fresh Melons and Fruits	107.7	103.7	112.7	106.3	104.2	102.1
糕点饼干面包	Cake, Biscuit and Bread	100.1	99.7	99.5	100.3	101.1	99.3
液体乳及乳制品	Milk and Its Products	96.9	94.1	93.1	92.9	93.1	95.2
在外用膳食品	Dining Out	102.2	102.1	102.5	102.3	102.3	100.9
其他食品	Other Foods and Manufacturing Services	100.4	99.6	97.4	99.2	98.6	99.6
烟酒	**Tobacco and Liquor**	**96.2**	**95.7**	**96.2**	**97.2**	**99.1**	**99.7**
烟草	Tobacco	99.7	99.8	99.8	100.1	103.5	104.4
酒	Liquor	90.4	89.0	90.1	92.0	91.6	91.8

3-6 各月居民消费价格指数（2015 年）
Consumer Price Indices by Month （2015）

续表 1（continued 1） 上年同期=100

类 别	Item	7 月 July	8 月 August	9 月 September	10 月 October	11 月 November	12 月 December
居民消费价格总指数	**General Consumer Price Index**	**101.6**	**101.8**	**101.3**	**101.0**	**100.8**	**101.0**
非食品价格指数	Non-food Price Index	100.9	100.8	100.9	100.7	100.7	100.7
服务项目价格指数	Price Indices of Service Item	101.7	101.8	101.5	101.3	101.2	101.3
工业品价格指数	Industrial Products Price Index	100.3	100.1	100.4	100.3	100.3	100.4
扣除食品烟酒和能源价格指数	Excluding Food Tobacco Liquor and Energy Price Index	101.3	101.3	101.3	101.1	100.9	101.0
消费品价格指数	Consumer Goods Price Index	101.6	101.8	101.2	100.8	100.6	100.8
食品	**Food**	**103.0**	**103.5**	**102.0**	**101.4**	**101.0**	**101.4**
粮食	Grain	101.7	102.2	102.8	102.1	102.2	102.9
大米	Rice	100.3	101.6	102.4	101.3	99.9	101.5
油脂	Oil or Fat	96.8	95.5	95.0	97.5	98.8	100.3
肉禽及其制品	Meal, Poultry and Processed Products	112.9	113.3	109.7	107.5	105.3	106.4
食用畜肉及副产品	Meat and its Subsidiary Products	118.5	119.6	114.8	111.7	108.6	109.9
猪肉	Pork	124.5	124.8	118.5	115.2	111.9	114.0
禽	Poultry	102.5	101.0	99.0	98.6	98.3	99.0
蛋	Eggs	91.9	94.0	93.2	93.2	91.4	93.7
水产品	Aquatic Products	103.5	102.9	102.0	100.9	100.6	101.5
菜	Vegetables	97.5	103.2	105.7	100.8	100.6	99.1
鲜菜	Fresh Vegetables	96.5	103.4	106.0	100.8	100.6	98.9
调味品	Flavoring	101.8	102.8	102.5	102.7	102.8	102.0
糖	Carbohydrate	97.6	97.9	96.8	98.2	97.1	97.6
茶及饮料	Tea and Beverages	100.0	100.1	100.3	100.4	101.0	101.0
干鲜瓜果	Dried and Fresh Melons and Fruits	108.2	102.0	91.5	96.5	98.3	95.7
糕点饼干面包	Cake, Biscuit and Bread	99.9	100.3	100.4	101.0	100.8	101.3
液体乳及乳制品	Milk and Its Products	95.0	94.8	95.2	95.0	95.0	99.0
在外用膳食品	Dining Out	100.5	100.6	100.7	100.7	100.9	100.9
其他食品	Other Foods and Manufacturing Services	97.7	99.7	98.5	97.5	96.9	96.6
烟酒	**Tobacco and Liquor**	**99.6**	**100.3**	**100.7**	**101.2**	**101.3**	**101.9**
烟草	Tobacco	104.4	104.5	104.3	104.4	104.6	104.5
酒	Liquor	91.3	93.0	94.4	95.5	95.4	97.3

3-6 各月居民消费价格指数（2015 年）
Consumer Price Indices by Month （2015）

续表 2（continued 2）　　　　上年同期=100

类 别	Item	1 月 January	2 月 February	3 月 March	4 月 April	5 月 May	6 月 June
衣着	**Clothing**	**103.7**	**104.4**	**103.9**	**103.3**	**102.6**	**102.1**
服装	Garments	103.3	103.9	103.8	103.1	102.7	102.4
衣着材料	Clothing Material	99.1	99.1	99.8	99.5	99.2	99.0
鞋袜帽	Footgear and Hats	105.0	105.9	104.4	103.7	102.2	101.4
衣着加工服务费	Clothing Manufacturing Services	103.9	102.8	104.2	104.3	104.4	104.4
家庭设备用品及维修服务	**Household Facilities, Articles and Services**	**100.0**	**99.4**	**100.0**	**100.2**	**99.2**	**99.6**
耐用消费品	Durable Consumer Goods	99.7	98.9	99.0	99.4	98.9	98.5
室内装饰品	Interior Decorations	100.1	100.6	100.9	100.9	101.2	100.8
床上用品	Bed Articles	99.8	99.7	99.8	99.2	99.3	99.7
家庭日用杂品	Daily Use Household Articles	98.6	98.7	99.5	100.0	97.5	99.1
家庭服务及加工维修服务	Household Services and Maintenance and Renovation	104.1	101.9	104.4	104.0	103.6	103.4
医疗保健和个人用品	**Health Care and Personal Articles**	103.7	103.6	103.3	103.6	103.5	103.4
医疗保健	Health Care	105.5	105.4	105.3	105.4	105.3	105.5
西药	Western Medicine	100.3	100.4	100.3	100.4	100.3	100.7
医疗保健服务	Health Care Services	101.3	101.3	101.0	101.2	101.2	101.1
个人用品及服务	Personal Articles and Services	100.3	100.5	99.7	100.4	100.0	99.7
交通和通信	**Transportation and Communication**	**98.0**	**97.1**	**98.2**	**98.0**	**97.8**	**97.4**
交通	Transportation	96.9	95.4	97.6	97.3	97.2	96.9
市区公共交通费	Incity Traffic Fare	103.6	100.5	100.5	100.5	100.5	100.5
城市间交通费	Intercity Traffic Fare	98.3	93.5	104.3	102.4	98.9	97.5
通信	Communication	99.1	99.0	98.9	98.9	98.5	97.9
娱乐教育文化用品及服务	**Recreation, Education and Culture Articles**	**101.6**	**102.3**	**101.5**	**101.0**	**101.4**	**101.5**
文娱用耐用消费品及服务	Durable Consumer Goods for Cultural and Recreational Use and Services	100.3	100.0	100.0	98.7	99.2	98.7
教育	Education	103.3	103.3	103.7	103.2	103.4	103.5
文化娱乐类	Cultural and Recreational Articles	102.5	102.7	101.6	101.8	101.7	101.3
旅游	Touring and Outing	97.1	101.4	97.0	96.2	97.7	99.4
居住	**Residence**	**101.7**	**101.4**	**101.6**	**101.5**	**101.3**	**101.1**
建房及装修材料	Building and Building Decoration Materials	100.8	100.9	101.9	100.8	100.5	100.2
租房	Renting	102.5	101.5	101.8	101.8	101.5	101.7
自有住房	Private Housing	102.7	102.1	102.4	102.4	102.2	101.8
水、电、燃料	Water, Electricity and Fuels	100.2	100.2	100.0	100.0	100.0	100.0
水	Water	101.2	101.2	100.0	100.0	100.0	100.0
电	Electricity	100.0	100.0	100.0	100.0	100.0	100.0
管道燃气	Pipeline Gas	100.0	100.0	100.0	100.0	100.0	100.0

3-6 各月居民消费价格指数（2015 年）
Consumer Price Indices by Month （2015）

续表 3（continued 3） 上年同期=100

类 别	Item	7 月 July	8 月 August	9 月 September	10 月 October	11 月 November	12 月 December
衣着	**Clothing**	**102.1**	**102.4**	**103.1**	**102.4**	**101.7**	**102.2**
服装	Garments	102.6	102.8	103.3	103.2	102.7	102.9
衣着材料	Clothing Material	98.9	98.6	98.4	98.5	98.9	98.5
鞋袜帽	Footgear and Hats	100.9	101.1	102.4	100.1	98.8	100.4
衣着加工服务费	Clothing Manufacturing Services	104.4	104.4	104.4	104.4	102.4	102.4
家庭设备用品及维修服务	**Household Facilities, Articles and Services**	**100.3**	**100.2**	**100.3**	**100.1**	**100.4**	**100.5**
耐用消费品	Durable Consumer Goods	98.9	99.1	98.7	98.7	98.5	99.0
室内装饰品	Interior Decorations	99.8	100.1	100.1	98.9	99.7	99.7
床上用品	Bed Articles	100.6	100.0	101.3	100.4	100.7	100.5
家庭日用杂品	Daily Use Household Articles	101.0	101.0	101.3	101.3	102.3	102.2
家庭服务及加工维修服务	Household Services and Maintenance and Renovation	103.2	102.5	102.0	102.0	102.1	101.6
医疗保健和个人用品	**Health Care and Personal Articles**	**102.7**	**101.6**	**101.6**	**101.5**	**101.6**	**100.9**
医疗保健	Health Care	104.5	102.6	102.7	102.7	102.6	101.5
西药	Western Medicine	100.8	100.8	101.5	101.4	101.4	101.3
医疗保健服务	Health Care Services	101.1	101.1	100.6	100.6	100.6	100.5
个人用品及服务	Personal Articles and Services	99.3	99.8	99.7	99.5	99.7	99.7
交通和通信	**Transportation and Communication**	**97.5**	**97.7**	**97.8**	**98.1**	**98.7**	**99.7**
交通	Transportation	97.2	97.8	97.3	98.0	98.9	100.6
市区公共交通费	Incity Traffic Fare	102.4	104.2	104.2	103.7	106.1	108.7
城市间交通费	Intercity Traffic Fare	99.0	100.9	98.1	100.0	96.8	100.4
通信	Communication	97.8	97.7	98.3	98.2	98.5	98.7
娱乐教育文化用品及服务	**Recreation, Education and Culture Articles**	**101.6**	**101.5**	**100.7**	**100.4**	**100.5**	**100.5**
文娱用耐用消费品及服务	Durable Consumer Goods for Cultural and Recreational Use and Services	98.1	98.5	97.6	97.7	97.6	97.6
教育	Education	103.6	103.7	102.7	102.7	102.7	102.6
文化娱乐类	Cultural and Recreational Articles	101.5	101.3	101.5	101.4	101.0	100.7
旅游	Touring and Outing	100.6	99.4	97.3	95.2	96.6	97.2
居住	**Residence**	**101.1**	**101.2**	**101.2**	**101.2**	**100.7**	**100.5**
建房及装修材料	Building and Building Decoration Materials	99.7	99.6	99.7	100.0	99.5	99.3
租房	Renting	101.7	101.7	100.7	100.6	100.6	100.6
自有住房	Private Housing	101.9	102.1	102.4	102.2	101.4	101.1
水、电、燃料	Water, Electricity and Fuels	100.0	100.0	100.0	100.0	100.0	100.0
水	Water	100.0	100.0	100.0	100.0	100.0	100.0
电	Electricity	100.0	100.0	100.0	100.0	100.0	100.0
管道燃气	Pipeline Gas	100.0	100.0	100.0	100.0	100.0	100.0

3-6 各月居民消费价格指数（2016 年）
Consumer Price Indices by Month （2016）

上年同期=100

类 别	1 月 January	2 月 February	3 月 March	4 月 April	5 月 May	6 月 June
居民消费价格总指数	**101.4**	**101.7**	**102.0**	**102.2**	**102.2**	**102.1**
非食品价格指数	100.8	100.7	100.8	100.8	100.8	100.9
服务价格指数	101.2	100.9	101.1	101.2	101.1	101.1
工业品价格指数	100.3	100.3	100.2	100.2	100.3	100.4
扣除食品和能源价格指数	101.1	100.9	101.0	101.1	101.1	101.2
消费品价格指数	101.4	102.2	102.5	102.8	102.8	102.7
食品烟酒	**102.7**	**104.3**	**105.1**	**105.6**	**105.6**	**105.3**
食品	103.7	106.0	107.3	108.0	107.9	107.5
粮食	101.3	101.4	101.7	102.0	102.0	102.2
大米	100.6	100.4	100.5	100.6	100.4	100.5
薯类	107.4	110.7	112.0	119.2	125.0	128.9
食用油	102.5	103.7	104.3	104.1	104.1	104.0
菜	104.3	113.9	119.3	120.0	118.1	114.4
鲜菜	104.4	114.9	120.6	121.4	119.4	115.5
畜肉类	114.8	116.9	118.4	120.2	121.0	121.0
猪肉	123.7	126.6	129.5	131.9	132.9	132.6
禽肉类	100.6	100.4	100.4	100.5	100.3	100.3
水产品	103.6	104.9	105.0	105.4	105.3	105.4
蛋类	96.0	96.8	96.4	97.1	97.3	97.4
奶类	99.4	100.1	100.2	100.3	100.2	99.8
干鲜瓜果类	92.0	92.1	91.6	92.6	94.0	95.6
糖果糕点类	101.9	101.3	100.7	101.0	101.0	101.2
调味品	102.1	101.1	100.9	100.9	100.8	100.7
其他食品类	102.4	102.5	103.0	103.0	103.0	102.7
茶及饮料	99.7	99.2	98.9	98.7	98.8	98.8
烟酒	100.1	100.4	100.4	100.4	100.3	100.1
烟草	101.7	101.7	101.7	101.7	101.2	100.8
酒类	97.4	98.1	98.1	98.2	98.6	98.7
在外餐饮	101.3	101.5	101.7	101.9	102.1	102.2

3–6 各月居民消费价格指数（2016 年）
Consumer Price Indices by Month （2016）

续表 1（continued 1） 上年同期=100

类 别	7 月 July	8 月 August	9 月 September	10 月 October	11 月 November	12 月 December
居民消费价格总指数	**102.0**	**101.9**	**101.8**	**101.8**	**101.8**	**101.8**
非食品价格指数	100.9	100.9	101.0	101.0	101.1	101.1
服务价格指数	101.1	101.0	101.0	101.0	101.0	101.0
工业品价格指数	100.5	100.6	100.7	100.8	100.9	101.0
扣除食品和能源价格指数	101.2	101.2	101.2	101.3	101.3	101.3
消费品价格指数	102.5	102.3	102.2	102.2	102.2	102.2
食品烟酒	**104.8**	**104.2**	**103.9**	**103.8**	**103.7**	**103.6**
食品	106.6	105.7	105.3	105.0	104.9	104.7
粮食	102.4	102.5	102.4	102.5	102.5	102.4
大米	100.7	100.5	100.4	100.4	100.6	100.7
薯类	131.2	131.1	129.9	128.3	127.0	126.0
食用油	103.7	103.6	103.4	103.4	103.1	103.0
菜	111.3	109.0	108.2	108.3	109.0	108.7
鲜菜	112.1	109.6	108.8	108.8	109.7	109.3
畜肉类	119.2	116.6	114.8	113.5	112.6	111.9
猪肉	129.3	124.9	121.8	119.7	118.3	117.1
禽肉类	100.3	100.2	100.2	100.3	100.3	100.3
水产品	105.5	105.3	105.1	105.0	104.9	104.7
蛋类	97.2	96.6	96.5	96.4	96.5	96.4
奶类	99.5	99.6	99.7	99.7	99.6	99.4
干鲜瓜果类	96.1	96.7	97.4	97.4	97.7	97.8
糖果糕点类	101.3	101.3	101.4	101.4	101.4	101.4
调味品	100.4	100.4	100.3	100.5	100.5	100.5
其他食品类	102.6	102.2	102.1	102.0	101.8	101.6
茶及饮料	98.9	98.9	98.9	98.9	98.9	98.9
烟酒	100.0	100.1	100.1	100.1	100.2	100.2
烟草	100.7	100.5	100.5	100.4	100.4	100.4
酒类	98.9	99.2	99.3	99.5	99.7	99.8
在外餐饮	102.2	102.3	102.3	102.3	102.3	102.3

3-6 各月居民消费价格指数（2016 年）
Consumer Price Indices by Month (2016)

续表 2（continued 2） 上年同期=100

类 别	1 月 January	2 月 February	3 月 March	4 月 April	5 月 May	6 月 June
衣着	**102.3**	**102.2**	**102.4**	**102.5**	**102.6**	**102.6**
服装	102.4	102.4	102.7	102.8	102.8	102.8
服装材料	99.4	99.4	99.4	99.4	99.5	99.5
其他衣着及配件	99.1	98.8	99.4	99.7	99.8	99.8
衣着加工服务费	103.3	103.6	103.0	102.5	102.3	102.1
居住	**100.6**	**100.8**	**101.1**	**101.1**	**101.1**	**101.1**
租赁房房租	99.9	100.6	101.2	101.1	101.2	101.1
住房保养维修及管理	99.8	99.6	99.6	99.6	99.7	99.7
水电燃料	100.0	100.0	100.0	100.0	100.0	100.0
自有住房	101.3	101.6	102.0	102.0	102.0	102.1
生活用品及服务	**100.5**	**100.5**	**100.4**	**100.3**	**100.3**	**100.3**
家具及室内装饰品	103.8	103.5	103.1	102.9	103.0	102.8
家用器具	98.5	98.5	98.2	98.1	98.0	97.8
家用纺织品	100.0	100.1	100.4	100.5	100.5	100.8
家庭日用杂品	101.0	100.8	101.0	101.1	101.2	101.2
个人护理用品	98.9	99.2	99.2	99.4	99.7	99.9
家庭服务	102.1	102.2	101.4	101.1	101.0	100.9
交通和通信	**100.3**	**100.1**	**99.3**	**99.2**	**99.1**	**99.4**
交通	101.0	101.2	100.1	99.9	99.7	99.9
交通工具用燃料	92.2	92.8	91.3	90.8	90.1	90.3
交通费	106.1	106.0	104.5	104.9	105.0	105.8
通信	99.2	98.3	98.0	97.8	98.0	98.4
教育文化和娱乐	**100.6**	**99.4**	**99.8**	**100.0**	**99.8**	**99.6**
教育	102.0	101.9	101.6	101.6	101.5	101.4
文化娱乐	99.3	97.3	98.3	98.6	98.3	98.0
旅游	99.3	94.3	96.2	96.7	95.8	95.2
医疗保健	**100.8**	**100.9**	**101.0**	**101.1**	**101.1**	**101.2**
药品及医疗器具	101.7	101.9	102.0	102.3	102.5	102.7
中药	101.4	101.9	102.1	102.8	103.2	103.8
西药	101.3	101.3	101.3	101.4	101.5	101.8
医疗服务	100.2	100.2	100.2	100.2	100.1	100.1
其他用品和服务	**100.9**	**101.4**	**101.8**	**102.0**	**102.1**	**102.1**
其他用品类	98.7	100.5	101.6	101.9	102.2	102.6
其他服务类	102.3	102.0	101.9	102.0	102.0	101.8

3-6 各月居民消费价格指数（2016 年）
Consumer Price Indices by Month （2016）

续表 3（continued 3）　　上年同期=100

类 别	7 月 July	8 月 August	9 月 September	10 月 October	11 月 November	12 月 December
衣着	**102.7**	**102.7**	**102.6**	**102.5**	**102.5**	**102.4**
服装	102.8	102.8	102.7	102.5	102.4	102.3
服装材料	99.5	99.6	99.7	99.7	99.7	99.7
其他衣着及配件	99.8	100.1	100.1	100.1	100.2	100.3
衣着加工服务费	101.9	101.8	101.8	101.7	101.7	101.7
居住	**101.1**	**101.2**	**101.1**	**101.1**	**101.1**	**101.1**
租赁房房租	101.2	101.3	101.4	101.4	101.5	101.6
住房保养维修及管理	99.8	99.8	99.9	100.0	100.1	100.2
水电燃料	100.0	100.0	100.0	100.1	100.1	100.1
自有住房	102.1	102.1	102.0	102.0	101.9	101.9
生活用品及服务	**100.3**	**100.4**	**100.5**	**100.5**	**100.6**	**100.6**
家具及室内装饰品	102.8	102.8	102.8	102.7	102.7	102.6
家用器具	97.8	97.9	98.1	98.3	98.5	98.8
家用纺织品	100.9	101.1	101.1	101.2	101.1	101.2
家庭日用杂品	101.1	101.1	101.1	101.0	101.0	100.8
个人护理用品	100.0	100.1	100.3	100.4	100.5	100.6
家庭服务	100.8	100.8	100.8	100.7	100.7	100.7
交通和通信	**99.6**	**99.8**	**100.0**	**100.3**	**100.4**	**100.6**
交通	100.1	100.2	100.4	100.6	100.7	101.0
交通工具用燃料	90.7	91.3	92.4	93.3	94.2	95.5
交通费	106.1	106.0	106.0	106.2	106.0	105.7
通信	98.8	99.2	99.5	99.7	99.8	99.9
教育文化和娱乐	**99.4**	**99.3**	**99.3**	**99.3**	**99.4**	**99.5**
教育	101.4	101.3	101.3	101.3	101.3	101.3
文化娱乐	97.7	97.6	97.5	97.6	97.7	97.9
旅游	94.7	94.6	94.6	94.8	95.0	95.6
医疗保健	**101.3**	**101.4**	**101.4**	**101.6**	**101.7**	**101.8**
药品及医疗器具	103.0	103.2	103.4	103.7	104.0	104.3
中药	104.7	105.4	105.9	106.5	107.0	107.7
西药	102.0	102.3	102.4	102.9	103.2	103.6
医疗服务	100.1	100.1	100.1	100.1	100.0	100.0
其他用品和服务	**102.3**	**102.5**	**102.6**	**102.6**	**102.6**	**102.6**
其他用品类	103.2	103.7	104.0	104.0	104.1	104.1
其他服务类	101.7	101.7	101.7	101.7	101.6	101.6

3-7 各月商品零售价格分类指数（2011 年）
Retail Price Index by Month（2011）

上年同期=100

类 别	Item	1 月 January	2 月 February	3 月 March	4 月 April	5 月 May	6 月 June
商品零售价格总指数	**Retail Price Index**	103.0	104.2	104.4	104.1	104.1	105.4
食品	Food	111.0	113.1	113.0	111.3	111.0	114.3
饮料烟酒	Beverages, Tobacco and Liquor	105.6	105.1	105.4	106.0	106.2	106.2
服装鞋帽	Garments, Shoes and Hats	96.8	97.9	97.6	100.3	102.4	104.5
纺织品	Textiles	113.9	114.5	114.6	114.7	114.7	114.1
家用电器及音像器材	Household Appliances, Music and Video Equipment	85.2	88.4	88.6	88.4	89.6	88.9
文化办公用品	Cultural and Office Appliances	94.6	94.2	92.4	92.3	91.3	91.4
日用品	Articles for Daily Use	103.0	102.4	103.0	103.5	103.5	104.2
体育娱乐用品	Sports and Recreation Articles	96.3	96.1	96.5	95.7	95.9	95.8
交通、通信用品	Transportation and Communication Appliances	92.2	93.7	94.0	93.8	93.7	94.2
家具	Furniture	99.9	100.1	99.1	99.0	98.9	99.4
化妆品	Cosmetics	100.5	100.7	101.0	101.3	101.5	101.8
金银珠宝	Gold, Silver and Jewelry	116.9	116.8	118.0	116.4	112.2	111.3
中西药品及医疗保健用品	Traditional Chinese and Western Medicines and Health Care Articles	104.2	104.1	103.8	103.2	102.2	102.0
书报杂志及电子出版物	Books, Newspapers, Magazines and Electronic Publications	100.2	100.3	100.3	100.3	100.3	100.6
燃料	Fuels	114.2	114.7	117.2	116.1	115.8	117.3
建筑材料及五金电料	Building Materials and Hardware	105.3	105.6	106.6	105.7	105.7	105.4

3-7 各月商品零售价格分类指数（2011年）
Retail Price Index by Month（2011）

续表（continued）

上年同期=100

类 别	Item	7月 July	8月 August	9月 September	10月 October	11月 November	12月 December
商品零售价格总指数	**Retail Price Index**	**105.8**	**105.8**	**105.8**	**104.7**	**104.5**	**104.2**
食品	Food	115.3	116.5	116.5	115.3	112.9	112.7
饮料烟酒	Beverages, Tobacco and Liquor	105.1	105.3	104.2	104.7	106.5	107.1
服装鞋帽	Garments, Shoes and Hats	102.6	102.8	103.2	102.4	103.2	103.0
纺织品	Textiles	113.5	111.9	111.6	111.5	106.7	102.8
家用电器及音像器材	Household Appliances, Music and Video Equipment	90.1	90.9	94.1	94.3	94.7	94.9
文化办公用品	Cultural and Office Appliances	91.4	91.0	94.9	94.6	95.3	95.5
日用品	Articles for Daily Use	104.5	107.0	106.7	106.9	105.2	103.9
体育娱乐用品	Sports and Recreation Articles	96.2	98.2	97.7	97.4	97.4	99.3
交通、通信用品	Transportation and Communication Appliances	94.8	95.1	91.7	91.5	91.5	91.8
家具	Furniture	99.8	100.1	100.4	100.5	100.7	99.2
化妆品	Cosmetics	102.1	102.5	102.7	103.2	103.2	103.2
金银珠宝	Gold, Silver and Jewelry	113.6	117.7	117.8	107.3	108.5	105.5
中西药品及医疗保健用品	Traditional Chinese and Western Medicines and Health Care Articles	102.2	101.1	101.4	101.5	101.6	101.3
书报杂志及电子出版物	Books, Newspapers, Magazines and Electronic Publications	102.1	101.4	101.7	101.7	101.7	101.7
燃料	Fuels	117.3	108.0	105.8	105.0	104.3	102.9
建筑材料及五金电料	Building Materials and Hardware	106.0	106.1	107.0	98.3	105.8	104.8

3–7 各月商品零售价格分类指数（2012 年）
Retail Price Index by Month（2012）

上年同期=100

类 别	Item	1 月 January	2 月 February	3 月 March	4 月 April	5 月 May	6 月 June
商品零售价格总指数	**Retail Price Index**	**103.9**	**102.8**	**103.0**	**103.2**	**102.6**	**101.4**
食品	Food	112.4	107.9	108.7	109.8	109.4	106.3
饮料烟酒	Beverages, Tobacco and Liquor	107.5	108.1	108.1	107.4	106.9	106.8
服装鞋帽	Garments, Shoes and Hats	103.1	103.3	103.4	101.0	98.6	96.6
纺织品	Textiles	99.5	99.3	99.5	94.7	92.9	92.9
家用电器及音像器材	Household Appliances, Music and Video Equipment	95.1	96.6	97.2	98.4	98.1	98.6
文化办公用品	Cultural and Office Appliances	96.2	96.4	99.1	99.3	99.0	98.7
日用品	Articles for Daily Use	104.1	104.5	103.4	103.2	103.7	103.0
体育娱乐用品	Sports and Recreation Articles	99.5	99.5	99.1	100.0	99.8	99.9
交通、通信用品	Transportation and Communication Appliances	89.5	89.8	90.5	89.7	89.5	89.9
家具	Furniture	99.3	99.1	99.1	99.8	100.1	99.7
化妆品	Cosmetics	102.1	102.3	101.8	102.0	102.6	102.7
金银珠宝	Gold, Silver and Jewelry	104.5	104.9	102.3	99.9	97.9	96.7
中西药品及医疗保健用品	Traditional Chinese and Western Medicines and Health Care Articles	101.7	102.0	102.5	103.1	103.1	102.8
书报杂志及电子出版物	Books, Newspapers, Magazines and Electronic Publications	101.5	102.6	102.6	102.6	102.6	102.4
燃料	Fuels	102.4	102.9	101.8	103.7	102.2	100.3
建筑材料及五金电料	Building Materials and Hardware	104.0	103.5	102.2	102.3	102.1	103.8

3-7 各月商品零售价格分类指数（2012 年）
Retail Price Index by Month（2012）

续表（continued） 上年同期=100

类 别	Item	7 月 July	8 月 August	9 月 September	10 月 October	11 月 November	12 月 December
商品零售价格总指数	**Retail Price Index**	**100.5**	**99.8**	**100.3**	**100.4**	**100.4**	**100.8**
食品	Food	103.4	101.1	100.1	99.5	99.8	100.8
饮料烟酒	Beverages, Tobacco and Liquor	106.6	106.1	105.2	105.0	103.4	103.1
服装鞋帽	Garments, Shoes and Hats	99.1	99.9	101.8	104.2	105.0	105.9
纺织品	Textiles	92.9	97.8	97.3	96.6	96.8	96.8
家用电器及音像器材	Household Appliances, Music and Video Equipment	98.9	98.0	100.1	99.7	99.8	100.0
文化办公用品	Cultural and Office Appliances	97.9	98.9	98.3	98.5	98.1	97.9
日用品	Articles for Daily Use	102.9	101.8	101.3	100.7	100.8	100.9
体育娱乐用品	Sports and Recreation Articles	100.3	101.2	101.7	101.8	102.0	101.5
交通、通信用品	Transportation and Communication Appliances	89.7	89.7	93.2	92.6	92.2	92.3
家具	Furniture	98.8	97.7	96.4	95.8	97.1	98.7
化妆品	Cosmetics	102.5	102.2	102.4	102.3	102.2	102.5
金银珠宝	Gold, Silver and Jewelry	97.1	94.0	96.4	99.9	96.8	98.6
中西药品及医疗保健用品	Traditional Chinese and Western Medicines and Health Care Articles	102.9	102.7	102.7	102.9	103.0	102.8
书报杂志及电子出版物	Books, Newspapers, Magazines and Electronic Publications	100.9	101.6	101.6	101.6	101.6	101.6
燃料	Fuels	98.5	99.1	102.8	104.2	103.9	103.3
建筑材料及五金电料	Building Materials and Hardware	103.2	102.6	101.8	101.3	102.3	102.0

3-7 各月商品零售价格分类指数（2013 年）
Retail Price Index by Month（2013）

上年同期=100

类 别	Item	1 月 January	2 月 February	3 月 March	4 月 April	5 月 May	6 月 June
商品零售价格总指数	**Retail Price Index**	**101.3**	**102.1**	**101.3**	**101.5**	**101.3**	**101.7**
食品	Food	101.1	104.0	100.7	101.8	101.1	102.4
饮料烟酒	Beverages, Tobacco and Liquor	102.9	102.4	102.3	101.9	101.9	102.1
服装鞋帽	Garments, Shoes and Hats	106.6	107.0	108.5	108.7	108.7	108.8
纺织品	Textiles	97.8	98.3	98.1	103.1	104.6	104.6
家用电器及音像器材	Household Appliances, Music and Video Equipment	100.8	100.2	101.2	100.6	101.4	100.5
文化办公用品	Cultural and Office Appliances	97.5	97.8	98.1	98.4	98.9	99.0
日用品	Articles for Daily Use	101.0	100.3	101.5	101.1	100.4	99.9
体育娱乐用品	Sports and Recreation Articles	100.1	100.5	100.1	100.6	100.7	100.6
交通、通信用品	Transportation and Communication Appliances	94.9	95.0	95.2	96.2	96.1	96.6
家具	Furniture	98.3	97.7	98.7	98.0	98.0	98.1
化妆品	Cosmetics	103.2	102.3	103.1	103.3	103.0	102.8
金银珠宝	Gold, Silver and Jewelry	100.2	98.7	98.8	97.6	97.0	94.8
中西药品及医疗保健用品	Traditional Chinese and Western Medicines and Health Care Articles	102.1	101.9	101.7	101.6	101.4	101.1
书报杂志及电子出版物	Books, Newspapers, Magazines and Electronic Publications	102.0	100.9	100.9	100.9	100.8	100.8
燃料	Fuels	103.2	102.6	102.2	98.9	98.8	100.5
建筑材料及五金电料	Building Materials and Hardware	102.3	101.6	103.7	104.3	104.1	101.7

3–7 各月商品零售价格分类指数（2013 年）
Retail Price Index by Month（2013）

续表（continued） 上年同期=100

类 别	Item	7 月 July	8 月 August	9 月 September	10 月 October	11 月 November	12 月 December
商品零售价格总指数	**Retail Price Index**	**102.7**	**102.5**	**102.3**	**101.8**	**102.0**	**101.5**
食品	Food	104.8	104.6	105.2	104.7	105.4	103.8
饮料烟酒	Beverages, Tobacco and Liquor	101.8	102.1	102.2	101.6	101.6	101.0
服装鞋帽	Garments, Shoes and Hats	108.6	106.8	104.6	102.7	102.7	102.1
纺织品	Textiles	104.7	99.7	100.1	100.6	99.8	99.2
家用电器及音像器材	Household Appliances, Music and Video Equipment	100.3	100.8	99.3	100.2	99.9	99.3
文化办公用品	Cultural and Office Appliances	99.6	99.4	99.2	99.0	98.8	99.1
日用品	Articles for Daily Use	99.9	100.4	100.6	100.7	100.5	100.1
体育娱乐用品	Sports and Recreation Articles	100.2	99.5	99.4	98.1	99.1	98.9
交通、通信用品	Transportation and Communication Appliances	97.7	97.9	98.2	98.3	98.8	98.7
家具	Furniture	100.1	100.8	101.9	102.5	100.9	100.0
化妆品	Cosmetics	102.6	102.6	102.2	102.1	102.1	102.2
金银珠宝	Gold, Silver and Jewelry	92.3	93.2	90.4	88.4	88.6	87.5
中西药品及医疗保健用品	Traditional Chinese and Western Medicines and Health Care Articles	100.8	100.8	101.0	101.2	101.1	101.4
书报杂志及电子出版物	Books, Newspapers, Magazines and Electronic Publications	100.7	100.6	100.4	100.2	100.2	100.2
燃料	Fuels	102.6	102.9	100.2	98.7	98.7	99.7
建筑材料及五金电料	Building Materials and Hardware	102.4	102.8	103.1	103.9	103.0	104.2

3-7 各月商品零售价格分类指数（2014 年）
Retail Price Index by Month（2014）

上年同期=100

类 别	Item	1 月 January	2 月 February	3 月 March	4 月 April	5 月 May	6 月 June
商品零售价格总指数	**Retail Price Index**	**101.1**	**100.6**	**101.0**	**100.3**	**100.9**	**101.1**
食品	Food	103.0	101.6	103.9	101.3	102.2	102.2
饮料烟酒	Beverages, Tobacco and Liquor	100.7	100.3	100.2	99.7	99.4	99.1
服装鞋帽	Garments, Shoes and Hats	101.5	101.0	100.0	100.5	100.9	101.2
纺织品	Textiles	99.0	98.3	96.4	98.6	98.5	97.1
家用电器及音像器材	Household Appliances, Music and Video Equipment	98.2	98.2	97.4	98.0	98.2	98.9
文化办公用品	Cultural and Office Appliances	99.4	99.2	99.0	98.7	99.3	99.7
日用品	Articles for Daily Use	99.7	100.3	99.4	99.1	99.6	100.1
体育娱乐用品	Sports and Recreation Articles	100.5	99.6	100.5	100.1	100.0	100.1
交通、通信用品	Transportation and Communication Appliances	98.1	98.3	98.2	98.4	99.2	99.3
家具	Furniture	100.1	100.7	100.8	101.0	101.3	101.2
化妆品	Cosmetics	102.0	103.0	102.1	101.0	100.8	100.3
金银珠宝	Gold, Silver and Jewelry	87.0	89.8	91.7	93.1	94.2	96.0
中西药品及医疗保健用品	Traditional Chinese and Western Medicines and Health Care Articles	102.0	102.2	102.3	102.4	102.6	102.4
书报杂志及电子出版物	Books, Newspapers, Magazines and Electronic Publications	100.1	100.2	100.2	100.2	100.2	100.2
燃料	Fuels	100.2	99.5	99.4	100.4	101.8	102.2
建筑材料及五金电料	Building Materials and Hardware	103.9	104.8	101.8	101.9	102.2	103.0

3-7 各月商品零售价格分类指数（2014 年）
Retail Price Index by Month（2014）

续表（continued） 上年同期=100

类 别	Item	7 月 July	8 月 August	9 月 September	10 月 October	11 月 November	12 月 December
商品零售价格总指数	Retail Price Index	101.1	101.0	100.7	101.1	100.7	100.8
食品	Food	101.8	101.1	100.9	101.8	101.0	101.4
饮料烟酒	Beverages, Tobacco and Liquor	99.2	98.9	98.6	98.6	98.0	98.1
服装鞋帽	Garments, Shoes and Hats	101.2	102.8	103.0	104.2	104.5	104.1
纺织品	Textiles	97.2	99.1	97.8	98.0	98.9	99.7
家用电器及音像器材	Household Appliances, Music and Video Equipment	98.7	98.9	99.8	99.3	99.4	99.4
文化办公用品	Cultural and Office Appliances	99.8	99.9	100.4	100.4	100.7	100.5
日用品	Articles for Daily Use	100.4	100.1	100.2	101.5	101.4	101.6
体育娱乐用品	Sports and Recreation Articles	99.8	99.1	99.1	100.4	99.1	99.5
交通、通信用品	Transportation and Communication Appliances	99.0	98.8	97.8	98.4	98.2	97.8
家具	Furniture	99.2	99.7	99.7	99.8	99.8	100.4
化妆品	Cosmetics	100.5	99.7	100.3	100.5	100.4	100.1
金银珠宝	Gold, Silver and Jewelry	99.4	97.3	95.6	95.6	95.5	97.9
中西药品及医疗保健用品	Traditional Chinese and Western Medicines and Health Care Articles	104.2	106.9	106.5	106.1	106.2	107.9
书报杂志及电子出版物	Books, Newspapers, Magazines and Electronic Publications	100.5	100.6	101.5	101.7	101.7	103.0
燃料	Fuels	102.0	100.2	98.1	97.7	96.2	94.5
建筑材料及五金电料	Building Materials and Hardware	102.9	103.0	102.4	101.9	102.2	100.7

3-7 各月商品零售价格分类指数（2015年）
Retail Price Index by Month（2015）

上年同期=100

类别	Item	1月 January	2月 February	3月 March	4月 April	5月 May	6月 June
商品零售价格总指数	**Retail Price Index**	**99.9**	**100.2**	**100.0**	**100.5**	**100.4**	**100.4**
食品	Food	99.6	100.8	100.1	101.7	101.5	101.9
饮料烟酒	Beverages, Tobacco and Liquor	98.1	97.8	97.7	98.2	99.4	99.8
服装鞋帽	Garments, Shoes and Hats	103.6	104.2	103.8	103.2	102.6	102.2
纺织品	Textiles	100.1	99.0	99.7	99.1	99.3	100.6
家用电器及音像器材	Household Appliances, Music and Video Equipment	99.5	98.9	98.8	98.3	98.4	97.8
文化办公用品	Cultural and Office Appliances	100.4	100.3	100.3	100.2	99.8	99.5
日用品	Articles for Daily Use	101.9	102.0	101.9	102.4	101.5	101.5
体育娱乐用品	Sports and Recreation Articles	99.4	99.7	99.2	99.7	99.6	99.7
交通、通信用品	Transportation and Communication Appliances	97.3	97.3	97.0	97.2	96.5	95.6
家具	Furniture	100.6	100.7	101.7	101.7	101.0	101.8
化妆品	Cosmetics	100.0	99.7	100.2	100.7	100.4	100.5
金银珠宝	Gold, Silver and Jewelry	98.3	95.7	93.1	94.3	95.0	94.6
中西药品及医疗保健用品	Traditional Chinese and Western Medicines and Health Care Articles	107.3	107.1	107.1	107.3	107.2	107.6
书报杂志及电子出版物	Books, Newspapers, Magazines and Electronic Publications	103.5	103.6	103.6	103.6	103.6	103.6
燃料	Fuels	92.1	91.7	92.9	93.0	94.4	94.1
建筑材料及五金电料	Building Materials and Hardware	100.5	100.6	101.5	100.3	99.9	99.4

3-7 各月商品零售价格分类指数（2015 年）
Retail Price Index by Month（2015）

续表（continued） 上年同期=100

类 别	Item	7 月 July	8 月 August	9 月 September	10 月 October	11 月 November	12 月 December
商品零售价格总指数	**Retail Price Index**	100.3	100.5	100.4	100.0	99.8	100.0
食品	Food	102.2	103.6	102.5	101.3	100.6	100.9
饮料烟酒	Beverages, Tobacco and Liquor	99.7	100.2	100.5	100.8	101.1	101.5
服装鞋帽	Garments, Shoes and Hats	102.3	102.5	103.2	102.7	102.0	102.5
纺织品	Textiles	101.0	99.7	100.9	100.1	100.4	100.1
家用电器及音像器材	Household Appliances, Music and Video Equipment	97.8	97.8	96.9	96.7	96.4	96.6
文化办公用品	Cultural and Office Appliances	99.2	99.5	100.2	100.3	100.8	100.9
日用品	Articles for Daily Use	101.6	100.8	100.8	99.7	99.8	100.3
体育娱乐用品	Sports and Recreation Articles	99.8	100.8	100.8	100.7	100.6	100.4
交通、通信用品	Transportation and Communication Appliances	95.1	95.3	96.4	96.0	96.4	97.0
家具	Furniture	101.8	101.4	101.4	101.1	101.5	101.7
化妆品	Cosmetics	100.2	100.9	100.1	99.6	100.1	100.1
金银珠宝	Gold, Silver and Jewelry	92.6	93.3	95.6	97.9	97.3	97.4
中西药品及医疗保健用品	Traditional Chinese and Western Medicines and Health Care Articles	106.2	103.6	103.7	103.7	103.7	102.2
书报杂志及电子出版物	Books, Newspapers, Magazines and Electronic Publications	103.3	103.3	102.3	102.3	102.3	101.0
燃料	Fuels	93.2	92.2	92.3	93.7	95.2	95.6
建筑材料及五金电料	Building Materials and Hardware	98.9	98.5	98.6	98.9	98.5	98.1

3-7 各月商品零售价格分类指数（2016 年）
Retail Price Index by Month（2016）

上年同期=100

类 别	Item	1 月 January	2 月 February	3 月 March	4 月 April	5 月 May	6 月 June
商品零售价格总指数	**Retail Price Index**	100.4	100.6	100.6	100.7	100.7	100.8
食品	Food	102.9	104.7	105.6	106.2	106.2	105.9
饮料烟酒	Beverages, Tobacco and Liquor	100.0	100.1	100.0	100.0	99.9	99.8
服装鞋帽	Garments, Shoes and Hats	102.2	102.2	102.4	102.5	102.6	102.7
纺织品	Textiles	99.6	99.6	100.1	100.1	100.1	100.5
家用电器及音像器材	Household Appliances, Music and Video Equipment	98.0	97.9	97.7	97.6	97.3	97.2
文化办公用品	Cultural and Office Appliances	101.3	101.4	101.6	101.8	102.0	102.1
日用品	Articles for Daily Use	99.6	99.6	99.8	99.8	100.0	100.0
体育娱乐用品	Sports and Recreation Articles	99.6	99.7	99.7	100.0	100.2	100.3
交通、通信用品	Transportation and Communication Appliances	99.2	97.7	96.8	96.4	96.6	97.3
家具	Furniture	104.5	104.1	103.6	103.4	103.5	103.3
化妆品	Cosmetics	98.7	99.1	99.2	99.5	99.8	99.9
金银珠宝	Gold, Silver and Jewelry	97.7	100.8	103.3	104.1	104.8	105.7
中西药品及医疗保健用品	Traditional Chinese and Western Medicines and Health Care Articles	101.7	101.9	102.0	102.3	102.5	102.7
书报杂志及电子出版物	Books, Newspapers, Magazines and Electronic Publications	100.3	100.4	100.4	100.3	100.2	100.1
燃料	Fuels	97.2	97.3	96.6	96.4	96.1	96.1
建筑材料及五金电料	Building Materials and Hardware	99.5	99.5	99.6	99.7	99.8	99.9

3–7 各月商品零售价格分类指数（2016 年）
Retail Price Index by Month（2016）

续表（continued） 上年同期=100

类 别	Item	7 月 July	8 月 August	9 月 September	10 月 October	11 月 November	12 月 December
商品零售价格总指数	Retail Price Index	100.9	101.0	101.0	101.1	101.2	101.3
食品	Food	105.3	104.7	104.4	104.2	104.1	104.0
饮料烟酒	Beverages, Tobacco and Liquor	99.8	99.8	99.8	99.8	99.9	99.9
服装鞋帽	Garments, Shoes and Hats	102.7	102.7	102.6	102.5	102.5	102.4
纺织品	Textiles	100.8	101.0	101.1	101.1	101.0	101.1
家用电器及音像器材	Household Appliances, Music and Video Equipment	97.1	97.2	97.3	97.5	97.7	97.9
文化办公用品	Cultural and Office Appliances	102.4	102.4	102.3	102.3	102.3	102.4
日用品	Articles for Daily Use	99.9	99.9	99.9	99.7	99.7	99.6
体育娱乐用品	Sports and Recreation Articles	100.3	100.3	100.2	100.2	100.1	100.0
交通、通信用品	Transportation and Communication Appliances	98.0	98.6	98.9	99.2	99.4	99.6
家具	Furniture	103.3	103.3	103.2	103.1	103.1	103.0
化妆品	Cosmetics	100.1	100.3	100.5	100.6	100.8	100.9
金银珠宝	Gold, Silver and Jewelry	107.2	108.4	109.1	109.2	109.5	109.5
中西药品及医疗保健用品	Traditional Chinese and Western Medicines and Health Care Articles	103.0	103.2	103.4	103.7	104.0	104.3
书报杂志及电子出版物	Books, Newspapers, Magazines and Electronic Publications	100.0	100.0	100.0	100.0	100.0	100.0
燃料	Fuels	96.2	96.5	96.9	97.3	97.6	98.1
建筑材料及五金电料	Building Materials and Hardware	100.0	100.0	100.1	100.1	100.2	100.3

3-8 全国各地区居民消费价格指数（2005–2016 年）
Consumer Price Indices by Region of the Nation（2005–2016）

上年=100

地 区	Region	2005 年	2006 年	2007 年	2008 年	2009 年	2010 年	2011 年	2012 年	2013 年	2014 年	2015 年	2016 年
全 国	National Total	101.8	101.5	104.8	105.9	99.3	103.3	105.4	102.6	102.6	102.0	101.4	102.0
东部地区	Eastern Region												
北 京	Beijing	101.5	100.9	102.4	105.1	98.5	102.4	105.6	103.3	103.3	101.6	101.8	101.4
天 津	Tianjin	101.5	101.5	104.2	105.4	99.0	103.5	104.9	102.7	103.1	101.9	101.7	102.1
河 北	Hebei	101.8	101.7	104.7	106.2	99.3	103.1	105.7	102.6	103.0	101.7	100.9	101.5
辽 宁	Liaoning	101.4	101.2	105.1	104.6	100.0	103.0	105.2	102.8	102.4	101.7	101.4	101.6
上 海	Shanghai	101.0	101.2	103.2	105.8	99.6	103.1	105.2	102.8	102.3	102.7	102.4	103.2
江 苏	Jiangsu	102.1	101.6	104.3	105.4	99.6	103.8	105.3	102.6	102.3	102.2	101.7	102.3
浙 江	Zhejiang	101.3	101.1	104.2	105.0	98.5	103.8	105.4	102.2	102.3	102.1	101.4	101.9
福 建	Fujian	102.2	100.8	105.2	104.6	98.2	103.2	105.3	102.4	102.5	102.0	101.7	101.7
山 东	Shandong	101.7	101.0	104.4	105.3	100.0	102.9	105.0	102.1	102.2	101.9	101.2	102.1
广 东	Guangdong	102.3	101.8	103.7	105.6	97.7	103.1	105.3	102.8	102.5	102.3	101.5	102.3
海 南	Hainan	101.5	101.5	105.0	106.9	99.3	104.8	106.1	103.2	102.8	102.4	101.0	102.8
中部地区	Central Region												
山 西	Shanxi	102.3	102.0	104.6	107.2	99.6	103.0	105.2	102.5	103.1	101.7	100.6	101.1
吉 林	Jilin	101.5	101.4	104.8	105.1	100.1	103.7	105.2	102.5	102.9	102.0	101.7	101.6
黑龙江	Heilongjiang	101.2	101.9	105.4	105.6	100.2	103.9	105.8	103.2	102.2	101.5	101.1	101.5
安 徽	Anhui	101.4	101.2	105.3	106.2	99.1	103.1	105.6	102.3	102.4	101.6	101.3	101.8
江 西	Jiangxi	101.7	101.2	104.8	106.0	99.3	103.0	105.2	102.7	102.4	102.3	101.5	102.0
河 南	Henan	102.1	101.3	105.4	107.0	99.4	103.5	105.6	102.5	102.9	101.9	101.3	101.9
湖 北	Hubei	102.9	101.6	104.8	106.3	99.6	102.9	105.8	102.9	102.8	102.0	101.5	102.2
湖 南	Hunan	102.3	101.4	105.6	106.0	99.6	103.1	105.5	102.0	102.5	101.9	101.4	101.9
西部地区	Western Region												
重 庆	Chongqing	100.8	102.4	104.7	105.6	98.4	103.2	105.3	102.6	102.7	101.8	101.3	101.8
四 川	Sichuan	101.7	102.3	105.9	105.1	100.8	103.2	105.3	102.5	102.8	101.6	101.5	101.9
贵 州	Guizhou	101.0	101.7	106.4	107.6	98.7	102.9	105.1	102.7	102.5	102.4	101.8	101.4
云 南	Yunnan	101.4	101.9	105.9	105.7	100.4	103.7	104.9	102.7	103.1	102.4	101.9	101.5
西 藏	Tibet	101.5	102.0	103.4	105.7	101.4	102.2	105.0	103.5	103.6	102.9	102.0	102.5
陕 西	Shaanxi	101.2	101.5	105.1	106.4	100.5	104.0	105.7	102.8	103.0	101.6	101.0	101.3
甘 肃	Gansu	101.7	101.3	105.5	108.2	101.3	104.1	105.9	102.7	103.2	102.1	101.6	101.3
青 海	Qinghai	100.8	101.6	106.6	110.1	102.6	105.4	106.1	103.1	103.9	102.8	102.6	101.8
宁 夏	Ningxia	101.5	101.9	105.4	108.5	100.7	104.1	106.3	102.0	103.4	101.9	101.1	101.5
新 疆	Xinjiang	100.7	101.3	105.5	108.1	100.7	104.3	105.9	103.8	103.9	102.1	100.6	101.4
内蒙古	Inner Mongolia	102.4	101.5	104.6	105.7	99.7	103.2	105.6	103.1	103.2	101.6	101.1	101.2
广 西	Guangxi	102.4	101.3	106.1	107.8	97.9	103.0	105.9	103.2	102.2	102.1	101.5	101.6

3–9 全国各地区商品零售价格指数（2005–2016 年）
Retail Price Indices by Region of the Nation（2005–2016）

上年=100

地 区	Region	2005 年	2006 年	2007 年	2008 年	2009 年	2010 年	2011 年	2012 年	2013 年	2014 年	2015 年	2016 年
全 国	National Total	100.8	101.0	103.8	105.9	98.8	103.1	104.9	102.0	101.4	101.0	100.1	100.7
东部地区	Eastern Region												
北 京	Beijing	99.7	100.2	100.8	104.4	97.8	100.4	103.2	100.6	99.8	99.1	98.5	98.1
天 津	Tianjin	99.9	100.4	103.2	105.1	98.9	103.4	104.7	103.0	101.7	100.9	100.3	100.5
河 北	Hebei	101.1	101.5	104.1	106.7	99.0	103.1	105.0	102.2	102.2	101.0	100.2	101.2
辽 宁	Liaoning	100.1	101.3	104.4	105.3	99.8	103.2	105.0	102.2	101.6	101.0	100.5	101.0
上 海	Shanghai	99.4	100.2	102.4	105.3	99.4	101.7	104.1	101.2	100.2	100.9	101.1	100.8
江 苏	Jiangsu	100.3	100.8	102.9	104.9	98.9	103.2	104.6	102.1	101.4	101.6	100.6	100.8
浙 江	Zhejiang	100.9	100.8	103.8	106.3	98.8	103.9	105.5	101.9	101.0	100.9	99.9	101.0
福 建	Fujian	100.6	100.5	104.3	105.7	97.9	103.4	104.8	101.8	101.1	101.1	99.9	100.7
山 东	Shandong	100.6	100.6	103.6	104.9	99.4	102.7	104.7	101.6	101.4	101.0	100.2	101.3
广 东	Guangdong	101.8	101.5	103.4	106.0	96.8	103.3	105.1	102.2	101.0	101.4	99.6	100.8
海 南	Hainan	100.9	101.3	103.8	106.7	98.5	104.6	105.4	102.7	101.5	101.2	99.8	101.0
中部地区	Central Region												
山 西	Shanxi	100.3	101.2	104.2	107.2	99.1	102.3	104.9	101.8	101.8	100.6	99.3	100.5
吉 林	Jilin	101.1	101.5	103.3	106.2	99.3	104.1	104.9	101.7	101.6	101.2	99.8	101.3
黑龙江	Heilongjiang	100.4	101.5	105.6	105.8	98.9	103.1	104.5	102.2	101.1	100.8	100.1	101.1
安 徽	Anhui	100.6	100.8	104.5	106.3	99.0	103.2	105.3	102.1	101.3	100.4	99.7	100.8
江 西	Jiangxi	100.9	101.2	104.0	106.1	99.1	102.7	104.8	102.1	101.5	101.2	100.5	100.6
河 南	Henan	101.7	100.9	104.4	107.5	99.4	103.7	105.7	102.3	101.9	101.0	99.8	100.3
湖 北	Hubei	102.1	101.1	104.2	106.3	98.6	103.1	105.6	102.6	101.8	100.9	100.5	100.8
湖 南	Hunan	102.3	101.3	104.3	105.6	98.5	103.1	105.5	101.7	101.7	101.2	99.9	101.0
西部地区	Western Region												
重 庆	Chongqing	98.7	101.6	103.7	105.0	97.3	101.7	104.7	101.6	101.8	100.9	100.2	101.3
四 川	Sichuan	100.6	101.7	105.3	105.3	100.1	103.0	104.6	101.6	101.7	100.6	100.2	100.8
贵 州	Guizhou	101.3	100.9	104.2	107.2	97.6	103.0	105.5	102.0	101.5	101.2	100.1	100.2
云 南	Yunnan	100.1	100.8	104.4	106.1	100.1	103.6	105.1	102.4	102.6	101.6	100.8	100.7
西 藏	Tibet	100.8	100.2	101.7	103.9	99.5	101.0	103.7	102.9	103.0	102.2	101.4	102.1
陕 西	Shaanxi	100.1	101.8	105.0	106.9	99.9	103.6	104.8	102.3	101.8	100.7	99.8	100.3
甘 肃	Gansu	99.9	101.2	104.4	107.9	101.8	104.6	105.4	102.6	102.6	101.7	101.0	100.9
青 海	Qinghai	100.7	102.0	106.0	110.6	101.6	104.3	105.4	102.1	102.7	101.5	101.0	100.4
宁 夏	Ningxia	100.4	101.3	104.1	108.5	99.5	103.2	105.3	101.0	102.4	100.9	100.1	100.7
新 疆	Xinjiang	99.4	101.8	105.1	108.5	100.4	104.6	105.1	103.3	103.3	101.7	99.6	100.5
内蒙古	Inner Mongolia	101.5	101.4	103.6	104.7	99.5	103.0	104.9	102.5	102.6	100.7	100.5	100.6
广 西	Guangxi	101.1	100.3	104.8	107.6	98.0	103.0	106.0	102.3	101.2	101.4	100.1	100.4

3–10 全国36个大中城市居民消费价格指数（2006–2016年）
Consumer Price Indices in Thirty–Six Large and Medium Cities of the Nation（2006–2016）

上年=100

地 区	Region	2006年	2007年	2008年	2009年	2010年	2011年	2012年	2013年	2014年	2015年	2016年
北 京	Beijing	100.9	102.4	105.1	98.5	102.4	105.6	103.3	103.3	101.6	101.8	101.4
天 津	Tianjin	101.5	104.2	105.4	99.0	103.5	104.9	102.7	103.1	101.9	101.7	102.1
石家庄	Shijiazhuang	101.8	104.3	106.7	100.3	103.0	105.7	102.8	102.9	102.0	101.0	101.6
太 原	Taiyuan	101.6	104.1	107.4	99.9	103.0	105.4	102.1	103.1	102.2	100.4	101.2
呼和浩特	Hohhot	101.7	103.7	104.6	100.1	102.6	105.5	103.1	103.8	101.2	101.8	101.4
沈 阳	Shenyang	101.8	104.5	104.4	99.9	102.9	105.4	103.0	102.5	102.2	101.2	101.7
大 连	Dalian	101.4	104.0	104.4	100.2	102.7	105.4	103.4	102.5	102.0	101.6	101.9
长 春	Changchun	101.3	103.7	104.4	99.8	103.6	105.5	102.3	103.0	102.2	101.3	101.4
哈尔滨	Harbin	101.1	104.1	104.7	100.2	103.7	105.6	103.2	102.1	102.0	101.4	101.8
上 海	Shanghai	101.2	103.2	105.8	99.6	103.1	105.2	102.8	102.3	102.7	102.4	103.2
南 京	Nanjing	101.7	103.7	106.2	100.1	104.2	105.4	102.7	102.7	102.6	102.0	102.7
杭 州	Hangzhou	101.2	103.5	104.9	98.6	103.9	104.8	102.5	102.5	102.0	101.8	102.6
宁 波	Ningbo	101.9	103.9	105.0	99.4	103.7	105.3	101.7	102.2	101.9	101.8	102.1
合 肥	Hefei	100.9	105.6	106.4	99.1	102.7	105.7	102.2	102.7	102.0	101.6	102.6
福 州	Fuzhou	100.3	104.1	104.2	98.7	103.5	104.9	102.0	102.6	101.7	101.4	102.5
厦 门	Xiamen	100.8	104.6	104.9	97.3	103.0	105.2	102.1	102.3	102.2	101.7	101.7
南 昌	Nanchang	101.9	104.3	106.1	99.7	103.3	105.0	102.9	102.3	102.5	101.6	102.1
济 南	Jinan	100.9	103.9	105.7	100.3	102.1	105.4	102.4	102.8	102.2	101.9	102.7
青 岛	Qingdao	100.9	104.5	104.7	100.5	102.2	105.0	102.7	102.5	102.6	101.2	102.5
郑 州	Zhengzhou	101.4	105.6	106.1	99.8	103.0	104.9	102.7	102.8	102.0	101.1	102.3
武 汉	Wuhan	101.4	104.1	105.7	99.4	103.0	105.2	102.8	102.4	101.9	101.4	102.4
长 沙	Changsha	101.1	104.9	105.2	99.4	102.9	105.5	102.3	102.8	102.7	101.1	101.9
广 州	Guangzhou	102.3	103.4	105.9	97.5	103.2	105.5	103.0	102.6	102.3	101.7	102.7
深 圳	Shenzhen	102.2	104.1	105.9	98.7	103.5	105.4	102.8	102.7	102.0	102.2	102.4
南 宁	Nanning	102.5	104.4	108.4	98.2	102.5	105.7	102.9	102.1	101.6	101.9	101.4
海 口	Haikou	101.3	104.4	105.8	99.9	104.2	105.4	103.3	102.9	102.2	101.2	103.0
重 庆	Chongqing	102.4	104.7	105.6	98.4	103.2	105.3	102.6	102.7	101.8	101.3	101.8
成 都	Chengdu	101.8	105.2	104.3	100.3	103.0	105.4	103.0	103.1	101.3	101.1	102.2
贵 阳	Guiyang	101.1	105.1	107.0	97.7	102.9	105.5	102.6	103.2	102.7	102.3	101.1
昆 明	Kunming	101.6	105.8	105.8	100.8	104.2	104.9	103.1	103.9	103.1	102.4	101.7
拉 萨	Lhasa	100.6	103.2	106.4	101.7	102.2	105.0	103.2	103.4	103.0	102.2	102.6
西 安	Xi'an	101.6	104.7	106.0	99.7	103.5	105.6	102.8	102.7	101.4	100.7	100.9
兰 州	Lanzhou	101.7	105.3	107.2	99.6	103.8	105.4	102.4	103.5	102.2	101.3	100.8
西 宁	Xining	101.8	106.4	108.2	102.2	104.5	105.7	102.7	103.8	102.8	102.5	102.1
银 川	Yinchuan	101.6	105.3	107.6	99.7	103.8	105.5	102.6	103.5	102.1	101.6	101.7
乌鲁木齐	Urumqi	100.1	104.6	107.0	100.4	102.7	104.5	103.4	103.5	102.8	100.7	101.5

3-11 全国 36 个大中城市商品零售价格指数（2006-2016 年）
Retail Price Indices in Thirty-Six Large and Medium Cities of the Nation（2006-2016）

上年=100

地 区	Region	2006 年	2007 年	2008 年	2009 年	2010 年	2011 年	2012 年	2013 年	2014 年	2015 年	2016 年
北 京	Beijing	100.2	100.8	104.4	97.8	100.4	103.2	100.6	99.8	99.1	98.5	98.1
天 津	Tianjin	100.4	103.2	105.1	98.9	103.4	104.7	103.0	101.7	100.9	100.3	100.5
石家庄	Shijiazhuang	101.8	104.4	107.7	100.1	103.4	104.9	101.9	102.1	101.2	100.2	101.7
太 原	Taiyuan	100.6	102.9	107.9	99.1	102.6	104.8	101.2	101.3	100.7	98.6	100.8
呼和浩特	Hohhot	101.6	102.7	105.4	99.9	102.6	104.7	101.5	101.9	98.6	99.5	101.1
沈 阳	Shenyang	101.9	103.2	105.0	97.9	102.6	105.2	102.4	101.6	101.3	100.0	100.6
大 连	Dalian	101.4	101.9	106.0	99.4	104.0	104.4	102.5	101.0	101.0	99.5	102.0
长 春	Changchun	101.5	102.1	105.6	99.6	104.6	104.8	101.8	101.3	101.2	99.1	101.2
哈尔滨	Harbin	100.3	103.7	105.3	98.5	101.9	104.4	102.5	101.2	101.5	100.2	101.6
上 海	Shanghai	100.2	102.4	105.3	99.4	101.7	104.1	101.2	100.2	100.9	101.1	100.8
南 京	Nanjing	98.9	99.9	103.7	98.7	103.5	104.2	101.4	101.2	102.0	100.6	100.5
杭 州	Hangzhou	100.2	103.1	106.0	98.6	103.7	104.4	101.9	101.5	100.8	100.2	101.5
宁 波	Ningbo	101.8	103.3	107.1	98.8	103.9	105.7	101.8	101.0	100.3	100.4	101.8
合 肥	Hefei	100.6	104.6	106.3	99.8	102.1	105.1	101.9	101.2	100.3	99.5	100.8
福 州	Fuzhou	99.9	103.1	104.4	99.1	102.9	104.0	101.1	101.0	100.6	99.4	100.7
厦 门	Xiamen	100.3	103.9	104.5	97.8	102.8	104.7	101.6	100.4	100.7	100.0	100.0
南 昌	Nanchang	101.9	103.5	106.2	99.4	103.0	105.2	102.4	101.3	101.1	100.5	100.4
济 南	Jinan	100.3	102.2	104.5	98.7	101.3	104.6	101.8	101.3	101.2	100.3	100.8
青 岛	Qingdao	99.7	102.7	103.9	98.6	101.4	104.5	101.7	101.4	102.3	100.0	102.0
郑 州	Zhengzhou	100.9	102.7	106.0	100.3	102.7	104.9	102.4	101.4	101.1	99.0	100.2
武 汉	Wuhan	100.7	103.0	105.1	98.4	103.1	104.7	102.3	100.9	100.5	100.0	101.3
长 沙	Changsha	101.1	102.3	103.9	97.7	103.8	105.4	101.5	101.2	101.7	99.6	100.9
广 州	Guangzhou	101.2	102.9	105.7	96.8	103.2	105.1	101.9	100.5	101.5	99.1	101.2
深 圳	Shenzhen	101.8	103.5	106.5	97.5	103.2	105.3	102.4	100.7	101.0	99.7	100.3
南 宁	Nanning	101.0	103.1	107.9	98.5	102.3	104.9	101.7	100.8	100.7	100.4	99.8
海 口	Haikou	100.6	103.4	105.6	99.2	103.7	105.0	102.8	101.6	101.2	100.2	100.9
重 庆	Chongqing	101.6	103.7	105.0	97.3	101.7	104.7	101.6	101.8	100.9	100.2	101.3
成 都	Chengdu	101.2	104.2	104.5	99.0	102.4	104.3	101.4	101.7	100.4	99.5	100.8
贵 阳	Guiyang	100.3	102.8	105.4	98.2	103.2	105.0	102.0	101.9	101.2	99.7	99.5
昆 明	Kunming	99.7	103.4	105.4	100.0	103.6	104.9	102.0	102.5	101.8	100.7	100.8
拉 萨	Lhasa	99.6	101.2	104.6	100.1	101.2	103.9	102.9	103.5	102.3	101.5	102.4
西 安	Xi'an	101.5	103.7	105.4	99.5	102.7	104.4	102.3	101.7	100.7	99.7	100.1
兰 州	Lanzhou	100.3	103.1	107.2	100.5	103.9	105.4	102.4	102.7	101.8	100.6	100.7
西 宁	Xining	102.6	105.7	110.1	102.3	104.6	106.0	102.3	102.5	101.2	100.2	100.6
银 川	Yinchuan	101.3	103.6	105.9	98.5	102.5	104.2	100.6	102.3	100.8	100.2	100.8
乌鲁木齐	Urumqi	99.9	104.6	108.7	100.1	103.4	104.1	102.9	103.5	102.4	99.4	100.6

3-12 农产品生产价格指数（2003-2016 年）
Producers' Price Indices of Farm Products（2003-2016）

上年=100

项 目	Item	2003 年	2004 年	2005 年	2006 年	2007 年	2008 年	2009 年
农产品生产价格指数	**Producers' Price Indices of Farm Products**	**103.8**	**125.5**	**100.0**	**93.6**	**121.8**	**120.4**	**89.0**
农业产品	**Planting Products**	**105.5**	**120.3**	**102.2**	**100.4**	**108.6**	**108.9**	**104.2**
谷物	Cereal	105.4	129.5	101.3	97.3	108.2	108.5	100.4
小麦	Wheat	102.3	131.6	102.7	95.1	103.9	106.4	103.5
稻谷	Rice	106.0	141.5	101.2	97.8	108.2	109.2	100.8
玉米	Corn	102.3	130.4	101.7	94.9	109.0	106.2	97.9
薯类	Tubers	78.1	102.2	101.6	101.1	104.2	109.1	109.9
油料	Oil-bearing Crops	116.9	123.2	93.1	102.8	120.1	118.9	80.3
油菜籽	Rapeseeds	117.3	117.9	86.6	104.0	123.7	119.2	70.8
大豆	Beans	118.7	122.1	97.4	100.0	107.9	115.4	98.9
未加工烟草	Raw Tobacco	109.4	117.0	104.3	101.8	106.8	107.7	110.4
蔬菜	Vegetables	104.3	106.0	103.8	102.5	109.8	106.6	110.5
叶菜类	Leafy Vegetables	107.8	105.9	102.9	102.9	108.0	108.3	110.7
瓜菜类	Melons as Vegetables	103.2	110.1	103.1	108.1	114.2	105.1	111.0
根茎类	Root, Tuber Vegetables	104.7	105.6	104.5	100.6	108.7	109.9	106.8
茄果类	Eggplant Fruit	99.4	101.9	104.3	103.3	113.7	98.4	121.4
葱蒜类	Garlic & Chives Kind	105.8	105.9	102.3	101.7	107.4	109.3	108.8
豆类	Vegetable Bean	96.5	114.5	102.3	106.1	111.7	104.0	115.2
水生菜类	Water Lettuce	110.4	106.9	104.8	101.7	108.8	110.0	109.7
水果	Fruits	94.3	103.4	103.4	101.3	104.5	109.2	107.0
柑橘类	Citrus	94.3	100.0	102.4	100.6	105.6	100.7	102.7
林业产品	**Forestry Products**			**100.6**	**106.4**	**110.7**	**116.1**	**111.4**
饲养动物及其产品	**Animal Husbandry Products**	**103.2**	**128.8**	**98.8**	**89.8**	**128.8**	**126.1**	**80.8**
牛	Cattle and Buffaloes	104.6	101.7	103.9	101.6	120.6	116.0	104.2
羊	Sheep and Goats	102.3	111.1	102.8	101.2	108.0	128.9	100.7
活猪	Pig	103.6	131.2	97.5	86.9	132.2	127.2	77.1
活家禽	Poultry	98.5	117.2	104.3	100.2	116.2	111.7	102.8
禽蛋	Eggs	103.0	111.9	103.9	98.9	110.1	112.1	101.9
渔业产品	**Fishery Products**	**100.9**	**107.8**	**105.7**	**101.7**	**105.9**	**110.3**	**104.7**
养殖淡水鱼	Breeding Freshwater Fish							
捕捞淡水鱼	Fishing Freshwater Fish							

注：根据新《农业产值和价格综合统计报表制度》，原“肉禽（毛重）”指标替换为“活家禽”，原“淡水鱼”指标替换为“养殖淡水鱼”和“捕捞淡水鱼”。2011 年采用新指标指数，2010 年及以前采用旧指标指数。（下表同）

Note: According to the new *"Farm Products Value and The Comprehensive Statistics Report Forms System of Price"*, the "Poultry (gross weight)" index changed to "Poultry", the original "Freshwater Fish" index changed to "Breeding Freshwater Fish" and "Fishing Freshwater Fish". The data of 2011 uses new index, 2010 and before use old index. (the same below)

3-12 农产品生产价格指数（2003-2016 年）
Producers' Price Indices of Farm Products（2003-2016）

续表（continued）　　上年=100

项　目	Item	2010 年	2011 年	2012 年	2013 年	2014 年	2015 年	2016 年
农产品生产价格指数	**Producers ' Price Indices of Farm Products**	**103.2**	**120.2**	**104.6**	**102.96**	**100.2**	**102.35**	**109.81**
农业产品	**Planting Products**	**109.1**	**113.8**	**106.0**	**103.08**	**102.6**	**100.56**	**104.35**
谷物	Cereal	108.4	114.4	108.0	102.48	100.3	102.56	99.79
小麦	Wheat	104.3	110.6	112.0	0.0	100.0	0.00	0.00
稻谷	Rice	106.8	116.2	107.1	101.68	99.4	103.67	103.80
玉米	Corn	113.4	111.4	109.4	104.38	102.6	100.42	92.04
薯类	Tubers	113.2	111.5	107.6	105.71	104.3	100.88	97.82
油料	Oil-bearing Crops	108.8	109.0	105.7	106.82	101.2	107.65	98.10
油菜籽	Rapeseeds	108.3	110.0	104.6	107.69	102.7	107.65	98.10
大豆	Beans	106.6	111.5	105.8	102.79	104.4	102.35	96.69
未加工烟草	Raw Tobacco	114.0	118.0	113.6	107.95	97.3	105.28	101.49
蔬菜	Vegetables	107.9	111.1	108.7	103.66	104.2	98.04	110.65
叶菜类	Leafy Vegetables	104.5	110.7	108.8	102.55	106.4	98.62	119.14
瓜菜类	Melons as Vegetables	108.8	109.0	105.1	104.83	96.9	90.70	111.53
根茎类	Root, Tuber Vegetables	108.2	111.7	108.1	103.71	106.5	91.25	122.76
茄果类	Eggplant Fruit	107.6	106.0	112.1	104.15	105.6	102.37	100.06
葱蒜类	Garlic & Chives Kind	112.9	114.1	110.5	102.67	108.2	0.00	0.00
豆类	Vegetable Bean	108.8	117.1	109.4	103.99	103.7	105.98	99.39
水生菜类	Water Lettuce	119.0	93.4	104.3	103.99	110.6	101.70	92.01
水果	Fruits	111.2	118.1	91.2	108.04	104.8	108.17	102.07
柑橘类	Citrus	111.9	122.3	89.3	109.32	105.3	106.82	99.57
林业产品	**Forestry Products**	**104.3**	**113.5**	**103.8**	**102.26**	**103.2**	**94.47**	**107.31**
饲养动物及其产品	**Animal Husbandry Products**	**98.4**	**126.6**	**103.3**	**102.91**	**97.6**	**104.41**	**114.83**
牛	Cattle and Buffaloes	103.4	107.6	104.9	109.27	110.1	99.74	99.25
羊	Sheep and Goats	100.0	116.6	115.7	110.40	107.9	95.03	87.26
活猪	Pig	94.4	134.5	101.8	101.68	92.9	105.30	122.32
活家禽	Poultry	105.6	111.8	107.1	105.29	106.8	102.26	100.62
禽蛋	Eggs	104.2	105.6	104.7	104.40	104.2	105.39	100.25
渔业产品	**Fishery Products**	**102.2**	**108.2**	**108.1**	**102.04**	**104.7**	**101.19**	**104.22**
养殖淡水鱼	Breeding Freshwater Fish		108.6	108.2	102.04	101.8	101.19	104.22
捕捞淡水鱼	Fishing Freshwater Fish		110.5	104.1	0.00	107.0	0.00	0.00

3-13 农产品生产价格分季度指数（2011 年）
Producers' Price Indices of Farm Products by Quarter（2011）

上年同期=100

指 数	Index	2011 年			
		1 季度 1st Quarter	2 季度 2nd Quarter	3 季度 3rd Quarter	4 季度 4th Quarter
农产品生产价格指数	**Producers' Price Indices for Farm Products**	**118.3**	**116.0**	**123.5**	**119.5**
农业产品	**Planting Products**	**115.4**	**110.0**	**113.4**	**112.4**
谷物	Cereal	111.0	113.6	113.4	113.9
小麦	Wheat		113.3	109.1	113.8
稻谷	Rice	111.2	113.1	115.0	116.3
玉米	Corn	108.5	115.2	111.1	107.4
薯类	Tubers	111.2	114.2	118.5	102.3
油料	Oil–bearing Crops		107.7	111.8	110.6
油菜籽	Rapeseeds		108.2	110.3	112.5
大豆	Beans	108.5	111.4	115.1	110.6
未加工烟草	Raw Tobacco		120.5	112.8	118.3
蔬菜	Vegetables	115.6	110.0	113.6	109.6
叶菜类	Leafy Vegetables	113.8	114.4	107.9	117.7
瓜菜类	Melons as Vegetables		109.5	114.2	99.4
根茎类	Root, Tuber Vegetables	116.9	109.1	120.4	110.3
茄果类	Eggplant Fruit		108.8	111.4	115.7
葱蒜类	Garlic & Chives Kind	139.2	107.7	109.5	115.3
豆类	Vegetable Bean		109.7	112.9	109.3
水生菜类	Water Lettuce	106.8	100.5	97.8	91.2
水果	Fruits	111.9	112.3	118.1	117.7
柑橘类	Citrus	111.9	112.6	128.6	120.7
林业产品	**Forestry Products**	**105.9**	**117.3**	**108.2**	**114.3**
饲养动物及其产品	**Animal Husbandry Products**	**120.5**	**129.7**	**139.0**	**125.5**
牛	Cattle and Buffaloes	100.0	103.1	105.5	108.9
羊	Sheep and Goats	109.6	109.3	114.2	117.7
活猪	Pig	123.2	143.6	157.1	133.3
活家禽	Poultry	119.1	111.2	121.5	113.8
禽蛋	Eggs	111.4	106.2	107.1	112.4
渔业产品	**Fishery Products**	**101.4**	**104.7**	**109.0**	**108.1**
养殖淡水鱼	Breeding Freshwater Fish	101.4	105.1	109.0	106.7
捕捞淡水鱼	Fishing Freshwater Fish		104.2		111.5

3-13 农产品生产价格分季度指数（2012 年）
Producers' Price Indices of Farm Products by Quarter（2012）

续表 1（continued 1） 上年同期=100

指 数	Index	2012 年			
		1 季度 1st Quarter	2 季度 2nd Quarter	3 季度 3rd Quarter	4 季度 4th Quarter
农产品生产价格指数	**Producers' Price Indices for Farm Products**	**119.0**	**108.5**	**103.2**	**99.5**
农业产品	**Planting Products**	**111.5**	**111.9**	**105.9**	**105.4**
谷物	Cereal	111.2	117.4	105.3	103.8
小麦	Wheat	108.3	120.8	102.1	101.6
稻谷	Rice	111.5	110.4	106.1	103.7
玉米	Corn	108.9	114.7	106.6	105.4
薯类	Tubers	111.2	110.0	106.5	111.0
油料	Oil-bearing Crops	108.0	105.1	104.3	103.7
油菜籽	Rapeseeds	108.2	104.6	104.2	102.7
大豆	Beans	108.1	104.5	105.1	103.4
未加工烟草	Raw Tobacco		120.0	109.7	114.9
蔬菜	Vegetables	112.3	116.5	107.9	105.9
叶菜类	Leafy Vegetables	110.7	117.8	103.3	104.5
瓜菜类	Melons as Vegetables	140.2	123.7	103.5	103.9
根茎类	Root, Tuber Vegetables	109.4	109.5	109.0	105.3
茄果类	Eggplant Fruit	121.9	110.5	113.1	108.1
葱蒜类	Garlic & Chives Kind	109.5	107.9	117.9	107.4
豆类	Vegetable Bean	106.5	115.0	107.8	105.9
水生菜类	Water Lettuce	103.7	99.2	105.8	109.5
水果	Fruits	98.2	91.2	104.3	108.3
柑橘类	Citrus	98.2	85.0	106.1	108.3
林业产品	**Forestry Products**	**104.7**	**103.3**	**102.0**	**102.3**
饲养动物及其产品	**Animal Husbandry Products**	**122.7**	**102.2**	**99.0**	**94.8**
牛	Cattle and Buffaloes	103.3	105.1	103.7	109.2
羊	Sheep and Goats	120.2	116.8	113.0	109.9
活猪	Pig	127.4	99.6	96.2	88.7
活家禽	Poultry	109.7	105.5	102.1	106.8
禽蛋	Eggs	107.5	103.9	102.6	103.2
渔业产品	**Fishery Products**	**103.3**	**108.3**	**112.1**	**104.8**
养殖淡水鱼	Breeding Freshwater Fish	103.3	112.8	112.1	103.4
捕捞淡水鱼	Fishing Freshwater Fish	101.8	105.4		98.7

3-13 农产品生产价格分季度指数（2013年）
Producers' Price Indices of Farm Products by Quarter（2013）

续表2（continued 2） 上年同期=100

指 数	Index	2013年 1季度 1st Quarter	2季度 2nd Quarter	3季度 3rd Quarter	4季度 4th Quarter
农产品生产价格指数	**Producers' Price Indices for Farm Products**	**105.33**	**102.09**	**104.38**	**101.60**
农业产品	**Planting Products**	**106.84**	**102.07**	**105.07**	**102.41**
谷物	Cereal	103.07	100.66	101.13	102.52
小麦	Wheat				
稻谷	Rice	102.67	103.23	100.61	102.21
玉米	Corn	107.08	97.54	102.09	103.27
薯类	Tubers	110.16	106.70	102.50	105.94
油料	Oil-bearing Crops	107.89	104.09	109.11	100.99
油菜籽	Rapeseeds	109.75	103.88	109.80	100.00
大豆	Beans	113.73	101.31	106.36	102.58
未加工烟草	Raw Tobacco			108.37	109.52
蔬菜	Vegetables	107.13	101.43	106.14	102.71
叶菜类	Leafy Vegetables	102.69	102.63	96.55	101.41
瓜菜类	Melons as Vegetables	105.56	102.18	115.52	102.25
根茎类	Root, Tuber Vegetables	112.24	100.00	105.13	103.83
茄果类	Eggplant Fruit	105.26	101.71	106.54	102.84
葱蒜类	Garlic & Chives Kind	102.92	101.33	104.73	100.08
豆类	Vegetable Bean	0.00	95.73	105.70	105.00
水生菜类	Water Lettuce	107.00	100.00	126.93	102.95
水果	Fruits	107.83	102.16	107.78	111.01
柑橘类	Citrus	107.83	100.00		113.21
林业产品	**Forestry Products**	**107.18**	**100.51**	**105.87**	**98.33**
饲养动物及其产品	**Animal Husbandry Products**	**104.07**	**100.62**	**103.56**	**101.22**
牛	Cattle and Buffaloes	102.27	109.63	103.42	109.97
羊	Sheep and Goats	111.45	103.75	108.16	113.38
活猪	Pig	102.40	99.14	103.18	99.88
活家禽	Poultry	109.51	102.75	102.73	102.05
禽蛋	Eggs	104.40	102.61	106.68	101.64
渔业产品	**Fishery Products**	**117.42**	**112.07**	**102.04**	**102.04**
养殖淡水鱼	Breeding Freshwater Fish			102.04	102.04
捕捞淡水鱼	Fishing Freshwater Fish	117.42	112.07		

3-13 农产品生产价格分季度指数（2014 年）
Producers' Price Indices of Farm Products by Quarter（2014）

续表 3（continued 3）　　上年同期=100

指　数	Index	2014 年			
		1 季度 1st Quarter	2 季度 2nd Quarter	3 季度 3rd Quarter	4 季度 4th Quarter
农产品生产价格指数	**Producers' Price Indices for Farm Products**	**98.0**	**101.8**	**101.3**	**100.1**
农业产品	**Planting Products**	**103.4**	**103.3**	**102.1**	**102.9**
谷物	Cereal	98.6	100.3	101.6	100.1
小麦	Wheat	95.2	100.0	102.2	
稻谷	Rice	98.1	96.7	101.2	100.8
玉米	Corn	104.5	105.8	104.4	98.4
薯类	Tubers	105.2	103.4	107.5	106.4
油料	Oil-bearing Crops	101.5	102.8	103.7	99.1
油菜籽	Rapeseeds	102.7	104.4	105.4	97.6
大豆	Beans	102.3	104.2	102.9	104.8
未加工烟草	Raw Tobacco			91.0	101.8
蔬菜	Vegetables	104.6	105.2	103.1	104.7
叶菜类	Leafy Vegetables	104.7	107.0	104.7	108.8
瓜菜类	Melons as Vegetables	99.5	103.6	92.2	98.8
根茎类	Root, Tuber Vegetables	104.4	105.0	110.3	107.5
茄果类	Eggplant Fruit	104.5	103.8	103.5	105.8
葱蒜类	Garlic & Chives Kind	103.6	104.6	115.2	110.8
豆类	Vegetable Bean	0.0	100.9	109.0	102.1
水生菜类	Water Lettuce	124.5	115.4	99.2	105.7
水果	Fruits	108.9	106.1	101.9	101.4
柑橘类	Citrus	108.9	108.8		101.4
林业产品	**Forestry Products**	**105.8**	**105.2**	**100.1**	**104.4**
饲养动物及其产品	**Animal Husbandry Products**	**95.9**	**98.8**	**100.2**	**97.4**
牛	Cattle and Buffaloes	112.2	114.1	103.3	97.3
羊	Sheep and Goats	98.2	112.0	108.3	100.1
活猪	Pig	92.3	91.6	94.6	93.3
活家禽	Poultry	104.7	107.5	105.6	109.4
禽蛋	Eggs	102.3	106.1	105.6	104.8
渔业产品	**Fishery Products**	**101.5**	**101.4**	**102.5**	**105.4**
养殖淡水鱼	Breeding Freshwater Fish	101.5	101.2	102.5	104.7
捕捞淡水鱼	Fishing Freshwater Fish				107.0

3-13 农产品生产价格分季度指数（2015 年）
Producers' Price Indices of Farm Products by Quarter（2015）

续表 4（continued 4） 上年同期=100

指 数	Index	2015 年			
		1 季度 1st Quarter	2 季度 2nd Quarter	3 季度 3rd Quarter	4 季度 4th Quarter
农产品生产价格指数	**Producers' Price Indices for Farm Products**	**99.83**	**101.29**	**109.66**	**105.57**
农业产品	**Planting Products**	**98.20**	**100.69**	**105.56**	**99.40**
谷物	Cereal	101.91	101.80	104.89	99.79
小麦	Wheat				
稻谷	Rice	102.09	103.33	104.62	103.57
玉米	Corn	100.00	100.00	105.58	92.62
薯类	Tubers	100.89	100.78	100.52	102.28
油料	Oil-bearing Crops	103.57	102.86	120.00	
油菜籽	Rapeseeds	103.57	102.86	120.00	
大豆	Beans	104.06		100.28	101.07
未加工烟草	Raw Tobacco			99.44	105.28
蔬菜	Vegetables	96.42	97.39	102.84	97.24
叶菜类	Leafy Vegetables	102.68	98.44	99.42	104.50
瓜菜类	Melons as Vegetables	107.61	88.59	99.76	100.00
根茎类	Root, Tuber Vegetables	92.50	98.48	0.00	93.13
茄果类	Eggplant Fruit	98.98	101.19	105.09	97.16
葱蒜类	Garlic & Chives Kind				
豆类	Vegetable Bean		105.49	108.42	
水生菜类	Water Lettuce	103.35		101.68	100.17
水果	Fruits	115.98	121.38	107.80	103.82
柑橘类	Citrus	115.98	127.21		103.82
林业产品	**Forestry Products**				**94.47**
饲养动物及其产品	**Animal Husbandry Products**	**100.44**	**102.23**	**115.73**	**111.01**
牛	Cattle and Buffaloes	99.85	100.23	100.56	98.52
羊	Sheep and Goats	93.73	101.34	91.03	90.94
活猪	Pig	98.87	101.16	127.13	115.35
活家禽	Poultry	103.89	103.66	103.10	101.75
禽蛋	Eggs	108.80	104.57	103.63	102.65
渔业产品	**Fishery Products**	**98.56**	**102.88**	**102.64**	**100.65**
养殖淡水鱼	Breeding Freshwater Fish	98.56	102.88	102.64	100.65
捕捞淡水鱼	Fishing Freshwater Fish				

3-13 农产品生产价格分季度指数（2016 年）
Producers' Price Indices of Farm Products by Quarter（2016）

续表 3（continued 5）

上年同期=100

指 数	Index	2016 年			
		1 季度 1st Quarter	2 季度 2nd Quarter	3 季度 3rd Quarter	4 季度 4th Quarter
农产品生产价格指数	Producers' Price Indices for Farm Products	116.34	110.33	107.77	106.53
农业产品	Planting Products	106.76	103.93	107.25	110.44
谷物	Cereal	103.10	99.91	98.05	101.40
小麦	Wheat				
稻谷	Rice	104.12	103.19	104.00	103.92
玉米	Corn	92.37	96.05	83.18	96.62
薯类	Tubers	98.52	101.65	100.00	101.46
油料	Oil-bearing Crops		98.20	98.00	
油菜籽	Rapeseeds		98.20	98.00	
大豆	Beans		100.00	100.90	90.56
未加工烟草	Raw Tobacco			101.92	101.12
蔬菜	Vegetables	108.47	106.93	116.72	116.14
叶菜类	Leafy Vegetables	110.15	150.84	103.47	99.34
瓜菜类	Melons as Vegetables	104.44	104.01	119.56	102.48
根茎类	Root, Tuber Vegetables	106.12	124.21	138.89	139.76
茄果类	Eggplant Fruit	108.81	101.31	93.26	98.83
葱蒜类	Garlic & Chives Kind				
豆类	Vegetable Bean		100.00	98.22	100.00
水生菜类	Water Lettuce	92.05	92.82	88.11	98.50
水果	Fruits	89.78	103.65	109.74	109.02
柑橘类	Citrus	89.78	100.00		109.02
林业产品	Forestry Products	115.56	113.53	101.04	102.92
饲养动物及其产品	Animal Husbandry Products	120.31	124.31	109.14	104.07
牛	Cattle and Buffaloes	98.19	98.94	99.71	100.20
羊	Sheep and Goats	82.50	85.17	91.08	91.77
活猪	Pig	135.43	143.91	112.54	104.08
活家禽	Poultry	98.67	100.18	103.19	100.62
禽蛋	Eggs	100.10	99.14	101.56	100.00
渔业产品	Fishery Products	101.80	101.58	104.21	104.17
养殖淡水鱼	Breeding Freshwater Fish	101.80	101.58	104.21	104.17
捕捞淡水鱼	Fishing Freshwater Fish				

3-14 全国各地区农产品生产价格指数（2002–2016 年）
Producers' Price Indices of Farm Products by Region of the Nation（2002–2016）

上年=100

地 区	Region	2002 年	2003 年	2004 年	2005 年	2006 年	2007 年	2008 年
全 国	National Total	99.7	104.4	113.1	101.4	101.2	118.5	114.1
东部地区	Eastern Region							
北 京	Beijing	104.1	102.5	105.8	103.5	99.1	114.4	112.3
天 津	Tianjin	104.2	104.4	108.1	103.4	103.4	107.8	107.1
河 北	Hebei	97.7	107.5	110.1	102.5	100.2	116.2	109.0
辽 宁	Liaoning	99.4	103.3	120.4	101.5	105.8	116.6	109.8
上 海	Shanghai	100.0	102.1	110.8	105.7	101.9	110.2	109.7
江 苏	Jiangsu	97.3	107.2	122.7	100.3	99.9	112.6	114.3
浙 江	Zhejiang	101.2	101.9	116.8	105.9	102.7	108.6	112.9
福 建	Fujian	99.1	101.7	106.8	103.9	102.7	112.6	110.7
山 东	Shandong	102.2	108.5	112.3	102.9	103.4	114.0	112.5
广 东	Guangdong	98.5	101.3	110.7	103.5	102.6	109.7	113.9
海 南	Hainan	100.0	104.3	106.4	102.2	105.6	104.7	112.5
中部地区	Central Region							
山 西	Shanxi	94.7	103.9	110.6	103.5	100.2	113.0	109.2
吉 林	Jilin	98.6	136.9	118.1	100.3	104.6	114.0	104.5
黑龙江	Heilongjiang	102.4	110.2	117.3	101.0	100.0	119.9	117.0
安 徽	Anhui	99.8	106.4	117.8	98.7	99.3	114.1	114.7
江 西	Jiangxi	100.0	105.1	119.5	100.5	101.4	115.0	114.2
河 南	Henan	99.7	111.8	121.9	100.7	100.9	117.7	115.0
湖 北	Hubei	100.9	106.9	121.7	100.3	99.5	117.0	117.0
湖 南	Hunan	99.9	111.7	127.3	99.5	100.7	130.6	126.7
西部地区	Western Region							
重 庆	Chongqing	101.1	103.8	125.5	100.0	93.6	121.8	120.4
四 川	Sichuan	101.8	103.5	120.4	103.2	102.7	120.8	118.4
贵 州	Guizhou	103.9	101.9	111.1	101.8	101.4	113.0	115.5
云 南	Yunnan	108.1	100.3	112.9	104.0	106.6	117.5	115.5
西 藏	Tibet							
陕 西	Shaanxi	101.1	105.5	111.7	104.9	103.2	115.4	111.2
甘 肃	Gansu	97.8	103.4	113.1	103.1	102.6	111.4	114.0
青 海	Qinghai	101.2	105.7	108.8	103.3	104.5	119.0	114.9
宁 夏	Ningxia	93.4	104.4	114.2	103.3	101.2	115.0	118.7
新 疆	Xinjiang	100.9	126.2	100.8	108.3	98.4	114.7	119.8
内蒙古	Inner Mongolia	99.3	106.5	112.0	103.2	103.6	114.9	111.0
广 西	Guangxi	100.0	104.5	118.9	100.0	106.8	121.5	113.0

3-14 全国各地区农产品生产价格指数（2002-2016 年）
Producers' Price Indices of Farm Products by Region of the Nation（2002-2016）

续表（continued） 上年=100

地 区	Region	2009 年	2010 年	2011 年	2012 年	2013 年	2014 年	2015 年	2016 年
全 国	National Total	97.6	110.9	116.5	101.9	103.2	99.8	101.7	103.4
东部地区	Eastern Region								
北 京	Beijing	98.3	106.5	110.7	102.2	104.7	99.7	99.8	99.7
天 津	Tianjin	103.0	110.2	105.0	105.6	105.4	102.9	100.7	103.0
河 北	Hebei	99.7	115.1	110.9	107.8	105.1	100.2	97.5	96.8
辽 宁	Liaoning	102.9	110.6	114.2	101.2	101.1	101.7	99.5	100.7
上 海	Shanghai	102.2	107.1	110.9	98.2	104.1	99.5	102.4	106.6
江 苏	Jiangsu	99.9	108.8	112.1	104.5	103.4	101.3	102.3	104.0
浙 江	Zhejiang	100.3	114.8	113.6	106.1	103.0	99.5	102.0	104.5
福 建	Fujian	98.0	111.5	113.3	102.5	103.0	100.3	101.2	108.3
山 东	Shandong	101.2	118.8	109.7	109.1	105.9	100.5	100.1	102.8
广 东	Guangdong	95.0	107.6	112.4	102.0	103.5	102.2	102.3	106.5
海 南	Hainan	101.9	107.9	115.3	98.0	100.0	105.6	99.1	106.7
中部地区	Central Region								
山 西	Shanxi	100.4	110.2	111.0	106.3	106.1	101.5	95.8	95.2
吉 林	Jilin	103.8	111.8	116.8	99.4	100.4	102.9	100.6	93.1
黑龙江	Heilongjiang	98.1	109.2	116.5	99.6	101.0	101.0	98.7	93.6
安 徽	Anhui	99.1	110.8	112.8	104.2	103.7	100.2	99.8	101.0
江 西	Jiangxi	96.8	107.5	114.3	102.3	102.3	100.3	103.7	104.1
河 南	Henan	99.1	112.5	111.5	102.4	102.6	97.5	100.7	103.2
湖 北	Hubei	96.3	112.3	111.7	104.2	101.8	100.0	99.5	106.2
湖 南	Hunan	90.6	109.9	121.9	101.8	102.1	98.6	104.1	104.7
西部地区	Western Region								
重 庆	Chongqing	89.0	103.2	120.2	105.3	103.0	100.2	102.4	109.8
四 川	Sichuan	96.9	105.9	117.8	101.4	102.6	99.9	103.3	105.6
贵 州	Guizhou	96.1	106.7	120.3	98.7	102.4	99.5	104.6	108.7
云 南	Yunnan	96.5	112.5	117.9	104.6	104.9	100.6	101.3	103.9
西 藏	Tibet								
陕 西	Shaanxi	95.8	121.7	113.8	105.7	107.4	102.1	96.3	98.0
甘 肃	Gansu	100.2	113.8	111.3	105.9	105.9	102.1	99.8	99.2
青 海	Qinghai	94.6	124.3	117.3	111.7	110.4	100.0	96.1	104.5
宁 夏	Ningxia	99.4	117.0	111.3	107.9	106.7	98.3	98.4	98.7
新 疆	Xinjiang	92.9	131.5	103.7	109.2	108.5	97.8	90.4	107.6
内蒙古	Inner Mongolia	99.8	111.4	112.8	102.4	103.3	102.7	98.0	95.1
广 西	Guangxi	89.3	107.6	124.5	98.5	102.5	98.1	102.0	106.1

3-15 工业生产者出厂价格主要分组指数（2000-2016 年）
Producer Price Indices （PPI） by Main Classification（2000-2016 年）

上年=100

项目名称	Item	2000 年	2001 年	2002 年	2003 年	2004 年	2005 年	2006 年	2007 年
总指数	General Index	98.6	97.8	97.6	100.6	103.3	103.0	102.2	103.5
按生产生活资料分	By Means of Production and Consumer Goods								
生产资料	Means of Production	99.5	101.5	98.6	101.9	104.6	104.0	102.8	103.7
采　掘	Mining & Quarrying Industry	93.4	105.7	104.3	102.7	122.5	127.7	103.6	107.1
原　料	Raw Materials Industry	102.3	104.0	99.2	103.0	107.8	106.1	104.1	106.0
加　工	Processing Industry	97.7	98.9	97.8	101.6	103.3	102.2	102.3	102.8
生活资料	Consumer Goods	97.5	91.4	95.2	97.7	99.1	100.5	100.7	102.8
食　品	Food	97.9	97.6	99.6	102.0	104.1	101.6	101.3	107.8
衣　着	Clothing	106.6	99.1	96.3	96.9	100.2	103.5	103.4	100.6
一般日用品	Articles for Daily Use	98.9	99.2	97.3	99.6	100.3	101.6	100.9	101.4
耐用消费品	Durable Consumer Goods	95.1	88.4	92.7	93.9	96.1	99.7	100.1	100.4
按工业部门分	By Sector								
冶金工业	Metallurgical Industry	106.0	98.8	95.8	110.2	114.9	105.8	105.5	108.9
电力工业	Electric Power Industry	101.2	106.1	100.6	103.3	101.0	102.7	103.6	103.7
煤炭及炼焦工业	Coal Industry	93.2	108.6	105.1	101.4	118.3	137.2	104.1	104.8
石油工业	Petroleum Industry	100.9	99.7	99.4	105.4	102.6	102.9	114.9	107.4
化学工业	Chemical Industry	101.8	102.8	100.6	100.6	106.9	110.8	100.6	105.1
机械工业	MachineManufacturingIndustry	96.5	94.0	95.4	96.7	99.0	99.8	101.1	100.9
建筑材料工业	Building Materials Industry	92.6	103.0	100.3	100.8	100.7	103.6	101.6	106.0
森林工业	Timber Industry		91.9	93.0	101.7	99.5	102.2	103.3	104.7
食品工业	Food Industry	97.6	97.5	99.3	101.6	106.3	100.9	101.5	108.6
纺织工业	Textile Industry	107.2	92.4	90.0	106.0	112.9	103.4	107.4	96.5
缝纫工业	Tailoring Industry	90.5	98.3	93.2	96.3	100.6	108.9	106.7	99.0
皮革工业	Leather Industry	100.0	101.6	98.7	98.5	97.1	99.4	99.9	100.4
造纸工业	Paper Industry	82.5	100.1	95.5	99.4	100.6	100.2	100.7	101.2
文教艺术用品工业	Cultural,Educational& Handicrafts Articles		94.9	104.7	99.8	99.4	99.9	99.7	99.7
其它工业	Others	103.2	114.0	126.1	106.9	104.4	107.7	103.2	103.0

注：国家统计局从 2011 年 1 月开始实施新的工业生产者价格统计调查制度方法。“工业品价格统计”改称为“工业生产者价格统计”，相应地将“工业品出厂价格指数”改称为“工业生产者出厂价格指数”。（下同）

Note：Since January 2011，NBS begins to conduct new statistical system and survey methods on PPI. “Prices Statistics on Industrial Goods” is renamed to “Prices Statistics on Industrial Producers”. Accordingly, “Producer Price Index of Industrial Products” is renamed to “Producer Price Index（PPI）for Manufactured Goods”.（the same below）

3-15 工业生产者出厂价格主要分组指数（2000-2016 年）

Producer Price Indices （PPI） by Main Classification（2000-2016 年）

续表（continued） 上年=100

项目名称	Item	2008 年	2009 年	2010 年	2011 年	2012 年	2013 年	2014 年	2015 年	2016 年
总指数	General Index	105.8	95.5	103.1	103.8	99.9	98.0	98.3	97.2	98.6
按生产生活资料分	By Means of Production and Consumer Goods									
生产资料	Means of Production	106.7	94.2	103.9	104.2	99.6	97.6	98.2	96.6	98.0
采　掘	Mining & Quarrying Industry	130.4	97.5	112.2	110.8	96.9	93.9	94.7	93.0	98.0
原　料	Raw Materials Industry	105.9	91.5	108.2	105.7	100.1	96.6	97.9	95.7	96.3
加　工	Processing Industry	105.6	94.7	102.4	103.4	99.6	98.1	98.5	97.0	98.3
生活资料	Consumer Goods	103.3	99.0	100.5	102.5	100.7	99.1	98.6	98.8	99.9
食　品	Food	110.3	98.8	102.5	107.2	102.4	101.0	100.5	100.6	100.6
衣　着	Clothing	103.6	101.4	103.2	104.7	101.5	101.0	100.9	100.4	99.4
一般日用品	Articles for Daily Use	102.2	101.5	100.4	101.4	98.5	99.4	100.9	99.2	99.0
耐用消费品	Durable Consumer Goods	99.6	98.6	99.1	100.1	100.4	97.7	96.7	97.5	99.8
按工业部门分	By Sector									
冶金工业	Metallurgical Industry	107.9	83.5	108.5	104.9	97.2	94.8	96.3	90.9	98.3
电力工业	Electric Power Industry	102.2	102.1	104.6	101.2	106.0	99.9	98.8	97.6	96.4
煤炭及炼焦工业	Coal Industry	136.8	97.0	115.2	115.3	95.6	91.2	92.4	90.8	95.5
石油工业	Petroleum Industry	109.1	98.9	107.0	111.4	100.5	100.6	101.8	100.7	93.7
化学工业	Chemical Industry	111.3	90.7	105.5	105.4	98.5	97.2	98.9	98.0	98.3
机械工业	MachineManufacturingIndustry	101.5	97.6	99.7	101.2	100.3	98.3	98.3	98.3	98.7
建筑材料工业	Building Materials Industry	116.0	99.9	98.3	106.5	98.8	98.0	100.3	96.6	99.0
森林工业	Timber Industry	103.0	104.3	101.5	102.8	100.4	100.6	100.9	100.2	100.0
食品工业	Food Industry	113.3	97.9	102.5	106.9	102.1	101.8	100.4	99.3	100.5
纺织工业	Textile Industry	96.8	99.0	126.0	109.9	96.1	99.8	98.6	96.3	98.0
缝纫工业	Tailoring Industry	111.3	102.2	102.2	103.7	100.6	100.8	100.7	99.3	97.8
皮革工业	Leather Industry	96.8	100.5	104.3	104.3	101.9	101.4	101.3	100.3	100.6
造纸工业	Paper Industry	104.2	97.2	104.2	105.7	100.1	98.0	97.3	97.9	99.4
文教艺术用品工业	Cultural,Educational& Handicrafts Articles	99.7	99.5	102.3	101.2	99.9	99.9	100.7	98.3	99.5
其它工业	Others	104.0	99.4	107.6	105.0	101.6	100.1	99.5	99.9	100.7

3-16 工业生产者出厂价格分类指数（2011-2016 年）
Producer Price Indices（PPI）by Sector（2011-2016）

上年=100

项目名称	Item	2011 年	2012 年	2013 年	2014 年	2015 年	2016 年
总指数	**General Index**	**103.8**	**99.9**	**98.0**	**98.3**	**97.2**	**98.6**
煤炭开采和洗选业	Mining and Washing of Coal	115.8	95.3	91.5	92.6	90.8	95.5
石油和天然气开采业	Extraction of Petroleum and Natural Gas	100.9	100.0	100.0	99.6	93.9	98.0
黑色金属矿采选业	Mining and Processing of Ferrous Metal Ores	105.3	98.9	90.7	93.4	88.7	91.4
有色金属矿采选业	Mining and Processing of Non-Ferrous Metal Ores	101.2	98.8	97.2	96.2	95.3	101.8
非金属矿采选业	Mining and Processing of Nonmetal Ores	104.8	102.6	99.5	99.4	99.3	99.4
农副食品加工业	Processing of Food from Agricultural Products	109.4	101.3	103.1	99.9	99.0	101.0
食品制造业	Processing of Foodstuff	106.9	102.7	100.4	102.2	101.1	100.5
酒、饮料和精制茶制造业	Manufacture of Liquor, Beverages and Refined Tea	103.9	102.3	100.5	100.7	97.7	99.1
烟草制品业	Manufacture of Tobacco	102.1	103.6	100.4	100.0	100.0	99.8
纺织业	Manufacture of Textile	109.5	96.5	100.0	99.0	96.6	98.2
纺织服装、服饰业	Manufacture of Textile Wearing Apparel, and Dress Adornment	101.9	99.6	100.4	99.8	98.9	97.8
皮革、毛皮、羽毛及其制品和制鞋业	Manufacture of Leather, Fur, Feather Related Products and Footware	107.2	101.9	101.4	100.4	99.5	100.1
木材加工及木、竹、藤、棕、草制品业	Processing of Timber, Manufacture of Wood, Bamboo, Rattan, Palm and Straw Products	106.1	99.8	100.2	100.1	97.5	99.3
家具制造业	Manufacture of Furniture	102.5	100.8	100.8	101.6	101.6	103.1
造纸和纸制品业	Manufacture of Paper and Paper Products	105.7	100.1	98.0	97.3	97.9	99.4
印刷和记录媒介复制业	Printing, Reproduction of Recording Media	101.0	99.4	98.7	99.3	97.9	99.3
文教、工美、体育和娱乐用品制造业	Manufacture of Culture, Education, Handicraft, Fine Arts, SportsandEntertainmentArticles	111.0	108.5	99.3	96.5	100.5	107.4
石油加工、炼焦和核燃料加工业	Processing of Petroleum, Coking, Processing of Nuclear Fuel	113.4	99.6	92.9	95.3	94.3	96.1
化学原料和化学制品制造业	Manufacture of Raw Chemical Materials and Chemical Products	105.7	97.3	96.2	98.3	97.5	97.9
医药制造业	Manufacture of Medicines	105.1	102.3	100.8	101.2	101.4	100.0
化学纤维制造业	Manufacture of Chemical Fibers	98.5	89.5	89.9	96.5	85.6	87.6
橡胶和塑料制品业	Manufacture of Rubber and Plastics	105.8	99.0	97.6	98.7	97.4	97.5
非金属矿物制品业	Manufacture of Non-metallic Mineral Products	106.2	98.8	97.9	100.2	96.7	98.8
黑色金属冶炼和压延加工业	Smelting and Pressing of Ferrous Metals	105.4	94.7	94.2	95.3	86.3	98.3
有色金属冶炼和压延加工业	Smelting and Pressing of Non-ferrous Metals	104.2	98.3	95.3	96.4	94.0	98.2
金属制品业	Manufacture of Metal Products	104.7	104.6	99.7	100.1	98.4	98.2
通用设备制造业	Manufacture of General Purpose Machinery	102.9	99.4	99.0	99.7	98.9	98.8
专用设备制造业	Manufacture of Special Purpose Machinery	101.6	100.8	99.5	100.0	98.9	96.0
汽车制造业	Manufacture of Motor Vehicles	98.0	100.0	98.2	97.6	97.9	99.1
铁路、船舶、航空航天和其他运输设备制造业	Manufacture of Railway, Ship, Aviation and Other Transporting Equipment	102.4	100.6	98.5	98.3	99.2	98.3
电气机械和器材制造业	Manufacture of Electrical Machinery and Equipment	106.3	100.7	97.9	99.3	98.8	98.7
计算机、通信和其他电子设备制造业	Manufacture of Communication Equipment, Computers and Other Electronic Equipment	103.5	99.3	96.9	97.6	97.6	98.5
仪器仪表制造业	Manufacture of Instrument and Apparatus	104.1	100.7	99.7	99.6	98.4	101.5
其他制造业	Other Manufacture	101.3	100.2	99.4	99.0	100.0	96.8
废弃资源综合利用业	Comprehensive Utilization of Waste Resources	99.3	96.5	89.1	96.7	80.5	96.8
金属制品、机械和设备修理业	Repair Services of Metal Products, Machinery and Equipment	104.8	99.5	96.4	97.3	97.9	83.9
电力、热力生产和供应业	Production and Supply of Electric Power and Heat Power	101.2	106.0	99.9	98.8	97.6	96.4
燃气生产和供应业	Production and Supply of Gas	110.3	100.7	101.7	102.6	103.1	90.8
水的生产和供应业	Production and Supply of Water	107.0	101.3	100.8	100.4	100.7	100.3

3-17 工业生产者出厂价格主要分组分月指数（2011 年）
Producer Price Indices （PPI） by Main Classification & Month（2011）

上年同期=100

类 别	Item	1 月 January	2 月 February	3 月 March	4 月 April	5 月 May	6 月 June
总指数	**General Index**	**103.0**	**103.3**	**103.5**	**103.7**	**104.1**	**104.4**
按生产生活资料分	**By Means of Production and Consumer Goods**						
生产资料	Means of Production	103.4	103.9	103.9	104.1	104.5	104.9
采 掘	Mining & Quarrying Industry	113.1	113.8	112.3	112.1	111.4	111.6
原 料	Raw Materials Industry	106.0	106.0	105.4	105.5	106.2	106.9
加 工	Processing Industry	102.2	102.8	103.0	103.2	103.6	104.0
生活资料	Consumer Goods	101.9	101.6	102.2	102.6	103.1	102.8
食 品	Food	104.5	104.9	106.1	107.3	107.6	108.3
衣 着	Clothing	105.0	105.7	105.4	104.7	105.2	105.2
一般日用品	Articles for Daily Use	103.3	102.7	103.3	103.5	102.5	101.5
耐用消费品	Durable Consumer Goods	99.7	99.1	99.4	99.7	100.6	100.1
按工业部门分	**By Sector**						
冶金工业	Metallurgical Industry	104.4	105.6	104.7	104.2	104.2	106.1
电力工业	Electric Power Industry	100.1	100.3	100.3	100.0	100.2	100.6
煤炭及炼焦工业	Coal Industry	117.1	118.1	117.6	117.4	116.4	116.3
石油工业	Petroleum Industry	113.9	113.9	114.3	115.6	115.5	115.2
化学工业	Chemical Industry	106.0	105.6	105.1	105.6	106.5	106.3
机械工业	Machine Manufacturing Industry	99.9	100.1	100.6	100.7	101.3	101.4
建筑材料工业	Building Materials Industry	103.6	103.5	104.0	106.7	108.3	109.7
森林工业	Timber Industry	102.8	102.4	102.5	102.5	102.4	102.6
食品工业	Food Industry	104.9	105.3	106.5	107.6	107.6	108.0
纺织工业	Textile Industry	121.0	122.3	121.0	117.0	114.0	111.6
缝纫工业	Tailoring Industry	102.4	105.1	105.0	104.0	104.1	104.1
皮革工业	Leather Industry	107.1	105.6	105.6	104.4	104.5	104.6
造纸工业	Paper Industry	105.9	106.9	106.7	106.8	106.2	105.5
文教艺术用品工业	Cultural,Educational& Handicrafts Articles	101.2	101.6	101.6	101.5	101.2	101.1
其它工业	Others	104.7	105.1	104.9	104.6	104.9	105.0

3-17 工业生产者出厂价格主要分组分月指数（2011 年）
Producer Price Indices （PPI） by Main Classification & Month（2011）

续表（continued）　　上年同期=100

类 别	Item	7 月 July	8 月 August	9 月 September	10 月 October	11 月 November	12 月 December
总指数	General Index	103.0	103.3	103.5	103.7	104.1	104.4
按生产生活资料分	By Means of Production and Consumer Goods						
生产资料	Means of Production	103.4	103.9	103.9	104.1	104.5	104.9
采 掘	Mining & Quarrying Industry	113.1	113.8	112.3	112.1	111.4	111.6
原 料	Raw Materials Industry	106.0	106.0	105.4	105.5	106.2	106.9
加 工	Processing Industry	102.2	102.8	103.0	103.2	103.6	104.0
生活资料	Consumer Goods	101.9	101.6	102.2	102.6	103.1	102.8
食 品	Food	104.5	104.9	106.1	107.3	107.6	108.3
衣 着	Clothing	105.0	105.7	105.4	104.7	105.2	105.2
一般日用品	Articles for Daily Use	103.3	102.7	103.3	103.5	102.5	101.5
耐用消费品	Durable Consumer Goods	99.7	99.1	99.4	99.7	100.6	100.1
按工业部门分	By Sector						
冶金工业	Metallurgical Industry	104.4	105.6	104.7	104.2	104.2	106.1
电力工业	Electric Power Industry	100.1	100.3	100.3	100.0	100.2	100.6
煤炭及炼焦工业	Coal Industry	117.1	118.1	117.6	117.4	116.4	116.3
石油工业	Petroleum Industry	113.9	113.9	114.3	115.6	115.5	115.2
化学工业	Chemical Industry	106.0	105.6	105.1	105.6	106.5	106.3
机械工业	Machine Manufacturing Industry	99.9	100.1	100.6	100.7	101.3	101.4
建筑材料工业	Building Materials Industry	103.6	103.5	104.0	106.7	108.3	109.7
森林工业	Timber Industry	102.8	102.4	102.5	102.5	102.4	102.6
食品工业	Food Industry	104.9	105.3	106.5	107.6	107.6	108.0
纺织工业	Textile Industry	121.0	122.3	121.0	117.0	114.0	111.6
缝纫工业	Tailoring Industry	102.4	105.1	105.0	104.0	104.1	104.1
皮革工业	Leather Industry	107.1	105.6	105.6	104.4	104.5	104.6
造纸工业	Paper Industry	105.9	106.9	106.7	106.8	106.2	105.5
文教艺术用品工业	Cultural,Educational& Handicrafts Articles	101.2	101.6	101.6	101.5	101.2	101.1
其它工业	Others	104.7	105.1	104.9	104.6	104.9	105.0

3–17 工业生产者出厂价格主要分组分月指数（2012 年）
Producer Price Indices （PPI） by Main Classification & Month （2012）

上年同期=100

类 别	Item	1 月 January	2 月 February	3 月 March	4 月 April	5 月 May	6 月 June
总指数	General Index	102.0	101.6	101.3	100.9	100.3	100.0
按生产生活资料分	By Means of Production and Consumer Goods						
生产资料	Means of Production	102.2	101.6	101.2	100.9	100.1	99.7
采 掘	Mining & Quarrying Industry	103.4	102.3	102.5	101.3	100.1	97.1
原 料	Raw Materials Industry	103.2	103.0	102.5	101.9	100.9	100.1
加 工	Processing Industry	101.9	101.2	100.8	100.5	99.9	99.7
生活资料	Consumer Goods	101.5	101.6	101.3	101.1	100.7	100.9
食 品	Food	105.5	104.5	104.0	103.6	103.2	102.6
衣 着	Clothing	102.6	102.0	102.2	102.0	101.8	101.4
一般日用品	Articles for Daily Use	97.5	97.8	97.4	97.1	98.1	99.0
耐用消费品	Durable Consumer Goods	100.3	101.0	100.9	100.8	99.9	100.5
按工业部门分	By Sector						
冶金工业	Metallurgical Industry	101.7	100.4	99.9	99.6	98.9	98.5
电力工业	Electric Power Industry	107.0	106.7	107.3	107.5	107.0	106.3
煤炭及炼焦工业	Coal Industry	105.0	102.7	102.1	100.9	98.9	96.0
石油工业	Petroleum Industry	102.9	103.1	102.1	100.6	100.0	99.0
化学工业	Chemical Industry	100.9	101.3	100.6	99.8	99.3	98.9
机械工业	Machine Manufacturing Industry	101.5	101.2	101.0	100.9	100.3	100.4
建筑材料工业	Building Materials Industry	101.7	102.4	101.9	100.1	97.7	97.0
森林工业	Timber Industry	100.6	100.7	100.6	100.3	100.4	100.2
食品工业	Food Industry	104.3	103.3	102.6	102.3	102.3	102.1
纺织工业	Textile Industry	94.8	94.1	93.3	94.1	94.0	94.9
缝纫工业	Tailoring Industry	102.0	100.6	100.7	100.7	100.4	100.4
皮革工业	Leather Industry	102.3	102.7	102.7	102.5	102.5	102.1
造纸工业	Paper Industry	102.2	100.9	101.1	100.9	100.2	99.7
文教艺术用品工业	Cultural,Educational& Handicrafts Articles	100.3	99.9	99.9	99.8	100.2	100.1
其它工业	Others	102.9	102.7	102.4	102.3	102.0	101.7

3-17 工业生产者出厂价格主要分组分月指数（2012 年）
Producer Price Indices （PPI） by Main Classification & Month（2012）

续表（continued）　　上年同期=100

类 别	Item	7 月 July	8 月 August	9 月 September	10 月 October	11 月 November	12 月 December
总指数	General Index	99.6	99.0	98.5	98.4	98.6	98.6
按生产生活资料分	By Means of Production and Consumer Goods						
生产资料	Means of Production	99.2	98.5	98.0	97.8	97.9	98.0
采 掘	Mining & Quarrying Industry	95.0	93.3	91.7	91.5	92.1	93.1
原 料	Raw Materials Industry	99.5	98.5	98.2	97.8	98.0	97.5
加 工	Processing Industry	99.4	98.8	98.3	98.1	98.3	98.4
生活资料	Consumer Goods	100.5	100.3	100.0	100.1	100.2	100.3
食 品	Food	101.6	101.0	100.5	100.6	100.7	100.8
衣 着	Clothing	101.3	101.3	101.4	101.2	100.8	100.4
一般日用品	Articles for Daily Use	98.7	98.6	98.4	99.2	99.9	100.0
耐用消费品	Durable Consumer Goods	100.4	100.3	100.1	100.1	100.0	100.0
按工业部门分	By Sector						
冶金工业	Metallurgical Industry	97.7	94.8	93.6	93.8	93.9	94.3
电力工业	Electric Power Industry	105.8	105.8	106.0	105.3	105.5	102.3
煤炭及炼焦工业	Coal Industry	93.1	91.1	89.4	89.0	89.6	90.3
石油工业	Petroleum Industry	98.9	99.2	99.3	99.9	100.3	100.5
化学工业	Chemical Industry	98.2	97.4	96.4	96.0	96.4	96.9
机械工业	Machine Manufacturing Industry	100.1	100.0	99.7	99.6	99.5	99.5
建筑材料工业	Building Materials Industry	97.5	97.4	97.2	96.8	97.8	98.3
森林工业	Timber Industry	100.1	100.3	100.2	100.1	100.4	100.2
食品工业	Food Industry	101.5	101.2	101.2	101.3	101.4	101.8
纺织工业	Textile Industry	95.6	97.0	97.9	98.5	99.3	100.2
缝纫工业	Tailoring Industry	100.5	100.6	100.7	100.8	100.3	99.8
皮革工业	Leather Industry	101.8	101.7	101.6	101.2	100.9	100.7
造纸工业	Paper Industry	99.9	99.6	99.2	99.1	98.6	100.0
文教艺术用品工业	Cultural,Educational& Handicrafts Articles	99.9	99.9	99.7	99.7	99.6	99.6
其它工业	Others	101.3	100.8	100.8	100.5	100.6	100.8

3-17 工业生产者出厂价格主要分组分月指数（2013 年）
Producer Price Indices （PPI） by Main Classification & Month（2013）

上年同期=100

类 别	Item	1 月 January	2 月 February	3 月 March	4 月 April	5 月 May	6 月 June
总指数	General Index	98.7	98.7	98.5	98.3	98.3	97.1
按生产生活资料分	By Means of Production and Consumer Goods						
生产资料	Means of Production	98.1	98.2	97.9	97.8	97.8	96.6
采 掘	Mining & Quarrying Industry	93.4	93.7	93.6	93.1	93.0	91.4
原 料	Raw Materials Industry	97.6	97.5	97.2	96.6	96.6	95.5
加 工	Processing Industry	98.5	98.6	98.4	98.4	98.4	97.2
生活资料	Consumer Goods	100.3	100.2	100.0	99.9	99.9	98.5
食 品	Food	101.5	101.8	101.5	101.1	100.9	100.7
衣 着	Clothing	100.6	100.8	101.0	100.8	100.8	100.9
一般日用品	Articles for Daily Use	99.7	99.7	99.4	99.2	99.0	98.9
耐用消费品	Durable Consumer Goods	99.8	99.5	99.3	99.4	99.5	96.9
按工业部门分	By Sector						
冶金工业	Metallurgical Industry	94.2	94.8	94.5	94.4	94.4	93.1
电力工业	Electric Power Industry	101.0	100.8	100.5	100.6	100.5	99.9
煤炭及炼焦工业	Coal Industry	91.0	91.2	91.2	90.8	90.4	87.9
石油工业	Petroleum Industry	100.7	100.6	100.7	100.6	100.7	100.0
化学工业	Chemical Industry	97.7	97.7	97.3	96.7	96.7	96.1
机械工业	Machine Manufacturing Industry	99.5	99.4	99.2	99.2	99.1	97.6
建筑材料工业	Building Materials Industry	98.1	97.8	97.5	97.3	98.0	97.5
森林工业	Timber Industry	100.8	100.8	100.6	100.6	100.4	100.4
食品工业	Food Industry	102.3	102.9	102.8	102.3	102.0	101.5
纺织工业	Textile Industry	100.6	100.5	100.9	101.1	101.7	99.2
缝纫工业	Tailoring Industry	100.4	100.6	100.5	100.3	100.3	100.6
皮革工业	Leather Industry	101.1	101.1	101.4	101.5	101.4	101.4
造纸工业	Paper Industry	100.0	100.2	99.7	99.4	99.3	97.3
文教艺术用品工业	Cultural,Educational& Handicrafts Articles	99.7	99.6	99.6	99.7	99.7	99.9
其它工业	Others	100.8	100.7	100.9	100.8	100.9	100.1

3-17 工业生产者出厂价格主要分组分月指数（2013 年）
Producer Price Indices （PPI） by Main Classification & Month（2013）

续表（continued） 上年同期=100

类 别	Item	7 月 July	8 月 August	9 月 September	10 月 October	11 月 November	12 月 December
总指数	General Index	97.0	97.3	97.7	97.9	98.0	98.0
按生产生活资料分	By Means of Production and Consumer Goods						
生产资料	Means of Production	96.5	97.0	97.5	97.7	97.8	97.9
采 掘	Mining & Quarrying Industry	92.3	93.8	95.6	96.0	95.6	95.6
原 料	Raw Materials Industry	95.7	96.3	96.6	96.6	96.6	96.9
加 工	Processing Industry	97.0	97.4	97.9	98.1	98.3	98.3
生活资料	Consumer Goods	98.4	98.2	98.3	98.3	98.3	98.3
食 品	Food	100.8	100.8	100.7	100.6	100.6	100.6
衣 着	Clothing	100.9	101.0	101.0	101.2	101.3	101.6
一般日用品	Articles for Daily Use	99.1	99.4	99.6	99.9	99.8	99.7
耐用消费品	Durable Consumer Goods	96.7	96.2	96.4	96.4	96.4	96.4
按工业部门分	By Sector						
冶金工业	Metallurgical Industry	92.7	94.6	95.7	96.2	96.6	96.8
电力工业	Electric Power Industry	99.9	99.7	99.7	98.9	98.7	98.5
煤炭及炼焦工业	Coal Industry	89.2	91.1	92.8	93.0	92.9	93.2
石油工业	Petroleum Industry	100.0	100.3	100.8	100.9	100.9	101.2
化学工业	Chemical Industry	96.3	96.8	97.4	97.8	97.7	98.1
机械工业	Machine Manufacturing Industry	97.4	97.4	97.5	97.6	97.8	97.8
建筑材料工业	Building Materials Industry	97.4	97.7	98.2	98.8	98.8	98.6
森林工业	Timber Industry	100.6	100.5	100.6	100.6	100.7	100.8
食品工业	Food Industry	101.5	101.2	101.2	101.3	101.4	101.3
纺织工业	Textile Industry	99.3	99.4	99.2	99.1	98.7	98.4
缝纫工业	Tailoring Industry	100.6	101.0	100.7	101.2	101.6	102.1
皮革工业	Leather Industry	101.5	101.4	101.6	101.6	101.5	101.7
造纸工业	Paper Industry	96.8	96.4	96.3	96.6	97.0	96.8
文教艺术用品工业	Cultural,Educational& Handicrafts Articles	100.0	100.0	100.0	100.0	100.1	100.1
其它工业	Others	99.4	99.4	99.5	99.7	99.4	99.3

3-17 工业生产者出厂价格主要分组分月指数（2014 年）
Producer Price Indices （PPI） by Main Classification & Month （2014）

上年同期=100

类 别	Item	1 月 January	2 月 February	3 月 March	4 月 April	5 月 May	6 月 June
总指数	General Index	97.8	97.7	97.7	97.7	97.9	98.5
按生产生活资料分	By Means of Production and Consumer Goods						
生产资料	Means of Production	97.6	97.5	97.4	97.4	97.6	98.6
采 掘	Mining & Quarrying Industry	95.2	95.0	94.5	94.1	94.2	95.7
原 料	Raw Materials Industry	96.4	96.2	96.3	97.1	97.6	98.6
加 工	Processing Industry	98.1	98.0	97.9	97.7	97.8	98.7
生活资料	Consumer Goods	98.3	98.3	98.3	98.4	98.5	98.5
食 品	Food	99.8	99.6	99.7	100.0	100.5	100.6
衣 着	Clothing	101.3	101.3	101.1	101.1	101.2	101.2
一般日用品	Articles for Daily Use	100.3	100.5	100.7	100.6	100.8	100.7
耐用消费品	Durable Consumer Goods	96.5	96.6	96.6	96.5	96.5	96.4
按工业部门分	By Sector						
冶金工业	Metallurgical Industry	96.2	95.7	95.2	95.0	95.3	96.5
电力工业	Electric Power Industry	98.6	98.6	98.4	98.3	98.5	98.9
煤炭及炼焦工业	Coal Industry	92.6	92.3	91.9	91.6	91.9	94.2
石油工业	Petroleum Industry	101.2	101.3	101.4	101.5	101.2	102.0
化学工业	Chemical Industry	97.4	97.2	97.4	98.3	98.6	99.2
机械工业	Machine Manufacturing Industry	97.7	97.8	97.8	97.6	97.8	98.3
建筑材料工业	Building Materials Industry	98.9	99.3	99.6	100.2	100.3	101.0
森林工业	Timber Industry	100.8	100.9	101.0	100.9	101.1	101.1
食品工业	Food Industry	100.5	100.2	99.9	100.2	100.6	101.0
纺织工业	Textile Industry	98.4	98.3	98.4	98.2	97.9	100.2
缝纫工业	Tailoring Industry	101.1	101.1	101.1	101.3	101.5	101.3
皮革工业	Leather Industry	101.4	101.3	101.3	101.1	101.3	101.5
造纸工业	Paper Industry	96.5	96.4	96.2	96.3	96.6	97.7
文教艺术用品工业	Cultural,Educational& Handicrafts Articles	100.3	100.5	100.6	100.6	100.5	100.6
其它工业	Others	100.0	100.0	99.8	99.5	98.9	99.0

3–17 工业生产者出厂价格主要分组分月指数（2014 年）
Producer Price Indices (PPI) by Main Classification & Month (2014)

续表（continued） 上年同期=100

类 别	Item	7 月 July	8 月 August	9 月 September	10 月 October	11 月 November	12 月 December
总指数	General Index	98.8	99.0	98.9	98.8	98.6	98.3
按生产生活资料分	By Means of Production and Consumer Goods						
生产资料	Means of Production	98.8	98.9	98.9	98.8	98.5	98.1
采 掘	Mining & Quarrying Industry	95.6	95.2	94.8	94.5	93.8	93.2
原 料	Raw Materials Industry	98.7	99.0	99.2	99.2	98.8	98.1
加 工	Processing Industry	99.0	99.1	99.1	99.0	98.7	98.4
生活资料	Consumer Goods	98.7	99.0	98.9	98.9	98.9	98.8
食 品	Food	100.8	101.1	100.9	100.9	100.8	100.4
衣 着	Clothing	101.2	101.0	100.9	100.5	100.3	100.1
一般日用品	Articles for Daily Use	100.9	101.0	101.2	101.2	101.2	101.3
耐用消费品	Durable Consumer Goods	96.6	97.0	96.9	96.9	97.1	97.0
按工业部门分	By Sector						
冶金工业	Metallurgical Industry	97.4	97.7	97.7	97.2	96.5	95.6
电力工业	Electric Power Industry	98.9	98.9	98.7	99.3	99.3	99.4
煤炭及炼焦工业	Coal Industry	93.9	93.0	92.5	92.4	91.6	90.8
石油工业	Petroleum Industry	102.2	101.6	102.1	102.5	102.6	102.1
化学工业	Chemical Industry	99.5	99.9	100.3	100.1	99.7	99.1
机械工业	Machine Manufacturing Industry	98.5	98.7	98.8	98.8	98.7	98.7
建筑材料工业	Building Materials Industry	100.8	101.1	101.0	100.9	100.1	99.8
森林工业	Timber Industry	101.0	101.0	100.9	100.8	100.6	100.6
食品工业	Food Industry	101.2	101.3	100.6	100.3	100.2	99.3
纺织工业	Textile Industry	99.7	99.0	98.9	98.3	98.2	97.8
缝纫工业	Tailoring Industry	101.2	100.6	100.8	99.9	99.5	99.3
皮革工业	Leather Industry	101.4	101.6	101.5	101.4	101.2	101.0
造纸工业	Paper Industry	97.9	98.5	98.2	97.8	97.7	97.8
文教艺术用品工业	Cultural,Educational& Handicrafts Articles	100.6	100.6	100.8	100.8	100.6	101.2
其它工业	Others	99.3	99.2	99.1	99.2	99.9	100.4

3-17 工业生产者出厂价格主要分组分月指数（2015 年）
Producer Price Indices （PPI） by Main Classification & Month（2015）

上年同期=100

类 别	Item	1 月 January	2 月 February	3 月 March	4 月 April	5 月 May	6 月 June
总指数	General Index	98.0	97.8	97.6	97.4	97.2	97.4
按生产生活资料分	By Means of Production and Consumer Goods						
生产资料	Means of Production	97.8	97.6	97.4	97.2	96.9	96.8
采 掘	Mining & Quarrying Industry	92.8	92.2	92.1	92.5	92.5	93.6
原 料	Raw Materials Industry	97.6	97.4	97.2	96.7	96.2	95.8
加 工	Processing Industry	98.2	98.0	97.8	97.6	97.3	97.2
生活资料	Consumer Goods	98.3	98.2	98.1	98.1	98.2	99.3
食 品	Food	100.5	100.7	100.6	100.6	100.7	100.8
衣 着	Clothing	100.8	100.9	100.7	100.6	100.4	100.1
一般日用品	Articles for Daily Use	100.6	100.4	99.6	99.6	99.5	99.8
耐用消费品	Durable Consumer Goods	96.1	96.0	96.0	96.0	96.2	98.3
按工业部门分	By Sector						
冶金工业	Metallurgical Industry	94.9	94.4	93.9	93.0	92.3	91.5
电力工业	Electric Power Industry	99.4	99.4	99.4	99.3	98.7	96.2
煤炭及炼焦工业	Coal Industry	90.2	90.0	89.9	90.2	90.2	91.5
石油工业	Petroleum Industry	102.1	102.2	101.9	101.7	101.9	101.6
化学工业	Chemical Industry	98.6	98.1	98.2	98.1	98.0	98.7
机械工业	Machine Manufacturing Industry	98.3	98.3	98.2	98.2	98.0	98.8
建筑材料工业	Building Materials Industry	99.2	98.8	97.9	96.9	96.6	96.1
森林工业	Timber Industry	100.6	100.7	100.5	100.1	100.5	99.0
食品工业	Food Industry	99.5	99.5	99.6	99.5	99.4	99.1
纺织工业	Textile Industry	97.2	97.1	96.7	96.7	96.4	96.1
缝纫工业	Tailoring Industry	99.6	99.5	99.8	99.6	99.2	98.9
皮革工业	Leather Industry	101.0	101.1	100.5	100.5	100.3	100.1
造纸工业	Paper Industry	98.1	98.3	98.0	97.0	97.0	97.9
文教艺术用品工业	Cultural,Educational& Handicrafts Articles	100.5	100.3	98.3	98.0	97.9	98.2
其它工业	Others	100.0	100.1	100.1	99.9	100.3	100.1

3-17 工业生产者出厂价格主要分组分月指数（2015 年）
Producer Price Indices （PPI） by Main Classification & Month（2015）

续表（continued） 上年同期=100

类 别	Item	7 月 July	8 月 August	9 月 September	10 月 October	11 月 November	12 月 December
总指数	**General Index**	**97.3**	**97.0**	**96.8**	**96.6**	**96.4**	**96.3**
按生产生活资料分	**By Means of Production and Consumer Goods**						
生产资料	Means of Production	96.5	96.2	96.0	95.6	95.5	95.3
采 掘	Mining & Quarrying Industry	94.3	94.5	93.8	93.1	92.7	92.4
原 料	Raw Materials Industry	95.7	95.4	94.7	94.4	94.0	93.5
加 工	Processing Industry	96.9	96.6	96.5	96.2	96.1	96.0
生活资料	Consumer Goods	99.4	99.3	99.2	99.1	99.0	99.1
食 品	Food	100.8	100.7	100.4	100.3	100.4	100.7
衣 着	Clothing	100.2	100.1	100.2	100.2	100.3	100.4
一般日用品	Articles for Daily Use	99.4	99.0	98.5	98.2	97.9	97.5
耐用消费品	Durable Consumer Goods	98.5	98.5	98.7	98.7	98.5	98.6
按工业部门分	**By Sector**						
冶金工业	Metallurgical Industry	90.3	89.2	88.5	87.6	87.4	86.9
电力工业	Electric Power Industry	96.4	96.3	96.5	96.7	96.6	96.6
煤炭及炼焦工业	Coal Industry	92.3	92.7	92.1	91.5	90.3	89.1
石油工业	Petroleum Industry	101.3	101.4	100.0	99.0	98.9	96.8
化学工业	Chemical Industry	98.7	98.4	97.6	97.4	97.2	97.0
机械工业	Machine Manufacturing Industry	98.6	98.5	98.6	98.3	98.3	98.2
建筑材料工业	Building Materials Industry	95.8	95.7	95.3	95.2	95.4	96.0
森林工业	Timber Industry	99.6	100.4	100.1	100.0	100.3	100.6
食品工业	Food Industry	99.4	99.3	99.0	99.0	98.8	99.3
纺织工业	Textile Industry	96.1	95.9	95.7	95.9	95.7	96.0
缝纫工业	Tailoring Industry	98.9	99.0	99.1	99.2	99.3	99.3
皮革工业	Leather Industry	100.1	99.9	99.9	99.9	100.0	100.2
造纸工业	Paper Industry	98.2	98.0	98.3	97.8	98.4	98.2
文教艺术用品工业	Cultural,Educational& Handicrafts Articles	98.2	98.1	97.8	97.8	97.5	97.3
其它工业	Others	100.1	100.2	100.2	99.9	99.0	98.5

3–17 工业生产者出厂价格主要分组分月指数（2016 年）
Producer Price Indices （PPI） by Main Classification & Month（2016）

上年同期=100

类 别	Item	1 月 January	2 月 February	3 月 March	4 月 April	5 月 May	6 月 June
总指数	General Index	96.4	96.3	96.8	97.2	97.6	98.2
按生产生活资料分	By Means of Production and Consumer Goods						
生产资料	Means of Production	95.0	94.8	95.5	96.1	96.8	97.4
采 掘	Mining & Quarrying Industry	93.3	92.0	92.6	94.1	94.5	95.3
原 料	Raw Materials Industry	93.7	93.2	93.9	94.1	94.3	95.7
加 工	Processing Industry	95.3	95.2	95.9	96.6	97.3	97.8
生活资料	Consumer Goods	99.4	99.5	99.7	99.6	99.6	99.9
食 品	Food	100.4	100.4	100.8	100.7	100.5	100.5
衣 着	Clothing	98.3	98.2	98.9	98.9	99.2	99.3
一般日用品	Articles for Daily Use	97.6	97.7	98.9	99.0	99.2	99.1
耐用消费品	Durable Consumer Goods	99.5	99.7	99.5	99.3	99.3	99.9
按工业部门分	By Sector						
冶金工业	Metallurgical Industry	87.3	88.3	90.5	94.6	95.9	96.9
电力工业	Electric Power Industry	96.1	95.4	95.2	94.5	94.7	97.3
煤炭及炼焦工业	Coal Industry	89.0	87.3	87.9	89.8	90.4	91.2
石油工业	Petroleum Industry	95.3	93.1	93.1	93.1	93.1	93.1
化学工业	Chemical Industry	97.2	97.3	97.9	98.2	97.9	97.8
机械工业	Machine Manufacturing Industry	97.7	97.4	97.7	97.6	98.0	98.5
建筑材料工业	Building Materials Industry	96.2	96.2	96.3	96.7	97.5	98.1
森林工业	Timber Industry	100.1	100.1	100.5	100.0	100.0	100.1
食品工业	Food Industry	99.8	99.8	100.3	100.3	100.1	100.4
纺织工业	Textile Industry	96.0	96.1	96.3	96.3	96.8	97.4
缝纫工业	Tailoring Industry	96.1	95.9	96.9	97.2	97.4	97.7
皮革工业	Leather Industry	100.0	99.9	100.3	100.2	100.4	100.4
造纸工业	Paper Industry	98.3	98.3	98.6	98.8	98.5	98.7
文教艺术用品工业	Cultural,Educational& Handicrafts Articles	97.0	97.0	99.7	100.0	100.0	99.8
其它工业	Others	98.5	99.4	100.2	100.3	100.5	100.5

3–17 工业生产者出厂价格主要分组分月指数（2016 年）
Producer Price Indices （PPI） by Main Classification & Month（2016）

续表（continued） 上年同期=100

类 别	Item	7 月 July	8 月 August	9 月 September	10 月 October	11 月 November	12 月 December
总指数	General Index	98.7	99.0	99.4	100.2	101.1	102.4
按生产生活资料分	By Means of Production and Consumer Goods						
生产资料	Means of Production	98.2	98.6	99.0	100.2	101.5	103.2
采 掘	Mining & Quarrying Industry	95.8	96.5	99.9	104.9	107.9	111.1
原 料	Raw Materials Industry	96.0	96.3	97.4	98.8	100.6	102.8
加 工	Processing Industry	98.6	99.0	99.3	100.2	101.4	103.0
生活资料	Consumer Goods	99.9	99.9	100.2	100.2	100.3	100.5
食 品	Food	100.3	100.1	100.7	100.6	100.8	101.4
衣 着	Clothing	99.3	99.2	99.7	100.4	100.6	100.7
一般日用品	Articles for Daily Use	99.1	99.2	99.5	99.3	99.7	99.5
耐用消费品	Durable Consumer Goods	99.9	100.0	100.2	100.2	100.3	100.3
按工业部门分	By Sector						
冶金工业	Metallurgical Industry	98.9	101.1	101.9	104.8	109.1	113.7
电力工业	Electric Power Industry	97.0	96.8	97.5	97.2	97.4	97.3
煤炭及炼焦工业	Coal Industry	92.0	94.0	97.6	103.9	109.8	116.8
石油工业	Petroleum Industry	93.0	93.1	93.7	94.0	94.0	95.9
化学工业	Chemical Industry	97.9	97.7	98.4	99.0	99.8	101.0
机械工业	Machine Manufacturing Industry	99.0	99.2	99.3	99.6	99.9	100.5
建筑材料工业	Building Materials Industry	98.4	98.1	99.3	101.8	103.9	105.6
森林工业	Timber Industry	99.9	99.6	99.9	99.7	99.9	100.0
食品工业	Food Industry	100.3	100.2	100.8	100.8	101.2	102.0
纺织工业	Textile Industry	97.9	98.5	99.4	99.7	100.8	101.4
缝纫工业	Tailoring Industry	98.1	98.2	98.5	99.2	99.3	99.5
皮革工业	Leather Industry	100.2	100.0	100.6	101.4	101.9	101.9
造纸工业	Paper Industry	98.4	98.8	99.2	99.3	100.1	105.9
文教艺术用品工业	Cultural,Educational& Handicrafts Articles	99.6	99.6	99.9	99.9	100.6	100.6
其它工业	Others	101.4	101.3	101.2	101.6	102.4	101.6

3-18 工业生产者出厂价格分类分月指数（2011 年）

Producer Price Indices （PPI） by Sector & Month（2011）

上年同期=100

类 别	Item	1 月 January	2 月 February	3 月 March	4 月 April	5 月 May	6 月 June
总指数	**General Index**	**103.0**	**103.3**	**103.5**	**103.7**	**104.1**	**104.4**
煤炭开采和洗选业	Mining and Washing of Coal	117.9	119.0	118.6	118.4	117.3	116.9
石油和天然气开采业	Extraction of Petroleum and Natural Gas	101.5	101.5	101.5	101.5	101.5	100.5
黑色金属矿采选业	Mining and Processing of Ferrous Metal Ores	100.2	100.4	100.0	104.8	104.6	106.0
有色金属矿采选业	Mining and Processing of Non-Ferrous Metal Ores	102.0	101.8	103.2	102.5	102.1	101.5
非金属矿采选业	Mining and Processing of Nonmetal Ores	105.4	104.8	103.6	104.6	104.0	106.0
农副食品加工业	Processing of Food from Agricultural Products	107.0	107.7	109.6	111.3	111.3	111.6
食品制造业	Processing of Foodstuff	105.2	104.6	105.9	107.2	107.0	106.5
酒、饮料和精制茶制造业	Manufacture of Liquor, Beverages and Refined Tea	101.3	102.0	102.5	102.4	103.3	105.4
烟草制品业	Manufacture of Tobacco	101.8	101.8	101.8	101.8	101.8	101.8
纺织业	Manufacture of Textile	119.3	121.2	119.9	116.0	113.2	111.0
纺织服装、服饰业	Manufacture of Textile Wearing Apparel, and Dress Adornment	101.4	102.4	102.2	102.2	102.1	101.9
皮革、毛皮、羽毛及其制品和制鞋业	Manufacture of Leather, Fur, Feather Related Products and Footware	110.5	109.7	109.0	107.8	108.2	108.2
木材加工及木、竹、藤、棕、草制品业	Processing of Timber, Manufacture of Wood, Bamboo, Rattan, Palm and Straw Products	106.8	106.7	106.9	106.1	105.6	106.0
家具制造业	Manufacture of Furniture	102.1	101.6	101.6	102.1	103.1	102.7
造纸和纸制品业	Manufacture of Paper and Paper Products	105.9	106.9	106.7	106.8	106.2	105.5
印刷和记录媒介复制业	Printing, Reproduction of Recording Media	101.1	101.5	101.5	101.3	101.0	100.8
文教、工美、体育和娱乐用品制造业	Manufacture of Culture, Education, Handicraft, Fine Arts, Sports and Entertainment Articles	105.8	103.7	103.8	108.7	109.9	112.2
石油加工、炼焦和核燃料加工业	Processing of Petroleum, Coking, Processing of Nucle-ar Fuel	110.9	111.1	111.2	112.3	113.8	115.7
化学原料和化学制品制造业	Manufacture of Raw Chemical Materials and Chemical Products	107.2	106.3	105.2	106.2	107.3	106.9
医药制造业	Manufacture of Medicines	103.9	103.5	103.9	104.1	105.0	105.0
化学纤维制造业	Manufacture of Chemical Fibers	94.2	95.6	97.8	96.3	96.9	98.9
橡胶和塑料制品业	Manufacture of Rubber and Plastics	104.9	107.2	107.5	106.1	105.5	105.9
非金属矿物制品业	Manufacture of Non-metallic Mineral Products	102.9	103.0	103.6	106.1	108.0	109.4
黑色金属冶炼和压延加工业	Smelting and Pressing of Ferrous Metals	106.5	106.9	105.0	104.4	103.5	104.7
有色金属冶炼和压延加工业	Smelting and Pressing of Non-ferrous Metals	102.6	104.6	104.2	103.3	104.0	107.1
金属制品业	Manufacture of Metal Products	102.7	103.6	103.9	103.9	104.1	104.4
通用设备制造业	Manufacture of General Purpose Machinery	103.2	103.6	104.5	103.7	103.1	103.0
专用设备制造业	Manufacture of Special Purpose Machinery	100.5	100.9	101.0	101.7	101.8	101.9
汽车制造业	Manufacture of Motor Vehicles	97.6	97.3	97.4	97.6	97.8	97.7
铁路、船舶、航空航天和其他运输设备制造业	Manufacture of Railway, Ship, Aviation and Other Transporting Equipment	101.6	101.6	101.8	101.9	102.3	102.5
电气机械和器材制造业	Manufacture of Electrical Machinery and Equipment	103.3	103.5	103.7	103.8	107.0	107.5
计算机、通信和其他电子设备制造业	Manufacture of Communication Equipment, Computers and Other Electronic Equipment	99.7	100.8	102.7	103.6	104.7	104.7
仪器仪表制造业	Manufacture of Instrument and Apparatus	100.1	102.2	103.7	103.9	104.6	105.1
其他制造业	Other Manufacture	101.5	101.5	102.1	100.6	100.1	101.4
废弃资源综合利用业	Comprehensive Utilization of Waste Resources	99.4	98.8	100.2	100.5	100.5	99.4
金属制品、机械和设备修理业	Repair Services of Metal Products, Machinery and E-quipment	103.2	105.2	105.1	105.3	105.3	106.2
电力、热力生产和供应业	Production and Supply of Electric Power and Heat Power	100.1	100.3	100.3	100.0	100.2	100.6
燃气生产和供应业	Production and Supply of Gas	115.5	115.5	115.5	116.2	115.0	114.7
水的生产和供应业	Production and Supply of Water	109.4	109.6	109.5	109.7	109.0	105.4

3-18 工业生产者出厂价格分类分月指数（2011 年）
Producer Price Indices （PPI） by Sector & Month（2011）

续表（continued） 上年同期=100

类 别	Item	7 月 July	8 月 August	9 月 September	10 月 October	11 月 November	12 月 December
总指数	General Index	104.8	104.8	104.6	104.0	102.8	102.4
煤炭开采和洗选业	Mining and Washing of Coal	117.7	116.7	115.6	114.5	111.0	107.6
石油和天然气开采业	Extraction of Petroleum and Natural Gas	100.5	100.5	100.5	100.5	100.5	100.5
黑色金属矿采选业	Mining and Processing of Ferrous Metal Ores	109.4	109.1	108.0	107.0	107.0	107.5
有色金属矿采选业	Mining and Processing of Non-Ferrous Metal Ores	101.5	101.5	101.5	99.4	98.6	98.5
非金属矿采选业	Mining and Processing of Nonmetal Ores	107.2	105.8	104.5	104.3	104.2	103.2
农副食品加工业	Processing of Food from Agricultural Products	111.1	111.3	111.0	108.8	106.7	106.3
食品制造业	Processing of Foodstuff	107.7	108.0	109.4	107.8	106.8	106.6
酒、饮料和精制茶制造业	Manufacture of Liquor, Beverages and Refined Tea	105.2	104.9	105.0	105.1	104.3	105.2
烟草制品业	Manufacture of Tobacco	101.8	101.8	101.8	103.6	103.6	101.8
纺织业	Manufacture of Textile	109.5	106.4	104.4	102.4	99.0	96.7
纺织服装、服饰业	Manufacture of Textile Wearing Apparel, and Dress Adornment	101.8	101.5	101.6	101.7	101.9	102.1
皮革、毛皮、羽毛及其制品和制鞋业	Manufacture of Leather, Fur, Feather Related Products and Footware	107.9	107.5	106.8	104.6	104.3	103.0
木材加工及木、竹、藤、棕、草制品业	Processing of Timber, Manufacture of Wood, Bamboo, Rattan, Palm and Straw Products	106.1	106.0	106.2	106.3	105.9	105.3
家具制造业	Manufacture of Furniture	102.8	103.2	103.2	103.2	102.8	101.8
造纸和纸制品业	Manufacture of Paper and Paper Products	105.0	105.6	106.5	105.1	105.1	103.2
印刷和记录媒介复制业	Printing, Reproduction of Recording Media	100.6	100.6	100.7	100.8	100.9	100.8
文教、工美、体育和娱乐用品制造业	Manufacture of Culture, Education, Handicraft, Fine Arts, Sports and Entertainment Articles	112.5	115.1	114.8	114.8	114.7	115.5
石油加工、炼焦和核燃料加工业	Processing of Petroleum, Coking, Processing of Nucle-ar Fuel	116.3	117.0	116.5	114.3	111.3	110.0
化学原料和化学制品制造业	Manufacture of Raw Chemical Materials and Chemical Products	107.3	107.4	107.0	105.5	102.0	100.3
医药制造业	Manufacture of Medicines	105.7	105.2	106.5	106.8	106.0	105.9
化学纤维制造业	Manufacture of Chemical Fibers	99.7	100.6	99.6	100.1	99.1	103.0
橡胶和塑料制品业	Manufacture of Rubber and Plastics	106.6	106.1	105.9	105.6	104.4	104.2
非金属矿物制品业	Manufacture of Non-metallic Mineral Products	108.7	109.1	108.7	107.4	105.6	102.5
黑色金属冶炼和压延加工业	Smelting and Pressing of Ferrous Metals	106.8	107.6	107.7	105.9	103.2	102.8
有色金属冶炼和压延加工业	Smelting and Pressing of Non-ferrous Metals	107.8	107.7	105.9	102.8	100.5	100.9
金属制品业	Manufacture of Metal Products	105.8	105.8	106.4	105.6	105.4	105.1
通用设备制造业	Manufacture of General Purpose Machinery	102.6	102.5	102.9	102.8	102.1	101.2
专用设备制造业	Manufacture of Special Purpose Machinery	101.8	101.9	102.2	101.6	102.0	102.1
汽车制造业	Manufacture of Motor Vehicles	98.3	98.3	98.6	98.7	98.4	98.6
铁路、船舶、航空航天和其他运输设备制造业	Manufacture of Railway, Ship, Aviation and Other Transporting Equipment	102.7	103.5	103.1	102.8	102.6	102.7
电气机械和器材制造业	Manufacture of Electrical Machinery and Equipment	108.9	108.5	108.6	107.8	106.7	105.7
计算机、通信和其他电子设备制造业	Manufacture of Communication Equipment, Computers and Other Electronic Equipment	104.8	104.0	103.9	104.4	104.1	104.2
仪器仪表制造业	Manufacture of Instrument and Apparatus	105.1	104.9	105.0	104.9	104.8	104.5
其他制造业	Other Manufacture	101.5	101.3	101.6	101.5	101.0	100.9
废弃资源综合利用业	Comprehensive Utilization of Waste Resources	99.4	98.8	98.8	98.8	98.8	98.2
金属制品、机械和设备修理业	Repair Services of Metal Products, Machinery and E-quipment	106.2	105.5	107.4	102.3	103.1	103.1
电力、热力生产和供应业	Production and Supply of Electric Power and Heat Power	101.1	101.4	101.4	102.1	102.1	105.4
燃气生产和供应业	Production and Supply of Gas	113.2	111.1	105.9	102.0	102.0	100.7
水的生产和供应业	Production and Supply of Water	107.0	107.0	105.8	104.0	103.9	103.9

3-18 工业生产者出厂价格分类分月指数（2012 年）

Producer Price Indices （PPI） by Sector & Month （2012）

上年同期=100

类别	Item	1月 January	2月 February	3月 March	4月 April	5月 May	6月 June
总指数	**General Index**	**102.0**	**101.6**	**101.3**	**100.9**	**100.3**	**100.0**
煤炭开采和洗选业	Mining and Washing of Coal	105.2	102.7	101.9	100.6	98.7	95.7
石油和天然气开采业	Extraction of Petroleum and Natural Gas	100.0	100.0	100.0	100.0	100.0	100.0
黑色金属矿采选业	Mining and Processing of Ferrous Metal Ores	106.3	104.6	103.8	102.9	101.6	100.4
有色金属矿采选业	Mining and Processing of Non-Ferrous Metal Ores	97.8	99.7	98.5	99.0	99.1	99.6
非金属矿采选业	Mining and Processing of Nonmetal Ores	103.0	103.3	104.5	103.6	103.9	101.7
农副食品加工业	Processing of Food from Agricultural Products	105.0	102.4	101.3	100.6	100.8	101.1
食品制造业	Processing of Foodstuff	103.8	104.6	104.2	103.2	103.5	103.5
酒、饮料和精制茶制造业	Manufacture of Liquor, Beverages and Refined Tea	105.0	104.8	103.2	104.3	103.4	101.3
烟草制品业	Manufacture of Tobacco	101.8	102.7	104.0	104.5	104.5	104.5
纺织业	Manufacture of Textile	95.4	94.6	93.9	94.6	94.5	95.3
纺织服装、服饰业	Manufacture of Textile Wearing Apparel, and Dress Adornment	100.9	99.6	99.7	99.5	99.4	99.4
皮革、毛皮、羽毛及其制品和制鞋业	Manufacture of Leather, Fur, Feather Related Products and Footware	102.8	102.8	103.0	102.7	102.5	101.9
木材加工及木、竹、藤、棕、草制品业	Processing of Timber, Manufacture of Wood, Bamboo, Rattan, Palm and Straw Products	99.5	99.6	99.4	99.5	100.0	99.9
家具制造业	Manufacture of Furniture	101.7	101.6	101.5	101.2	100.8	100.7
造纸和纸制品业	Manufacture of Paper and Paper Products	102.2	100.9	101.1	100.9	100.2	99.7
印刷和记录媒介复制业	Printing, Reproduction of Recording Media	100.1	99.4	99.4	99.5	99.7	99.8
文教、工美、体育和娱乐用品制造业	Manufacture of Culture, Education, Handicraft, Fine Arts, Sports and Entertainment Articles	114.4	115.2	114.8	110.8	110.7	107.8
石油加工、炼焦和核燃料加工业	Processing of Petroleum, Coking, Processing of Nucle-ar Fuel	106.1	106.8	105.1	103.1	100.0	97.6
化学原料和化学制品制造业	Manufacture of Raw Chemical Materials and Chemical Products	99.8	100.7	99.9	98.7	98.1	97.8
医药制造业	Manufacture of Medicines	103.2	103.1	103.0	102.9	102.8	102.7
化学纤维制造业	Manufacture of Chemical Fibers	108.5	105.1	98.7	95.8	89.5	86.9
橡胶和塑料制品业	Manufacture of Rubber and Plastics	102.6	101.0	100.2	99.2	99.5	99.4
非金属矿物制品业	Manufacture of Non-metallic Mineral Products	101.7	102.3	101.6	100.1	97.7	97.1
黑色金属冶炼和压延加工业	Smelting and Pressing of Ferrous Metals	102.1	99.6	98.9	98.0	96.8	96.2
有色金属冶炼和压延加工业	Smelting and Pressing of Non-ferrous Metals	100.2	99.9	99.6	99.9	99.6	99.4
金属制品业	Manufacture of Metal Products	104.5	104.0	103.5	107.4	107.1	107.0
通用设备制造业	Manufacture of General Purpose Machinery	100.3	99.8	99.1	99.4	99.4	99.6
专用设备制造业	Manufacture of Special Purpose Machinery	101.6	101.1	101.0	101.0	101.1	101.1
汽车制造业	Manufacture of Motor Vehicles	99.2	99.7	99.9	100.0	99.9	100.4
铁路、船舶、航空航天和其他运输设备制造业	Manufacture of Railway, Ship, Aviation and Other Transporting Equipment	102.6	102.3	101.9	101.5	101.3	100.9
电气机械和器材制造业	Manufacture of Electrical Machinery and Equipment	104.5	103.3	104.1	103.2	100.4	99.8
计算机、通信和其他电子设备制造业	Manufacture of Communication Equipment, Computers and Other Electronic Equipment	104.3	102.8	100.9	99.5	98.3	98.3
仪器仪表制造业	Manufacture of Instrument and Apparatus	104.2	102.3	100.3	100.3	100.2	100.2
其他制造业	Other Manufacture	101.2	101.6	100.7	100.9	100.7	100.7
废弃资源综合利用业	Comprehensive Utilization of Waste Resources	98.0	99.2	98.7	99.6	98.4	96.4
金属制品、机械和设备修理业	Repair Services of Metal Products, Machinery and E-quipment	103.0	102.5	102.4	101.9	101.5	100.5
电力、热力生产和供应业	Production and Supply of Electric Power and Heat Power	107.0	106.7	107.3	107.5	107.0	106.3
燃气生产和供应业	Production and Supply of Gas	100.7	100.7	100.7	100.1	100.4	100.4
水的生产和供应业	Production and Supply of Water	102.4	102.2	102.7	102.4	102.3	101.7

3-18 工业生产者出厂价格分类分月指数（2012 年）
Producer Price Indices (PPI) by Sector & Month (2012)

续表（continued） 上年同期=100

类 别	Item	7 月 July	8 月 August	9 月 September	10 月 October	11 月 November	12 月 December
总指数	**General Index**	**99.6**	**99.0**	**98.5**	**98.4**	**98.6**	**98.6**
煤炭开采和洗选业	Mining and Washing of Coal	92.7	90.6	88.9	88.5	89.3	90.0
石油和天然气开采业	Extraction of Petroleum and Natural Gas	100.0	100.0	100.0	100.0	100.0	100.0
黑色金属矿采选业	Mining and Processing of Ferrous Metal Ores	99.8	98.6	93.2	92.1	91.9	92.3
有色金属矿采选业	Mining and Processing of Non-Ferrous Metal Ores	99.1	97.5	97.5	99.1	99.0	99.3
非金属矿采选业	Mining and Processing of Nonmetal Ores	102.2	102.3	102.2	101.6	101.5	102.0
农副食品加工业	Processing of Food from Agricultural Products	100.3	99.7	100.2	100.9	101.0	101.9
食品制造业	Processing of Foodstuff	102.5	101.8	101.4	101.3	101.3	101.7
酒、饮料和精制茶制造业	Manufacture of Liquor, Beverages and Refined Tea	100.9	101.5	100.6	100.8	101.1	100.7
烟草制品业	Manufacture of Tobacco	104.5	104.5	104.5	102.6	102.6	102.6
纺织业	Manufacture of Textile	96.1	97.4	98.3	98.9	99.5	100.2
纺织服装、服饰业	Manufacture of Textile Wearing Apparel, and Dress Adornment	99.4	99.5	99.5	99.6	99.5	99.2
皮革、毛皮、羽毛及其制品和制鞋业	Manufacture of Leather, Fur, Feather Related Products and Footware	101.6	101.6	101.5	101.1	100.9	100.7
木材加工及木、竹、藤、棕、草制品业	Processing of Timber, Manufacture of Wood, Bamboo, Rattan, Palm and Straw Products	99.6	100.1	100.0	99.8	100.2	99.7
家具制造业	Manufacture of Furniture	100.7	100.4	100.2	100.2	100.3	100.4
造纸和纸制品业	Manufacture of Paper and Paper Products	99.9	99.6	99.2	99.1	98.6	100.0
印刷和记录媒介复制业	Printing, Reproduction of Recording Media	99.6	99.4	99.0	99.0	98.9	98.6
文教、工美、体育和娱乐用品制造业	Manufacture of Culture, Education, Handicraft, Fine Arts, Sports and Entertainment Articles	107.2	104.7	105.3	105.3	104.1	103.6
石油加工、炼焦和核燃料加工业	Processing of Petroleum, Coking, Processing of Nucle-ar Fuel	96.9	96.9	95.7	96.0	96.1	96.1
化学原料和化学制品制造业	Manufacture of Raw Chemical Materials and Chemical Products	97.1	95.7	94.8	94.2	94.8	95.5
医药制造业	Manufacture of Medicines	102.0	102.6	101.2	101.0	101.3	101.5
化学纤维制造业	Manufacture of Chemical Fibers	82.8	81.4	81.8	81.3	82.9	83.1
橡胶和塑料制品业	Manufacture of Rubber and Plastics	98.7	98.4	97.2	97.0	97.4	97.4
非金属矿物制品业	Manufacture of Non-metallic Mineral Products	97.6	97.5	97.3	96.9	98.0	98.3
黑色金属冶炼和压延加工业	Smelting and Pressing of Ferrous Metals	95.0	91.8	89.5	89.1	89.5	90.1
有色金属冶炼和压延加工业	Smelting and Pressing of Non-ferrous Metals	98.8	95.5	95.7	96.8	97.0	97.1
金属制品业	Manufacture of Metal Products	105.4	104.2	103.4	103.1	102.9	102.8
通用设备制造业	Manufacture of General Purpose Machinery	99.7	99.5	99.2	98.8	99.0	99.1
专用设备制造业	Manufacture of Special Purpose Machinery	101.2	100.9	100.2	100.0	100.0	100.0
汽车制造业	Manufacture of Motor Vehicles	100.3	100.3	100.2	100.2	100.1	100.0
铁路、船舶、航空航天和其他运输设备制造业	Manufacture of Railway, Ship, Aviation and Other Transporting Equipment	100.6	99.9	99.2	99.1	99.0	98.9
电气机械和器材制造业	Manufacture of Electrical Machinery and Equipment	99.1	98.8	98.5	98.7	98.9	99.5
计算机、通信和其他电子设备制造业	Manufacture of Communication Equipment, Computers and Other Electronic Equipment	98.0	98.6	98.5	98.0	97.6	97.1
仪器仪表制造业	Manufacture of Instrument and Apparatus	100.1	100.2	100.1	100.0	100.1	100.2
其他制造业	Other Manufacture	100.4	99.5	99.2	99.0	99.3	99.3
废弃资源综合利用业	Comprehensive Utilization of Waste Resources	94.4	94.7	94.9	95.1	94.1	94.6
金属制品、机械和设备修理业	Repair Services of Metal Products, Machinery and E-quipment	100.5	97.9	95.3	96.2	96.3	96.8
电力、热力生产和供应业	Production and Supply of Electric Power and Heat Power	105.8	105.8	106.0	105.3	105.5	102.3
燃气生产和供应业	Production and Supply of Gas	100.3	100.4	101.2	101.2	101.2	101.3
水的生产和供应业	Production and Supply of Water	100.2	100.2	100.1	100.1	100.2	101.0

3–18 工业生产者出厂价格分类分月指数（2013 年）
Producer Price Indices （PPI） by Sector & Month（2013）

上年同期=100

类 别	Item	1 月 January	2 月 February	3 月 March	4 月 April	5 月 May	6 月 June
总指数	General Index	**98.7**	**98.7**	**98.5**	**98.3**	**98.3**	**97.1**
煤炭开采和洗选业	Mining and Washing of Coal	90.9	91.1	91.2	90.8	90.4	88.2
石油和天然气开采业	Extraction of Petroleum and Natural Gas	100.0	100.0	100.0	100.0	100.0	100.0
黑色金属矿采选业	Mining and Processing of Ferrous Metal Ores	91.4	91.5	91.5	90.7	90.7	90.3
有色金属矿采选业	Mining and Processing of Non–Ferrous Metal Ores	98.9	97.3	96.8	96.9	97.0	95.5
非金属矿采选业	Mining and Processing of Nonmetal Ores	100.6	101.2	100.9	99.8	99.4	98.9
农副食品加工业	Processing of Food from Agricultural Products	102.9	104.8	104.5	104.1	103.7	102.9
食品制造业	Processing of Foodstuff	101.7	101.3	101.0	100.5	100.2	99.9
酒、饮料和精制茶制造业	Manufacture of Liquor, Beverages and Refined Tea	100.2	99.7	101.3	100.7	100.5	100.1
烟草制品业	Manufacture of Tobacco	102.6	101.7	100.4	100.0	100.0	100.0
纺织业	Manufacture of Textile	100.8	100.7	101.0	101.1	101.6	99.3
纺织服装、服饰业	Manufacture of Textile Wearing Apparel, and Dress Adornment	99.4	99.7	99.8	99.9	100.0	100.6
皮革、毛皮、羽毛及其制品和制鞋业	Manufacture of Leather, Fur, Feather Related Products and Footware	100.7	100.8	101.5	101.9	101.9	101.8
木材加工及木、竹、藤、棕、草制品业	Processing of Timber, Manufacture of Wood, Bamboo, Rattan, Palm and Straw Products	101.1	101.1	100.4	100.4	99.9	99.8
家具制造业	Manufacture of Furniture	100.3	100.4	100.5	100.4	100.7	100.7
造纸和纸制品业	Manufacture of Paper and Paper Products	100.0	100.2	99.7	99.4	99.3	97.3
印刷和记录媒介复制业	Printing, Reproduction of Recording Media	98.6	98.8	99.1	99.0	98.9	98.8
文教、工美、体育和娱乐用品制造业	Manufacture of Culture, Education, Handicraft, Fine Arts, Sports and Entertainment Articles	103.3	103.0	103.0	100.6	101.1	100.5
石油加工、炼焦和核燃料加工业	Processing of Petroleum, Coking, Processing of Nucle-ar Fuel	95.9	95.2	95.1	94.4	93.9	90.8
化学原料和化学制品制造业	Manufacture of Raw Chemical Materials and Chemical Products	96.6	96.6	96.2	95.6	95.7	94.9
医药制造业	Manufacture of Medicines	102.1	102.1	101.6	101.2	100.8	100.7
化学纤维制造业	Manufacture of Chemical Fibers	83.0	82.8	85.4	84.3	89.2	90.3
橡胶和塑料制品业	Manufacture of Rubber and Plastics	97.9	97.3	97.0	96.7	96.7	96.3
非金属矿物制品业	Manufacture of Non–metallic Mineral Products	98.2	97.8	97.5	97.3	98.0	97.4
黑色金属冶炼和压延加工业	Smelting and Pressing of Ferrous Metals	90.5	93.0	92.8	93.3	93.6	91.7
有色金属冶炼和压延加工业	Smelting and Pressing of Non–ferrous Metals	97.1	96.2	95.6	95.2	95.1	94.2
金属制品业	Manufacture of Metal Products	102.7	102.4	102.3	98.5	98.5	97.8
通用设备制造业	Manufacture of General Purpose Machinery	98.9	99.0	99.0	98.9	99.0	98.5
专用设备制造业	Manufacture of Special Purpose Machinery	99.8	100.1	99.9	99.6	99.7	99.3
汽车制造业	Manufacture of Motor Vehicles	100.1	99.7	99.4	99.5	99.6	97.2
铁路、船舶、航空航天和其他运输设备制造业	Manufacture of Railway, Ship, Aviation and Other Transporting Equipment	98.9	99.0	99.0	99.1	99.0	98.0
电气机械和器材制造业	Manufacture of Electrical Machinery and Equipment	99.2	99.0	98.2	98.0	98.1	97.5
计算机、通信和其他电子设备制造业	Manufacture of Communication Equipment, Computers and Other Electronic Equipment	97.6	98.0	97.5	99.0	98.4	96.2
仪器仪表制造业	Manufacture of Instrument and Apparatus	100.3	100.0	100.0	99.9	99.7	99.4
其他制造业	Other Manufacture	99.6	99.4	99.8	99.2	98.8	98.5
废弃资源综合利用业	Comprehensive Utilization of Waste Resources	91.7	91.0	89.9	87.5	87.6	89.9
金属制品、机械和设备修理业	Repair Services of Metal Products, Machinery and E-quipment	96.1	96.4	96.5	97.3	97.5	95.6
电力、热力生产和供应业	Production and Supply of Electric Power and Heat Power	101.0	100.8	100.5	100.6	100.5	99.9
燃气生产和供应业	Production and Supply of Gas	101.7	101.7	101.8	101.8	101.9	100.9
水的生产和供应业	Production and Supply of Water	100.9	101.0	100.8	100.9	101.0	101.0

3-18 工业生产者出厂价格分类分月指数（2013 年）
Producer Price Indices （PPI） by Sector & Month（2013）

续表（continued）　　　　上年同期=100

类 别	Item	7 月 July	8 月 August	9 月 September	10 月 October	11 月 November	12 月 December
总指数	**General Index**	**97.0**	**97.3**	**97.7**	**97.9**	**98.0**	**98.0**
煤炭开采和洗选业	Mining and Washing of Coal	89.7	91.7	93.5	93.7	93.5	93.7
石油和天然气开采业	Extraction of Petroleum and Natural Gas	100.0	100.0	100.0	100.0	100.0	100.0
黑色金属矿采选业	Mining and Processing of Ferrous Metal Ores	86.7	87.2	91.6	92.9	92.8	91.9
有色金属矿采选业	Mining and Processing of Non-Ferrous Metal Ores	95.5	96.9	97.5	98.2	98.3	98.1
非金属矿采选业	Mining and Processing of Nonmetal Ores	98.6	98.2	99.2	99.5	99.2	98.7
农副食品加工业	Processing of Food from Agricultural Products	103.0	102.7	102.2	102.3	102.4	101.9
食品制造业	Processing of Foodstuff	99.6	99.3	100.0	100.3	100.4	100.3
酒、饮料和精制茶制造业	Manufacture of Liquor, Beverages and Refined Tea	100.4	99.9	100.6	100.3	100.4	101.3
烟草制品业	Manufacture of Tobacco	100.0	100.0	100.0	100.0	100.0	100.0
纺织业	Manufacture of Textile	99.4	99.4	99.2	99.3	99.1	98.9
纺织服装、服饰业	Manufacture of Textile Wearing Apparel, and Dress Adornment	100.8	101.0	100.9	100.9	100.7	100.9
皮革、毛皮、羽毛及其制品和制鞋业	Manufacture of Leather, Fur, Feather Related Products and Footware	101.3	101.2	101.3	101.5	101.3	101.8
木材加工及木、竹、藤、棕、草制品业	Processing of Timber, Manufacture of Wood, Bamboo, Rattan, Palm and Straw Products	100.1	100.0	100.0	99.9	99.9	100.0
家具制造业	Manufacture of Furniture	100.8	100.8	101.0	101.1	101.2	101.3
造纸和纸制品业	Manufacture of Paper and Paper Products	96.8	96.4	96.3	96.6	97.0	96.8
印刷和记录媒介复制业	Printing, Reproduction of Recording Media	98.6	98.6	98.7	98.6	98.4	98.7
文教、工美、体育和娱乐用品制造业	Manufacture of Culture, Education, Handicraft, Fine Arts, Sports and Entertainment Articles	98.4	98.0	97.4	97.2	95.5	94.5
石油加工、炼焦和核燃料加工业	Processing of Petroleum, Coking, Processing of Nucle-ar Fuel	90.2	90.5	91.5	91.9	92.3	93.0
化学原料和化学制品制造业	Manufacture of Raw Chemical Materials and Chemical Products	95.1	95.9	96.6	96.9	96.9	97.3
医药制造业	Manufacture of Medicines	100.5	100.2	100.0	100.4	100.2	100.3
化学纤维制造业	Manufacture of Chemical Fibers	94.0	94.7	94.1	94.4	95.3	95.5
橡胶和塑料制品业	Manufacture of Rubber and Plastics	96.5	97.0	98.3	98.9	99.1	99.3
非金属矿物制品业	Manufacture of Non-metallic Mineral Products	97.3	97.7	98.1	98.6	98.7	98.5
黑色金属冶炼和压延加工业	Smelting and Pressing of Ferrous Metals	91.6	94.4	97.0	97.8	97.9	98.1
有色金属冶炼和压延加工业	Smelting and Pressing of Non-ferrous Metals	93.8	95.0	94.7	95.0	95.7	95.9
金属制品业	Manufacture of Metal Products	97.6	98.6	99.1	99.3	99.7	99.8
通用设备制造业	Manufacture of General Purpose Machinery	98.5	98.8	99.1	99.4	99.4	99.3
专用设备制造业	Manufacture of Special Purpose Machinery	99.0	99.0	99.4	99.5	99.4	99.5
汽车制造业	Manufacture of Motor Vehicles	97.1	96.9	97.0	97.1	97.2	97.2
铁路、船舶、航空航天和其他运输设备制造业	Manufacture of Railway, Ship, Aviation and Other Transporting Equipment	98.0	97.8	98.2	98.3	98.3	98.3
电气机械和器材制造业	Manufacture of Electrical Machinery and Equipment	97.3	97.3	97.5	97.7	97.6	97.3
计算机、通信和其他电子设备制造业	Manufacture of Communication Equipment, Computers and Other Electronic Equipment	95.7	95.6	95.7	95.4	96.5	97.0
仪器仪表制造业	Manufacture of Instrument and Apparatus	99.5	99.5	99.5	99.5	99.4	99.2
其他制造业	Other Manufacture	98.5	99.4	99.4	99.7	99.7	100.3
废弃资源综合利用业	Comprehensive Utilization of Waste Resources	88.9	88.9	88.0	88.0	88.3	89.3
金属制品、机械和设备修理业	Repair Services of Metal Products, Machinery and E-quipment	93.6	94.3	97.2	97.7	97.9	97.3
电力、热力生产和供应业	Production and Supply of Electric Power and Heat Power	99.9	99.7	99.7	98.9	98.7	98.5
燃气生产和供应业	Production and Supply of Gas	101.0	101.5	101.7	101.8	101.9	102.4
水的生产和供应业	Production and Supply of Water	101.0	100.8	100.8	100.8	100.8	100.1

3-18 工业生产者出厂价格分类分月指数（2014 年）
Producer Price Indices （PPI） by Sector & Month（2014）

上年同期=100

类 别	Item	1月 January	2月 February	3月 March	4月 April	5月 May	6月 June
总指数	**General Index**	**97.8**	**97.7**	**97.7**	**97.7**	**97.9**	**98.5**
煤炭开采和洗选业	Mining and Washing of Coal	92.9	92.7	92.4	92.0	92.3	94.4
石油和天然气开采业	Extraction of Petroleum and Natural Gas	100.0	100.0	100.0	100.0	100.0	100.0
黑色金属矿采选业	Mining and Processing of Ferrous Metal Ores	92.4	92.3	90.9	90.7	91.0	91.1
有色金属矿采选业	Mining and Processing of Non-Ferrous Metal Ores	98.0	96.8	96.6	96.6	96.4	94.7
非金属矿采选业	Mining and Processing of Nonmetal Ores	99.0	98.3	97.7	98.4	99.1	99.3
农副食品加工业	Processing of Food from Agricultural Products	100.2	99.5	99.0	99.7	100.4	101.0
食品制造业	Processing of Foodstuff	101.3	100.9	101.3	101.6	101.8	101.8
酒、饮料和精制茶制造业	Manufacture of Liquor, Beverages and Refined Tea	101.0	101.5	100.8	100.8	100.8	101.3
烟草制品业	Manufacture of Tobacco	100.0	100.0	100.0	100.0	100.0	100.0
纺织业	Manufacture of Textile	98.8	98.8	98.9	98.8	98.5	100.6
纺织服装、服饰业	Manufacture of Textile Wearing Apparel, and Dress Adornment	100.2	100.2	99.9	100.3	100.3	100.0
皮革、毛皮、羽毛及其制品和制鞋业	Manufacture of Leather, Fur, Feather Related Products and Footware	101.9	101.8	101.1	100.7	100.1	100.1
木材加工及木、竹、藤、棕、草制品业	Processing of Timber, Manufacture of Wood, Bamboo, Rattan, Palm and Straw Products	99.9	100.0	100.1	100.1	100.2	100.3
家具制造业	Manufacture of Furniture	101.5	101.7	101.7	101.8	101.7	101.6
造纸和纸制品业	Manufacture of Paper and Paper Products	96.5	96.4	96.2	96.3	96.6	97.7
印刷和记录媒介复制业	Printing, Reproduction of Recording Media	99.0	99.1	98.8	99.0	99.1	99.1
文教、工美、体育和娱乐用品制造业	Manufacture of Culture, Education, Handicraft, Fine Arts, Sports and Entertainment Articles	94.7	94.7	94.7	95.1	94.4	94.7
石油加工、炼焦和核燃料加工业	Processing of Petroleum, Coking, Processing of Nuclear Fuel	93.8	93.7	93.3	93.3	93.7	96.2
化学原料和化学制品制造业	Manufacture of Raw Chemical Materials and Chemical Products	96.3	96.1	96.4	97.6	97.9	98.9
医药制造业	Manufacture of Medicines	99.9	100.0	100.4	100.6	101.0	101.0
化学纤维制造业	Manufacture of Chemical Fibers	96.6	96.6	96.6	99.7	99.8	97.6
橡胶和塑料制品业	Manufacture of Rubber and Plastics	98.8	98.5	98.5	98.9	98.7	98.9
非金属矿物制品业	Manufacture of Non-metallic Mineral Products	98.9	99.4	99.7	100.2	100.3	101.0
黑色金属冶炼和压延加工业	Smelting and Pressing of Ferrous Metals	96.9	96.1	95.5	95.2	95.0	96.2
有色金属冶炼和压延加工业	Smelting and Pressing of Non-ferrous Metals	95.2	94.9	94.1	93.9	94.5	96.0
金属制品业	Manufacture of Metal Products	99.7	99.9	99.8	99.7	99.9	100.4
通用设备制造业	Manufacture of General Purpose Machinery	99.4	99.5	99.5	99.5	99.6	99.8
专用设备制造业	Manufacture of Special Purpose Machinery	99.6	99.7	99.7	99.8	99.6	99.9
汽车制造业	Manufacture of Motor Vehicles	97.1	97.2	97.2	97.1	97.0	97.9
铁路、船舶、航空航天和其他运输设备制造业	Manufacture of Railway, Ship, Aviation and Other Transporting Equipment	98.2	97.9	97.9	97.7	97.7	97.7
电气机械和器材制造业	Manufacture of Electrical Machinery and Equipment	97.9	98.4	98.3	98.2	98.7	99.5
计算机、通信和其他电子设备制造业	Manufacture of Communication Equipment, Computers and Other Electronic Equipment	96.5	96.6	97.2	96.0	96.9	97.4
仪器仪表制造业	Manufacture of Instrument and Apparatus	99.3	99.4	99.7	99.7	99.6	99.8
其他制造业	Other Manufacture	100.1	98.9	98.6	98.8	99.4	99.1
废弃资源综合利用业	Comprehensive Utilization of Waste Resources	93.7	93.6	93.4	95.7	98.1	96.5
金属制品、机械和设备修理业	Repair Services of Metal Products, Machinery and Equipment	97.1	96.7	95.7	94.7	95.2	97.9
电力、热力生产和供应业	Production and Supply of Electric Power and Heat Power	98.6	98.6	98.4	98.3	98.5	98.9
燃气生产和供应业	Production and Supply of Gas	102.0	102.1	102.2	102.2	101.8	102.9
水的生产和供应业	Production and Supply of Water	100.1	100.1	100.1	100.0	99.9	99.9

3-18 工业生产者出厂价格分类分月指数（2014 年）
Producer Price Indices （PPI） by Sector & Month （2014）

续表（continued）

上年同期=100

类 别	Item	7 月 July	8 月 August	9 月 September	10 月 October	11 月 November	12 月 December
总指数	**General Index**	**98.8**	**99.0**	**98.9**	**98.8**	**98.6**	**98.3**
煤炭开采和洗选业	Mining and Washing of Coal	94.0	93.1	92.6	92.4	91.6	90.8
石油和天然气开采业	Extraction of Petroleum and Natural Gas	100.0	100.0	100.0	100.0	100.0	95.5
黑色金属矿采选业	Mining and Processing of Ferrous Metal Ores	95.0	95.7	96.7	95.7	95.4	95.0
有色金属矿采选业	Mining and Processing of Non-Ferrous Metal Ores	96.8	97.1	96.4	96.0	94.8	94.7
非金属矿采选业	Mining and Processing of Nonmetal Ores	99.5	100.3	99.8	100.2	100.3	101.4
农副食品加工业	Processing of Food from Agricultural Products	101.1	101.1	100.1	99.5	99.5	98.4
食品制造业	Processing of Foodstuff	102.7	103.0	102.6	102.6	103.3	102.9
酒、饮料和精制茶制造业	Manufacture of Liquor, Beverages and Refined Tea	101.0	101.6	101.0	101.1	99.8	98.2
烟草制品业	Manufacture of Tobacco	100.0	100.0	100.0	100.0	100.0	100.0
纺织业	Manufacture of Textile	100.2	99.5	99.3	98.6	98.5	98.1
纺织服装、服饰业	Manufacture of Textile Wearing Apparel, and Dress Adornment	99.8	99.4	99.6	99.3	99.1	98.9
皮革、毛皮、羽毛及其制品和制鞋业	Manufacture of Leather, Fur, Feather Related Products and Footware	100.3	99.9	99.5	99.7	99.9	99.9
木材加工及木、竹、藤、棕、草制品业	Processing of Timber, Manufacture of Wood, Bamboo, Rattan, Palm and Straw Products	100.1	100.1	100.1	100.1	100.1	100.1
家具制造业	Manufacture of Furniture	101.6	101.8	101.7	101.5	101.3	101.3
造纸和纸制品业	Manufacture of Paper and Paper Products	97.9	98.5	98.2	97.8	97.7	97.8
印刷和记录媒介复制业	Printing, Reproduction of Recording Media	99.3	99.4	99.7	99.5	99.6	100.1
文教、工美、体育和娱乐用品制造业	Manufacture of Culture, Education, Handicraft, Fine Arts, Sports and Entertainment Articles	96.8	97.3	96.8	97.1	98.6	101.2
石油加工、炼焦和核燃料加工业	Processing of Petroleum, Coking, Processing of Nucle-ar Fuel	97.1	96.8	96.7	96.6	96.5	96.6
化学原料和化学制品制造业	Manufacture of Raw Chemical Materials and Chemical Products	99.1	99.7	100.2	100.0	99.5	98.6
医药制造业	Manufacture of Medicines	101.4	101.5	102.1	101.9	102.1	102.3
化学纤维制造业	Manufacture of Chemical Fibers	97.4	96.2	95.6	95.4	93.4	92.9
橡胶和塑料制品业	Manufacture of Rubber and Plastics	98.9	99.0	98.9	98.5	98.5	98.4
非金属矿物制品业	Manufacture of Non-metallic Mineral Products	100.7	100.9	100.9	100.8	100.0	99.6
黑色金属冶炼和压延加工业	Smelting and Pressing of Ferrous Metals	96.8	96.1	95.3	94.5	93.9	92.4
有色金属冶炼和压延加工业	Smelting and Pressing of Non-ferrous Metals	96.8	98.3	99.1	98.8	98.0	97.4
金属制品业	Manufacture of Metal Products	100.7	100.7	100.5	100.4	100.1	99.9
通用设备制造业	Manufacture of General Purpose Machinery	99.8	99.9	99.9	99.7	99.7	99.7
专用设备制造业	Manufacture of Special Purpose Machinery	100.2	100.4	100.4	100.3	100.3	100.2
汽车制造业	Manufacture of Motor Vehicles	97.9	98.1	98.0	97.9	97.9	97.9
铁路、船舶、航空航天和其他运输设备制造业	Manufacture of Railway, Ship, Aviation and Other Transporting Equipment	98.0	98.5	98.7	99.0	98.9	99.0
电气机械和器材制造业	Manufacture of Electrical Machinery and Equipment	100.0	100.1	100.1	100.1	100.1	99.9
计算机、通信和其他电子设备制造业	Manufacture of Communication Equipment, Computers and Other Electronic Equipment	98.2	98.6	98.8	99.0	98.5	98.3
仪器仪表制造业	Manufacture of Instrument and Apparatus	99.8	99.7	99.7	99.7	99.8	99.6
其他制造业	Other Manufacture	99.4	99.1	98.8	98.8	98.6	98.0
废弃资源综合利用业	Comprehensive Utilization of Waste Resources	99.4	99.9	99.8	98.4	97.7	95.1
金属制品、机械和设备修理业	Repair Services of Metal Products, Machinery and E-quipment	99.4	99.5	97.6	98.1	98.0	98.2
电力、热力生产和供应业	Production and Supply of Electric Power and Heat Power	98.9	98.9	98.7	99.3	99.3	99.4
燃气生产和供应业	Production and Supply of Gas	102.9	102.3	102.7	103.4	103.6	103.5
水的生产和供应业	Production and Supply of Water	100.6	100.7	100.8	100.9	100.8	101.2

3-18 工业生产者出厂价格分类分月指数（2015年）

Producer Price Indices （PPI） by Sector & Month（2015）

上年同期=100

类 别	Item	1月 January	2月 February	3月 March	4月 April	5月 May	6月 June
总指数	**General Index**	**98.0**	**97.8**	**97.6**	**97.4**	**97.2**	**97.4**
煤炭开采和洗选业	Mining and Washing of Coal	90.1	89.8	89.6	90.1	90.1	91.4
石油和天然气开采业	Extraction of Petroleum and Natural Gas	95.0	95.0	95.0	95.0	95.0	95.0
黑色金属矿采选业	Mining and Processing of Ferrous Metal Ores	93.9	91.6	92.7	91.4	90.8	89.8
有色金属矿采选业	Mining and Processing of Non-Ferrous Metal Ores	94.8	95.8	95.4	94.8	94.7	97.8
非金属矿采选业	Mining and Processing of Nonmetal Ores	101.2	100.5	100.2	99.7	99.3	99.2
农副食品加工业	Processing of Food from Agricultural Products	99.1	98.9	99.7	99.5	99.2	98.5
食品制造业	Processing of Foodstuff	101.7	101.8	101.3	101.3	101.3	101.3
酒、饮料和精制茶制造业	Manufacture of Liquor, Beverages and Refined Tea	98.1	98.6	97.3	97.3	97.8	98.1
烟草制品业	Manufacture of Tobacco	100.0	100.0	100.0	100.0	100.0	100.0
纺织业	Manufacture of Textile	97.5	97.4	96.9	97.0	96.6	96.4
纺织服装、服饰业	Manufacture of Textile Wearing Apparel, and Dress Adornment	99.3	99.2	99.5	99.3	98.8	98.7
皮革、毛皮、羽毛及其制品和制鞋业	Manufacture of Leather, Fur, Feather Related Products and Footware	100.2	100.2	99.9	99.5	99.8	99.3
木材加工及木、竹、藤、棕、草制品业	Processing of Timber, Manufacture of Wood, Bamboo, Rattan, Palm and Straw Products	100.2	100.1	100.2	100.1	100.0	95.9
家具制造业	Manufacture of Furniture	101.2	100.9	100.6	100.3	101.0	101.1
造纸和纸制品业	Manufacture of Paper and Paper Products	98.1	98.3	98.0	97.0	97.0	97.9
印刷和记录媒介复制业	Printing, Reproduction of Recording Media	99.5	99.5	97.6	97.3	97.2	97.7
文教、工美、体育和娱乐用品制造业	Manufacture of Culture, Education, Handicraft, Fine Arts, Sports and Entertainment Articles	100.9	101.1	100.8	100.6	100.4	100.4
石油加工、炼焦和核燃料加工业	Processing of Petroleum, Coking, Processing of Nuclear Fuel	96.4	96.4	96.3	95.1	95.3	94.8
化学原料和化学制品制造业	Manufacture of Raw Chemical Materials and Chemical Products	97.9	97.5	97.6	97.5	97.3	98.3
医药制造业	Manufacture of Medicines	102.1	101.8	101.3	101.3	101.3	102.1
化学纤维制造业	Manufacture of Chemical Fibers	91.1	91.1	89.6	87.9	87.4	89.8
橡胶和塑料制品业	Manufacture of Rubber and Plastics	98.5	97.8	97.5	97.7	97.9	97.7
非金属矿物制品业	Manufacture of Non-metallic Mineral Products	99.1	98.7	98.0	97.0	96.7	96.3
黑色金属冶炼和压延加工业	Smelting and Pressing of Ferrous Metals	91.8	90.9	89.4	87.6	86.9	85.6
有色金属冶炼和压延加工业	Smelting and Pressing of Non-ferrous Metals	96.6	96.5	97.1	97.8	97.0	96.4
金属制品业	Manufacture of Metal Products	99.8	99.7	99.1	99.2	98.9	98.7
通用设备制造业	Manufacture of General Purpose Machinery	99.6	99.4	98.9	98.9	99.0	99.0
专用设备制造业	Manufacture of Special Purpose Machinery	100.1	99.9	99.7	99.4	99.2	98.9
汽车制造业	Manufacture of Motor Vehicles	97.1	97.2	97.2	97.2	97.1	98.4
铁路、船舶、航空航天和其他运输设备制造业	Manufacture of Railway, Ship, Aviation and Other Transporting Equipment	99.2	99.3	99.1	99.2	99.2	99.7
电气机械和器材制造业	Manufacture of Electrical Machinery and Equipment	99.5	98.5	98.7	99.3	99.1	99.1
计算机、通信和其他电子设备制造业	Manufacture of Communication Equipment, Computers and Other Electronic Equipment	98.3	98.4	98.1	97.7	96.8	98.1
仪器仪表制造业	Manufacture of Instrument and Apparatus	99.5	99.7	99.1	99.2	98.9	98.5
其他制造业	Other Manufacture	98.0	98.9	99.0	99.5	99.9	100.5
废弃资源综合利用业	Comprehensive Utilization of Waste Resources	92.2	90.4	90.6	79.1	79.0	79.5
金属制品、机械和设备修理业	Repair Services of Metal Products, Machinery and Equipment	98.6	98.4	98.8	98.4	97.9	97.3
电力、热力生产和供应业	Production and Supply of Electric Power and Heat Power	99.4	99.4	99.4	99.3	98.7	96.2
燃气生产和供应业	Production and Supply of Gas	103.9	104.1	103.9	103.9	103.8	104.4
水的生产和供应业	Production and Supply of Water	101.2	101.1	101.1	101.1	101.1	101.1

3-18 工业生产者出厂价格分类分月指数（2015年）
Producer Price Indices (PPI) by Sector & Month (2015)

续表（continued）

上年同期=100

类别	Item	7月 July	8月 August	9月 September	10月 October	11月 November	12月 December
总指数	**General Index**	**97.3**	**97.0**	**96.8**	**96.6**	**96.4**	**96.3**
煤炭开采和洗选业	Mining and Washing of Coal	92.2	92.8	92.1	91.6	90.3	89.3
石油和天然气开采业	Extraction of Petroleum and Natural Gas	95.0	95.0	93.0	90.0	90.0	94.2
黑色金属矿采选业	Mining and Processing of Ferrous Metal Ores	89.2	88.2	85.2	85.1	83.6	82.6
有色金属矿采选业	Mining and Processing of Non-Ferrous Metal Ores	96.1	94.8	94.9	94.8	95.2	95.0
非金属矿采选业	Mining and Processing of Nonmetal Ores	99.5	99.1	98.9	98.3	98.4	97.2
农副食品加工业	Processing of Food from Agricultural Products	99.1	99.2	99.0	99.0	98.3	98.8
食品制造业	Processing of Foodstuff	100.7	100.5	100.6	100.4	101.1	101.3
酒、饮料和精制茶制造业	Manufacture of Liquor, Beverages and Refined Tea	98.5	97.6	96.6	96.4	97.3	98.4
烟草制品业	Manufacture of Tobacco	100.0	100.0	100.0	100.0	99.8	99.8
纺织业	Manufacture of Textile	96.3	96.2	96.1	96.3	96.1	96.4
纺织服装、服饰业	Manufacture of Textile Wearing Apparel, and Dress Adornment	98.6	98.9	98.5	98.6	98.7	98.8
皮革、毛皮、羽毛及其制品和制鞋业	Manufacture of Leather, Fur, Feather Related Products and Footware	99.3	99.4	99.6	99.1	98.7	98.4
木材加工及木、竹、藤、棕、草制品业	Processing of Timber, Manufacture of Wood, Bamboo, Rattan, Palm and Straw Products	95.9	96.1	95.8	95.2	95.2	95.3
家具制造业	Manufacture of Furniture	101.8	102.4	102.1	102.2	102.6	103.1
造纸和纸制品业	Manufacture of Paper and Paper Products	98.2	98.0	98.3	97.8	98.4	98.2
印刷和记录媒介复制业	Printing, Reproduction of Recording Media	97.8	97.9	97.6	97.5	97.8	97.4
文教、工美、体育和娱乐用品制造业	Manufacture of Culture, Education, Handicraft, Fine Arts, Sports and Entertainment Articles	100.5	100.5	101.0	100.9	99.2	100.0
石油加工、炼焦和核燃料加工业	Processing of Petroleum, Coking, Processing of Nucle-ar Fuel	94.4	94.4	93.1	92.4	92.2	90.2
化学原料和化学制品制造业	Manufacture of Raw Chemical Materials and Chemical Products	98.3	98.0	97.2	97.0	96.8	96.7
医药制造业	Manufacture of Medicines	102.0	101.8	101.1	101.1	100.9	100.3
化学纤维制造业	Manufacture of Chemical Fibers	85.3	85.0	80.7	78.5	80.1	79.1
橡胶和塑料制品业	Manufacture of Rubber and Plastics	97.7	97.3	97.2	96.8	96.2	96.1
非金属矿物制品业	Manufacture of Non-metallic Mineral Products	96.1	95.9	95.5	95.4	95.5	96.1
黑色金属冶炼和压延加工业	Smelting and Pressing of Ferrous Metals	84.2	83.8	83.7	83.2	83.7	83.9
有色金属冶炼和压延加工业	Smelting and Pressing of Non-ferrous Metals	95.0	93.1	91.4	89.9	89.0	87.6
金属制品业	Manufacture of Metal Products	98.2	97.8	97.6	97.4	97.2	97.1
通用设备制造业	Manufacture of General Purpose Machinery	98.9	98.7	98.7	98.7	98.6	98.5
专用设备制造业	Manufacture of Special Purpose Machinery	98.7	98.5	98.5	98.2	98.0	97.8
汽车制造业	Manufacture of Motor Vehicles	98.4	98.4	98.5	98.5	98.4	98.5
铁路、船舶、航空航天和其他运输设备制造业	Manufacture of Railway, Ship, Aviation and Other Transporting Equipment	99.6	99.4	99.2	98.8	98.8	98.6
电气机械和器材制造业	Manufacture of Electrical Machinery and Equipment	99.0	98.6	98.6	98.6	98.2	97.9
计算机、通信和其他电子设备制造业	Manufacture of Communication Equipment, Computers and Other Electronic Equipment	97.2	97.1	98.0	97.0	97.0	96.8
仪器仪表制造业	Manufacture of Instrument and Apparatus	97.5	97.4	97.2	96.8	97.7	99.1
其他制造业	Other Manufacture	100.3	100.1	101.0	100.9	101.1	101.1
废弃资源综合利用业	Comprehensive Utilization of Waste Resources	78.3	77.2	74.5	74.6	75.6	75.0
金属制品、机械和设备修理业	Repair Services of Metal Products, Machinery and E-quipment	97.0	97.0	98.3	97.4	97.8	98.1
电力、热力生产和供应业	Production and Supply of Electric Power and Heat Power	96.4	96.3	96.5	96.7	96.6	96.6
燃气生产和供应业	Production and Supply of Gas	104.4	104.4	102.9	102.1	101.8	98.1
水的生产和供应业	Production and Supply of Water	100.5	100.5	100.4	100.5	100.1	100.0

3-18 工业生产者出厂价格分类分月指数（2016 年）
Producer Price Indices （PPI） by Sector & Month（2016）

上年同期=100

类 别	Item	1月 January	2月 February	3月 March	4月 April	5月 May	6月 June
总指数	**General Index**	**96.4**	**96.3**	**96.8**	**97.2**	**97.6**	**98.2**
煤炭开采和洗选业	Mining and Washing of Coal	89.1	87.4	88.0	89.8	90.4	91.3
石油和天然气开采业	Extraction of Petroleum and Natural Gas	97.1	96.6	96.8	96.8	96.5	96.6
黑色金属矿采选业	Mining and Processing of Ferrous Metal Ores	83.4	86.2	86.2	88.4	89.8	90.3
有色金属矿采选业	Mining and Processing of Non–Ferrous Metal Ores	93.9	94.8	96.4	95.9	95.8	99.9
非金属矿采选业	Mining and Processing of Nonmetal Ores	98.1	98.4	100.3	100.3	99.5	99.6
农副食品加工业	Processing of Food from Agricultural Products	99.9	99.9	100.5	100.6	100.5	101.0
食品制造业	Processing of Foodstuff	100.7	100.8	100.9	100.8	100.5	100.6
酒、饮料和精制茶制造业	Manufacture of Liquor, Beverages and Refined Tea	98.5	98.2	99.1	98.8	98.6	98.4
烟草制品业	Manufacture of Tobacco	99.9	100.0	100.1	99.9	99.7	99.8
纺织业	Manufacture of Textile	96.1	96.3	96.4	96.5	97.0	97.6
纺织服装、服饰业	Manufacture of Textile Wearing Apparel, and Dress Adornment	95.9	95.6	96.8	97.1	97.4	97.6
皮革、毛皮、羽毛及其制品和制鞋业	Manufacture of Leather, Fur, Feather Related Products and Footware	99.0	99.1	99.4	99.4	99.7	100.1
木材加工及木、竹、藤、棕、草制品业	Processing of Timber, Manufacture of Wood, Bamboo, Rattan, Palm and Straw Products	99.8	99.8	100.0	99.4	99.4	99.3
家具制造业	Manufacture of Furniture	100.5	100.8	101.8	101.1	101.7	101.9
造纸和纸制品业	Manufacture of Paper and Paper Products	98.3	98.3	98.6	98.8	98.5	98.7
印刷和记录媒介复制业	Printing, Reproduction of Recording Media	96.7	96.8	99.5	99.8	99.8	99.6
文教、工美、体育和娱乐用品制造业	Manufacture of Culture, Education, Handicraft, Fine Arts, Sports and Entertainment Articles	99.8	102.7	105.4	106.2	107.7	108.2
石油加工、炼焦和核燃料加工业	Processing of Petroleum, Coking, Processing of Nucle-ar Fuel	93.8	93.2	92.6	93.6	94.6	95.2
化学原料和化学制品制造业	Manufacture of Raw Chemical Materials and Chemical Products	96.6	96.3	97.2	97.8	97.5	97.1
医药制造业	Manufacture of Medicines	99.6	99.9	100.2	99.9	99.9	99.8
化学纤维制造业	Manufacture of Chemical Fibers	79.4	79.8	81.8	82.3	82.7	82.7
橡胶和塑料制品业	Manufacture of Rubber and Plastics	96.7	97.2	97.3	97.3	97.0	97.6
非金属矿物制品业	Manufacture of Non–metallic Mineral Products	96.2	96.1	96.1	96.5	97.3	97.8
黑色金属冶炼和压延加工业	Smelting and Pressing of Ferrous Metals	82.8	84.2	87.7	95.5	96.7	96.9
有色金属冶炼和压延加工业	Smelting and Pressing of Non–ferrous Metals	89.4	90.0	91.6	92.8	94.4	96.5
金属制品业	Manufacture of Metal Products	95.6	95.7	96.0	96.8	97.5	97.7
通用设备制造业	Manufacture of General Purpose Machinery	98.3	98.4	98.7	98.6	98.4	98.6
专用设备制造业	Manufacture of Special Purpose Machinery	94.0	94.4	94.6	94.9	95.0	95.7
汽车制造业	Manufacture of Motor Vehicles	98.7	98.7	98.8	98.5	98.6	99.1
铁路、船舶、航空航天和其他运输设备制造业	Manufacture of Railway, Ship, Aviation and Other Transporting Equipment	97.6	97.6	97.7	97.6	97.7	98.3
电气机械和器材制造业	Manufacture of Electrical Machinery and Equipment	98.3	98.5	98.5	98.2	98.0	98.2
计算机、通信和其他电子设备制造业	Manufacture of Communication Equipment, Computers and Other Electronic Equipment	96.6	95.6	96.3	96.1	97.6	98.2
仪器仪表制造业	Manufacture of Instrument and Apparatus	99.0	97.7	99.1	98.9	99.9	100.9
其他制造业	Other Manufacture	98.6	98.9	98.3	97.8	96.3	96.4
废弃资源综合利用业	Comprehensive Utilization of Waste Resources	75.7	77.4	82.0	97.4	99.8	96.7
金属制品、机械和设备修理业	Repair Services of Metal Products, Machinery and E-quipment	75.1	78.3	76.1	79.1	77.4	80.3
电力、热力生产和供应业	Production and Supply of Electric Power and Heat Power	96.1	95.4	95.2	94.5	94.7	97.3
燃气生产和供应业	Production and Supply of Gas	94.3	90.7	90.8	90.6	90.5	90.0
水的生产和供应业	Production and Supply of Water	100.1	100.2	100.3	100.1	100.1	100.1

3-18 工业生产者出厂价格分类分月指数（2016 年）
Producer Price Indices （PPI） by Sector & Month（2016）

续表（continued） 上年同期=100

类 别	Item	7 月 July	8 月 August	9 月 September	10 月 October	11 月 November	12 月 December
总指数	**General Index**	**98.7**	**99.0**	**99.4**	**100.2**	**101.1**	**102.4**
煤炭开采和洗选业	Mining and Washing of Coal	92.0	94.0	97.4	103.8	109.7	116.7
石油和天然气开采业	Extraction of Petroleum and Natural Gas	96.5	96.3	98.7	101.5	101.5	101.6
黑色金属矿采选业	Mining and Processing of Ferrous Metal Ores	90.8	90.7	94.2	95.4	98.2	106.8
有色金属矿采选业	Mining and Processing of Non-Ferrous Metal Ores	103.5	106.4	106.9	107.9	110.6	111.0
非金属矿采选业	Mining and Processing of Nonmetal Ores	99.8	99.2	99.4	99.2	98.7	100.1
农副食品加工业	Processing of Food from Agricultural Products	101.0	100.8	101.4	101.4	102.0	103.4
食品制造业	Processing of Foodstuff	100.4	100.2	100.4	100.5	99.9	100.0
酒、饮料和精制茶制造业	Manufacture of Liquor, Beverages and Refined Tea	98.3	98.6	100.1	100.0	100.5	100.6
烟草制品业	Manufacture of Tobacco	99.6	99.5	99.8	99.7	99.9	100.0
纺织业	Manufacture of Textile	98.1	98.7	99.5	99.7	100.8	101.4
纺织服装、服饰业	Manufacture of Textile Wearing Apparel, and Dress Adornment	98.1	98.1	98.5	99.3	99.4	99.5
皮革、毛皮、羽毛及其制品和制鞋业	Manufacture of Leather, Fur, Feather Related Products and Footware	99.9	99.9	100.4	101.0	101.4	101.4
木材加工及木、竹、藤、棕、草制品业	Processing of Timber, Manufacture of Wood, Bamboo, Rattan, Palm and Straw Products	99.1	98.6	99.1	98.8	99.0	99.1
家具制造业	Manufacture of Furniture	102.7	103.1	104.0	105.5	106.8	107.6
造纸和纸制品业	Manufacture of Paper and Paper Products	98.4	98.8	99.2	99.3	100.1	105.9
印刷和记录媒介复制业	Printing, Reproduction of Recording Media	99.5	99.4	99.7	99.7	100.4	100.5
文教、工美、体育和娱乐用品制造业	Manufacture of Culture, Education, Handicraft, Fine Arts, Sports and Entertainment Articles	111.2	111.2	110.8	109.9	110.8	105.6
石油加工、炼焦和核燃料加工业	Processing of Petroleum, Coking, Processing of Nucle-ar Fuel	95.6	96.8	98.4	98.5	99.9	101.4
化学原料和化学制品制造业	Manufacture of Raw Chemical Materials and Chemical Products	97.5	97.1	97.7	98.8	99.8	101.7
医药制造业	Manufacture of Medicines	99.6	99.7	100.3	100.1	100.3	100.6
化学纤维制造业	Manufacture of Chemical Fibers	88.7	90.3	94.1	97.0	98.0	101.6
橡胶和塑料制品业	Manufacture of Rubber and Plastics	97.0	96.9	97.3	97.6	98.5	99.2
非金属矿物制品业	Manufacture of Non-metallic Mineral Products	98.1	97.8	99.0	101.6	103.8	105.4
黑色金属冶炼和压延加工业	Smelting and Pressing of Ferrous Metals	99.3	102.9	103.3	107.1	111.5	118.9
有色金属冶炼和压延加工业	Smelting and Pressing of Non-ferrous Metals	98.6	100.0	101.2	104.2	109.8	113.2
金属制品业	Manufacture of Metal Products	98.4	98.7	99.4	100.0	101.1	102.2
通用设备制造业	Manufacture of General Purpose Machinery	98.7	98.8	99.1	99.2	99.4	99.9
专用设备制造业	Manufacture of Special Purpose Machinery	96.0	96.3	96.7	97.8	98.1	98.6
汽车制造业	Manufacture of Motor Vehicles	99.2	99.2	99.4	99.4	99.6	99.7
铁路、船舶、航空航天和其他运输设备制造业	Manufacture of Railway, Ship, Aviation and Other Transporting Equipment	98.3	98.4	98.8	99.1	99.2	99.7
电气机械和器材制造业	Manufacture of Electrical Machinery and Equipment	98.3	98.5	98.8	98.8	99.5	100.3
计算机、通信和其他电子设备制造业	Manufacture of Communication Equipment, Computers and Other Electronic Equipment	99.7	99.9	99.4	100.1	100.6	101.8
仪器仪表制造业	Manufacture of Instrument and Apparatus	102.4	103.2	104.3	105.3	104.5	103.5
其他制造业	Other Manufacture	96.5	96.3	95.5	94.8	94.8	97.2
废弃资源综合利用业	Comprehensive Utilization of Waste Resources	96.7	99.0	108.0	109.7	113.3	119.3
金属制品、机械和设备修理业	Repair Services of Metal Products, Machinery and E-quipment	82.6	84.5	92.8	94.8	94.8	100.6
电力、热力生产和供应业	Production and Supply of Electric Power and Heat Power	97.0	96.8	97.5	97.2	97.4	97.3
燃气生产和供应业	Production and Supply of Gas	89.9	89.8	90.0	89.9	89.9	93.3
水的生产和供应业	Production and Supply of Water	100.0	100.3	100.5	100.4	100.4	100.5

3–19 全国各地区工业生产者出厂价格指数（2001–2016 年）
Producer Price Indices（PPI）by Region of the Nation（2001–2016）

上年=100

地区	Region	2001 年	2002 年	2003 年	2004 年	2005 年	2006 年	2007 年	2008 年
全国	National Total	98.7	97.7	102.4	106.1	104.9	103.0	103.0	106.9
东部地区	Eastern Region								
北京	Beijing	99.4	96.6	101.5	103.0	101.3	99.0	99.6	103.3
天津	Tianjin	95.8	95.4	102.5	104.1	100.1	100.6	101.2	104.1
河北	Hebei	99.8	99.4	107.1	111.6	104.4	100.8	106.7	116.7
辽宁	Liaoning	100.5	97.8	103.6	107.1	105.1	104.1	104.3	110.9
上海	Shanghai	96.8	96.4	101.4	103.6	101.7	100.6	101.1	102.2
江苏	Jiangsu	99.1	97.6	102.1	106.5	102.6	101.5	102.6	104.6
浙江	Zhejiang	98.3	96.9	100.8	104.9	102.3	103.8	102.4	104.3
福建	Fujian	98.1	97.2	100.7	102.6	100.2	99.2	100.8	102.7
山东	Shandong	99.2	98.7	103.5	106.4	103.7	102.3	103.1	108.6
广东	Guangdong	98.5	96.4	99.3	101.7	101.5	101.4	101.3	103.1
海南	Hainan		98.7	99.2	100.0	99.4	100.8	102.6	104.5
中部地区	Central Region								
山西	Shanxi	100.3	102.5	112.2	116.1	110.2	101.0	107.4	122.4
吉林	Jilin	100.3	98.6	102.5	105.0	104.3	101.7	102.5	104.9
黑龙江	Heilongjiang	96.0	98.8	111.9	113.1	116.7	109.9	104.4	114.0
安徽	Anhui	98.6	99.8	103.5	108.1	103.3	103.1	103.6	108.4
江西	Jiangxi	98.1	98.5	104.0	109.7	108.8	109.7	106.1	106.4
河南	Henan	100.5	98.6	105.0	110.2	106.1	104.3	105.1	112.1
湖北	Hubei	98.9	98.2	103.5	105.6	104.5	102.9	103.8	106.1
湖南	Hunan	99.7	99.5	102.6	108.0	106.0	104.3	106.0	109.3
西部地区	Western Region								
重庆	Chongqing	97.8	97.6	100.6	103.3	103.0	102.2	103.5	105.8
四川	Sichuan	99.3	97.7	100.5	105.4	104.0	101.9	103.9	109.3
贵州	Guizhou	101.8	99.3	103.4	108.0	107.2	104.3	104.8	112.4
云南	Yunnan	99.6	98.2	101.4	108.8	104.5	104.6	105.7	105.8
西藏	Tibet								105.6
陕西	Shaanxi	100.4	100.6	105.6	107.5	110.4	109.6	102.8	108.4
甘肃	Gansu	98.5	97.9	110.0	114.3	109.6	109.8	105.2	104.9
青海	Qinghai	93.7	97.6	105.9	111.2	110.2	110.0	103.9	107.6
宁夏	Ningxia	100.3	99.7	105.4	109.7	106.2	106.2	103.6	112.9
新疆	Xinjiang	96.3	97.4	115.1	116.4	116.6	114.4	105.4	116.4
内蒙古	Inner Mongolia	101.1	99.3	103.2	105.1	105.1	103.0	105.6	112.5
广西	Guangxi	106.5	95.6	102.8	109.7	104.9	109.7	104.5	109.0

3-19 全国各地区工业生产者出厂价格指数（2001-2016 年）
Producer Price Indices（PPI）by Region of the Nation（2001-2016）

续表（continued） 上年=100

地　　区	Region	2009 年	2010 年	2011 年	2012 年	2013 年	2014 年	2015 年	2016 年
全　国	National Total	94.6	105.5	106.0	98.3	98.1	98.1	94.8	98.6
东部地区	Eastern Region								
北　京	Beijing	94.4	102.2	102.3	98.4	97.4	99.1	96.9	98.1
天　津	Tianjin	92.5	105.1	103.8	97.0	97.0	96.3	90.3	97.9
河　北	Hebei	89.1	109.0	107.7	94.7	96.6	95.2	89.1	99.9
辽　宁	Liaoning	94.0	107.4	106.5	99.9	99.0	98.2	93.9	98.8
上　海	Shanghai	93.8	102.3	102.9	98.4	98.2	98.9	96.1	98.8
江　苏	Jiangsu	95.2	107.3	106.2	97.1	98.0	98.3	95.3	98.1
浙　江	Zhejiang	94.9	106.2	105.0	97.3	98.2	98.8	96.4	98.3
福　建	Fujian	95.5	103.2	103.9	98.7	98.4	98.6	97.0	99.1
山　东	Shandong	94.1	107.1	106.0	98.4	98.4	98.4	95.2	98.5
广　东	Guangdong	95.8	103.2	103.7	99.5	98.8	98.9	96.8	99.4
海　南	Hainan	90.6	107.7	108.8	100.8	99.5	97.6	89.8	96.0
中部地区	Central Region								
山　西	Shanxi	92.0	109.5	107.5	94.5	90.7	91.4	87.7	96.8
吉　林	Jilin	96.1	105.2	105.4	99.1	98.7	99.1	95.3	98.4
黑龙江	Heilongjiang	87.4	115.0	112.0	100.0	98.0	97.1	86.0	95.1
安　徽	Anhui	92.8	109.0	108.3	98.3	98.2	97.4	93.9	98.5
江　西	Jiangxi	93.0	115.2	111.3	96.5	98.5	97.8	93.7	98.6
河　南	Henan	94.9	107.8	107.2	99.4	98.5	98.1	95.4	99.0
湖　北	Hubei	95.6	104.9	106.6	100.3	99.2	98.4	96.7	99.0
湖　南	Hunan	94.3	106.9	108.5	99.1	98.5	98.4	96.3	98.9
西部地区	Western Region								
重　庆	Chongqing	95.5	103.1	103.8	99.9	98.0	98.3	97.2	98.6
四　川	Sichuan	96.5	105.0	107.3	98.6	98.7	98.7	96.4	98.9
贵　州	Guizhou	95.1	104.7	105.4	101.0	97.4	98.3	96.1	97.9
云　南	Yunnan	91.5	108.8	104.7	97.9	97.5	97.8	94.9	97.6
西　藏	Tibet	98.2	105.8	104.3	99.7	99.8	99.0	93.2	102.9
陕　西	Shaanxi	96.1	108.7	107.2	100.7	97.3	97.1	90.8	97.6
甘　肃	Gansu	91.0	115.0	111.0	96.8	96.9	96.7	87.0	94.9
青　海	Qinghai	91.3	109.3	107.4	96.9	97.0	96.1	93.1	98.5
宁　夏	Ningxia	93.9	109.1	109.5	97.4	96.0	96.3	93.7	99.1
新　疆	Xinjiang	85.5	125.2	114.8	96.9	96.5	96.2	82.4	94.5
内蒙古	Inner Mongolia	96.2	106.7	107.8	100.2	97.0	97.3	94.0	98.9
广　西	Guangxi	93.5	112.0	108.5	97.8	98.2	98.4	97.0	99.1

3-20 工业生产者购进价格主要分组指数（2000–2016 年）
Purchasing Price Indices for Industrial Producers by Main Classification（2000–2016）

上年=100

项目名称	Item	2000 年	2001 年	2002 年	2003 年	2004 年	2005 年	2006 年	2007 年
总指数	General Index	105.6	99.7	99.1	104.9	113.0	108.2	104.8	106.2
燃料、动力类	Fuel and Power	101.8	102.3	102.0	103.6	109.4	113.8	106.8	104.9
黑色金属材料类	Ferrous Metals	104.4	98.6	97.5	109.3	125.1	110.8	97.5	106.1
钢材	Rolled Steel	105.4	98.9	98.2	107.2	122.6	110.5	96.5	105.3
其它	Others			97.3	111.8	128.1	111.1	99.9	107.6
有色金属材料及电线类	Nonferrous Metals and Electric Wires	118.8	93.9	96.5	106.8	128.4	109.5	127.9	109.3
化工原料类	Raw Chemical Materials	105.3	101.3	97.5	104.5	111.1	109.6	103.9	104.3
木材及纸浆类	Timber and Paper Pulp		100.3	99.1	100.5	104.6	101.8	103.5	103.7
建筑材料及非金属矿类	Building Materials and Non–metal Ore	101.0	97.1	98.7	101.2	102.3	110.2	99.4	105.3
其它工业原材料及半成品类	Other Industrial Raw Materials and Semi–finished Products	103.0	98.6	100.1	102.0	104.5	100.6	102.1	107.8
农副产品类	Agricultural Produces	104.1	102.0	97.4	108.1	116.3	102.4	104.4	109.3
纺织原料类	Textile Materials	108.0	102.5	94.2	100.7	101.9	105.7	104.3	105.2

3-20 工业生产者购进价格主要分组指数（2000–2016 年）
Purchasing Price Indices for Industrial Producers by Main Classification（2000–2016）

续表（continued）

上年=100

项目名称	Item	2008 年	2009 年	2010 年	2011 年	2012 年	2013 年	2014 年	2015 年	2016 年
总指数	General Index	112.2	95.0	106.9	105.7	99.5	97.6	98.1	97.1	98.4
燃料、动力类	Fuel and Power	116.1	100.5	108.7	107.2	102.2	98.0	98.2	96.8	97.6
黑色金属材料类	Ferrous Metals	121.4	86.3	107.1	107.3	96.1	94.6	94.9	90.5	97.1
钢材	Rolled Steel	121.2	85.4	104.1	105.5	96.4	96.3	96.4	93.1	98.4
其它	Others	121.8	89.6	111.3	110.6	95.5	91.2	92.1	85.7	91.7
有色金属材料及电线类	Nonferrous Metals and Electric Wires	95.6	84.7	116.4	107.0	96.4	95.9	96.7	95.4	97.5
化工原料类	Raw Chemical Materials	106.7	89.6	108.6	108.0	98.1	97.4	98.6	96.1	97.8
木材及纸浆类	Timber and Paper Pulp	107.8	101.1	107.3	104.0	100.2	99.5	99.3	99.3	99.3
建筑材料及非金属矿类	Building Materials and Non–metal Ore	122.3	98.9	103.5	105.6	99.8	98.7	99.4	98.7	98.0
其它工业原材料及半成品类	Other Industrial Raw Materials and Semi–finished Products	112.3	97.3	103.0	103.2	100.5	98.2	98.4	98.7	98.8
农副产品类	Agricultural Produces	113.1	101.1	112.4	110.4	101.6	102.7	104.0	101.6	99.9
纺织原料类	Textile Materials	102.9	98.5	113.5	123.3	97.7	99.3	100.7	100.7	99.4

3-21 工业生产者购进价格分月指数（2011 年）
Purchasing Price Indices for Industrial Producers by Month (2011)

上年同期=100

类 别	Item	1 月 January	2 月 February	3 月 March	4 月 April	5 月 May	6 月 June
总指数	**General Index**	**105.2**	**105.2**	**105.5**	**105.4**	**106.0**	**106.6**
燃料、动力类	Fuel and Power	108.6	107.0	107.1	106.7	107.0	107.7
黑色金属材料类	Ferrous Metals	106.0	107.4	107.8	106.1	108.8	109.2
钢材	Rolled Steel	105.7	107.0	107.5	105.3	104.8	106.2
其它	Others	106.7	108.3	108.5	107.5	116.5	115.1
有色金属材料及电线类	Nonferrous Metals and Electric Wires	105.0	106.3	105.6	104.5	106.1	108.8
化工原料类	Raw Chemical Materials	107.4	107.2	107.7	108.6	108.5	109.1
木材及纸浆类	Timber and Paper Pulp	105.2	104.8	104.5	104.7	104.6	104.4
建筑材料及非金属矿类	Building Materials and Non-metal Ore	104.9	104.5	105.0	106.0	106.5	107.4
其它工业原材料及半成品类	Other Industrial Raw Materials and Semi-finished Products	102.3	102.2	102.8	103.1	103.3	103.5
农副产品类	Agricultural Produces	109.8	111.2	112.6	112.2	111.4	111.7
纺织原料类	Textile Materials	137.7	137.5	132.6	132.9	130.8	130.7

3-21 工业生产者购进价格分月指数（2011 年）
Purchasing Price Indices for Industrial Producers by Month (2011)

续表（continued）

上年同期=100

类 别	Item	7 月 July	8 月 August	9 月 September	10 月 October	11 月 November	12 月 December
总指数	**General Index**	**107.3**	**107.2**	**106.7**	**105.9**	**104.2**	**103.3**
燃料、动力类	Fuel and Power	108.1	107.8	107.6	107.4	106.4	105.4
黑色金属材料类	Ferrous Metals	108.6	108.9	108.3	106.9	105.3	104.0
钢材	Rolled Steel	106.4	106.8	105.9	105.1	103.6	102.3
其它	Others	112.6	113.1	112.8	110.4	108.5	107.1
有色金属材料及电线类	Nonferrous Metals and Electric Wires	112.4	111.1	110.2	107.8	103.3	102.8
化工原料类	Raw Chemical Materials	110.1	110.4	109.9	108.8	105.4	103.4
木材及纸浆类	Timber and Paper Pulp	103.7	103.6	103.4	103.6	102.9	102.6
建筑材料及非金属矿类	Building Materials and Non-metal Ore	106.4	107.3	106.6	105.7	104.0	102.4
其它工业原材料及半成品类	Other Industrial Raw Materials and Semi-finished Products	103.9	104.0	103.9	103.8	103.3	102.7
农副产品类	Agricultural Produces	112.3	111.0	111.2	109.0	107.3	106.2
纺织原料类	Textile Materials	129.8	129.6	119.2	111.9	101.8	100.7

3-21 工业生产者购进价格分月指数（2012 年）
Purchasing Price Indices for Industrial Producers by Month (2012)

上年同期=100

类 别	Item	1 月 January	2 月 February	3 月 March	4 月 April	5 月 May	6 月 June
总指数	**General Index**	**102.2**	**101.6**	**100.9**	**100.4**	**99.9**	**99.5**
燃料、动力类	Fuel and Power	104.8	105.1	104.9	104.3	103.8	103.1
黑色金属材料类	Ferrous Metals	101.9	100.3	99.2	98.9	96.7	96.1
钢材	Rolled Steel	100.6	99.1	97.9	97.9	97.3	96.8
其它	Others	104.3	102.4	101.5	100.8	95.5	94.8
有色金属材料及电线类	Nonferrous Metals and Electric Wires	100.6	99.0	98.0	97.1	97.1	96.2
化工原料类	Raw Chemical Materials	102.6	101.5	100.4	99.0	98.1	97.5
木材及纸浆类	Timber and Paper Pulp	101.7	101.4	101.2	100.9	100.5	99.9
建筑材料及非金属矿类	Building Materials and Non-metal Ore	102.2	100.5	100.1	99.1	99.1	99.3
其它工业原材料及半成品类	Other Industrial Raw Materials and Semi-finished Products	102.0	101.9	101.2	101.1	100.8	100.6
农副产品类	Agricultural Produces	104.4	103.4	102.0	101.0	101.3	100.5
纺织原料类	Textile Materials	97.8	97.7	97.0	96.3	97.5	96.9

3-21 工业生产者购进价格分月指数（2012 年）
Purchasing Price Indices for Industrial Producers by Month (2012)

续表（continued）

上年同期=100

类 别	Item	7 月 July	8 月 August	9 月 September	10 月 October	11 月 November	12 月 December
总指数	**General Index**	**98.9**	**98.3**	**97.8**	**97.8**	**98.1**	**98.3**
燃料、动力类	Fuel and Power	101.9	100.8	100.1	99.7	99.6	99.1
黑色金属材料类	Ferrous Metals	96.0	94.2	93.3	91.6	92.8	92.5
钢材	Rolled Steel	96.5	94.3	93.4	93.3	94.4	94.9
其它	Others	95.0	94.1	92.9	88.2	90.0	87.9
有色金属材料及电线类	Nonferrous Metals and Electric Wires	94.9	93.8	92.9	95.0	95.9	96.6
化工原料类	Raw Chemical Materials	96.8	96.4	95.7	95.7	96.3	97.1
木材及纸浆类	Timber and Paper Pulp	99.9	99.7	99.4	99.0	99.2	99.1
建筑材料及非金属矿类	Building Materials and Non-metal Ore	99.6	100.1	99.6	99.3	99.4	99.3
其它工业原材料及半成品类	Other Industrial Raw Materials and Semi-finished Products	100.3	99.9	99.7	99.6	99.5	99.6
农副产品类	Agricultural Produces	100.5	100.5	100.5	101.2	102.0	102.1
纺织原料类	Textile Materials	97.2	97.3	98.2	97.5	99.0	99.6

3-21 工业生产者购进价格分月指数（2013 年）
Purchasing Price Indices for Industrial Producers by Month (2013)

上年同期=100

类 别	Item	1 月 January	2 月 February	3 月 March	4 月 April	5 月 May	6 月 June
总指数	**General Index**	**98.3**	**98.3**	**98.2**	**98.0**	**97.9**	**96.7**
燃料、动力类	Fuel and Power	98.5	98.1	97.9	97.3	97.1	97.0
黑色金属材料类	Ferrous Metals	93.3	94.2	94.3	94.3	94.9	92.8
钢材	Rolled Steel	95.7	96.4	96.4	96.3	96.3	94.4
其它	Others	88.8	90.0	90.4	90.5	92.3	89.8
有色金属材料及电线类	Nonferrous Metals and Electric Wires	96.9	97.1	96.8	96.3	96.0	94.6
化工原料类	Raw Chemical Materials	97.1	97.7	97.6	97.6	97.5	97.0
木材及纸浆类	Timber and Paper Pulp	99.3	99.4	99.2	99.3	99.6	99.7
建筑材料及非金属矿类	Building Materials and Non-metal Ore	99.0	100.1	99.9	99.7	98.9	97.8
其它工业原材料及半成品类	Other Industrial Raw Materials and Semi-finished Products	99.5	99.1	99.1	98.9	98.9	97.4
农副产品类	Agricultural Produces	102.7	102.8	102.8	102.6	102.3	102.6
纺织原料类	Textile Materials						

3-21 工业生产者购进价格分月指数（2013 年）
Purchasing Price Indices for Industrial Producers by Month (2013)

续表（continued）

上年同期=100

类 别	Item	7 月 July	8 月 August	9 月 September	10 月 October	11 月 November	12 月 December
总指数	**General Index**	**96.7**	**97.1**	**97.4**	**97.6**	**97.7**	**97.8**
燃料、动力类	Fuel and Power	97.5	98.0	98.6	98.8	98.7	98.7
黑色金属材料类	Ferrous Metals	93.0	94.2	94.6	96.8	96.0	96.9
钢材	Rolled Steel	94.6	96.4	97.5	97.9	97.3	97.0
其它	Others	89.9	89.9	89.3	94.5	93.4	96.5
有色金属材料及电线类	Nonferrous Metals and Electric Wires	94.6	95.4	95.6	95.4	95.8	95.7
化工原料类	Raw Chemical Materials	97.1	97.1	97.5	97.6	97.6	97.8
木材及纸浆类	Timber and Paper Pulp	99.5	99.5	99.6	99.5	99.4	99.4
建筑材料及非金属矿类	Building Materials and Non-metal Ore	97.8	97.8	98.0	98.4	98.2	98.5
其它工业原材料及半成品类	Other Industrial Raw Materials and Semi-finished Products	97.3	97.4	97.6	97.7	97.7	97.6
农副产品类	Agricultural Produces	101.1	101.1	101.0	101.5	106.1	105.9
纺织原料类	Textile Materials						

3-21 工业生产者购进价格分月指数（2014 年）
Purchasing Price Indices for Industrial Producers by Month (2014)

上年同期=100

类 别	Item	1 月 January	2 月 February	3 月 March	4 月 April	5 月 May	6 月 June
总指数	General Index	97.7	97.6	97.4	97.5	97.4	98.2
燃料、动力类	Fuel and Power	98.5	98.6	98.2	98.5	98.5	98.1
黑色金属材料类	Ferrous Metals	96.3	96.3	95.6	95.2	93.9	94.8
钢材	Rolled Steel	96.3	95.9	95.6	95.5	95.6	97.0
其它	Others	96.4	97.0	95.8	94.8	90.9	90.8
有色金属材料及电线类	Nonferrous Metals and Electric Wires	95.7	95.1	94.5	94.6	95.2	96.8
化工原料类	Raw Chemical Materials	97.8	97.8	97.5	97.5	97.9	98.7
木材及纸浆类	Timber and Paper Pulp	99.4	99.5	99.5	99.4	99.2	99.2
建筑材料及非金属矿类	Building Materials and Non-metal Ore	98.8	98.8	98.9	99.2	99.0	99.5
其它工业原材料及半成品类	Other Industrial Raw Materials and Semi-finished Products	97.7	97.7	97.7	97.7	97.7	98.7
农副产品类	Agricultural Produces	105.0	104.1	103.5	103.5	104.3	104.0
纺织原料类	Textile Materials	99.5	99.1	98.9	99.6	99.5	101.3

3-21 工业生产者购进价格分月指数（2014 年）
Purchasing Price Indices for Industrial Producers by Month (2014)

续表（continued）

上年同期=100

类 别	Item	7 月 July	8 月 August	9 月 September	10 月 October	11 月 November	12 月 December
总指数	General Index	98.6	98.7	98.8	98.6	98.4	98.1
燃料、动力类	Fuel and Power	98.2	98.1	98.0	98.0	97.9	97.8
黑色金属材料类	Ferrous Metals	95.0	95.1	94.6	94.3	94.3	93.3
钢材	Rolled Steel	97.3	97.1	96.9	96.6	97.1	96.8
其它	Others	90.9	91.5	90.3	90.0	89.2	87.0
有色金属材料及电线类	Nonferrous Metals and Electric Wires	97.9	98.1	98.7	98.2	97.9	97.8
化工原料类	Raw Chemical Materials	99.4	99.9	100.0	99.6	99.4	98.2
木材及纸浆类	Timber and Paper Pulp	99.2	99.2	99.1	99.3	99.3	99.5
建筑材料及非金属矿类	Building Materials and Non-metal Ore	99.7	100.1	100.1	100.0	99.8	99.4
其它工业原材料及半成品类	Other Industrial Raw Materials and Semi-finished Products	98.9	98.9	98.9	98.9	99.0	98.9
农副产品类	Agricultural Produces	104.0	106.4	106.3	105.7	100.8	100.6
纺织原料类	Textile Materials	101.5	101.4	102.1	101.6	102.2	101.9

3-21 工业生产者购进价格分月指数（2015 年）
Purchasing Price Indices for Industrial Producers by Month （2015）

上年同期=100

类 别	Item	1 月 January	2 月 February	3 月 March	4 月 April	5 月 May	6 月 June
总指数	General Index	97.7	97.6	97.3	97.4	97.4	97.5
燃料、动力类	Fuel and Power	97.4	97.1	97.1	96.6	96.6	97.3
黑色金属材料类	Ferrous Metals	92.6	91.5	89.4	90.6	90.7	90.7
钢材	Rolled Steel	96.1	95.7	94.9	94.2	93.6	93.4
其它	Others	86.3	84.0	79.6	84.0	85.2	85.5
有色金属材料及电线类	Nonferrous Metals and Electric Wires	97.0	98.0	97.6	98.1	98.2	97.7
化工原料类	Raw Chemical Materials	97.2	96.6	96.7	96.8	96.9	96.9
木材及纸浆类	Timber and Paper Pulp	99.5	99.4	99.2	99.2	99.2	99.3
建筑材料及非金属矿类	Building Materials and Non-metal Ore	99.1	99.5	99.3	98.9	98.9	98.8
其它工业原材料及半成品类	Other Industrial Raw Materials and Semi-finished Products	98.7	98.7	98.6	98.5	98.6	98.7
农副产品类	Agricultural Produces	101.1	101.5	101.6	102.2	101.4	101.4
纺织原料类	Textile Materials	101.5	101.4	101.8	101.2	101.4	101.3

3-21 工业生产者购进价格分月指数（2015 年）
Purchasing Price Indices for Industrial Producers by Month （2015）

续表（continued）

上年同期=100

类 别	Item	7 月 July	8 月 August	9 月 September	10 月 October	11 月 November	12 月 December
总指数	General Index	97.3	96.8	96.7	96.5	96.3	96.2
燃料、动力类	Fuel and Power	97.2	97.1	96.8	96.6	96.1	95.5
黑色金属材料类	Ferrous Metals	90.4	90.1	90.7	89.6	89.8	90.3
钢材	Rolled Steel	93.0	92.1	92.0	91.5	90.7	90.1
其它	Others	85.6	86.3	88.3	85.8	88.1	90.7
有色金属材料及电线类	Nonferrous Metals and Electric Wires	96.3	94.1	93.1	92.8	91.6	90.8
化工原料类	Raw Chemical Materials	96.2	95.4	95.1	94.9	95.1	95.5
木材及纸浆类	Timber and Paper Pulp	99.4	99.4	99.4	99.4	99.2	99.0
建筑材料及非金属矿类	Building Materials and Non-metal Ore	98.6	98.3	98.2	98.2	98.4	98.3
其它工业原材料及半成品类	Other Industrial Raw Materials and Semi-finished Products	98.7	98.6	98.8	98.7	98.6	98.7
农副产品类	Agricultural Produces	104.5	101.8	101.6	101.1	100.8	100.7
纺织原料类	Textile Materials	100.7	100.7	99.9	100.0	99.2	99.2

3-21 工业生产者购进价格分月指数（2016 年）
Purchasing Price Indices for Industrial Producers by Month (2016)

上年同期=100

类 别	Item	1 月 January	2 月 February	3 月 March	4 月 April	5 月 May	6 月 June
总指数	General Index	96.3	96.2	96.7	97.0	97.4	97.9
燃料、动力类	Fuel and Power	95.9	95.6	95.5	96.0	96.1	96.3
黑色金属材料类	Ferrous Metals	89.7	89.9	93.3	93.8	95.7	97.4
钢材	Rolled Steel	91.2	91.9	93.3	95.5	97.5	98.2
其它	Others	84.1	81.9	93.4	87.0	88.6	93.9
有色金属材料及电线类	Nonferrous Metals and Electric Wires	91.7	91.4	92.6	93.6	94.7	95.8
化工原料类	Raw Chemical Materials	96.1	96.2	96.6	97.1	97.1	97.0
木材及纸浆类	Timber and Paper Pulp	98.5	98.4	98.9	98.7	98.9	98.9
建筑材料及非金属矿类	Building Materials and Non-metal Ore	98.0	97.1	97.2	97.0	97.0	97.1
其它工业原材料及半成品类	Other Industrial Raw Materials and Semi-finished Products	98.0	97.9	98.0	98.1	98.4	98.7
农副产品类	Agricultural Produces	98.1	98.7	99.7	99.9	100.0	100.4
纺织原料类	Textile Materials	98.5	98.3	98.0	98.0	97.8	98.8

3-21 工业生产者购进价格分月指数（2016 年）
Purchasing Price Indices for Industrial Producers by Month (2016)

续表（continued）

上年同期=100

类 别	Item	7 月 July	8 月 August	9 月 September	10 月 October	11 月 November	12 月 December
总指数	General Index	98.2	98.6	98.9	99.7	100.9	102.5
燃料、动力类	Fuel and Power	96.3	96.9	97.5	99.3	101.8	105.0
黑色金属材料类	Ferrous Metals	98.0	98.3	98.9	101.5	103.3	106.5
钢材	Rolled Steel	98.6	100.0	100.6	102.2	104.6	108.3
其它	Others	95.6	91.3	92.0	98.4	97.6	99.4
有色金属材料及电线类	Nonferrous Metals and Electric Wires	97.5	99.4	99.8	101.3	105.8	107.6
化工原料类	Raw Chemical Materials	97.2	97.8	98.1	98.9	99.8	101.5
木材及纸浆类	Timber and Paper Pulp	98.8	99.2	99.3	99.6	100.3	102.2
建筑材料及非金属矿类	Building Materials and Non-metal Ore	97.3	97.4	97.8	98.7	99.7	101.6
其它工业原材料及半成品类	Other Industrial Raw Materials and Semi-finished Products	98.9	99.1	99.1	99.4	99.8	100.7
农副产品类	Agricultural Produces	99.0	99.0	99.4	100.3	101.5	102.9
纺织原料类	Textile Materials	98.8	99.9	100.3	101.1	101.3	101.7

3-22 全国各地区工业生产者购进价格指数（2001-2016 年）
Purchasing Price Indices for Industrial Producers by Region of the Nation（2001-2016）

上年=100

地　区	Region	2001 年	2002 年	2003 年	2004 年	2005 年	2006 年	2007 年	2008 年
全　国	National Total	99.8	97.7	104.8	111.4	108.3	106.0	104.4	110.5
东部地区	Eastern Region								
北　京	Beijing	100.4	97.1	104.7	114.2	111.4	105.5	105.0	115.8
天　津	Tianjin	98.8	95.9	108.7	115.4	104.9	104.7	105.7	112.9
河　北	Hebei	101.0	97.2	109.4	118.4	107.0	105.0	107.8	115.9
辽　宁	Liaoning	100.0	98.4	105.1	112.1	108.1	104.2	104.8	111.5
上　海	Shanghai	98.7	97.7	106.4	116.4	106.8	104.7	104.1	110.3
江　苏	Jiangsu	99.5	98.6	106.5	116.3	107.6	106.4	105.0	115.0
浙　江	Zhejiang	99.6	97.3	105.8	113.4	105.4	105.6	105.3	110.6
福　建	Fujian	96.6	97.6	106.3	113.3	108.1	103.9	104.3	110.2
山　东	Shandong	100.0	98.2	105.8	113.4	105.9	104.3	104.8	113.1
广　东	Guangdong	99.1	96.3	104.1	110.7	105.0	103.6	103.3	107.9
海　南	Hainan		101.5	102.2	105.9	104.2	101.5	105.0	111.6
中部地区	Central Region								
山　西	Shanxi	101.8	102.7	107.8	114.5	108.2	102.6	105.3	118.3
吉　林	Jilin	101.8	97.8	104.8	110.5	107.0	103.8	105.2	111.3
黑龙江	Heilongjiang	99.5	99.3	107.6	115.2	111.8	105.6	105.0	114.1
安　徽	Anhui	100.2	98.2	106.7	115.0	107.1	103.9	105.1	112.4
江　西	Jiangxi	99.3	98.6	106.5	114.5	110.0	108.6	107.9	114.2
河　南	Henan	101.8	97.6	107.8	115.7	108.3	105.3	106.4	111.9
湖　北	Hubei	100.2	97.7	108.2	113.1	107.0	104.9	104.5	110.9
湖　南	Hunan	101.1	99.3	106.7	114.4	109.4	106.5	106.1	112.0
西部地区	Western Region								
重　庆	Chongqing	99.7	99.1	104.9	113.0	108.2	104.8	106.2	112.2
四　川	Sichuan	100.2	99.2	101.6	110.3	109.3	104.5	105.7	112.4
贵　州	Guizhou	100.2	97.5	106.0	112.0	107.4	107.3	107.5	112.5
云　南	Yunnan	99.4	97.6	102.7	109.6	106.5	107.6	108.2	111.6
西　藏	Tibet								
陕　西	Shaanxi	100.5	98.6	104.8	110.4	107.5	106.7	106.3	111.2
甘　肃	Gansu	101.4	98.4	105.6	112.5	109.9	108.8	104.3	110.2
青　海	Qinghai	99.1	102.8	102.0	108.5	105.3	102.8	104.4	110.4
宁　夏	Ningxia	102.5	97.8	106.2	117.3	109.7	108.5	107.1	121.8
新　疆	Xinjiang	99.0	94.9	114.8	118.2	110.7	111.1	103.8	117.8
内蒙古	Inner Mongolia	101.3	99.4	102.9	109.2	109.8	105.9	104.8	111.7
广　西	Guangxi	103.7	95.6	101.2	116.3	108.2	111.4	106.1	110.6

3-22 全国各地区工业生产者购进价格指数（2001-2016 年）
Purchasing Price Indices for Industrial Producers by Region of the Nation（2001-2016）

续表（continued）

上年=100

地　区	Region	2009 年	2010 年	2011 年	2012 年	2013 年	2014 年	2015 年	2016 年
全　国	National Total	92.1	109.6	109.1	98.2	98.0	97.8	93.9	98.0
东部地区	Eastern Region								
北　京	Beijing	88.6	110.5	108.4	98.7	97.8	98.8	93.7	98.5
天　津	Tianjin	90.2	110.0	109.7	97.1	97.4	97.1	92.4	98.3
河　北	Hebei	93.5	110.9	110.9	96.2	97.6	95.6	90.3	98.3
辽　宁	Liaoning	93.3	108.6	108.3	99.0	98.5	98.0	93.5	97.9
上　海	Shanghai	89.8	111.2	107.5	94.7	96.5	95.9	90.6	97.7
江　苏	Jiangsu	91.9	112.8	108.9	95.8	97.1	97.0	92.1	98.0
浙　江	Zhejiang	92.6	112.0	108.3	96.7	97.7	98.2	94.5	97.8
福　建	Fujian	93.2	107.7	108.0	97.7	98.4	98.3	96.1	98.0
山　东	Shandong	95.5	109.3	109.2	99.2	98.4	98.2	95.0	98.0
广　东	Guangdong	93.8	107.3	107.3	99.5	98.2	98.8	95.3	98.0
海　南	Hainan	85.3	110.3	115.3	99.6	97.0	99.0	88.5	94.8
中部地区	Central Region								
山　西	Shanxi	96.6	109.0	108.1	98.1	95.5	96.2	93.1	98.1
吉　林	Jilin	95.3	108.6	106.1	99.3	99.4	99.2	96.6	97.8
黑龙江	Heilongjiang	93.4	114.5	111.1	98.8	98.7	97.6	88.2	96.0
安　徽	Anhui	95.3	111.8	110.8	98.2	96.9	97.2	93.5	98.4
江　西	Jiangxi	90.7	111.8	112.4	98.3	98.4	98.4	93.6	97.7
河　南	Henan	97.1	110.2	110.1	99.2	99.3	98.4	95.4	99.2
湖　北	Hubei	93.4	110.4	111.5	98.9	98.2	97.8	92.8	98.3
湖　南	Hunan	92.6	110.0	110.8	100.1	98.4	97.9	94.5	98.0
西部地区	Western Region								
重　庆	Chongqing	95.0	106.9	105.7	99.5	97.6	98.1	97.1	98.4
四　川	Sichuan	95.3	106.1	112.6	100.0	99.2	98.7	96.7	98.8
贵　州	Guizhou	93.5	109.8	115.0	102.3	96.4	98.6	97.5	98.5
云　南	Yunnan	95.0	109.0	108.0	99.3	98.8	99.0	96.9	95.9
西　藏	Tibet								
陕　西	Shaanxi	98.4	109.7	109.6	100.0	99.3	98.5	95.2	95.9
甘　肃	Gansu	90.5	112.9	115.1	98.7	97.8	97.6	87.0	94.6
青　海	Qinghai	99.8	108.6	107.0	98.6	98.8	97.6	97.7	96.2
宁　夏	Ningxia	94.7	114.1	112.8	99.5	97.0	97.0	92.1	96.9
新　疆	Xinjiang	90.6	123.9	117.8	97.9	97.8	97.5	84.3	95.5
内蒙古	Inner Mongolia	99.1	105.0	106.1	102.0	99.3	98.4	95.9	97.4
广　西	Guangxi	95.1	111.2	110.0	99.2	98.9	98.2	95.7	98.3

3-23 固定资产投资价格指数（1994–2016 年）
Price Indices for Investment in Fixed Assets（1994–2016）

上年=100

年份 Year	固定资产投资价格指数 Price Indices for Investment in Fixed Assets"	建筑安装、装饰工程 Construction and Installation	设备、工器具 Equipments and Instruments	其他费用 Others
1994	108.9	109.4	107.4	109.8
1995	104.2	101.2	107.8	114.0
1996	108.1	108.5	100.4	129.1
1997	101.7	103.2	97.6	103.4
1998	98.7	100.0	94.9	99.5
1999	100.5	100.7	97.7	104.4
2000	102.5	103.1	97.0	108.7
2001	100.8	101.4	96.8	103.3
2002	100.7	101.9	96.2	100.4
2003	102.9	104.7	96.7	101.3
2004	105.1	107.0	98.8	102.7
2005	102.3	102.2	99.7	104.6
2006	101.7	101.1	100.7	104.3
2007	105.5	106.0	100.2	107.8
2008	110.2	113.7	100.6	106.6
2009	97.8	97.0	97.7	100.2
2010	102.1	102.7	99.6	101.9
2011	105.9	107.8	101.1	102.5
2012	101.8	102.1	99.1	101.9
2013	100.5	100.5	98.7	101.5
2014	100.3	100.4	99.7	100.4
2015	98.2	97.5	99.4	100.8
2016	98.9	98.5	98.8	100.6

3-24 住宅销售价格指数（2011–2016 年）
Sales Price Indices of Houses（2011–2016）

项目 Item	新建住宅销售价格指数 Sales Price Indices of New Houses	新建商品住宅 New Commercial-ized Houses	90 平方米以下 below 90㎡	90–144 平方米 90–144㎡	144 平方米以上 over 144㎡	二手住宅销售价格指数 Sales Price Indices of Second–hand Houses	90 平方米以下 below 90㎡	90–144 平方米 90–144㎡	144 平方米以上 over 144㎡
2011	104.1	104.2	105.5	103.7	103.0	100.6	98.7	102.0	102.5
2012	99.2	99.2	100.2	98.5	98.8	99.6	99.2	99.6	101.0
2013	106.7	106.9	107.2	106.8	106.4	102.6	102.5	102.7	102.9
2014	102.2	102.2	102.1	101.9	102.8	100.9	101.4	100.8	100.0
2015	95.0	94.9	95.3	95.0	94.1	97.1	97.0	97.5	96.7
2016	103.6	103.7	103.1	103.7	104.6	103.9	103.8	104.9	101.9

主要指标解释

居民消费价格指数 居民消费价格指数是度量一组代表性消费商品及服务项目价格水平随着时间而变动的相对数，反映居民家庭购买的消费品及服务价格水平的变动情况。它是宏观经济分析和决策、价格总水平监测和调控以及国民经济核算的重要指标。其按年度计算的变动率通常被用来作为反映通货膨胀（或紧缩）程度的指标。

商品零售价格指数 商品的零售价格是商品在流通过程中最后一个环节的价格，是工业、商业、餐饮业和其他零售企业向城乡居民、机关团体出售生活消费品和办公用品的价格。通过系统地调查、搜集和整理市场商品零售价格资料，编制商品零售价格指数，以此反映市场商品零售价格的变动趋势和变动程度。其目的在于掌握商品价格的变动趋势，为国家宏观调控和国民经济核算提供参考依据。

工业生产者价格指数 即原来的工业品价格指数。它是反映工业产品价格变化趋势和变动幅度的统计指标，是工业企业的产品价格在不同时间和空间条件下平均变动的相对数。工业生产者价格包括工业品第一次出售时的出厂价格和企业作为中间投入的原材料、燃料、动力购进价格，简称为工业生产者出厂价格和工业生产者购进价格。工业生产者价格指数是进行国民经济核算和经济管理的重要依据。

固定资产投资价格指数 是反映全社会及各类工程固定资产投资中涉及的各类投资品和取费项目价格的变动趋势和变动幅度的相对数。编制固定资产投资价格指数可以消除按现价计算的固定资产投资指标中的价格变动因素。

住宅销售价格指数 是综合反映住宅商品价格水平总体变化趋势和变化幅度的相对数。中国住宅销售价格指数由 70 个大中城市的新建住宅销售价格指数和二手住宅销售价格指数组成。

农产品生产价格指数 是反映一定时期内，农产品生产者出售农产品价格水平变动趋势及幅度的相对数。该指数可以客观反映全国农产品生产价格水平和结构变动情况，满足农业与国民经济核算需要。其中某代表品生产价格指数是通过对全部有出售该产品行为的调查单位的个体指数进行几何平均数求得的，类价格指数是通过对其所属的类（或代表品）的价格指数进行加权平均求得的。季度累计价格指数的计算方法与分级指数的计算方法相同。

（四）

农业农村

Agriculture and Rural Areas

4-1 农村基层组织及人口（1978-2016 年）
Rural Primary-level Organizations and Population（1978-2016）

年份 Year	乡镇个数（个） Number of Township and Town Governments (unit)	#镇个数 Towns	村委会个数 Number of Villagers' Committees (unit)	乡村户数（万户） Number of Rural Households (10 000 households)	乡村人口（万人） Rural Population (10 000 persons)
1978	2072	71	21013	530.01	2316.54
1979	2071	72	21018	529.53	2307.28
1980	2100	111	21084	534.19	2294.08
1981	2100	74	21099	542.44	2336.67
1982	2100	74	21099	551.24	2351.77
1983	2107	78	21091	555.96	2276.10
1984	2096	82	21084	564.08	2276.50
1985	2088	123	21092	573.00	2355.39
1986	2085	143	21090	596.13	2365.34
1987	2081	147	21091	626.70	2391.29
1988	2081	151	21093	650.27	2412.04
1989	2073	167	21095	671.51	2427.70
1990	2069	171	21086	686.26	2446.38
1991	2069	180	21089	697.61	2471.48
1992	1683	360	21093	699.94	2476.10
1993	1477	521	21095	700.88	2463.53
1994	1415	574	21060	710.34	2482.05
1995	1452	623	20864	706.86	2454.17
1996	1268	636	20877	709.86	2464.23
1997	1440	649	20853	708.64	2452.75
1998	1483	653	20647	709.84	2445.12
1999	1452	624	20630	710.99	2442.47
2000	1472	650	20589	710.28	2440.32
2001	1237	663	18264	714.67	2438.79
2002	1233	664	16453	718.31	2443.21
2003	1183	642	14357	718.65	2436.47
2004	1035	614	10143	714.99	2425.25
2005	958	594	10015	718.84	2430.93
2006	905	586	9718	714.86	2418.40
2007	891	580	9035	717.49	2413.95
2008	872	569	8964	724.06	2405.64
2009	862	571	8743	723.55	2385.95
2010	931	577	8692	727.77	2366.66
2011	912	588	8592	721.14	2324.50
2012	913	609	8480	724.14	2303.09
2013	916	607	8428	717.99	2267.73
2014				714.50	2246.31
2015				713.87	2225.75
2016				709.44	2196.19

4-2 乡村从业人员及行业分布（1978-2016 年）
Rural Employed Persons and Its Distribution of Industry（1978-2016）

单位：万人

年份 Year	从业人员数 Number of Employment	按主要行业分 By Main Industry					
		农林牧渔业 Farming, Forestry, Animal Husbandry and Fishery	工业 Industry	建筑业 Construction Industry	交运仓储和邮政业 Transport, Storage and Telecommunication Industry	批发零售住宿餐饮业 Wholesale and Retail Trade, Hotel and Catering Service	其他 Others
1978	926.32	867.59	23.18	9.76	1.76	3.24	20.78
1979	949.52	892.74	23.34	9.10	1.89	3.38	19.07
1980	980.75	923.73	22.66	8.69	2.14	3.43	20.10
1981	1006.17	947.93	22.94	9.70	2.38	4.24	18.99
1982	1031.39	967.78	24.03	10.19	2.63	4.73	22.02
1983	1063.45	989.45	24.30	11.37	3.29	6.51	28.52
1984	1087.42	990.59	28.02	17.43	4.45	10.25	36.68
1985	1114.34	980.05	45.50	29.11	6.01	10.91	42.76
1986	1154.26	1001.27	48.53	34.43	6.76	12.34	50.93
1987	1184.92	1014.10	51.91	40.49	7.57	13.80	57.03
1988	1218.03	1038.31	53.95	42.60	7.85	14.75	60.58
1989	1249.12	1065.43	52.17	42.45	8.68	14.47	65.92
1990	1273.06	1085.57	50.09	42.93	9.07	15.39	70.00
1991	1314.79	1107.06	51.25	45.58	9.23	17.06	84.62
1992	1350.71	1107.18	53.99	49.78	9.82	19.26	110.67
1993	1352.26	1062.48	59.82	60.65	11.16	20.89	137.25
1994	1356.59	1039.95	56.89	62.62	12.25	22.36	162.53
1995	1349.34	1014.47	55.78	65.80	13.42	23.73	176.14
1996	1330.44	991.66	56.07	65.27	14.02	24.07	179.36
1997	1320.91	962.55	56.06	65.78	14.95	26.32	195.26
1998	1316.95	943.66	51.87	68.42	15.77	27.88	209.35
1999	1342.99	955.09	57.68	71.77	17.87	30.77	209.80
2000	1352.60	921.50	59.25	75.58	18.53	33.46	244.27
2001	1345.15	884.62	57.93	78.35	18.99	34.85	270.42
2002	1342.17	852.72	68.00	92.67	21.34	41.49	265.94
2003	1340.25	813.19	78.29	102.52	22.57	36.00	287.68
2004	1361.54	800.83	94.78	112.05	21.71	34.78	297.39
2005	1366.91	775.88	109.79	124.98	23.99	36.91	295.36
2006	1382.62	741.67	130.89	145.43	26.46	40.32	297.85
2007	1378.29	699.28	156.14	165.14	28.07	44.33	285.33
2008	1379.90	676.10	171.39	168.29	29.15	47.84	287.13
2009	1379.94	649.69	183.90	178.04	30.39	50.54	287.38
2010	1379.35	626.12	193.36	191.59	33.23	54.09	280.96
2011	1369.98	604.04					
2012	1365.29	586.86					
2013	1328.79	563.69					
2014	1312.96	562.54					
2015	1309.23	556.95					
2016	1302.54	550.45					

注：此表批发零售住宿餐饮业栏 2003 年开始未包含住宿餐饮业人员数据。

Note：From 2003 data of 'Sales and Retail Sales Trade and Catering Industry' does not contain hotels and catering services.

4-3 乡村从业人员从业结构（1978-2016 年）
Composition of Rural Employed Persons by Distribution of Industry（1978-2016）

单位：%

年份 Year	从业人员数 Number of Employment	按主要行业分 By Main Industry					
		农林牧渔业 Farming, Forestry, Animal Husbandry and Fishery	工业 Industry	建筑业 Construction Industry	交运仓储和邮政业 Transport, Storage and Telecommunica-tion Industry	批发零售住宿餐饮业 Wholesale and Retail Trade, Hotel and Catering Service	其他 Others
1978	100.00	93.66	2.50	1.05	0.19	0.35	2.24
1979	100.00	94.02	2.46	0.96	0.20	0.36	2.01
1980	100.00	94.19	2.31	0.89	0.22	0.35	2.05
1981	100.00	94.21	2.28	0.96	0.24	0.42	1.89
1982	100.00	93.83	2.33	0.99	0.26	0.46	2.13
1983	100.00	93.04	2.29	1.07	0.31	0.61	2.68
1984	100.00	91.10	2.58	1.60	0.41	0.94	3.37
1985	100.00	87.95	4.08	2.61	0.54	0.98	3.84
1986	100.00	86.75	4.20	2.98	0.59	1.07	4.41
1987	100.00	85.58	4.38	3.42	0.64	1.16	4.81
1988	100.00	85.24	4.43	3.50	0.64	1.21	4.97
1989	100.00	85.29	4.18	3.40	0.69	1.16	5.28
1990	100.00	85.27	3.93	3.37	0.71	1.21	5.50
1991	100.00	84.20	3.90	3.47	0.70	1.30	6.44
1992	100.00	81.97	4.00	3.69	0.73	1.43	8.19
1993	100.00	78.57	4.42	4.49	0.83	1.55	10.15
1994	100.00	76.66	4.19	4.62	0.90	1.65	11.98
1995	100.00	75.18	4.13	4.88	0.99	1.76	13.05
1996	100.00	74.54	4.21	4.91	1.05	1.81	13.48
1997	100.00	72.87	4.24	4.98	1.13	1.99	14.78
1998	100.00	71.65	3.94	5.20	1.20	2.12	15.90
1999	100.00	71.12	4.29	5.34	1.33	2.29	15.62
2000	100.00	68.13	4.38	5.59	1.37	2.47	18.06
2001	100.00	65.76	4.31	5.82	1.41	2.59	20.10
2002	100.00	63.53	5.07	6.90	1.59	3.09	19.81
2003	100.00	60.67	5.84	7.65	1.68	2.69	21.46
2004	100.00	58.82	6.96	8.23	1.59	2.55	21.84
2005	100.00	56.76	8.03	9.14	1.76	2.70	21.61
2006	100.00	53.64	9.47	10.52	1.91	2.92	21.54
2007	100.00	50.74	11.33	11.98	2.04	3.22	20.70
2008	100.00	49.00	12.42	12.20	2.11	3.47	20.81
2009	100.00	47.08	13.33	12.90	2.20	3.66	20.83
2010	100.00	45.39	14.02	13.89	2.41	3.92	20.37
2011	100.00	44.09					
2012	100.00	42.98					
2013	100.00	42.42					
2014	100.00	42.85					
2015	100.00	42.54					
2016	100.00	42.26					

注：此表批发零售住宿餐饮业栏 2003 年开始未包含餐饮业人员数据。

Note：From 2003 data of 'Sales and Retail Sales Trade and Catering Industry' does not contain Catering Services.

4–4 农村基础设施情况（1996–2016 年）
Information of Rural Infrastructure（1996–2016）

单位：个、%

年份 Year	行政村个数 Number of Administrative Villages	自来水受益村 Villages Benefited from Tap–water		通汽车村 Number of Villages Accessible to Auto Vehicles		通电话村 Number of Villages Accessible to Telephones	
		数量 Number	比重 Proportion	数量 Number	比重 Proportion	数量 Number	比重 Proportion
1996	20877	5912	28.3	14497	69.4	2976	14.3
1997	20853	6051	29.0	15830	75.9	5050	24.2
1998	20647	7077	34.3	16550	80.2	8710	42.2
1999	20630	7721	37.4	17348	84.1	13190	63.9
2000	20589	7866	38.2	17993	87.4	16610	80.7
2001	18264	6556	35.9	16280	89.1	15586	85.3
2002	16453	6804	41.4	14990	91.1	14684	89.2
2003	14357	6690	46.6	13450	93.7	13213	92.0
2004	10143	5064	49.9	9755	96.2	9853	97.1
2005	10015	4982	49.7	9691	96.8	9688	96.7
2006	9718	5015	51.6	9512	97.9	9582	98.6
2007	9035	4991	55.2	8871	98.2	8965	99.2
2008	8964	5100	56.9	8872	99.0	8947	99.8
2009	8743	5379	61.5	8655	99.0	8726	99.8
2010	8692	5612	64.6	8660	99.6	8686	99.9
2011	8592	5864	68.2	8569	99.7	8581	99.9
2012	8480	6173	72.8	8474	99.9	8478	99.9
2013	8428	6446	76.5	8421	99.9	8428	100.0
2014		6708					
2015		7074					
2016		7325					

4-5 农林牧渔业总产值（1978-2016年）
Gross Output Value of Farming, Forestry,Animal Husbandry and Fishery（1978-2016）

单位：亿元

年份 Year	农林牧渔业总产值 Gross Output Value					
	合计 Total	农业 Farming	林业 Forestry	牧业 Animal Husbandry	渔业 Fishery	农林牧渔服务业 Serivces in Support of Agriculture, Forestry, animal Husbandry and Fishery
1978	36.25	26.29	2.12	7.57	0.27	
1979	41.92	29.22	2.80	9.53	0.36	
1980	43.36	29.68	2.93	10.25	0.49	
1981	49.62	33.37	3.85	11.71	0.69	
1982	55.84	37.33	4.35	13.25	0.90	
1983	60.69	39.59	4.20	15.72	1.19	
1984	67.31	44.36	4.09	17.43	1.43	
1985	75.56	47.76	4.97	20.88	1.96	
1986	82.18	51.70	4.93	23.11	2.44	
1987	93.00	56.41	5.53	28.28	2.78	
1988	112.69	64.18	6.00	39.34	3.17	
1989	127.64	70.68	7.10	46.33	3.53	
1990	150.30	85.81	7.75	51.88	4.86	
1991	165.53	93.84	8.70	56.52	6.48	
1992	180.26	99.50	10.67	61.25	8.84	
1993	216.94	119.77	11.33	74.98	10.86	
1994	292.39	155.27	11.63	112.74	12.76	
1995	384.69	227.89	12.28	130.42	14.10	
1996	424.99	271.38	11.55	131.17	10.89	
1997	439.35	267.89	11.73	146.89	12.84	
1998	428.88	254.94	15.09	144.48	14.38	
1999	416.88	249.62	11.56	140.95	14.74	
2000	412.63	244.74	10.82	141.99	15.08	
2001	431.17	250.40	11.20	154.40	15.16	
2002	460.98	264.08	13.51	166.20	17.19	
2003	488.57	270.12	14.58	177.64	18.33	7.90
2004	612.77	332.95	18.48	230.94	21.25	9.16
2005	662.19	358.30	19.97	249.50	23.80	10.63
2006	575.24	323.01	22.31	204.22	15.91	9.80
2007	720.73	409.55	17.85	264.48	18.44	10.40
2008	871.39	473.01	21.80	344.15	21.15	11.28
2009	913.11	531.17	25.81	319.42	24.27	12.44
2010	1021.13	623.33	30.40	326.55	27.21	13.63
2011	1265.33	751.22	38.09	425.33	34.94	15.75
2012	1402.03	841.81	43.48	453.90	44.99	17.85
2013	1513.74	909.18	48.02	482.80	53.82	19.92
2014	1594.96	967.87	53.56	486.36	64.93	22.24
2015	1738.15	1033.68	60.44	542.90	74.91	26.22
2016	1968.28	1151.77	73.43	627.45	85.30	30.32

注：1.本表按当年价格计算。2.2006年及以后使用的是农普衔接数。

Note: 1. Data in this table are calculated at current prices. 2. Data after 2006 are adjusted according to the Second National Agricultural Census.

4–6 农林牧渔业总产值指数（1979–2016 年）
Gross Output Indices of Agriculture, Forestry,Animal Husbandry and Fishery（1979–2016）

上年=100

年 份 Year	农林牧渔业总产值指数 Indices of Gross Output					
	合计 Total	农业 Farming	林业 Forestry	牧业 Animal Husbandry	渔业 Fishery	农林牧渔服务业 Serivces in Support of Agriculture, Forestry, animal Husbandry and Fishery
1979	115.6	111.2	132.3	125.9	132.7	
1980	103.4	101.6	104.7	107.5	137.7	
1981	114.4	112.4	131.3	114.2	140.4	
1982	112.5	111.9	113.1	113.2	130.8	
1983	108.7	106.0	96.6	118.6	131.2	
1984	110.9	112.1	97.4	110.9	120.2	
1985	112.3	107.7	121.3	119.8	137.2	
1986	108.8	108.3	99.3	110.7	124.8	
1987	113.2	109.1	112.1	122.4	113.9	
1988	121.2	113.8	108.6	139.1	114.0	
1989	113.3	110.1	118.2	117.8	111.5	
1990	117.8	121.4	109.2	112.0	137.4	
1991	110.1	109.3	112.2	109.0	133.4	
1992	108.9	106.0	122.7	108.4	136.4	
1993	120.3	120.4	106.2	122.4	122.8	
1994	134.8	129.6	102.6	150.4	117.5	
1995	131.6	146.8	105.5	115.7	110.5	
1996	110.5	119.1	94.1	100.6	77.3	
1997	103.4	98.7	101.6	112.0	117.9	
1998	97.6	95.2	128.7	98.4	112.0	
1999	97.2	97.9	76.6	97.6	102.5	
2000	99.0	98.0	93.6	100.7	102.3	
2001	104.5	102.3	103.5	108.7	100.6	
2002	106.9	105.5	120.6	107.6	113.4	
2003	106.0	102.3	107.9	106.9	106.6	
2004	125.4	123.3	126.7	130.0	115.9	115.8
2005	108.1	107.6	108.1	108.0	112.0	116.1
2006	86.9	90.1	111.7	81.9	66.9	92.2
2007	125.3	126.8	80.0	129.5	115.9	106.1
2008	120.9	115.5	122.1	130.1	114.7	108.5
2009	104.8	112.3	118.4	92.8	114.8	110.3
2010	111.8	117.4	117.8	102.2	112.1	109.6
2011	123.9	120.5	125.3	130.2	128.4	115.5
2012	110.8	112.1	114.1	106.7	128.8	113.4
2013	108.0	108.0	110.4	106.4	119.6	111.6
2014	105.4	106.5	111.5	100.7	120.6	111.6
2015	109.0	106.8	112.8	111.6	115.4	117.9
2016	113.2	111.4	121.5	115.6	113.9	115.7

注：1.本表按当年价格计算。2.2006 年及以后使用的是农普衔接数。

Note: 1. Data in this table are calculated at current prices. 2. Data after 2006 are adjusted according to the Second National Agricultural Census.

4-7 农林牧渔业总产值结构（1978-2016 年）
Composition of Gross Output Value of Farming, Forestry, Animal Husbandry and Fishery（1978-2016）

单位：%

年 份 Year	农林牧渔业总产值构成 Composition of Gross Output					
	合计 Total	农业 Farming	林业 Forestry	牧业 Animal Husbandry	渔业 Fishery	农林牧渔服务业 Serivces in Support of Agriculture, Forestry, animal Husbandry and Fishery
1978	100.0	72.5	5.8	20.9	0.7	
1979	100.0	69.7	6.7	22.7	0.9	
1980	100.0	68.5	6.8	23.6	1.1	
1981	100.0	67.2	7.8	23.6	1.4	
1982	100.0	66.9	7.8	23.7	1.6	
1983	100.0	65.2	6.9	25.9	2.0	
1984	100.0	65.9	6.1	25.9	2.1	
1985	100.0	63.2	6.6	27.6	2.6	
1986	100.0	62.9	6.0	28.1	3.0	
1987	100.0	60.7	5.9	30.4	3.0	
1988	100.0	56.9	5.3	34.9	2.8	
1989	100.0	55.4	5.6	36.3	2.8	
1990	100.0	57.1	5.2	34.5	3.2	
1991	100.0	56.7	5.3	34.1	3.9	
1992	100.0	55.2	5.9	34.0	4.9	
1993	100.0	55.2	5.2	34.6	5.0	
1994	100.0	53.1	4.0	38.6	4.4	
1995	100.0	59.2	3.2	33.9	3.7	
1996	100.0	63.9	2.7	30.9	2.6	
1997	100.0	61.0	2.7	33.4	2.9	
1998	100.0	59.4	3.5	33.7	3.4	
1999	100.0	59.9	2.8	33.8	3.5	
2000	100.0	59.3	2.6	34.4	3.7	
2001	100.0	58.1	2.6	35.8	3.5	
2002	100.0	57.3	2.9	36.1	3.7	
2003	100.0	55.3	3.0	36.4	3.8	1.6
2004	100.0	54.3	3.0	37.7	3.5	1.5
2005	100.0	54.1	3.0	37.7	3.6	1.6
2006	100.0	56.2	3.9	35.5	2.8	1.7
2007	100.0	56.8	2.5	36.7	2.6	1.4
2008	100.0	54.3	2.5	39.5	2.4	1.3
2009	100.0	58.2	2.8	35.0	2.7	1.4
2010	100.0	61.0	3.0	32.0	2.7	1.3
2011	100.0	59.4	3.0	33.6	2.8	1.2
2012	100.0	60.0	3.1	32.4	3.2	1.3
2013	100.0	60.1	3.2	31.9	3.6	1.3
2014	100.0	60.7	3.3	30.5	4.1	1.4
2015	100.0	59.5	3.5	31.2	4.3	1.5
2016	100.0	58.5	3.7	31.9	4.3	1.5

注：1.本表按当年价格计算。2.2006 年及以后使用的是农普衔接数。

Note: 1. Data in this table are calculated at current prices. 2. Data after 2006 are adjusted according to the Second National Agricultural Census.

4–8 农林牧渔业增加值（1996–2016 年）
Value Added of Farming, Forestry, Animal Husbandry and Fishery（1996–2016）

单位：亿元

年 份 Year	农林牧渔业增加值 Value Added					
	合计 Total	农业 Farming	林业 Forestry	牧业 Animal Husbandry	渔业 Fishery	农林牧渔服务业 Serivces in Support of Agriculture, Forestry, animal Husbandry and Fishery
1996	284.89					
1997	304.51					
1998	298.67					
1999	284.28					
2000	283.00					
2001	293.03					
2002	315.78	204.31	10.78	86.66	14.04	
2003	336.36	209.95	11.62	94.37	14.99	5.42
2004	431.40	265.69	14.59	126.60	16.82	7.68
2005	459.83	280.88	15.19	136.83	18.69	8.25
2006	386.40	243.80	16.30	107.20	12.40	6.70
2007	482.40	309.19	12.81	138.80	14.40	7.20
2008	575.39	357.10	15.69	178.05	16.51	8.04
2009	606.80	396.72	18.37	164.00	18.93	8.78
2010	685.39	465.30	22.21	167.04	21.22	9.62
2011	844.52	560.77	27.82	217.56	27.26	11.11
2012	940.01	628.39	31.76	232.18	35.09	12.59
2013	1016.74	678.67	35.07	246.96	41.98	14.06
2014	1076.72	722.49	39.12	248.78	50.64	15.69
2015	1168.67	771.49	44.33	275.87	58.46	18.52
2016	1324.66	862.30	53.61	320.69	66.64	21.42

注：1.本表按当年价格计算。2.2006 年及以后使用的是农普衔接数。

Note: 1. Data in this table are calculated at current prices. 2. Data after 2006 are adjusted according to the Second National Agricultural Census.

4-9 农林牧渔业增加值指数（1997-2016 年）
Indices of Value Added of Farming, Forestry,Animal Husbandry and Fishery（1997-2016）

上年=100

年 份 Year	农林牧渔业增加值指数 Indices of Value Added					
	合计 Total	农业 Farming	林业 Forestry	牧业 Animal Husbandry	渔业 Fishery	农林牧渔服务业 Serivces in Support of Agriculture, Forestry, animal Husbandry and Fishery
1997	106.9					
1998	98.1					
1999	95.2					
2000	99.5					
2001	103.5					
2002	107.8					
2003	106.5	102.8	107.8	108.9	106.8	
2004	128.3	126.5	125.6	134.1	112.2	141.7
2005	106.6	105.7	104.1	108.1	111.2	107.4
2006	84.0	86.8	107.3	78.3	66.3	81.2
2007	124.8	126.8	78.6	129.5	116.1	107.5
2008	119.3	115.5	122.5	128.3	114.7	111.6
2009	105.5	111.1	117.1	92.1	114.7	109.2
2010	113.0	117.3	120.9	101.9	112.1	109.6
2011	123.2	120.5	125.3	130.2	128.4	115.5
2012	111.3	112.1	114.1	106.7	128.8	113.4
2013	108.2	108.0	110.4	106.4	119.6	111.6
2014	105.9	106.5	111.5	100.7	120.6	111.6
2015	108.5	106.8	113.3	110.9	115.4	118.1
2016	113.3	111.8	121.0	116.2	114.0	115.7

注：1.本表按当年价格计算。2.2006 年及以后使用的是农普衔接数。

Note: 1. Data in this table are calculated at current prices. 2. Data after 2006 are adjusted according to the Second National Agricultural Census.

4-10 农林牧渔业增加值构成（2002-2016 年）

Composition of Value Added of Farming, Forestry, Animal Husbandry and Fishery（2002-2016）

单位：%

年 份 Year	农林牧渔业增加值构成 Composition of Value Added					
	合计 Total	农业 Farming	林业 Forestry	牧业 Animal Husbandry	渔业 Fishery	农林牧渔服务业 Serivces in Support of Agriculture, Forestry, animal Husbandry and Fishery
2002	100.00	64.70	3.41	27.44	4.45	
2003	100.00	62.42	3.45	28.06	4.46	1.61
2004	100.00	61.59	3.38	29.35	3.90	1.78
2005	100.00	61.08	3.30	29.76	4.07	1.79
2006	100.00	63.10	4.22	27.74	3.21	1.73
2007	100.00	64.09	2.65	28.77	2.99	1.49
2008	100.00	62.06	2.73	30.94	2.87	1.40
2009	100.00	65.38	3.03	27.03	3.12	1.45
2010	100.00	67.89	3.24	24.37	3.10	1.40
2011	100.00	66.40	3.29	25.76	3.23	1.32
2012	100.00	66.85	3.38	24.70	3.73	1.34
2013	100.00	66.75	3.45	24.29	4.13	1.38
2014	100.00	67.10	3.63	23.11	4.70	1.46
2015	100.00	66.01	3.79	23.61	5.00	1.59
2016	100.00	65.10	4.05	24.21	5.03	1.62

注：1.本表按当年价格计算。2.2006 年及以后使用的是农普衔接数。

Note: 1. Data in this table are calculated at current prices. 2. Data after 2006 are adjusted according to the Second National Agricultural Census.

4-11 农林牧渔业劳动生产率与增加值率（1978-2016 年）
Labor Productivity Rate and Value Added Rate of Farming, Forestry, Animal Husbandry and Fishery（1978-2016）

年 份 Year	农林牧渔业总产值（亿元）Gross Output Value of Farming, Forestry, Animal Husbandry and Fishery（100 million yuan）	农林牧渔业中间消耗（亿元）Mid-consumption of Farming, Forestry, Animal Husbandry and Fishery（100 million yuan）	农林牧渔业增加值（亿元）Value Added of Farming, Forestry, Animal Husbandry and Fishery（100 million yuan）	农林牧渔业增加值指数（上年=100）Indices of Value Added of Farming, Forestry, Animal Husbandry and Fishery（preceding year=100）	农林牧渔业增加值率（%）Rate of Value Added of Farming, Forestry, Animal Husbandry and Fishery（%）	农林牧渔业从业人员人均增加值（元）Per Employee Value Added of Farming, Forestry, Animal Husbandry and Fishery（yuan）
1978	36.25	11.44	24.81		68.4	286
1979	41.92	13.16	28.76	115.9	68.6	322
1980	43.36	10.86	32.50	113.0	75.0	352
1981	49.62	13.42	36.20	111.4	73.0	382
1982	55.84	15.38	40.46	111.8	72.5	418
1983	60.69	15.46	45.23	111.8	74.5	457
1984	67.31	16.92	50.39	111.4	74.9	509
1985	75.56	22.17	53.39	106.0	70.7	545
1986	82.18	22.54	59.64	111.7	72.6	596
1987	93.00	30.76	62.24	104.4	66.9	614
1988	112.69	38.29	74.40	119.5	66.0	717
1989	127.64	46.32	81.32	109.3	63.7	763
1990	150.30	50.72	99.58	122.5	66.3	917
1991	165.53	56.93	108.60	109.1	65.6	981
1992	180.26	63.91	116.35	107.1	64.5	1051
1993	216.94	76.30	140.64	120.9	64.8	1324
1994	292.39	98.28	194.11	138.0	66.4	1867
1995	384.69	123.17	261.52	134.7	68.0	2578
1996	424.99	140.10	284.89	108.9	67.0	2873
1997	439.35	134.84	304.51	106.9	69.3	3164
1998	428.88	130.21	298.67	98.1	69.6	3165
1999	416.88	132.60	284.28	95.2	68.2	2976
2000	412.63	129.63	283.00	99.5	68.6	3071
2001	431.17	138.14	293.03	103.5	68.0	3312
2002	460.98	145.20	315.78	107.8	68.5	3703
2003	488.57	152.21	336.36	106.5	68.8	4136
2004	612.77	181.37	431.40	128.3	70.4	5387
2005	662.19	202.39	459.80	106.6	69.4	5926
2006	575.24	188.84	386.40	92.6	67.2	5210
2007	720.73	238.33	482.40	124.8	66.9	6898
2008	871.39	295.99	575.39	120.9	66.0	8511
2009	913.11	306.31	606.80	104.8	66.5	9340
2010	1021.13	335.75	685.39	113.0	67.1	10947
2011	1265.33	420.82	844.52	123.2	66.7	13981
2012	1402.03	462.02	940.01	111.3	67.0	16018
2013	1513.74	497.00	1016.74	108.2	67.2	18037
2014	1594.96	518.23	1076.72	105.9	67.5	19142
2015	1738.15	569.48	1168.67	108.5	67.2	20983
2016	1968.28	643.62	1324.66	113.3	67.3	24065

注：1.本表按当年价格计算。2.2006 年及以后使用的是农普衔接数。

Note: 1. Data in this table are calculated at current prices. 2. Data after 2006 are adjusted according to the Second National Agricultural Census.

4-12 农林牧渔业商品产值（1996-2016 年）
Output Value of Farming, Forestry, Animal Husbandry and Fishery Commodities（1996-2016）

单位：亿元

年份 Year	农林牧渔业商品产值 Output Value of Farming, Forestry, Animal Husbandry and Fishery Commodities				
	合计 Total	农业 Farming	林业 Forestry	牧业 Animal Husbandry	渔业 Fishery
1996	198.22	96.40	4.51	88.41	8.89
1997	212.00	98.18	4.87	98.31	10.64
1998	207.65	94.33	6.04	95.50	11.79
1999	203.01	93.61	4.55	92.75	12.10
2000	224.27	101.59	4.75	106.38	11.55
2001	232.03	100.24	4.74	115.37	11.68
2002	251.07	111.88	6.94	120.05	12.20
2003	272.05	118.97	7.70	132.19	13.19
2004	342.68	149.49	12.55	164.53	16.11
2005	369.68	164.70	13.05	173.55	18.37
2006	332.49	152.46	16.06	151.48	12.49
2007	422.35	192.82	10.75	204.20	14.57
2008	518.48	222.84	13.19	265.68	16.77
2009	553.39	269.30	16.52	247.42	19.30
2010	620.21	324.13	19.97	254.39	21.71
2011	780.22	392.89	25.75	333.46	28.13
2012	870.05	447.33	29.74	356.47	36.51
2013	948.48	491.97	33.16	379.49	43.86
2014	1014.42	536.32	37.34	387.52	53.25
2015	1125.23	584.03	42.61	436.49	62.10
2016	1294.19	659.97	52.28	510.12	71.83

注:1.本表按当年价格计算。2.2006 年及以后使用农普衔接数计算。

Note: 1. Data in this table are calculated at current prices. 2. Data after 2006 are adjusted according to the Second National Agricultural Census.

4–13 农林牧渔业商品率（1996–2016年）
Corresponding Commodity Rate of Farming, Forestry,Animal Husbandry and Fishery（1996–2016）

单位：%

年份 Year	农林牧渔业商品率 Corresponding Commodity Rate of Farming, Forestry, Animal Husbandry and Fishery				
	合计 Total	农业 Farming	林业 Forestry	牧业 Animal Husbandry	渔业 Fishery
1996	47.9	35.5	39.1	67.4	81.6
1997	47.6	36.6	41.5	66.9	82.9
1998	48.4	37.0	40.0	66.1	82.0
1999	48.7	37.5	39.4	65.8	82.1
2000	49.7	38.8	38.4	65.4	82.6
2001	50.7	38.7	47.6	66.6	75.6
2002	54.5	42.4	51.3	72.2	70.7
2003	56.6	44.0	52.8	74.4	72.0
2004	57.0	45.0	68.0	71.0	76.0
2005	56.7	46.0	65.3	69.6	77.2
2006	57.8	47.2	72.0	74.2	78.5
2007	58.6	47.1	60.2	77.2	79.0
2008	59.5	47.1	60.5	77.2	79.3
2009	60.6	50.7	64.0	77.5	79.5
2010	60.7	52.0	65.7	77.9	79.8
2011	62.4	52.3	67.6	78.4	80.5
2012	62.9	53.1	68.4	78.5	81.1
2013	63.5	54.1	69.1	78.6	81.5
2014	64.5	55.4	69.7	79.7	82.0
2015	65.7	56.5	70.5	80.4	82.9
2016	66.8	57.3	71.2	81.3	84.2

4-14 农业生产条件（1978-2016 年）
Conditions of Agricultural Production（1978-2016）

年份 Year	有效灌溉面积（万亩）Effective Irrigated Area（10 000 mu）	农业机械总动力（万千瓦）Total Power of Agricultural Machinery（10 000 kw）	农村用电量（万千瓦小时）Electricity Consumption in Rural Areas（10 000 kwh）	化肥施用量（折纯）（吨）Consumption of Chemical Fertilizer（net）（tons）	农膜使用量（吨）Consumption of Farm Plastic Film（tons）	农药使用量（吨）Consumption of Chemical Pesticides（tons）
1978	844.1	101	28542	216278	3371	6357
1979	878.4	124	33122	255515	3371	7027
1980	906.3	155	37953	292101	3718	7062
1981	908.0	172	45636	304544	3926	7226
1982	909.7	176	51322	303319	4285	7823
1983	911.3	192	56838	314770	4595	7542
1984	913.0	204	52804	315511	4683	7194
1985	914.7	219	63309	317583	5029	7275
1986	901.9	240	71471	366913	5121	7867
1987	889.0	259	83229	382551	5668	7785
1988	876.2	278	79637	382889	6111	8060
1989	863.4	291	89611	447162	6507	8078
1990	870.3	300	97091	481255	8028	8723
1991	878.3	316	104430	520805	9727	10105
1992	884.4	324	115831	527472	10672	10489
1993	888.9	343	134027	545141	11822	12709
1994	892.9	366	160197	585547	12828	12910
1995	896.9	386	174847	620165	14289	14628
1996	901.3	410	196788	655535	15314	16936
1997	917.1	454	227302	696375	15909	16831
1998	921.2	506	242934	711802	17712	18221
1999	930.7	558	260029	710327	18620	18418
2000	939.0	586	278728	720017	19575	18514
2001	947.9	628	301140	725794	19444	19065
2002	961.7	666	338717	733727	25337	19336
2003	974.5	696	366535	715935	24245	19540
2004	925.2	728	384627	770183	26834	19466
2005	927.2	776	428943	791951	27472	19541
2006	932.0	820	460291	805929	28226	19579
2007	950.6	860	484478	843203	30053	20372
2008	988.3	903	550949	881429	30914	20972
2009	1008.0	967	614832	911657	34712	22004
2010	1027.9	1071	647738	918186	36602	20854
2011	1039.3	1140	703706	959761	39332	20324
2012	1081.5	1162	738000	960218	40928	19480
2013	1012.8	1199	761193	966435	42860	18354
2014	1015.9	1243	783145	972642	43824	18437
2015	1030.8	1300	781397	977270	45162	18199
2016	1035.9	1319	786938	961606	45265	17604

4-15 农作物播种面积及结构（1978-2016年）
Sown Areas of Farm Crops and Its Composition （1978-2016）

单位：公顷、%、次

年份 Year	农作物播种面积 Sown Areas of Farm Crops	其中 By purpose		农作物播种面积构成 Composition of Sown Areas of Farm Crops		耕地复种指数 Resown Index of Cultivated Areas
		粮食作物 Grain Crops	经济作物 Cash Crops	粮食作物 Grain Crops	经济作物 Cash Crops	
1978	3498061	3177221	219746	90.83	6.28	2.00
1979	3503427	3182736	216639	90.85	6.18	2.02
1980	3345304	3048196	195745	91.12	5.85	1.93
1981	3426283	3051138	263106	89.05	7.68	1.98
1982	3420431	3002794	309551	87.79	9.05	1.99
1983	3274572	2921223	243651	89.21	7.44	1.91
1984	3219810	2849537	273357	88.50	8.49	1.90
1985	3214717	2748498	360776	85.50	11.22	1.93
1986	3232433	2710205	421376	83.84	13.04	1.95
1987	3241258	2697509	439056	83.22	13.55	1.96
1988	3287399	2727164	446491	82.96	13.58	1.99
1989	3381959	2788700	472185	82.46	13.96	2.05
1990	3438950	2847370	473968	82.80	13.78	2.08
1991	3526637	2889404	519796	81.93	14.74	2.14
1992	3522037	2874889	522116	81.63	14.82	2.14
1993	3513064	2870480	510493	81.71	14.53	2.14
1994	3493884	2877837	487821	82.37	13.96	2.14
1995	3526684	2876853	512996	81.57	14.55	2.16
1996	3585745	2889834	558473	80.59	15.57	2.21
1997	3605420	2881902	578753	79.93	16.05	2.24
1998	3614446	2900656	558301	80.25	15.45	2.26
1999	3592496	2862143	580264	79.67	16.15	2.25
2000	3590815	2773404	647366	77.24	18.03	2.27
2001	3555871	2714600	672125	76.34	18.90	2.29
2002	3464566	2606866	697285	75.24	20.13	2.50
2003	3307179	2410369	733363	72.88	22.17	2.44
2004	3435957	2516507	746014	73.24	21.71	2.45
2005	3444733	2501263	770145	72.61	22.36	2.46
2006	3073880	2155500	730710	70.12	23.77	2.22
2007	3134700	2195800	751200	70.05	23.96	2.26
2008	3215064	2215407	836466	68.91	26.02	
2009	3308300	2229493	942060	67.39	28.48	
2010	3359388	2243888	994417	66.79	29.60	
2011	3413088	2259413	1038835	66.20	30.44	
2012	3477694	2259606	1106763	64.97	31.82	
2013	3515889	2253905	1153469	64.11	32.81	
2014	3540352	2242522	1196894	63.34	33.81	
2015	3575797	2233958	1230029	62.47	34.40	
2016	3600736	2250051	1263920	62.49	35.10	

4-16 粮食播种面积（1978-2016 年）

Sown Areas of Grain Crops（1978-2016）

单位：公顷

年份 Year	粮食播种面积 Sown Areas of Grain Crops	1.谷物 Cereal	稻谷 Rice	玉米 Corn	小麦 Wheat	2.薯类 Tubers	红苕 Sweet Potato	3.豆类 Soybeans
1978	3177221	1996228	849243	529908	499371	907719	499988	273274
1979	3182736	2036531	813766	558676	571185	872027	504295	274178
1980	3048196	2011466	828317	563021	548898	798054	483016	238676
1981	3051138	2036370	823186	582184	565063	786727	485645	228041
1982	3002794	2018351	812376	574167	568073	760521	476244	223922
1983	2921223	1973780	820755	549742	537813	737417	453573	210026
1984	2849537	1939272	824188	536836	512576	698867	430140	211398
1985	2748498	1881141	820140	509473	484987	658549	411822	208808
1986	2710205	1854051	819858	498179	474509	650827	409666	205327
1987	2697509	1840617	807797	497082	469040	656006	421156	200886
1988	2727164	1865190	821305	495840	480098	668028	420377	193946
1989	2788700	1914782	836231	496121	510960	686688	433931	187230
1990	2847370	1951433	821986	514534	541069	710665	440660	185272
1991	2889404	1972589	816684	519094	564016	730941	451382	185874
1992	2874889	1950332	819262	507808	560724	736846	448311	187711
1993	2870480	1934683	804560	506843	558338	756482	455085	179315
1994	2877837	1938787	800342	517136	545076	752030	467243	187020
1995	2876853	1923230	799482	514595	550291	767418	462391	186205
1996	2889834	1929946	802279	514835	555130	765959	460824	193929
1997	2881902	1918793	797955	510877	556235	770452	463488	192657
1998	2900656	1921857	794636	526068	548282	780473	469749	198326
1999	2862143	1892908	788576	519898	531598	774842	462575	194393
2000	2773404	1793481	776636	500658	466175	760801	451929	219122
2001	2714600	1722159	763964	488690	422131	773517	471069	218924
2002	2606866	1666042	757195	472433	388148	721823	414963	219001
2003	2410369	1539598	738486	429966	322734	666801	383808	203970
2004	2516507	1566568	749300	460415	280528	725660	419621	224279
2005	2501263	1537094	747949	460342	279667	729629	410369	234540
2006	2155500	1293270	672300	440500	164800	676000	361350	186230
2007	2195800	1322090	652130	453670	199700	680390	373540	193340
2008	2215407	1336239	673538	455553	188950	682038	371895	197130
2009	2229493	1331208	682041	459116	168210	693824	366664	204461
2010	2243888	1319670	683904	461886	150532	710264	374001	213954
2011	2259413	1316381	686485	466930	138362	718398	374200	224634
2012	2259606	1305381	686996	468387	125396	724105	373937	230120
2013	2253905	1292121	688657	466733	107600	725765	369497	236019
2014	2242522	1276878	689673	467873	86980	728137	369823	237507
2015	2233958	1262213	688319	470844	69697	731078	367385	240667
2016	2250051	1260929	692052	475254	59825	746518	374705	242603

4-17 粮食产量（1978-2016年）
Output of Grain Crops（1978-2016）

单位：万吨

年份 Year	粮食播种面积 Sown Areas of Grain Crops	1.谷物 Cereal	稻谷 Rice	玉米 Corn	小麦 Wheat	2.薯类 Tubers	红苕 Sweet Potato	3.豆类 Soybeans
1978	814.71	600.07	345.07	131.43	94.92	185.57	134.80	29.07
1979	871.71	629.47	341.30	153.42	114.45	216.22	169.20	26.01
1980	835.43	634.35	341.59	158.28	111.65	178.87	130.03	22.20
1981	883.87	679.97	387.40	177.41	115.15	179.28	127.17	24.61
1982	974.02	756.56	409.75	182.37	138.72	191.96	141.76	25.49
1983	998.30	780.64	455.23	162.57	138.62	191.21	145.97	26.45
1984	1048.36	843.50	500.30	186.78	132.98	180.57	133.57	24.28
1985	948.97	761.20	461.73	158.99	118.93	165.51	122.29	22.26
1986	1004.92	809.69	493.41	168.83	125.10	170.20	127.18	25.02
1987	1004.51	786.35	499.56	144.24	120.39	195.82	152.74	22.34
1988	958.02	770.84	503.00	144.01	105.56	166.64	126.43	20.53
1989	1044.88	831.67	541.81	165.14	107.30	195.96	149.34	17.25
1990	1085.07	888.08	550.40	192.59	130.81	177.05	123.19	19.93
1991	1115.28	881.49	535.90	192.23	142.28	212.25	155.17	21.53
1992	1050.24	835.57	509.07	168.35	150.17	196.18	137.46	18.48
1993	1052.72	816.19	479.90	180.87	153.66	214.63	146.87	21.90
1994	1134.10	882.09	523.13	192.13	148.50	226.06	157.03	25.94
1995	1153.68	888.21	532.63	185.74	156.86	235.09	165.72	30.38
1996	1172.14	900.41	542.64	197.91	143.85	251.63	167.09	20.10
1997	1184.63	920.57	552.44	208.87	144.49	242.17	157.81	21.90
1998	1155.36	876.07	519.38	196.64	145.65	257.11	171.57	22.17
1999	1143.05	871.04	533.01	202.73	121.49	250.07	169.82	21.93
2000	1131.21	850.39	525.43	196.24	121.38	256.23	171.31	24.60
2001	1035.35	768.03	466.45	190.20	99.97	244.00	164.59	23.32
2002	1082.15	790.45	484.42	202.48	93.83	263.92	188.61	27.78
2003	1087.20	796.17	494.30	206.26	83.84	258.82	184.17	32.21
2004	1144.57	828.26	509.55	227.80	78.38	278.20	185.36	38.11
2005	1168.19	845.77	521.43	233.13	78.65	282.36	180.47	40.06
2006	808.40	596.06	344.90	200.50	47.60	183.10	97.87	29.24
2007	1088.00	790.68	491.59	234.18	61.05	262.20	172.20	35.12
2008	1153.21	838.81	529.39	246.03	58.20	276.62	174.90	37.78
2009	1137.20	812.97	511.30	244.45	51.68	284.40	177.38	39.83
2010	1156.13	822.09	518.57	251.56	45.93	292.11	179.98	41.93
2011	1126.90	799.16	493.50	257.00	42.39	284.25	168.10	43.49
2012	1138.54	799.12	498.00	256.26	38.45	294.38	176.12	45.04
2013	1148.13	804.68	503.08	258.08	33.70	297.43	175.75	46.03
2014	1144.54	796.84	503.19	255.97	26.96	301.10	178.70	46.60
2015	1154.89	800.16	506.36	259.73	22.85	306.80	178.73	47.94
2016	1166.00	806.24	510.55	264.69	19.64	311.39	182.07	48.37

4-18 主要粮食作物单位面积产量（1978-2016 年）
Output of Grain Crops Per Mu（1978-2016）

单位：公斤/亩

年份 Year	粮食播种面积 Sown Areas of Grain Crops	1.谷物 Cereal	稻谷 Rice	玉米 Corn	小麦 Wheat	2.薯类 Tubers	红苕 Sweet Potato	3.豆类 Soybeans
1978	170.95	200.40	270.89	165.35	126.72	136.29	179.74	70.92
1979	182.59	206.06	279.60	183.08	133.59	165.30	223.68	63.25
1980	182.72	210.25	274.93	187.42	135.61	149.42	179.47	62.01
1981	193.12	222.61	313.74	203.16	135.86	151.92	174.58	71.95
1982	216.25	249.89	336.26	211.75	162.80	168.27	198.44	75.90
1983	227.83	263.67	369.77	197.15	171.84	172.87	214.55	83.97
1984	245.27	289.97	404.68	231.95	172.96	172.25	207.02	76.57
1985	230.18	269.76	375.33	208.05	163.48	167.55	197.97	71.08
1986	247.19	291.14	401.22	225.93	175.76	174.35	206.97	81.24
1987	248.26	284.81	412.28	193.45	171.12	199.00	241.78	74.14
1988	234.19	275.52	408.29	193.63	146.59	166.30	200.51	70.57
1989	249.79	289.56	431.95	221.91	140.00	190.25	229.44	61.43
1990	254.05	303.39	446.40	249.54	161.18	166.09	186.38	71.73
1991	257.33	297.91	437.46	246.88	168.18	193.59	229.18	77.23
1992	243.54	285.62	414.25	221.02	178.55	177.50	204.42	65.64
1993	244.49	281.25	397.65	237.91	183.48	189.15	215.16	81.43
1994	262.72	303.31	435.76	247.69	181.63	200.40	224.05	92.48
1995	267.35	307.89	444.15	240.63	190.03	204.23	238.94	108.77
1996	270.41	311.03	450.91	256.28	172.75	219.01	241.73	69.08
1997	274.04	319.84	461.54	272.56	173.18	209.54	226.99	75.77
1998	265.54	303.90	435.74	249.19	177.10	219.62	243.49	74.53
1999	266.24	306.77	450.61	259.96	152.36	215.16	244.75	75.22
2000	271.92	316.10	451.03	261.31	173.58	224.53	252.70	74.83
2001	254.27	297.31	407.04	259.47	157.88	210.30	232.93	71.03
2002	276.74	316.30	426.50	285.72	161.15	243.75	303.01	84.56
2003	300.70	344.75	446.23	319.80	173.19	258.77	319.89	105.28
2004	303.22	352.47	453.35	329.85	186.27	255.59	294.49	113.28
2005	311.36	366.83	464.76	337.62	187.48	257.99	293.18	113.86
2006	250.03	307.26	342.01	303.44	192.56	180.57	180.56	104.67
2007	330.33	398.70	502.55	344.13	203.81	256.91	307.33	121.10
2008	347.03	418.49	523.99	360.05	205.35	270.39	313.53	127.77
2009	340.05	407.13	499.77	354.96	204.82	273.27	322.51	129.86
2010	343.49	415.30	505.50	363.09	203.41	274.18	320.82	130.66
2011	332.51	404.73	479.25	366.94	204.23	263.78	299.48	129.08
2012	335.91	408.12	483.26	364.74	204.42	271.03	313.98	130.48
2013	339.60	415.17	487.01	368.64	208.80	273.21	317.10	130.00
2014	340.25	416.03	486.40	364.73	206.61	275.68	322.14	130.81
2015	344.65	422.62	490.43	367.75	218.61	279.77	324.33	132.79
2016	345.47	426.27	491.83	371.29	218.87	278.08	323.93	132.93

4–19 主要经济作物播种面积（1978–2016 年）
Sown Areas of Major Cash Crops（1978–2016）

单位：公顷

年份 Year	油料 Oil–bearing Crops	油菜籽 Rapeseeds	麻类 Fiber Crops	糖料 Sugar Crops	烟叶 Tobacco	烤烟 Flue–cured Tobacco	蔬菜 Vegetables
1978	92351	71374	3671	11149	26582		95954
1979	108335	81265	5129	10969	14782		90678
1980	116577	89369	5751	9907	10416		78400
1981	148986	118422	7100	9972	17635		105589
1982	162114	130770	4549	10678	30682		117805
1983	130527	102713	3852	10375	19449		114323
1984	130945	98232	3983	8292	22592		126918
1985	176866	137367	16396	8681	30956		140569
1986	183859	143792	29591	8195	40897		159811
1987	180579	143292	44245	7855	41729		160867
1988	185171	150612	30722	7774	54056		171444
1989	188593	154505	18923	7242	75726		177979
1990	203171	168751	12107	6628	66607		183873
1991	224412	188989	9316	6962	70859		197049
1992	215622	179402	7750	4969	81258		200686
1993	184964	147692	7154	4198	82461		222621
1994	174643	135505	8105	3396	54997		225902
1995	201550	162572	7539	3067	58939		236283
1996	202483	159584	7174	2784	77657	63859	257106
1997	191800	152222	6826	2145	99482	82561	267203
1998	192330	148896	5314	2009	56603	41648	290397
1999	197151	151801	4737	2096	63969	49650	301389
2000	226384	173185	6128	2332	70775	55212	327094
2001	225046	167911	6796	2481	55210	40056	366330
2002	236325	173930	6859	2881	56012	43463	373072
2003	236724	176836	7108	2829	57237	46605	386990
2004	244129	173815	7573	2800	52995	41361	390235
2005	252421	187333	8456	2789	51508	41530	399972
2006	187290	133680	10515	2791	48879	38500	417414
2007	192920	135370	11353	2892	43553	33415	432906
2008	215531	150170	11476	2981	47749	39453	503673
2009	237025	173643	11329	3069	52579	43890	552233
2010	254995	191849	10370	3131	42735	34914	589095
2011	257096	196200	9607	3382	46165	38911	618631
2012	271016	204557	6835	3376	49989	38011	652660
2013	283508	215603	5793	2948	49323	42948	681707
2014	299963	232581	5657	2659	45964	39878	708068
2015	309315	242458	5340	2386	45829	40136	731667
2016	319971	251974	4485	2362	43451	39438	747060

4–20 主要经济作物产量（1978–2016 年）
Output of Major Cash Crops（1978–2016）

单位：吨

年份 Year	油料 Oil–bearing Crops	油菜籽 Rapeseeds	麻类 Fiber Crops	糖料 Sugar Crops	烟叶 Tobacco	烤烟 Flue–cured Tobacco	蔬菜 Vegetables
1978	77118	60310	1659	312034	22528	6855	2439529
1979	91314	70294	3433	406432	10239	5127	2344061
1980	115738	92841	6172	366448	8098	2992	2298578
1981	159868	124422	8530	291337	20686	4137	2922414
1982	220378	183808	7126	405414	37239	13626	3387654
1983	145813	115822	4931	310043	19628	8281	3376951
1984	145217	102829	8438	294537	24134	8396	3586734
1985	181214	136319	25787	302414	36239	20360	3908601
1986	209114	158537	21719	314239	46724	29183	4219393
1987	208934	161365	35995	294315	44992	25124	4390009
1988	192527	149418	31013	293233	68928	45585	4609285
1989	187824	143842	18932	244115	62093	52041	4693117
1990	220215	177399	12707	205543	74393	48868	4996119
1991	269213	228099	11487	260714	98156	74498	5330009
1992	251814	213975	9716	143328	124705	95961	5413806
1993	217034	172246	9257	123034	113208	86345	5582304
1994	192613	153138	11471	93947	68904	50168	5698265
1995	251217	205415	11092	87634	77981	57436	5939064
1996	236044	186629	10898	82660	132355	110446	6370253
1997	233414	183367	11175	80765	164736	134195	6684420
1998	251129	190331	7541	72824	79970	57522	7113007
1999	240859	173302	6826	75883	95653	72005	7371081
2000	310559	226055	8406	90557	104082	76921	7754156
2001	299617	219097	8857	100818	80064	53200	7799590
2002	350444	258443	12139	120586	87052	64355	8083098
2003	382742	285101	9620	113460	86048	68365	8401712
2004	417501	309876	10209	117734	85036	64470	8635651
2005	427121	318138	12362	114608	90173	71665	8904721
2006	289431	234687	11846	101574	91945	72576	7998819
2007	306773	231918	15399	112633	71513	48643	8553338
2008	357605	265430	16982	111844	85513	68992	9945191
2009	405388	309515	15869	115667	99905	82252	11774486
2010	444499	342193	14700	116833	81030	63880	13095385
2011	465073	351400	14455	118048	93608	75928	14079653
2012	501142	377102	10186	118823	102908	76062	15093438
2013	531375	401045	9461	109360	96604	82384	16006420
2014	569359	439652	9046	102927	84391	70943	16891140
2015	598721	467256	8460	97729	86759	73757	17804742
2016	627208	491912	7434	96990	83921	72672	18751267

4-21 主要经济作物单位面积产量（1978-2016年）
Output of Major Cash Crops Per Mu（1978-2016）

单位：公斤/亩

年份 Year	油料 Oil-bearing Crops	油菜籽 Rapeseeds	麻类 Fiber Crops	糖料 Sugar Crops	烟叶 Tobacco	烤烟 Flue-cured Tobacco	蔬菜 Vegetables
1978	55.7	56.3	30.1	1865.8	56.5		1694.9
1979	56.2	57.7	44.6	2470.2	46.2		1723.4
1980	66.2	69.3	71.5	2465.9	51.8		1954.6
1981	71.5	70.0	80.1	1947.7	78.2		1845.2
1982	90.6	93.7	104.4	2531.1	80.9		1917.1
1983	74.5	75.2	85.3	1992.2	67.3		1969.2
1984	73.9	69.8	141.2	2368.0	71.2		1884.0
1985	68.3	66.2	104.9	2322.4	78.0		1853.7
1986	75.8	73.5	48.9	2556.3	76.2		1760.2
1987	77.1	75.1	54.2	2497.9	71.9		1819.3
1988	69.3	66.1	67.3	2514.6	85.0		1792.3
1989	66.4	62.1	66.7	2247.2	54.7		1757.9
1990	72.3	70.1	70.0	2067.4	74.5		1811.4
1991	80.0	80.5	82.2	2496.5	92.3		1803.3
1992	77.9	79.5	83.6	1923.0	102.3		1798.4
1993	78.2	77.8	86.3	1953.9	91.5		1671.7
1994	73.5	75.3	94.4	1844.3	83.5		1681.6
1995	83.1	84.2	98.1	1904.9	88.2		1675.7
1996	77.7	78.0	101.3	1979.4	113.6	115.3	1651.8
1997	81.1	80.3	109.1	2510.2	110.4	108.4	1667.8
1998	87.0	85.2	94.6	2416.6	94.2	92.1	1632.9
1999	81.4	76.1	96.1	2413.6	99.7	96.7	1630.5
2000	91.5	87.0	91.4	2588.8	98.0	92.9	1580.4
2001	88.8	87.0	86.9	2709.1	96.7	88.5	1419.4
2002	98.9	99.1	118.0	2790.4	103.6	98.7	1444.4
2003	107.8	107.5	90.2	2673.7	100.2	97.8	1447.4
2004	114.0	118.9	89.9	2803.2	107.0	103.9	1475.3
2005	112.8	113.2	97.5	2739.5	116.7	115.0	1484.2
2006	103.0	117.0	75.1	2426.2	125.4	125.7	1277.5
2007	106.0	114.2	90.4	2596.4	109.5	97.0	1317.2
2008	110.6	117.8	98.7	2501.3	119.4	116.6	1316.4
2009	114.0	118.8	93.4	2512.6	126.7	124.9	1421.4
2010	116.2	118.9	94.5	2487.7	126.4	122.0	1482.0
2011	120.6	119.4	100.3	2326.8	135.2	130.1	1517.3
2012	123.3	122.9	99.4	2346.6	137.2	133.4	1541.7
2013	125.0	124.0	108.9	2472.8	130.6	127.9	1565.3
2014	126.5	126.0	106.6	2580.9	122.4	118.6	1590.3
2015	129.0	128.5	105.6	2730.6	126.2	122.5	1622.3
2016	130.7	130.1	110.5	2737.0	128.8	122.8	1673.3

4-22 茶、桑、果生产情况（1978-2016 年）
Production of Tea, Silkworm Cocoons and Fruit（1978-2016）

单位：万吨、万亩

年份 Year	茶叶产量 Tea	蚕茧产量 Silkworm Cocoons	水果产量 Fruits	柑桔 Citrus	果园面积 Area of Orchards	柑桔园 Citrus	茶园面积 Area of Tea Plantations
1978	0.80	1.5	7.9	5.4	20.5	14.4	47.5
1979	0.90	2.1	10.2	7.2	23.0	16.0	47.7
1980	0.92	2.6	15.7	12.4	27.0	19.0	48.5
1981	1.19	2.6	15.2	10.5	29.2	21.4	50.1
1982	1.20	3.1	13.2	9.4	33.2	25.8	48.4
1983	1.38	3.1	21.3	17.3	34.2	27.0	47.7
1984	1.53	3.3	23.0	18.0	41.7	34.0	46.5
1985	1.62	3.3	24.7	19.9	48.7	39.6	47.5
1986	1.69	3.3	28.6	22.1	58.8	48.4	46.3
1987	1.83	3.6	29.6	23.9	63.0	49.9	47.3
1988	1.87	4.2	20.5	14.1	68.0	53.0	47.7
1989	1.86	4.2	37.2	29.7	71.6	56.0	46.4
1990	1.81	4.4	35.1	27.9	70.5	55.3	43.9
1991	1.83	4.8	40.8	31.1	79.7	65.1	44.8
1992	1.72	5.1	41.4	33.5	84.0	68.6	42.5
1993	1.95	5.5	56.9	42.7	91.3	71.2	44.8
1994	2.19	5.7	52.9	42.2	94.3	73.0	41.1
1995	1.75	2.7	59.3	45.2	99.1	76.8	38.6
1996	1.55	2.7	56.6	43.3	106.7	81.7	38.9
1997	1.50	2.8	60.7	45.7	113.0	84.4	36.9
1998	1.53	2.9	74.1	54.6	133.5	90.3	34.7
1999	1.44	2.4	71.7	52.7	135.3	90.0	34.7
2000	1.45	2.9	81.7	58.4	146.4	94.7	35.7
2001	1.41	3.2	82.6	59.9	166.9	103.2	34.8
2002	1.41	3.4	91.0	65.7	221.1	138.9	36.2
2003	1.42	2.8	105.8	75.2	247.1	144.4	35.1
2004	1.61	2.9	137.2	80.0	247.1	147.1	36.0
2005	1.65	3.1	154.6	90.9	268.9	163.4	38.7
2006	1.71	2.7	145.7	84.7	284.0	164.9	40.3
2007	1.89	2.9	175.9	104.4	309.3	170.8	41.2
2008	2.17	2.4	193.28	113.7	325.1	180.4	42.7
2009	2.26	1.9	212.87	126.3	346.3	189.5	44.9
2010	2.52	2.0	238.47	139.0	373.0	207.0	48.4
2011	2.79	2.0	261.16		397.2	221.2	52.0
2012	3.14	2.1	291.19	171.5	423.3	242.1	52.6
2013	3.42	1.8	318.86	193.2	444.6	237.5	53.9
2014	3.38	1.8	347.61	207.2	473.1	288.7	56.6
2015	3.52	1.8	375.85	224.9	443.3	266.9	59.8
2016	3.70	1.6	408.69	242.6	459.9	301.5	63.4

4-23 畜禽存栏情况（1978-2016年）
Production of Livestock and Fowl in Stock（1978-2016）

单位：万头、万只

年份 Year	大牲畜年末存栏头数 Large Animals（year-end）	牛 Cattle and Buffaloes	生猪 Hogs	能繁殖母猪 Productive Sow	羊 Sheep and Goats	家禽 Poultry	兔 Rabbits
1978	142.1	141.6	915.0		108.4	1212.1	171.9
1979	146.0	145.4	1088.8		115.5	1296.9	200.9
1980	141.8	141.2	1165.0		105.9	1421.4	137.8
1981	139.3	138.8	1160.4		99.4	1422.4	109.2
1982	136.7	136.0	1231.2		92.6	1493.5	114.0
1983	133.0	131.9	1275.5		78.0	1774.3	115.7
1984	131.0	129.7	1327.8		67.8	1866.6	157.1
1985	128.9	127.6	1353.0		57.6	1952.4	406.4
1986	129.4	128.1	1377.4		56.4	2069.6	385.3
1987	128.2	127.0	1418.7		62.6	2193.8	293.1
1988	128.4	127.1	1448.5		67.4	2226.7	243.3
1989	127.9	126.6	1471.7		71.2	2333.6	249.2
1990	129.2	127.6	1429.1		70.8	2370.9	242.2
1991	129.8	128.2	1440.6		70.2	2631.7	306.5
1992	130.8	128.8	1444.2		71.3	2842.2	409.9
1993	130.5	129.2	1439.0		75.4	2887.7	452.1
1994	132.5	132.4	1476.0		86.4	3404.6	433.6
1995	136.6	135.7	1489.6		104.0	3499.9	404.8
1996	140.4	137.9	1477.1	124.7	114.2	3912.9	454.6
1997	144.0	141.0	1475.3	131.5	131.3	4652.5	501.6
1998	152.5	149.2	1493.0	128.4	129.6	4657.1	587.8
1999	163.9	160.6	1512.2	123.2	149.6	4936.5	609.2
2000	167.5	164.1	1509.9	117.8	160.6	5171.4	675.5
2001	168.6	165.0	1533.6	120.7	177.2	5391.9	726.9
2002	170.5	166.8	1548.9	128.0	228.7	6328.0	746.0
2003	172.6	169.3	1583.0	131.6	233.2	7813.4	949.9
2004	173.6	170.1	1640.7	141.6	365.1	10560.4	995.5
2005	174.5	170.7	1708.8	140.6	378.3	10653.3	1030.4
2006	97.5	94.0	1377.4	128.8	121.9	8218.8	1059.7
2007	98.1	94.4	1422.9	145.5	121.3	9230.5	1073.0
2008	107.4	103.6	1566.5	153.5	129.5	9966.9	937.6
2009	122.9	119.4	1604.1	154.5	142.3	10813.3	1054.8
2010	131.4	128.1	1557.9	148.5	168.4	10883.6	1168.4
2011	127.9	124.5	1540.6	147.2	176.7	11627.5	1529.1
2012	133.6	130.5	1524.3	148.9	181.2	12577.7	1614.8
2013	139.7	136.7	1502.3	149.5	185.2	12921.6	1716.8
2014	143.6	140.7	1483.8	145.6	209.6	13169.1	1834.5
2015	151.4	148.6	1450.4	143.5	225.6	13678.9	1781.5
2016	147.8	145.2	1395.6	137.5	216.8	14073.0	1788.7

注：本表除兔存栏以外，其余数据从2006年始根据农普数据衔接。
Note: Data except for rabbits after 2006 are adjusted according to the Second National Agricultural Census.

4-24 畜禽出栏情况（1978-2016 年）
Production Condition of Livestock and Fowl out Stock（1978-2016）

单位：万头、万只

年份 Year	牛 Cattle and Buffaloes	生猪 Hogs	羊 Sheep and Goats	家禽 Poultry	兔 Rabbits
1978	6.5	531.6	54.4	1124.3	86.6
1979	6.6	716.7	66.6	1214.3	108.8
1980	7.6	797.6	87.3	1347.9	80.2
1981	8.6	868.4	79.9	1369.4	76.0
1982	7.8	894.4	80.0	1437.9	89.9
1983	7.8	972.3	68.3	1619.1	93.1
1984	7.4	1036.4	54.4	1732.4	104.9
1985	6.1	1140.1	54.0	1966.3	213.7
1986	6.8	1190.2	41.0	2512.9	328.8
1987	7.6	1243.8	37.4	2540.6	407.9
1988	8.3	1345.8	41.5	2794.6	332.1
1989	9.5	1375.4	44.8	3074.1	307.7
1990	10.6	1375.8	46.4	3197.0	352.2
1991	12.5	1429.4	51.5	3603.1	356.7
1992	14.2	1469.5	53.3	4129.1	399.6
1993	17.0	1493.0	56.7	4496.6	428.8
1994	20.9	1555.7	63.9	6062.5	469.9
1995	24.3	1610.1	79.9	6232.3	494.7
1996	27.7	1637.5	97.8	7167.1	523.7
1997	31.6	1699.7	113.7	8557.5	566.3
1998	32.2	1720.1	13.0	8968.3	587.0
1999	36.3	1703.2	151.3	9452.3	646.1
2000	38.5	1725.0	167.9	10209.1	716.3
2001	41.3	1746.9	182.6	10821.9	767.6
2002	43.9	1781.7	209.0	11492.1	869.0
2003	48.9	1828.5	235.9	12731.6	1057.7
2004	51.8	1909.3	284.5	13737.4	1220.9
2005	53.8	2006.4	306.2	15087.6	1575.5
2006	34.8	1732.7	127.3	12328.2	1769.3
2007	36.5	1783.2	131.5	12997.5	1992.9
2008	41.0	1898.7	149.6	16363.7	2170.3
2009	46.9	2003.1	166.6	17918.3	2559.6
2010	49.1	2010.5	191.3	19674.2	3014.5
2011	51.9	2020.9	202.6	20863.4	3870.1
2012	54.9	2050.8	212.4	22222.6	4116.4
2013	59.0	2104.5	227.4	23161.2	4481.8
2014	64.3	2150.8	249.9	23601.3	4714.8
2015	67.7	2119.9	274.3	24206.6	4888.3
2016	70.4	2047.8	300.7	24928.1	5142.5

注：本表 2006 年始数据是农普衔接数。
Note:Data after 2006 are adjusted according to the Second National Agricultural Census.

4-25 主要畜产品产量（1978-2016 年）
Output of Major Livestock and Poultry Products（1978-2016）

单位：吨

年份 Year	肉类 Meat	猪肉 Pork	禽肉 Poultry Meat	禽蛋 Poultry Eggs	牛奶 Cow Milk
1978	405098	373754	16954	44594	15891
1979	538257	503821	18310	49793	16560
1980	598882	559241	20324	55073	17277
1981	649250	609013	20649	59737	19566
1982	669122	627283	21681	66874	22214
1983	725299	681857	24615	75669	24025
1984	770366	726860	26338	83086	26156
1985	844483	799546	27655	87735	29677
1986	885631	831528	35343	94402	32665
1987	927631	868947	35732	99787	36474
1988	998541	940201	39305	101708	39126
1989	1024092	960885	43196	112361	40308
1990	1029216	961173	44924	120098	46293
1991	1074536	998659	50629	129412	51988
1992	1114681	1026621	58021	146138	56579
1993	1137296	1043047	63185	157056	54880
1994	1216106	1084769	85173	173154	48514
1995	1272212	1122736	87558	191837	39153
1996	1332212	1141823	100692	208460	40297
1997	1418622	1196634	119824	234996	45129
1998	1399958	1216096	125576	244581	46587
1999	1405025	1206142	132269	262866	46614
2000	1439102	1224544	141906	278919	55989
2001	1478788	1248734	151498	297922	67791
2002	1523969	1274843	160891	315797	80592
2003	1595097	1318198	179242	353554	90608
2004	1670064	1364335	193581	365516	85143
2005	1783896	1444599	214393	391482	86076
2006	1515000	1248000	187000	303000	83456
2007	1593000	1303000	201000	323000	86095
2008	1775876	1406538	261209	331076	77842
2009	1877226	1465247	285368	359661	79422
2010	1924588	1475548	309659	372177	79819
2011	1962848	1485523	326209	374198	80003
2012	2012082	1507300	347488	400520	77314
2013	2078522	1549503	357804	410898	67976
2014	2142054	1585394	366389	432129	56901
2015	2138183	1561507	375810	453607	54411
2016	2108490	1513088	384396	473853	54534

注：本表 2006 年始畜牧业数据根据农普数据衔接。
Note:Data of animal husbandry after 2006 in this table are adjusted according to the Second National Agricultural Census.

4-26 水产品养殖面积与产量（1978-2016 年）
Aquatic Breeding Area and Products (1978-2016)

单位：万亩、万吨

年份 Year	水产品养殖面积 Culture Area				水产品产量 Aquatic Products		
	合计 Total	池塘 Ponds	水库 Reservoirs	河沟 Brooks	合计 Total	养殖产量 Breeding Production	捕捞产量 Halieutics Output
1978	51.45	20.97	24.33	0.47	1.44	1.25	0.18
1979	52.44	20.96	25.29	0.66	1.59	1.43	0.16
1980	56.16	21.56	25.75	0.83	1.77	1.57	0.20
1981	56.67	20.45	25.68	0.84	1.98	1.74	0.24
1982	60.29	23.00	26.15	0.66	2.42	2.13	0.29
1983	64.77	25.75	25.39	1.07	2.98	2.68	0.30
1984	69.01	27.40	25.95	1.37	3.52	3.15	0.36
1985	85.00	30.39	39.29	1.35	4.28	3.88	0.40
1986	86.81	32.40	26.78	1.42	4.78	4.37	0.41
1987	85.22	32.45	27.16	1.36	5.19	4.71	0.48
1988	88.99	32.28	27.10	1.48	5.84	5.29	0.55
1989	94.17	33.86	27.61	1.73	6.57	5.99	0.58
1990	94.52	34.38	27.63	1.75	6.55	5.94	0.61
1991	100.21	33.34	27.28	1.86	7.18	6.53	0.65
1992	100.44	34.42	28.26	1.82	7.45	6.79	0.66
1993	107.55	36.36	26.54	2.01	8.92	8.20	0.73
1994	105.92	38.28	26.93	1.99	10.35	9.37	0.72
1995	140.26	49.15	30.32	2.42	12.13	11.01	0.86
1996	153.40	52.41	31.96	2.81	14.07	12.91	0.90
1997	143.22	53.17	34.31	2.70	16.07	14.99	1.06
1998	80.76	43.85	32.42	3.12	17.86	16.37	1.49
1999	82.13	44.91	32.45	3.21	19.13	17.85	1.28
2000	84.75	44.45	35.90	3.29	20.03	18.75	1.28
2001	102.59	45.18	32.37	21.77	19.70	18.44	1.26
2002	103.82	46.07	32.37	21.89	21.16	19.93	1.23
2003	102.84	47.54	34.82	18.20	22.49	21.27	1.22
2004	103.32	48.59	34.71	18.18	23.93	22.63	1.29
2005	104.52	49.25	35.24	18.21	25.06	23.76	1.30
2006	52.29	27.45	24.60	0.15	16.40	15.50	0.90
2007	55.71	29.33	24.86	0.78	18.52	17.54	0.98
2008	49.39	26.95	16.22	0.53	19.06	18.07	0.99
2009	79.29	43.01	24.47	3.07	20.39	19.40	0.99
2010	114.59	62.64	39.83	11.23	22.43	21.33	1.10
2011	121.87	68.10	41.14	11.81	27.56	26.26	1.30
2012	126.51	71.72	41.97	11.87	33.07	31.58	1.49
2013	132.06	76.54	42.83	11.73	38.50	37.02	1.48
2014	140.40	80.72	43.39	15.59	44.34	42.31	2.03
2015	145.01	84.26	43.20	16.85	48.09	46.05	2.04
2016	149.47	87.20	44.24	17.50	50.84	48.80	2.04

4–27 主要农作物产品产量（1978–2016 年）
Output of Major Agricultural and Subsidiary Products（1978–2016）

年份 Year	粮食 Grain	稻谷 Rice	蔬菜 Vegetables	油料 Oil–bearing Crops	水果 Fruits	水产品 Aquatic Products
1978	8147124	3450743	2439529	77118	79148	14362
1979	8717105	3412959	2344061	91314	102035	15877
1980	8354304	3415928	2298578	115738	156943	17734
1981	8838662	3874043	2922414	159868	151724	19841
1982	9740178	4097533	3387654	220378	131617	24233
1983	9983024	4552317	3376951	145813	212635	29773
1984	10483598	5003031	3586734	145217	230047	35152
1985	9489734	4617324	3908601	181214	247034	42838
1986	10049167	4934142	4219393	209114	286134	47805
1987	10045128	4995618	4390009	208934	295728	51854
1988	9580177	5030015	4609285	192527	205033	58419
1989	10448847	5418132	4693117	187824	371924	65707
1990	10850650	5504018	4996119	220215	350842	65482
1991	11152754	5359013	5330009	269213	407533	71813
1992	10502382	5090735	5413806	251814	413834	74459
1993	10527245	4799036	5582304	217034	568527	89227
1994	11340991	5231338	5698265	192613	528743	103492
1995	11536828	5326334	5939064	251217	592936	121289
1996	11721384	5426385	6370253	236044	566177	140656
1997	11846286	5524370	6684420	233414	607242	160692
1998	11553604	5193805	7113007	251129	740977	178607
1999	11430451	5330086	7371081	240859	717046	191313
2000	11312145	5254279	7754156	310559	816841	200345
2001	10353518	4664508	7799590	299617	826121	196967
2002	10821456	4844176	8083098	350444	1134114	211568
2003	10872037	4942970	8401712	382742	1285880	224893
2004	11445661	5095471	8635651	417501	1372247	239255
2005	11681864	5214283	8904721	427121	1546266	250568
2006	8084000	3449000	7998819	289431	1457446	164046
2007	10880000	4915900	8553338	306773	1758938	185260
2008	11532076	5293898	9945191	357605	1932800	190600
2009	11372000	5112954	11774486	405388	2128709	203900
2010	11561300	5185738	13095385	444499	2384711	224300
2011	11269032	4935000	14079653	465073	2611604	275600
2012	11385449	4980000	15093438	501142	2911934	330720
2013	11481297	5030783	16006420	531375	3188578	385000
2014	11445396	5031855	16891140	569359	3476148	443409
2015	11548879	5063595	17804742	598721	3759483	480863
2016	11660025	5105537	18751267	627208	4086884	508427

注：本表 2006 年始畜牧业数据根据农普数据衔接。
Note:Data of animal husbandry after 2006 in this table are adjusted according to the Second National Agricultural Census.

4-28 主要农作物产品年增长率（1978-2016 年）

Yearly Growth Rate of Major Agricultural and Subsidiary Products(1978-2016)

单位：上年=100

年份 Year	粮食 Grain	稻谷 Rice	蔬菜 Vegetables	油料 Oil-bearing Crops	水果 Fruits	水产品 Aquatic Products
1978	100.00	100.00	100.00	100.00	100.00	100.00
1979	107.00	98.91	96.09	118.41	128.92	110.55
1980	95.84	100.09	98.06	126.75	153.81	111.70
1981	105.80	113.41	127.14	138.13	96.67	111.88
1982	110.20	105.77	115.92	137.85	86.75	122.14
1983	102.49	111.10	99.68	66.16	161.56	122.86
1984	105.01	109.90	106.21	99.59	108.19	118.07
1985	90.52	92.29	108.97	124.79	107.38	121.87
1986	105.90	106.86	107.95	115.40	115.83	111.59
1987	99.96	101.25	104.04	99.91	103.35	108.47
1988	95.37	100.69	104.99	92.15	69.33	112.66
1989	109.07	107.72	101.82	97.56	181.40	112.48
1990	103.85	101.59	106.46	117.25	94.33	99.66
1991	102.78	97.37	106.68	122.25	116.16	109.67
1992	94.17	94.99	101.57	93.54	101.55	103.68
1993	100.24	94.27	103.11	86.19	137.38	119.83
1994	107.73	109.01	102.08	88.75	93.00	115.99
1995	101.73	101.82	104.23	130.43	112.14	117.20
1996	101.60	101.88	107.26	93.96	95.49	115.97
1997	101.07	101.81	104.93	98.89	107.25	114.24
1998	97.53	94.02	106.41	107.59	122.02	111.15
1999	98.93	102.62	103.63	95.91	96.77	107.11
2000	98.96	98.58	105.20	128.94	113.92	104.72
2001	91.53	88.78	100.59	96.48	101.14	98.31
2002	104.52	103.85	103.63	116.96	137.28	107.41
2003	100.47	102.04	103.94	109.22	113.38	106.30
2004	105.28	103.09	102.78	109.08	106.72	106.39
2005	102.06	102.33	103.12	102.30	112.68	104.73
2006	69.20	66.15	89.83	67.76	94.26	65.47
2007	134.59	142.53	106.93	105.99	120.69	112.93
2008	105.99	107.69	116.27	116.57	109.88	102.88
2009	98.61	96.58	118.39	113.36	110.14	106.98
2010	101.66	101.42	111.22	109.64	112.03	110.00
2011	97.47	95.16	107.52	104.63	109.51	122.87
2012	101.03	100.91	107.20	107.76	111.50	120.00
2013	100.84	101.02	106.05	106.03	109.50	116.41
2014	99.69	100.02	105.53	107.15	109.02	115.17
2015	100.90	100.63	105.41	105.16	108.15	108.45
2016	100.96	100.83	105.32	104.76	108.74	105.73

注：本表 2006 年始畜牧业和渔业数据根据农普数据衔接。

Note:Data of animal husbandry and fishery after 2006 in this table are adjusted according to the Second National Agricultural Census.

4–29 畜禽产品年增长率（1978–2016 年）
Yearly Growth Rate of Livestock and Poultry Products（1978–2016）

单位：上年=100

年份 Year	肉类 Meat	猪肉 Pork	禽肉 Poultry Meat	禽蛋 Poultry Eggs	牛奶 Cow Milk
1978	100.00	100.00	100.00	100.00	100.00
1979	132.87	134.80	108.00	111.66	104.21
1980	111.26	111.00	111.00	110.60	104.33
1981	108.41	108.90	101.60	108.47	113.25
1982	103.06	103.00	105.00	111.95	113.53
1983	108.40	108.70	113.53	113.15	108.15
1984	106.21	106.60	107.00	109.80	108.87
1985	109.62	110.00	105.00	105.60	113.46
1986	104.87	104.00	127.80	107.60	110.07
1987	104.74	104.50	101.10	105.70	111.66
1988	107.64	108.20	110.00	101.93	107.27
1989	102.56	102.20	109.90	110.47	103.02
1990	100.50	100.03	104.00	106.89	114.85
1991	104.40	103.90	112.70	107.76	112.30
1992	103.74	102.80	114.60	112.92	108.83
1993	102.03	101.60	108.90	107.47	97.00
1994	106.93	104.00	134.80	110.25	88.40
1995	104.61	103.50	102.80	110.79	80.70
1996	104.72	101.70	115.00	108.67	102.92
1997	106.49	104.80	119.00	112.73	111.99
1998	98.68	101.63	104.80	104.08	103.23
1999	100.36	99.18	105.33	107.48	100.06
2000	102.43	101.53	107.29	106.11	120.11
2001	102.76	101.98	106.76	106.81	121.08
2002	103.06	102.09	106.20	106.00	118.88
2003	104.67	103.40	111.41	111.96	112.43
2004	104.70	103.50	108.00	103.38	93.97
2005	106.82	105.88	110.75	107.10	101.10
2006	84.93	86.39	87.22	77.40	96.96
2007	105.15	104.41	107.49	106.60	103.16
2008	111.48	107.95	129.95	102.50	90.41
2009	105.71	104.17	109.25	108.63	102.03
2010	102.52	100.70	108.51	103.48	100.50
2011	101.99	100.67	105.34	100.54	100.23
2012	102.51	101.47	106.53	107.03	96.63
2013	103.30	102.80	102.97	102.59	87.92
2014	103.06	102.32	102.40	105.17	83.71
2015	99.82	98.49	102.57	104.97	95.62
2016	98.61	96.90	102.28	104.46	100.15

注：本表2006年始畜牧业和渔业数据根据农普数据衔接。
Note:Data of animal husbandry and fishery after 2006 in this table are adjusted according to the Second National Agricultural Census.

4–30 主要农作物产品人均占有量（1978–2016 年）
Per Capita Possesion of Major Agricultural and Subsidiary Products（1978–2016）

单位：公斤

年份 Year	粮食 Grain	稻谷 Rice	蔬菜 Vegetables	油料 Oil–bearing Crops	水果 Fruits	水产品 Aquatic Products
1978	309.1	130.9	92.6	2.9	3.0	0.5
1980	313.5	128.2	86.3	4.3	5.9	0.7
1985	342.8	166.8	141.2	6.5	8.9	1.5
1986	357.9	175.7	150.3	7.4	10.2	1.7
1987	353.1	175.6	154.3	7.3	10.4	1.8
1988	333.4	175.1	160.4	6.7	7.1	2.0
1989	360.7	187.0	162.0	6.5	12.8	2.3
1990	371.5	188.4	171.0	7.5	12.0	2.2
1991	379.5	182.3	181.4	9.2	13.9	2.4
1992	355.9	172.5	183.5	8.5	14.0	2.5
1993	355.1	161.9	188.3	7.3	19.2	3.0
1994	379.9	175.2	190.9	6.5	17.7	3.5
1995	384.3	177.4	197.9	8.4	19.8	4.0
1996	387.8	179.5	210.7	7.8	18.7	4.7
1997	389.3	181.5	219.7	7.7	20.0	5.3
1998	377.6	169.7	232.5	8.2	24.2	5.8
1999	372.0	173.5	239.9	7.8	23.3	6.2
2000	366.0	170.0	250.9	10.0	26.4	6.5
2001	334.2	150.6	251.8	9.7	26.7	6.4
2002	347.5	155.6	259.6	11.3	36.4	6.8
2003	347.3	157.9	268.4	12.2	41.1	7.2
2004	364.0	162.1	274.7	13.3	43.6	7.6
2005	368.6	164.5	281.0	13.5	48.8	7.9
2006	252.7	107.8	250.1	9.0	45.6	5.1
2007	336.3	151.9	264.4	9.5	54.4	5.7
2008	354.1	162.5	305.3	11.0	59.3	5.8
2009	347.2	156.1	359.5	12.4	65.0	6.2
2010	350.0	157.0	396.4	13.5	72.2	6.8
2011	338.4	148.2	422.8	14.0	78.4	8.3
2012	340.5	148.9	451.4	15.0	87.1	9.9
2013	341.9	149.8	476.6	15.8	94.9	11.5
2014	339.1	149.1	500.4	16.9	103.0	13.1
2015	342.5	150.2	528.0	17.8	111.5	14.3
2016	343.7	150.5	552.8	18.5	120.5	15.0

注：1.本表人均产量按户籍人口计算。2.2006 年始粮食、油料、肉类、水产品、禽蛋采用农普衔接数计算。

Note:1. Per capita output in this table are calculated by the household population. 2. Data of grain, oil–bearing crops, meat, aquatic products and poultry eggs after 2006 are adjusted according to the Second National Agricultural Census.

4-31 畜禽产品人均占有量（1978-2016 年）
Per Capita Possesion of Major Livestock and Poultry Products（1978-2016）

单位：公斤

年份 Year	肉类 Meat	猪肉 Pork	禽肉 Poultry Meat	禽蛋 Poultry Eggs	牛奶 Cow Milk
1978	15.4	14.2	0.6	1.7	0.6
1980	22.5	21.0	0.8	2.1	0.6
1985	30.5	28.9	1.0	3.2	1.1
1986	31.5	29.6	1.3	3.4	1.2
1987	32.6	30.5	1.3	3.5	1.3
1988	34.8	32.7	1.4	3.5	1.4
1989	35.3	33.2	1.5	3.9	1.4
1990	35.2	32.9	1.5	4.1	1.6
1991	36.6	34.0	1.7	4.4	1.8
1992	37.8	34.8	2.0	5.0	1.9
1993	38.4	35.2	2.1	5.3	1.9
1994	40.7	36.3	2.9	5.8	1.6
1995	42.4	37.4	2.9	6.4	1.3
1996	44.1	37.8	3.3	6.9	1.3
1997	46.6	39.3	3.9	7.7	1.5
1998	45.8	39.7	4.1	8.0	1.5
1999	45.7	39.3	4.3	8.6	1.5
2000	46.6	39.6	4.6	9.0	1.8
2001	47.7	40.3	4.9	9.6	2.2
2002	48.9	40.9	5.2	10.1	2.6
2003	51.0	42.1	5.7	11.3	2.9
2004	53.1	43.4	6.2	11.6	2.7
2005	56.3	45.6	6.8	12.4	2.7
2006	47.4	39.0	5.8	9.5	2.6
2007	49.2	40.3	6.2	10.0	2.7
2008	54.5	43.2	8.0	10.2	2.4
2009	57.3	44.7	8.7	11.0	2.4
2010	58.3	44.7	9.4	11.3	2.4
2011	58.9	44.6	9.8	11.2	2.4
2012	60.2	45.1	10.4	12.0	2.3
2013	61.9	46.1	10.7	12.2	2.0
2014	63.5	47.0	10.9	12.8	1.7
2015	63.4	46.3	11.1	13.5	1.6
2016	62.2	44.6	11.3	14.0	1.6

注：1.本表人均产量按户籍人口计算。2.2006 年始粮食、油料、肉类、水产品、禽蛋采用农普衔接数计算。

Note:1. Per capita output in this table are calculated by the household population. 2. Data of grain, oil-bearing crops, meat, aquatic products and poultry eggs after 2006 are adjusted according to the Second National Agricultural Census.

4-32 各区县基层组织及人口（2011 年）

Primary-level Organizations and Population by Region of Chongqing（2011）

地 区	Region	乡镇个数（个）Number of Township and Town Governments (unit)	行政村个数（个）Number of Villagers' Committees (unit)	乡村人口（万人）Rural Population (10 000 persons)	乡村从业人员（万人）Rural Employees (10 000 persons)	一产业 Primary Industry (10 000 persons)
重庆市	Chongqing	912	8616	2324.50	1369.98	
一小时经济圈	One Hour Economic Sphere	381	3702	1135.77	680.32	276.73
渝中区	Yuzhong District					
大渡口区	Dadukou District	3	32	3.36	2.08	0.87
江北区	Jiangbei District	3	51	4.12	2.29	1.22
沙坪坝区	Shapingba District	11	86	14.18	8.69	2.59
九龙坡区	Jiulongpo District	11	100	21.04	12.85	4.30
南岸区	Nan'an District	8	60	26.63	5.96	2.15
北碚区	Beibei District	12	118	31.38	20.85	6.97
渝北区	Yubei District	17	216	45.42	29.74	14.48
巴南区	Ba'nan District	22	197	55.78	34.79	13.02
涪陵区	Fuling District	25	319	80.95	52.78	22.68
长寿区	Changshou District	18	226	66.33	42.62	15.32
江津区	Jiangjin District	23	184	116.16	69.48	26.58
合川区	Hechuan District	30	331	118.83	75.36	35.51
永川区	Yongchuan District	23	208	72.60	36.74	11.46
南川区	Nanchuan District	34	185	61.83	34.95	14.44
綦江区	Qijiang District	28	365	91.13	49.42	19.99
大足区	Dazu District	27	232	68.98	37.44	18.86
潼南区	Tongnan County	22	281	81.55	49.16	23.30
铜梁区	Tongliang County	28	269	65.42	40.00	13.89
荣昌区	Rongchang County	21	92	64.51	41.99	17.86
璧山区	Bishan County	15	150	45.58	33.12	11.24
渝东北翼	Northeast of Chongqing	347	3555	879.95	493.29	215.80
万州区	Wanzhou District	51	448	127.55	72.85	33.60
梁平区	Liangping County	34	316	80.28	47.42	19.96
城口县	Chengkou County	25	184	22.15	11.04	5.19
丰都县	Fengdu County	30	277	65.55	36.54	19.56
垫江县	Dianjiang County	24	243	75.23	50.44	23.31
忠县	Zhongxian County	27	318	78.17	43.28	16.51
开州区	Kaizhou County	33	435	140.69	78.63	30.53
云阳县	Yunyang County	38	396	102.13	52.02	22.47
奉节县	Fengjie County	29	332	90.14	43.88	18.69
巫山县	Wushan County	24	308	53.42	30.41	14.12
巫溪县	Wuxi County	32	298	44.64	26.80	11.86
渝东南翼	Southeast of Chongqing	184	1359	308.78	196.37	111.52
黔江区	Qianjiang District	27	156	48.21	28.64	15.97
武隆区	Wulong County	25	186	37.48	23.21	11.90
石柱县	Shizhu County	31	214	43.22	27.43	19.37
秀山县	Xiushan County	24	235	45.77	34.43	15.22
酉阳县	Youyang County	38	270	72.97	45.31	30.36
彭水县	Pengshui County	39	298	61.14	37.34	18.70

4-32 各区县基层组织及人口（2012 年）
Primary-level Organizations and Population by Region of Chongqing（2012）

续表 1（continued 1）

地 区	Region	乡镇个数（个）Number of Township and Town Governments（unit）	行政村个数（个）Number of Villagers' Committees（unit）	乡村人口（万人）Rural Population（10 000 persons）	乡村从业人员（万人）Rural Employees（10 000 persons）	一产业 Primary Industry（10 000 persons）
重庆市	**Chongqing**	**913**	**8480**	**2303.09**	**1365.29**	**586.86**
一小时经济圈	**One Hour Economic Sphere**	**382**	**3661**	**1123.02**	**677.53**	**265.88**
渝中区	Yuzhong District					
大渡口区	Dadukou District	3	32	3.09	1.87	0.81
江北区	Jiangbei District	3	42	3.92	2.30	0.94
沙坪坝区	Shapingba District	12	86	13.83	7.33	2.12
九龙坡区	Jiulongpo District	11	100	21.34	12.74	4.01
南岸区	Nan'an District	8	59	27.24	5.65	1.97
北碚区	Beibei District	12	118	31.21	20.48	6.45
渝北区	Yubei District	17	213	42.41	28.71	13.01
巴南区	Ba'nan District	22	197	56.07	35.22	12.96
涪陵区	Fuling District	25	315	81.21	53.47	22.12
长寿区	Changshou District	18	227	65.73	42.78	15.09
江津区	Jiangjin District	24	184	112.35	69.01	26.41
合川区	Hechuan District	30	327	118.61	75.29	34.10
永川区	Yongchuan District	23	208	72.78	36.98	11.55
南川区	Nanchuan District	34	185	51.24	34.76	11.73
綦江区	Qijiang District	28	365	89.15	48.96	19.34
大足区	Dazu District	26	212	80.49	37.63	18.88
潼南区	Tongnan County	22	281	81.57	48.52	22.71
铜梁区	Tongliang County	28	269	62.93	40.92	13.76
荣昌区	Rongchang County	21	92	61.94	41.79	16.98
璧山区	Bishan County	15	149	45.91	33.12	10.95
渝东北翼	**Northeast of Chongqing**	**345**	**3544**	**875.70**	**495.04**	**212.47**
万州区	Wanzhou District	51	448	123.51	72.49	32.42
梁平区	Liangping County	32	313	83.26	49.52	20.45
城口县	Chengkou County	25	184	22.19	10.95	4.82
丰都县	Fengdu County	30	277	65.99	37.18	18.76
垫江县	Dianjiang County	24	241	74.67	50.45	23.31
忠县	Zhongxian County	27	317	76.64	42.82	16.49
开州区	Kaizhou County	33	435	141.96	79.81	30.73
云阳县	Yunyang County	38	396	101.01	51.01	21.35
奉节县	Fengjie County	29	332	90.86	44.24	18.27
巫山县	Wushan County	24	309	53.02	29.94	14.06
巫溪县	Wuxi County	32	292	42.58	26.63	11.81
渝东南翼	**Southeast of Chongqing**	**186**	**1275**	**304.37**	**192.72**	**108.51**
黔江区	Qianjiang District	27	156	46.05	28.16	13.68
武隆区	Wulong County	25	186	37.46	23.15	11.93
石柱县	Shizhu County	31	214	42.14	26.74	18.89
秀山县	Xiushan County	26	208	43.50	34.43	15.36
酉阳县	Youyang County	38	270	77.39	45.24	30.37
彭水县	Pengshui County	39	241	57.82	34.99	18.27

4-32 各区县基层组织及人口（2013 年）
Primary-level Organizations and Population by Region of Chongqing（2013）

续表 2（continued 2）

地 区	Region	乡镇个数（个）Number of Township and Town Governments (unit)	行政村个数（个）Number of Villagers' Committees (unit)	乡村人口（万人）Rural Population (10 000 persons)	乡村从业人员（万人）Rural Employees (10 000 persons)	一产业 Primary Industry (10 000 persons)
重庆市	Chongqing	916	8428	22677270	13287869	5636899
渝中区	Yuzhong District					
大渡口区	Dadukou District	3	32	29135	19530	7443
江北区	Jiangbei District	3	40	30127	12815	5600
沙坪坝区	Shapingba District	12	86	137058	69398	17165
九龙坡区	Jiulongpo District	11	100	214814	126685	38171
南岸区	Nan'an District	8	59	305096	56264	16907
北碚区	Beibei District	12	118	312805	200786	57693
渝北区	Yubei District	17	212	432076	284128	122058
巴南区	Ba'nan District	22	198	564734	352290	124944
涪陵区	Fuling District	25	315	809448	534582	221071
长寿区	Changshou District	18	223	650402	312400	132066
江津区	Jiangjin District	24	180	1112886	685292	262440
合川区	Hechuan District	30	327	1073436	746998	336220
永川区	Yongchuan District	23	208	734854	373885	126523
南川区	Nanchuan District	34	185	505428	333832	117030
綦江区	Qijiang District	28	365	884820	478675	164435
大足区	Dazu District	26	209	762158	249905	107262
潼南县	Tongnan County	22	281	792767	485011	226882
铜梁区	Tongliang County	28	269	622817	409959	138371
荣昌县	Rongchang County	21	92	478589	418330	173920
璧山区	Bishan County	15	142	458920	344225	107996
万州区	Wanzhou District	51	448	1219155	713451	317124
梁平县	Liangping County	32	310	839465	492387	201583
城口县	Chengkou County	25	176	222775	107886	48256
丰都县	Fengdu County	30	277	656892	367908	186706
垫江县	Dianjiang County	24	235	744813	506303	209802
忠 县	Zhongxian County	27	312	759973	421315	160685
开 县	Kaixian Caunty	33	434	1401072	797397	298258
云阳县	Yunyang County	38	393	975290	461253	201325
奉节县	Fengjie County	29	332	906487	443683	179003
巫山县	Wushan County	24	307	527254	293911	137247
巫溪县	Wuxi County	32	289	468630	263616	115853
黔江区	Qianjiang District	30	156	460312	281618	136718
武隆县	Wulong County	25	186	374724	231127	118863
石柱县	Shizhu County	31	213	414648	263301	186367
秀山县	Xiushan County	26	208	435790	343285	150263
酉阳县	Youyang County	38	270	777320	451375	301648
彭水县	Pengshui County	39	241	580300	353063	183001

4-32 各区县基层组织及人口（2014 年）
Primary-level Organizations and Population by Region of Chongqing（2014）

续表 3（continued 3）

地 区	Region	乡镇个数（个）Number of Township and Town Governments (unit)	行政村个数（个）Number of Villagers' Committees (unit)	乡村人口（万人）Rural Population (10 000 persons)	乡村从业人员（万人）Rural Employees (10 000 persons)	一产业 Primary Industry (10 000 persons)
重庆市	**Chongqing**			**2246.31**	**1312.96**	**562.54**
渝中区	Yuzhong District					
大渡口区	Dadukou District			2.58	1.33	0.49
江北区	Jiangbei District			2.29	1.35	0.56
沙坪坝区	Shapingba District			13.51	7.07	1.69
九龙坡区	Jiulongpo District			21.35	12.44	3.56
南岸区	Nan'an District			31.84	5.56	1.63
北碚区	Beibei District			30.48	19.58	5.55
渝北区	Yubei District			40.07	25.94	10.76
巴南区	Ba'nan District			55.57	34.31	12.16
涪陵区	Fuling District			80.80	53.36	22.06
长寿区	Changshou District			62.87	30.14	10.08
江津区	Jiangjin District			110.14	67.76	25.94
合川区	Hechuan District			102.05	74.27	33.48
永川区	Yongchuan District			75.24	38.72	13.24
南川区	Nanchuan District			48.57	32.98	11.50
綦江区	Qijiang District			87.56	47.97	19.53
大足区	Dazu District			76.19	25.02	10.74
潼南县	Tongnan County			77.38	46.79	20.45
铜梁区	Tongliang County			61.95	40.07	13.12
荣昌县	Rongchang County			47.75	41.47	16.52
璧山区	Bishan County			44.24	33.45	10.24
万州区	Wanzhou District			120.57	70.27	31.25
梁平县	Liangping County			83.96	49.18	19.92
城口县	Chengkou County			22.38	10.84	4.83
丰都县	Fengdu County			65.57	35.08	18.66
垫江县	Dianjiang County			74.27	50.63	20.76
忠　县	Zhongxian County			75.00	40.28	15.25
开　县	Kaixian County			140.09	79.71	29.64
云阳县	Yunyang County			96.53	45.32	23.01
奉节县	Fengjie County			91.68	45.10	17.51
巫山县	Wushan County			51.81	29.31	13.69
巫溪县	Wuxi County			46.88	25.81	11.52
黔江区	Qianjiang District			46.32	28.37	12.30
武隆县	Wulong County			37.77	22.79	11.52
石柱县	Shizhu County			41.64	26.44	22.14
秀山县	Xiushan County			43.57	34.30	15.03
酉阳县	Youyang County			77.88	44.75	30.13
彭水县	Pengshui County			57.96	35.20	22.10

4-32 各区县基层组织及人口（2015 年）
Primary-level Organizations and Population by Region of Chongqing（2015）

续表 4（continued 4）

地 区	Region	乡镇个数（个）Number of Township and Town Governments (unit)	行政村个数（个）Number of Villagers' Committees (unit)	乡村人口（万人）Rural Population (10 000 persons)	乡村从业人员（万人）Rural Employees (10 000 persons)	一产业 Primary Industry (10 000 persons)
重庆市	**Chongqing**			**2225.75**	**1309.23**	**556.95**
渝中区	Yuzhong District					
大渡口区	Dadukou District			2.35	1.32	0.44
江北区	Jiangbei District			2.06	1.24	0.52
沙坪坝区	Shapingba District			13.41	7.08	1.63
九龙坡区	Jiulongpo District			21.31	12.11	3.39
南岸区	Nan'an District			31.93	5.42	1.71
北碚区	Beibei District			28.43	17.74	5.11
渝北区	Yubei District			38.98	25.11	10.08
巴南区	Ba'nan District			46.06	29.74	10.81
涪陵区	Fuling District			80.58	54.60	21.40
长寿区	Changshou District			62.67	30.09	10.24
江津区	Jiangjin District			109.56	67.53	25.86
合川区	Hechuan District			101.63	73.14	32.52
永川区	Yongchuan District			75.25	43.80	15.46
南川区	Nanchuan District			46.62	31.75	11.18
綦江区	Qijiang District			87.48	47.77	19.19
大足区	Dazu District			75.62	25.82	11.00
潼南区	Tongnan County			78.95	40.98	18.08
铜梁区	Tongliang District			61.45	43.21	12.82
荣昌区	Rongchang District			47.88	41.42	16.42
璧山区	Bishan District			43.80	33.54	10.46
万州区	Wanzhou District			118.95	70.06	30.94
梁平县	Liangping County			83.37	49.14	19.79
城口县	Chengkou County			22.18	10.85	4.93
丰都县	Fengdu County			65.47	34.95	18.52
垫江县	Dianjiang County			74.10	50.61	20.68
忠 县	Zhongxian County			74.31	39.09	14.77
开 县	Kaixian County			141.98	82.42	30.84
云阳县	Yunyang County			96.03	45.01	22.55
奉节县	Fengjie County			90.69	44.53	17.26
巫山县	Wushan County			52.01	29.25	13.63
巫溪县	Wuxi County			46.93	26.02	11.61
黔江区	Qianjiang District			46.60	29.44	12.29
武隆县	Wulong County			37.26	22.98	11.35
石柱县	Shizhu County			41.45	26.32	22.41
秀山县	Xiushan County			42.92	34.84	15.07
酉阳县	Youyang County			77.79	45.22	30.08
彭水县	Pengshui County			57.70	35.10	21.93

4-32 各区县基层组织及人口（2016 年）
Primary-level Organizations and Population by Region of Chongqing（2016）

续表 5（continued 5）

地 区	Region	乡镇个数（个）Number of Township and Town Governments (unit)	行政村个数（个）Number of Villagers' Committees (unit)	乡村人口（万人）Rural Population (10 000 persons)	乡村从业人员（万人）Rural Employees (10 000 persons)	一产业 Primary Industry (10 000 persons)
重庆市	**Chongqing**			**2196.19**	**1302.54**	**550.45**
渝中区	Yuzhong District					
大渡口区	Dadukou District			2.27	1.14	0.48
江北区	Jiangbei District			2.03	1.13	0.45
沙坪坝区	Shapingba District			13.35	7.08	1.54
九龙坡区	Jiulongpo District			20.58	11.51	3.21
南岸区	Nan'an District			33.52	18.02	1.72
北碚区	Beibei District			24.69	15.05	4.63
渝北区	Yubei District			38.08	24.09	9.55
巴南区	Ba'nan District			44.78	28.84	10.71
涪陵区	Fuling District			80.60	54.69	21.42
长寿区	Changshou District			61.32	29.34	10.04
江津区	Jiangjin District			108.11	66.74	25.55
合川区	Hechuan District			100.71	73.15	32.47
永川区	Yongchuan District			74.85	40.04	15.02
南川区	Nanchuan District			45.66	30.92	11.07
綦江区	Qijiang District			87.50	47.68	19.07
大足区	Dazu District			75.04	25.96	10.91
潼南区	Tongnan District			72.67	38.28	17.15
铜梁区	Tongliang District			61.31	40.07	11.98
荣昌区	Rongchang District			47.14	41.70	16.42
璧山区	Bishan District			43.61	33.62	10.34
万州区	Wanzhou District			117.60	69.64	30.72
梁平区	Liangping District			83.20	49.06	19.33
城口县	Chengkou County			21.92	10.72	5.52
丰都县	Fengdu County			65.44	34.93	18.51
垫江县	Dianjiang County			73.74	50.11	20.66
忠　县	Zhongxian County			72.19	38.43	14.40
开州区	Kaizhou District			142.27	82.48	30.76
云阳县	Yunyang County			95.57	44.65	22.35
奉节县	Fengjie County			87.84	44.64	17.46
巫山县	Wushan County			52.22	29.14	13.57
巫溪县	Wuxi County			46.77	25.92	11.52
黔江区	Qianjiang District			46.84	29.53	11.73
武隆区	Wulong District			37.34	23.05	11.35
石柱县	Shizhu County			38.60	26.04	22.17
秀山县	Xiushan County			41.51	34.78	14.83
酉阳县	Youyang County			77.91	45.36	30.03
彭水县	Pengshui County			57.44	35.02	21.78

4-33 各区县主要农作物产品产量（2011 年）
Output of Major Agricultural and Subsidiary Products by Region of Chongqing（2011）

单位：吨

地 区	Region	粮食 Grain	稻谷 Rice	蔬菜 Vegetables	油料 Oil-bearing Crops	水果 Fruits	水产品 Aquatic Products
重庆市	**Chongqing**	**11269032**	**4935000**	**14079653**	**465073**	**2611604**	**275600**
一小时经济圈	**One Hour Economic Sphere**	**5620110**	**2980204**	**9326213**	**189476**	**1121917**	**203089**
渝中区	Yuzhong District						
大渡口区	Dadukou District	223	223	63400		660	533
江北区	Jiangbei District	8180	3412	15737	62	2885	468
沙坪坝区	Shapingba District	14070	8876	94756	35	2592	3998
九龙坡区	Jiulongpo District	27038	15286	122925	805	13138	3696
南岸区	Nan'an District	12690	4700	47094		5714	3309
北碚区	Beibei District	60963	23356	394104	1052	17711	4169
渝北区	Yubei District	206972	76733	229240	2880	100435	5415
巴南区	Ba'nan District	360580	174595	507121	2092	41253	13752
涪陵区	Fuling District	431541	207605	1639685	5349	104800	16502
长寿区	Changshou District	365881	185040	261597	8619	142913	20714
江津区	Jiangjin District	647618	358943	678551	10950	186625	13408
合川区	Hechuan District	711842	330582	571795	17989	78026	22776
永川区	Yongchuan District	487576	329432	495252	15320	110698	24491
南川区	Nanchuan District	329994	191837	323317	18221	50358	7649
綦江区	Qijiang District	342221	134649	636948	7418	31193	6962
大足区	Dazu District	441494	247906	286471	31951	38358	11689
潼南县	Tongnan County	359005	190798	1524226	33135	51496	10314
铜梁区	Tongliang District	346410	209980	509125	9412	27081	14182
荣昌县	Rongchang County	2334554	171622	378028	20881	29250	8043
璧山区	Bishan District	172953	114629	546841	3305	86731	11019
渝东北翼	**Northeast of Chongqing**	**4016365**	**1438250**	**3230890**	**175018**	**1339500**	**64642**
万州区	Wanzhou District	520748	237587	778592	15556	244795	16769
梁平县	Liangping County	374961	212045	375983	13157	71106	7323
城口县	Chengkou County	99565	6919	37944	3005	2051	408
丰都县	Fengdu County	335966	126545	271929	17930	47904	5071
垫江县	Dianjiang County	380033	192092	287619	15750	53905	10744
忠 县	Zhongxian County	400273	210844	205159	28086	204194	4813
开 县	Kaixian County	590372	199504	341544	23558	309430	12892
云阳县	Yunyang County	427623	134049	346098	15431	119632	2849
奉节县	Fengjie County	445199	75185	228925	19216	226737	2364
巫山县	Wushan County	233926	27090	187077	13696	52815	567
巫溪县	Wuxi County	207700	16390	170022	9633	6931	842
渝东南翼	**Southeast of Chongqing**	**1632557**	**516546**	**1522549**	**100579**	**150187**	**7869**
黔江区	Qianjiang District	243271	66276	154895	14524	30115	1186
武隆县	Wulong County	166359	42755	392239	7296	20554	1775
石柱县	Shizhu County	259649	91708	268592	9896	13007	1805
秀山县	Xiushan County	306928	139631	232110	27462	65336	1719
酉阳县	Youyang County	356321	112417	219542	23088	15781	1083
彭水县	Pengshui County	300029	63759	255171	18313	5394	301

4-33 各区县主要农作物产品产量（2012 年）
Output of Major Agricultural and Subsidiary Products by Region of Chongqing（2012）

续表 1（continued 1） 单位：吨

地 区	Region	粮食 Grain	稻谷 Rice	蔬菜 Vegetables	油料 Oil-bearing Crops	水果 Fruits	水产品 Aquatic Products
重庆市	**Chongqing**	**11385449**	**4980000**	**15093438**	**501142**	**2911934**	**330720**
一小时经济圈	**One Hour Economic Sphere**	**5741663**	**3033095**	**9997113**	**207374**	**1230564**	**241268**
渝中区	Yuzhong District						
大渡口区	Dadukou District	160	160	64250		715	460
江北区	Jiangbei District	5117	2484	9148	47	2124	421
沙坪坝区	Shapingba District	14410	9808	85643	40	3610	4474
九龙坡区	Jiulongpo District	27072	15069	119034	824	13978	4081
南岸区	Nan'an District	12000	4000	40850		5423	3226
北碚区	Beibei District	60325	23008	416017	1238	17505	5414
渝北区	Yubei District	204593	75003	314276	2686	113044	5730
巴南区	Ba'nan District	359703	177300	545604	2081	43308	16753
涪陵区	Fuling District	438283	208200	1772500	5683	112300	19619
长寿区	Changshou District	365009	181560	278903	9061	160435	23887
江津区	Jiangjin District	657873	360218	715280	11863	199872	16606
合川区	Hechuan District	712073	329260	609512	18818	88984	29469
永川区	Yongchuan District	499596	341380	522695	16765	126953	28838
南川区	Nanchuan District	330021	187455	333317	19291	57048	8605
綦江区	Qijiang District	431047	187185	671271	8472	32723	6986
大足区	Dazu District	431177	233285	298553	36526	43536	14007
潼南县	Tongnan County	373079	196051	1631391	38120	53245	12817
铜梁区	Tongliang District	346970	208050	569147	9862	28273	17850
荣昌县	Rongchang County	300075	180359	400390	22307	29060	9556
璧山区	Bishan District	173080	113260	599333	3690	98428	12469
渝东北翼	**Northeast of Chongqing**	**3999425**	**1433465**	**3467759**	**187213**	**1524960**	**80048**
万州区	Wanzhou District	521023	236288	837501	16564	278330	19983
梁平县	Liangping County	381515	213892	399662	13966	72685	9224
城口县	Chengkou County	97143	5675	42496	3172	2055	451
丰都县	Fengdu County	337033	125297	298724	19546	51751	6253
垫江县	Dianjiang County	386153	193793	310485	17127	59249	12359
忠 县	Zhongxian County	407749	216662	214841	28467	228332	6225
开 县	Kaixian County	590754	198500	367160	25600	353750	17310
云阳县	Yunyang County	420937	131685	379766	16786	147147	3589
奉节县	Fengjie County	431052	70593	243448	20797	264828	2930
巫山县	Wushan County	225024	25600	195176	14998	58588	722
巫溪县	Wuxi County	201042	15480	178500	10190	8245	1002
渝东南翼	**Southeast of Chongqing**	**1644361**	**513440**	**1628566**	**106555**	**156410**	**9404**
黔江区	Qianjiang District	250003	66186	171338	15193	31891	1401
武隆县	Wulong County	167136	41165	421960	8061	21014	1952
石柱县	Shizhu County	255018	88726	281508	10060	13783	2288
秀山县	Xiushan County	305207	139502	244197	28375	67098	2106
酉阳县	Youyang County	367060	113961	244943	24876	16680	1300
彭水县	Pengshui County	299937	63900	264620	19990	5944	357

4-33 各区县主要农作物产品产量（2013 年）
Output of Major Agricultural and Subsidiary Products by Region of Chongqing（2013）

续表 2（continued 2） 单位：吨

地 区	Region	粮食 Grain	稻谷 Rice	蔬菜 Vegetables	油料 Oil-bearing Crops	水果 Fruits	水产品 Aquatic Products
重庆市	Chongqing	11481297	5030783	16006420	531375	3188578	385000
渝中区	Yuzhong District						
大渡口区	Dadukou District	130	130	62000		996	359
江北区	Jiangbei District	5125	2455	7776	44	1695	388
沙坪坝区	Shapingba District	13911	9607	81966	43	4396	4451
九龙坡区	Jiulongpo District	27459	15141	113998	875	13295	3586
南岸区	Nan'an District	9290	2990	34578		5956	3629
北碚区	Beibei District	69788	32684	405480	1044	21706	4548
渝北区	Yubei District	200352	71247	374171	2911	129166	6025
巴南区	Ba'nan District	357751	175487	548402	2215	48653	18949
涪陵区	Fuling District	438245	208114	1885381	5891	121852	19309
长寿区	Changshou District	369592	183920	296004	9666	167083	26573
江津区	Jiangjin District	665997	365525	757362	13184	216409	15882
合川区	Hechuan District	723493	338601	646463	20428	102010	35582
永川区	Yongchuan District	500216	347746	562600	18522	136250	33830
南川区	Nanchuan District	332496	185600	356400	20001	62419	8580
綦江区	Qijiang District	424665	183994	710565	8546	34965	11576
大足区	Dazu District	434577	235774	313771	38030	51398	16919
潼南县	Tongnan County	376967	201000	1727345	40937	60524	17019
铜梁县	Tongliang County	351742	214610	603209	11398	31542	23865
荣昌县	Rongchang County	309188	184177	426463	23919	29930	10277
璧山县	Bishan County	174816	114958	635367	4177	112515	14835
万州区	Wanzhou District	523565	237574	886485	17575	318294	19859
梁平县	Liangping County	386444	218517	422350	14661	75675	10599
城口县	Chengkou County	100078	5879	46623	3247	2060	495
丰都县	Fengdu County	333571	125000	316550	20999	52874	6480
垫江县	Dianjiang County	396020	201283	370343	18709	62240	14189
忠 县	Zhongxian County	411649	217524	228592	29371	269267	8142
开 县	Kaixian County	597547	202300	388308	28366	373800	23654
云阳县	Yunyang County	428088	135524	406351	15591	164373	9484
奉节县	Fengjie County	432789	72531	256108	22406	281943	3171
巫山县	Wushan County	228994	26840	206710	16859	62123	636
巫溪县	Wuxi County	209411	16285	185960	10382	9246	993
黔江区	Qianjiang District	249975	65903	182306	15548	33678	1605
武隆县	Wulong County	168791	38998	452550	8413	23391	2159
石柱县	Shizhu County	256365	88860	307465	10344	14734	2633
秀山县	Xiushan County	301461	134660	259400	29692	66661	2928
酉阳县	Youyang County	363100	106945	261518	25979	18178	1429
彭水县	Pengshui County	307649	62400	279500	21402	7281	362

4-33 各区县主要农作物产品产量（2014 年）
Output of Major Agricultural and Subsidiary Products by Region of Chongqing（2014）

续表 3（continued 3） 单位：吨

地 区	Region	粮食 Grain	稻谷 Rice	蔬菜 Vegetables	油料 Oil-bearing Crops	水果 Fruits	水产品 Aquatic Products
重庆市	**Chongqing**	**11445396**	**5031855**	**16891140**	**569359**	**3476148**	**443409**
渝中区	Yuzhong District						
大渡口区	Dadukou District	126	126	57900		968	326
江北区	Jiangbei District	4755	2415	7099	16	1429	410
沙坪坝区	Shapingba District	13493	9570	80409	41	4798	4800
九龙坡区	Jiulongpo District	26957	15121	104661	1071	14501	3786
南岸区	Nan'an District	6200	2600	32314		5402	2815
北碚区	Beibei District	61332	27568	390873	958	20836	4853
渝北区	Yubei District	194029	69022	379800	3454	133082	7300
巴南区	Ba'nan District	333623	166767	565050	2181	48693	20500
涪陵区	Fuling District	433106	213278	2011702	6190	123705	20550
长寿区	Changshou District	365686	180606	313767	10278	204577	26500
江津区	Jiangjin District	663512	366750	797250	15057	233980	19850
合川区	Hechuan District	717890	335450	684948	21685	114838	39184
永川区	Yongchuan District	496230	350048	593282	20524	148090	39002
南川区	Nanchuan District	333134	185003	374888	22023	67662	10044
綦江区	Qijiang District	425058	182119	745118	9055	37602	12000
大足区	Dazu District	431840	235843	331349	40685	54479	20000
潼南县	Tongnan County	375243	202600	1805145	44166	68789	26144
铜梁县	Tongliang County	350792	217093	636610	12627	36966	28580
荣昌县	Rongchang County	309928	183961	451463	24705	31350	11510
璧山县	Bishan County	174464	113574	677119	4464	130060	16733
万州区	Wanzhou District	524091	236042	952558	18204	337515	22300
梁平县	Liangping County	382832	216517	453182	15486	86468	15100
城口县	Chengkou County	101737	5860	49886	3265	2160	536
丰都县	Fengdu County	337616	127500	339593	21543	56062	7300
垫江县	Dianjiang County	392227	199494	404680	20193	68727	17000
忠 县	Zhongxian County	407935	215360	245121	30755	285412	10800
开 县	Kaixian County	601190	203500	415659	29569	405351	25000
云阳县	Yunyang County	423960	134129	437296	17340	188835	10776
奉节县	Fengjie County	428842	74625	272525	25347	304630	4200
巫山县	Wushan County	229381	26810	223581	16928	71681	750
巫溪县	Wuxi County	220529	17593	202623	11043	10875	1135
黔江区	Qianjiang District	250559	65805	190296	15291	37787	1858
武隆县	Wulong County	172462	40727	485534	9033	25055	2654
石柱县	Shizhu County	257898	89393	326321	10424	15479	3100
秀山县	Xiushan County	306536	135660	276980	35316	70970	3920
酉阳县	Youyang County	379228	120216	279758	27744	19153	1660
彭水县	Pengshui County	310975	63110	294800	22698	8181	433

4–33 各区县主要农作物产品产量（2015 年）
Output of Major Agricultural and Subsidiary Products by Region of Chongqing（2015）

续表 4（continued 4）　　　　单位：吨

地 区	Region	粮食 Grain	稻谷 Rice	蔬菜 Vegetables	油料 Oil–bearing Crops	水果 Fruits	水产品 Aquatic Products
重庆市	**Chongqing**	**11548879**	**5063595**	**17804742**	**598721**	**3758483**	**480863**
渝中区	Yuzhong District						
大渡口区	Dadukou District	5	5	44180		868	302
江北区	Jiangbei District	4740	2245	7012	19	1411	383
沙坪坝区	Shapingba District	13483	9598	80892	37	4907	4810
九龙坡区	Jiulongpo District	25675	14022	101486	1077	14999	3843
南岸区	Nan'an District	4500	1100	25828		5481	2632
北碚区	Beibei District	57603	24741	380125	937	21280	4870
渝北区	Yubei District	196216	71426	391000	3763	139303	8092
巴南区	Ba'nan District	324475	166151	615455	2252	49557	21350
涪陵区	Fuling District	438156	212722	2071135	6581	130110	20960
长寿区	Changshou District	368870	182950	337200	10864	222000	30320
江津区	Jiangjin District	666124	368235	843052	15679	254134	24046
合川区	Hechuan District	720548	336980	732118	23405	122158	41057
永川区	Yongchuan District	500020	351740	622800	21798	155776	41031
南川区	Nanchuan District	335834	187747	406083	22129	73468	11000
綦江区	Qijiang District	429441	185100	778409	9353	40263	12243
大足区	Dazu District	432044	238005	357192	43790	58388	21559
潼南区	Tongnan District	378047	204280	1882905	46884	77457	31861
铜梁区	Tongliang District	355241	217460	674907	13385	41768	31700
荣昌区	Rongchang District	312697	183189	480415	25682	33064	11900
璧山区	Bishan District	174796	113565	703022	4655	139876	17906
万州区	Wanzhou District	528243	238174	1018898	19009	372606	23750
梁平县	Liangping County	385994	218020	482358	16251	95926	16409
城口县	Chengkou County	105860	6304	51726	3325	2174	559
丰都县	Fengdu County	342117	129660	366825	21619	59334	8218
垫江县	Dianjiang County	394430	201900	442232	20507	77081	18500
忠 县	Zhongxian County	410078	216791	258895	32117	318867	12300
开 县	Kaixian County	606194	204635	443766	30703	434762	26300
云阳县	Yunyang County	427786	136168	466093	18866	206776	11378
奉节县	Fengjie County	440073	76983	294313	27017	322298	4673
巫山县	Wushan County	234393	27545	239710	18824	80967	880
巫溪县	Wuxi County	233744	17266	216200	12072	12043	1143
黔江区	Qianjiang District	250777	66096	200200	16037	40726	1950
武隆县	Wulong County	177979	41883	521576	9781	27174	3042
石柱县	Shizhu County	261760	89526	352320	10709	15804	3450
秀山县	Xiushan County	310981	136724	299222	36080	75370	4200
酉阳县	Youyang County	383075	121209	301972	29114	21596	1800
彭水县	Pengshui County	316880	63450	313220	24400	8711	446

4–33 各区县主要农作物产品产量（2016 年）
Output of Major Agricultural and Subsidiary Products by Region of Chongqing（2016）

续表 5（continued 5）　　单位：公斤/人

地　区	Region	粮食 Grain	稻谷 Rice	蔬菜 Vegetables	油料 Oil–bearing Crops	水果 Fruits	水产品 Aquatic Products
重庆市	**Chongqing**	**11660025**	**5105537**	**18751267**	**627208**	**4086884**	**508427**
渝中区	Yuzhong District						
大渡口区	Dadukou District	2799	37	43180		910	291
江北区	Jiangbei District	4451	2163	6915	17	1548	381
沙坪坝区	Shapingba District	13059	9225	80568	34	4849	4890
九龙坡区	Jiulongpo District	23308	12526	98592	1015	15584	3845
南岸区	Nan'an District	3050	327	21457		4213	2580
北碚区	Beibei District	54675	23580	369648	939	21549	4967
渝北区	Yubei District	201093	72979	404000	4090	146067	22500
巴南区	Ba'nan District	318113	161449	645455	2365	51674	8361
涪陵区	Fuling District	448446	215422	2169469	6866	140874	21250
长寿区	Changshou District	373312	185205	360200	12232	242998	32475
江津区	Jiangjin District	671181	370735	886723	17040	274999	25849
合川区	Hechuan District	725757	339377	781118	25433	132975	43520
永川区	Yongchuan District	500619	351296	655500	21844	166445	43100
南川区	Nanchuan District	340934	190313	434677	22170	80679	11500
綦江区	Qijiang District	434684	188275	807624	10264	44194	12917
大足区	Dazu District	439256	240930	380192	47094	63560	22102
潼南区	Tongnan District	383587	206972	1967123	49106	45948	34728
铜梁区	Tongliang District	362989	220000	720907	14674	85974	34230
荣昌区	Rongchang District	310934	183164	505240	25914	34727	11870
璧山区	Bishan District	174361	113079	756022	4712	151035	19159
万州区	Wanzhou District	531319	241215	1065485	19832	409749	24700
开州区	Kaizhou District	618344	213668	470213	31260	480336	28141
梁平区	Liangping District	389913	220510	513358	17442	105494	18001
武隆区	Wulong District	182585	42774	558824	10407	30777	3315
城口县	Chengkou County	110521	6459	53830	3668	2212	513
丰都县	Fengdu County	344101	131953	391503	22013	64805	8788
垫江县	Dianjiang County	393572	202300	472232	20692	84729	19795
忠　县	Zhongxian County	413571	219047	273305	33239	350088	13161
云阳县	Yunyang County	429654	138231	497036	20561	229536	11946
奉节县	Fengjie County	442570	77388	310680	28072	340348	4798
巫山县	Wushan County	235639	27280	250243	19336	87307	950
巫溪县	Wuxi County	241083	17446	233136	13780	13784	1228
黔江区	Qianjiang District	250781	66195	214200	16912	44438	2041
石柱县	Shizhu County	265018	91056	376499	10981	16302	3700
秀山县	Xiushan County	316992	138223	319936	36856	82142	4500
酉阳县	Youyang County	384885	121219	323627	30048	25148	1875
彭水县	Pengshui County	322870	63520	332550	26300	8887	460

4–34 各区县主要畜禽产品产量（2016 年）
Output of Major Livestock and poultry Products by Region of Chongqing（2016）

单位：吨

地 区	Region	肉类总产量 Output of Meat	猪肉 Pork	牛肉 Beef	羊肉 Mutton	禽肉 Meat of Poultry	兔肉 Meat of Rabbit	禽蛋产量 Poultry Eggs
重庆市	**Chongqing**	**2108486**	**1513087**	**91701**	**41204**	**384393**	**72835**	**473853**
渝中区	Yuzhong District							
大渡口区	Dadukou District	720	519		9	175	17	155
江北区	Jiangbei District	900	663		28	204	5	210
沙坪坝区	Shapingba District	1414	1015	2	25	357	15	230
九龙坡区	Jiulongpo District	3863	2623	3	39	1164	32	894
南岸区	Nan'an District	583	507	3	4	68	1	334
北碚区	Beibei District	8421	6579	35	80	1643	84	2570
渝北区	Yubei District	37321	19377	235	277	12745	4391	7735
巴南区	Ba'nan District	43060	34617	147	192	7446	534	13893
涪陵区	Fuling District	74884	58577	2255	488	12403	947	14056
长寿区	Changshou District	67951	48537	968	103	17466	813	53273
江津区	Jiangjin District	95057	70889	578	343	18418	4640	26982
合川区	Hechuan District	95299	75998	636	442	15911	2263	26559
永川区	Yongchuan District	109273	62745	321	305	35956	9496	16140
南川区	Nanchuan District	69854	50547	2506	425	15756	338	9673
綦江区	Qijiang District	71027	56800	2914	812	9084	1401	17206
大足区	Dazu District	64553	49591	188	298	13574	893	12891
潼南区	Tongnan District	61481	54229	770	194	5353	530	15398
铜梁区	Tongliang District	92113	47586	358	646	39238	3634	55171
荣昌区	Rongchang District	73884	54282	712	193	15964	2530	10850
璧山区	Bishan District	77140	20661	84	256	50577	5183	7264
万州区	Wanzhou District	79076	65666	2130	579	9984	528	11042
梁平区	Liangping District	77826	53384	3700	459	19995	240	11209
城口县	Chengkou County	24979	16698	1005	841	6264	71	5255
丰都县	Fengdu County	62360	35649	14879	1754	9973	102	23977
垫江县	Dianjiang County	68116	57679	1059	308	8187	789	19781
忠 县	Zhongxian County	75661	51572	3110	969	6755	12895	24987
开州区	Kaizhou District	107800	76150	2242	6223	9595	13571	14519
云阳县	Yunyang County	81974	61811	6312	7059	4763	1379	23995
奉节县	Fengjie County	65513	55363	2997	2440	4448	259	10882
巫山县	Wushan County	46047	38317	798	2951	3512	458	5659
巫溪县	Wuxi County	51769	41490	843	2770	6275	322	3611
黔江区	Qianjiang District	63780	56639	5291	153	1661	32	2329
武隆区	Wulong District	43675	34841	4369	2403	1808	213	3100
石柱县	Shizhu County	43356	26844	8516	224	3433	4147	3670
秀山县	Xiushan County	45506	34120	3863	374	7071	22	5234
酉阳县	Youyang County	67432	48870	8816	5562	4154	15	4499
彭水县	Pengshui County	54818	41652	9056	976	3013	45	8620

4-35 各区县主要农作物产品人均产量（2011 年）
Per Capita Output of Major Agricultural and Subsidiary Products by Region of Chongqing（2011）

单位：公斤/人

地 区	Region	粮食 Grain	稻谷 Rice	蔬菜 Vegetables	油料 Oil-bearing Crops	水果 Fruits	水产品 Aquatic Products
重庆市	**Chongqing**	**484.8**	**212.3**	**605.7**	**20.0**	**112.4**	**11.9**
一小时经济圈	**One Hour Economic Sphere**	**494.8**	**262.4**	**821.1**	**16.7**	**98.8**	**17.9**
渝中区	Yuzhong District	0.0	0.0	0.0	0.0	0.0	0.0
大渡口区	Dadukou District	6.6	6.6	1889.4	0.0	19.7	15.9
江北区	Jiangbei District	198.4	82.7	381.6	1.5	70.0	11.3
沙坪坝区	Shapingba District	99.2	62.6	668.2	0.2	18.3	28.2
九龙坡区	Jiulongpo District	128.5	72.7	584.3	3.8	62.5	17.6
南岸区	Nan'an District	47.7	17.6	176.8	0.0	21.5	12.4
北碚区	Beibei District	194.3	74.4	1256.0	3.4	56.4	13.3
渝北区	Yubei District	455.7	168.9	504.7	6.3	221.1	11.9
巴南区	Ba'nan District	646.4	313.0	909.1	3.8	74.0	24.7
涪陵区	Fuling District	533.1	256.5	2025.6	6.6	129.5	20.4
长寿区	Changshou District	551.6	279.0	394.4	13.0	215.5	31.2
江津区	Jiangjin District	557.5	309.0	584.2	9.4	160.7	11.5
合川区	Hechuan District	599.1	278.2	481.2	15.1	65.7	19.2
永川区	Yongchuan District	671.6	453.8	682.2	21.1	152.5	33.7
南川区	Nanchuan District	533.7	310.3	522.9	29.5	81.4	12.4
綦江区	Qijiang District	375.5	147.8	699.0	8.1	34.2	7.6
大足区	Dazu District	640.0	359.4	415.3	46.3	55.6	16.9
潼南县	Tongnan County	440.2	234.0	1869.0	40.6	63.1	12.6
铜梁县	Tongliang County	529.5	321.0	778.2	14.4	41.4	21.7
荣昌县	Rongchang County	3619.1	266.1	586.0	32.4	45.3	12.5
璧山县	Bishan County	379.4	251.5	1199.7	7.3	190.3	24.2
渝东北翼	**Northeast of Chongqing**	**456.4**	**163.4**	**367.2**	**19.9**	**152.2**	**7.3**
万州区	Wanzhou District	408.3	186.3	610.4	12.2	191.9	13.1
梁平县	Liangping County	467.1	264.1	468.3	16.4	88.6	9.1
城口县	Chengkou County	449.4	31.2	171.3	13.6	9.3	1.8
丰都县	Fengdu County	512.5	193.1	414.9	27.4	73.1	7.7
垫江县	Dianjiang County	505.2	255.3	382.3	20.9	71.7	14.3
忠 县	Zhongxian County	512.0	269.7	262.4	35.9	261.2	6.2
开 县	Kaixian County	419.6	141.8	242.8	16.7	219.9	9.2
云阳县	Yunyang County	418.7	131.3	338.9	15.1	117.1	2.8
奉节县	Fengjie County	493.9	83.4	254.0	21.3	251.5	2.6
巫山县	Wushan County	437.9	50.7	350.2	25.6	98.9	1.1
巫溪县	Wuxi County	465.3	36.7	380.9	21.6	15.5	1.9
渝东南翼	**Southeast of Chongqing**	**528.7**	**167.3**	**493.1**	**32.6**	**48.6**	**2.5**
黔江区	Qianjiang District	504.6	137.5	321.3	30.1	62.5	2.5
武隆县	Wulong County	443.9	114.1	1046.6	19.5	54.8	4.7
石柱县	Shizhu County	600.8	212.2	621.5	22.9	30.1	4.2
秀山县	Xiushan County	670.6	305.1	507.1	60.0	142.8	3.8
酉阳县	Youyang County	488.3	154.1	300.9	31.6	21.6	1.5
彭水县	Pengshui County	490.7	104.3	417.4	30.0	8.8	0.5

注：本表数据按乡村人口计算。

Note:Data in this table are calculated by rural population.

4–35 各区县主要农作物产品人均产量（2012 年）
Per Capita Output of Major Agricultural and Subsidiary Products by Region of Chongqing（2012）

续表 1（continued 1） 单位：吨

地 区	Region	粮食 Grain	稻谷 Rice	蔬菜 Vegetables	油料 Oil–bearing Crops	水果 Fruits	水产品 Aquatic Products
重庆市	**Chongqing**	**494.4**	**216.2**	**655.4**	**21.8**	**126.4**	**14.4**
一小时经济圈	**One Hour Economic Sphere**	**511.3**	**270.1**	**890.2**	**18.5**	**109.6**	**21.5**
渝中区	Yuzhong District						
大渡口区	Dadukou District	5.2	5.2	2077.7	0.0	23.1	14.9
江北区	Jiangbei District	130.4	63.3	233.2	1.2	54.1	10.7
沙坪坝区	Shapingba District	104.2	70.9	619.2	0.3	26.1	32.3
九龙坡区	Jiulongpo District	126.8	70.6	557.7	3.9	65.5	19.1
南岸区	Nan'an District	44.1	14.7	150.0	0.0	19.9	11.8
北碚区	Beibei District	193.3	73.7	1332.9	4.0	56.1	17.3
渝北区	Yubei District	482.4	176.9	741.1	6.3	266.6	13.5
巴南区	Ba'nan District	641.5	316.2	973.1	3.7	77.2	29.9
涪陵区	Fuling District	539.7	256.4	2182.5	7.0	138.3	24.2
长寿区	Changshou District	555.3	276.2	424.3	13.8	244.1	36.3
江津区	Jiangjin District	585.6	320.6	636.7	10.6	177.9	14.8
合川区	Hechuan District	600.4	277.6	513.9	15.9	75.0	24.8
永川区	Yongchuan District	686.5	469.1	718.2	23.0	174.4	39.6
南川区	Nanchuan District	644.0	365.8	650.5	37.6	111.3	16.8
綦江区	Qijiang District	483.5	210.0	753.0	9.5	36.7	7.8
大足区	Dazu District	535.7	289.8	370.9	45.4	54.1	17.4
潼南县	Tongnan County	457.4	240.3	2000.0	46.7	65.3	15.7
铜梁县	Tongliang County	551.4	330.6	904.4	15.7	44.9	28.4
荣昌县	Rongchang County	484.5	291.2	646.5	36.0	46.9	15.4
璧山县	Bishan County	377.0	246.7	1305.6	8.0	214.4	27.2
渝东北翼	**Northeast of Chongqing**	**456.7**	**163.7**	**396.0**	**21.4**	**174.1**	**9.1**
万州区	Wanzhou District	421.8	191.3	678.1	13.4	225.3	16.2
梁平县	Liangping County	458.2	256.9	480.0	16.8	87.3	11.1
城口县	Chengkou County	437.8	25.6	191.5	14.3	9.3	2.0
丰都县	Fengdu County	510.7	189.9	452.7	29.6	78.4	9.5
垫江县	Dianjiang County	517.2	259.5	415.8	22.9	79.3	16.6
忠　县	Zhongxian County	532.0	282.7	280.3	37.1	297.9	8.1
开　县	Kaixian County	416.1	139.8	258.6	18.0	249.2	12.2
云阳县	Yunyang County	416.7	130.4	376.0	16.6	145.7	3.6
奉节县	Fengjie County	474.4	77.7	267.9	22.9	291.5	3.2
巫山县	Wushan County	424.4	48.3	368.1	28.3	110.5	1.4
巫溪县	Wuxi County	472.2	36.4	419.2	23.9	19.4	2.4
渝东南翼	**Southeast of Chongqing**	**540.3**	**168.7**	**535.1**	**35.0**	**51.4**	**3.1**
黔江区	Qianjiang District	542.9	143.7	372.0	33.0	69.2	3.0
武隆县	Wulong County	446.2	109.9	1126.5	21.5	56.1	5.2
石柱县	Shizhu County	605.2	210.6	668.0	23.9	32.7	5.4
秀山县	Xiushan County	701.6	320.7	561.3	65.2	154.2	4.8
酉阳县	Youyang County	474.3	147.3	316.5	32.1	21.6	1.7
彭水县	Pengshui County	518.7	110.5	457.6	34.6	10.3	0.6

注：本表数据按乡村人口计算。

Note:Data in this table are calculated by rural population.

4-35 各区县主要农作物产品人均产量（2013 年）
Per Capita Output of Major Agricultural and Subsidiary Products by Region of Chongqing（2013）

续表 2（continued 2） 单位：吨

地 区	Region	粮食 Grain	稻谷 Rice	蔬菜 Vegetables	油料 Oil-bearing Crops	水果 Fruits	水产品 Aquatic Products
重庆市	**Chongqing**	**506.3**	**221.8**	**705.8**	**23.4**	**140.6**	**17.0**
渝中区	Yuzhong District						
大渡口区	Dadukou District	4.5	4.5	2128.0	0.0	34.2	12.3
江北区	Jiangbei District	170.1	81.5	258.1	1.5	56.3	12.9
沙坪坝区	Shapingba District	101.5	70.1	598.0	0.3	32.1	32.5
九龙坡区	Jiulongpo District	127.8	70.5	530.7	4.1	61.9	16.7
南岸区	Nan'an District	30.4	9.8	113.3	0.0	19.5	11.9
北碚区	Beibei District	223.1	104.5	1296.3	3.3	69.4	14.5
渝北区	Yubei District	463.7	164.9	866.0	6.7	298.9	13.9
巴南区	Ba'nan District	633.5	310.7	971.1	3.9	86.2	33.6
涪陵区	Fuling District	541.4	257.1	2329.2	7.3	150.5	23.9
长寿区	Changshou District	568.3	282.8	455.1	14.9	256.9	40.9
江津区	Jiangjin District	598.4	328.4	680.5	11.8	194.5	14.3
合川区	Hechuan District	674.0	315.4	602.2	19.0	95.0	33.1
永川区	Yongchuan District	680.7	473.2	765.6	25.2	185.4	46.0
南川区	Nanchuan District	657.9	367.2	705.1	39.6	123.5	17.0
綦江区	Qijiang District	479.9	207.9	803.1	9.7	39.5	13.1
大足区	Dazu District	570.2	309.4	411.7	49.9	67.4	22.2
潼南县	Tongnan County	475.5	253.5	2178.9	51.6	76.3	21.5
铜梁县	Tongliang County	564.8	344.6	968.5	18.3	50.6	38.3
荣昌县	Rongchang County	646.0	384.8	891.1	50.0	62.5	21.5
璧山县	Bishan County	380.9	250.5	1384.5	9.1	245.2	32.3
万州区	Wanzhou District	429.4	194.9	727.1	14.4	261.1	16.3
梁平县	Liangping County	460.3	260.3	503.1	17.5	90.1	12.6
城口县	Chengkou County	449.2	26.4	209.3	14.6	9.2	2.2
丰都县	Fengdu County	507.8	190.3	481.9	32.0	80.5	9.9
垫江县	Dianjiang County	531.7	270.2	497.2	25.1	83.6	19.1
忠 县	Zhongxian County	541.7	286.2	300.8	38.6	354.3	10.7
开 县	Kaixian County	426.5	144.4	277.2	20.2	266.8	16.9
云阳县	Yunyang County	438.9	139.0	416.6	16.0	168.5	9.7
奉节县	Fengjie County	477.4	80.0	282.5	24.7	311.0	3.5
巫山县	Wushan County	434.3	50.9	392.1	32.0	117.8	1.2
巫溪县	Wuxi County	446.9	34.8	396.8	22.2	19.7	2.1
黔江区	Qianjiang District	543.1	143.2	396.0	33.8	73.2	3.5
武隆县	Wulong County	450.4	104.1	1207.7	22.5	62.4	5.8
石柱县	Shizhu County	618.3	214.3	741.5	24.9	35.5	6.3
秀山县	Xiushan County	691.8	309.0	595.2	68.1	153.0	6.7
酉阳县	Youyang County	467.1	137.6	336.4	33.4	23.4	1.8
彭水县	Pengshui County	530.2	107.5	481.6	36.9	12.5	0.6

注：本表数据按乡村人口计算。

Note:Data in this table are calculated by rural population.

4–35 各区县主要农作物产品人均产量（2014 年）
Per Capita Output of Major Agricultural and Subsidiary Products by Region of Chongqing（2014）

续表 3（continued 3） 单位：吨

地 区	Region	粮食 Grain	稻谷 Rice	蔬菜 Vegetables	油料 Oil-bearing Crops	水果 Fruits	水产品 Aquatic Products
重庆市	**Chongqing**	**509.5**	**224.0**	**752.0**	**25.3**	**154.7**	**19.7**
渝中区	Yuzhong District						
大渡口区	Dadukou District	4.9	4.9	2242.9	0.0	37.5	12.6
江北区	Jiangbei District	207.9	105.6	310.4	0.7	62.5	17.9
沙坪坝区	Shapingba District	99.9	70.8	595.2	0.3	35.5	35.5
九龙坡区	Jiulongpo District	126.3	70.8	490.2	5.0	67.9	17.7
南岸区	Nan'an District	19.5	8.2	101.5	0.0	17.0	8.8
北碚区	Beibei District	201.2	90.4	1282.4	3.1	68.4	15.9
渝北区	Yubei District	484.3	172.3	948.0	8.6	332.2	18.2
巴南区	Ba'nan District	600.4	300.1	1016.9	3.9	87.6	36.9
涪陵区	Fuling District	536.0	264.0	2489.8	7.7	153.1	25.4
长寿区	Changshou District	581.6	287.3	499.1	16.3	325.4	42.1
江津区	Jiangjin District	602.4	333.0	723.8	13.7	212.4	18.0
合川区	Hechuan District	703.4	328.7	671.2	21.2	112.5	38.4
永川区	Yongchuan District	659.6	465.3	788.5	27.3	196.8	51.8
南川区	Nanchuan District	685.8	380.9	771.8	45.3	139.3	20.7
綦江区	Qijiang District	485.5	208.0	851.0	10.3	42.9	13.7
大足区	Dazu District	566.8	309.6	434.9	53.4	71.5	26.3
潼南县	Tongnan County	484.9	261.8	2332.7	57.1	88.9	33.8
铜梁县	Tongliang County	566.2	350.4	1027.6	20.4	59.7	46.1
荣昌县	Rongchang County	649.0	385.2	945.4	51.7	65.7	24.1
璧山县	Bishan County	394.4	256.7	1530.7	10.1	294.0	37.8
万州区	Wanzhou District	434.7	195.8	790.0	15.1	279.9	18.5
梁平县	Liangping County	456.0	257.9	539.8	18.4	103.0	18.0
城口县	Chengkou County	454.7	26.2	222.9	14.6	9.7	2.4
丰都县	Fengdu County	514.9	194.4	517.9	32.9	85.5	11.1
垫江县	Dianjiang County	528.1	268.6	544.9	27.2	92.5	22.9
忠 县	Zhongxian County	543.9	287.1	326.8	41.0	380.5	14.4
开 县	Kaixian County	429.1	145.3	296.7	21.1	289.3	17.8
云阳县	Yunyang County	439.2	138.9	453.0	18.0	195.6	11.2
奉节县	Fengjie County	467.8	81.4	297.3	27.6	332.3	4.6
巫山县	Wushan County	442.8	51.7	431.6	32.7	138.4	1.4
巫溪县	Wuxi County	470.4	37.5	432.2	23.6	23.2	2.4
黔江区	Qianjiang District	540.9	142.1	410.8	33.0	81.6	4.0
武隆县	Wulong County	456.7	107.8	1285.6	23.9	66.3	7.0
石柱县	Shizhu County	619.3	214.7	783.7	25.0	37.2	7.4
秀山县	Xiushan County	703.5	311.3	635.7	81.1	162.9	9.0
酉阳县	Youyang County	486.9	154.4	359.2	35.6	24.6	2.1
彭水县	Pengshui County	536.6	108.9	508.6	39.2	14.1	0.7

注：本表数据按乡村人口计算。

Note:Data in this table are calculated by rural population.

4-35 各区县主要农作物产品人均产量（2015 年）
Per Capita Output of Major Agricultural and Subsidiary Products by Region of Chongqing（2015）

续表 4（continued 4） 单位：吨

地 区	Region	粮食 Grain	稻谷 Rice	蔬菜 Vegetables	油料 Oil-bearing Crops	水果 Fruits	水产品 Aquatic Products
重庆市	**Chongqing**	**518.9**	**227.5**	**799.9**	**26.9**	**168.9**	**21.6**
渝中区	Yuzhong District						
大渡口区	Dadukou District	0.2	0.2	1879.5		36.9	12.8
江北区	Jiangbei District	230.4	109.2	340.9	0.9	68.6	18.6
沙坪坝区	Shapingba District	100.5	71.6	603.1	0.3	36.6	35.9
九龙坡区	Jiulongpo District	120.5	65.8	476.3	5.1	70.4	18.0
南岸区	Nan'an District	14.1	3.4	80.9	0.0	17.2	8.2
北碚区	Beibei District	202.6	87.0	1337.2	3.3	74.9	17.1
渝北区	Yubei District	503.4	183.3	1003.2	9.7	357.4	20.8
巴南区	Ba'nan District	704.5	360.7	1336.2	4.9	107.6	46.4
涪陵区	Fuling District	543.8	264.0	2570.4	8.2	161.5	26.0
长寿区	Changshou District	588.6	291.9	538.1	17.3	354.2	48.4
江津区	Jiangjin District	608.0	336.1	769.5	14.3	232.0	21.9
合川区	Hechuan District	709.0	331.6	720.4	23.0	120.2	40.4
永川区	Yongchuan District	664.5	467.4	827.6	29.0	207.0	54.5
南川区	Nanchuan District	720.4	402.7	871.0	47.5	157.6	23.6
綦江区	Qijiang District	490.9	211.6	889.9	10.7	46.0	14.0
大足区	Dazu District	571.3	314.7	472.3	57.9	77.2	28.5
潼南区	Tongnan District	478.9	258.8	2385.0	59.4	98.1	40.4
铜梁区	Tongliang District	578.1	353.9	1098.2	21.8	68.0	51.6
荣昌区	Rongchang District	653.0	382.6	1003.3	53.6	69.1	24.9
璧山区	Bishan District	399.1	259.3	1605.0	10.6	319.3	40.9
万州区	Wanzhou District	444.1	200.2	856.6	16.0	313.2	20.0
黔江区	Qianjiang District	538.2	141.8	429.6	34.4	87.4	4.2
梁平县	Liangping County	463.0	261.5	578.6	19.5	115.1	19.7
城口县	Chengkou County	477.3	28.4	233.2	15.0	9.8	2.5
丰都县	Fengdu County	522.6	198.0	560.3	33.0	90.6	12.6
垫江县	Dianjiang County	532.3	272.5	596.8	27.7	104.0	25.0
忠 县	Zhongxian County	551.9	291.7	348.4	43.2	429.1	16.6
开 县	Kaixian County	427.0	144.1	312.6	21.6	306.2	18.5
云阳县	Yunyang County	445.5	141.8	485.3	19.6	215.3	11.8
奉节县	Fengjie County	485.2	84.9	324.5	29.8	355.4	5.2
巫山县	Wushan County	450.6	53.0	460.9	36.2	155.7	1.7
巫溪县	Wuxi County	498.1	36.8	460.7	25.7	25.7	2.4
武隆县	Wulong County	477.7	112.4	1399.9	26.3	72.9	8.2
石柱县	Shizhu County	631.6	216.0	850.1	25.8	38.1	8.3
秀山县	Xiushan County	724.5	318.5	697.1	84.1	175.6	9.8
酉阳县	Youyang County	492.4	155.8	388.2	37.4	27.8	2.3
彭水县	Pengshui County	549.2	110.0	542.8	42.3	15.1	0.8

注：本表数据按乡村人口计算。

Note:Data in this table are calculated by rural population.

4–35 各区县主要农作物产品人均产量（2016 年）
Per Capita Output of Major Agricultural and Subsidiary Products by Region of Chongqing（2016）

续表 5（continued 5） 单位：吨

地 区	Region	粮食 Grain	稻谷 Rice	蔬菜 Vegetables	油料 Oil–bearing Crops	水果 Fruits	水产品 Aquatic Products
重庆市	**Chongqing**	**530.9**	**232.5**	**853.8**	**28.6**	**186.1**	**23.2**
渝中区	Yuzhong District						
大渡口区	Dadukou District	123.2	1.6	1901.6	0.0	40.1	12.8
江北区	Jiangbei District	219.1	106.5	340.4	0.8	76.2	18.8
沙坪坝区	Shapingba District	97.8	69.1	603.6	0.3	36.3	36.6
九龙坡区	Jiulongpo District	113.3	60.9	479.1	4.9	75.7	18.7
南岸区	Nan'an District	9.1	1.0	64.0	0.0	12.6	7.7
北碚区	Beibei District	221.5	95.5	1497.4	3.8	87.3	20.1
渝北区	Yubei District	528.1	191.6	1060.9	10.7	383.6	59.1
巴南区	Ba'nan District	710.3	360.5	1441.3	5.3	115.4	18.7
涪陵区	Fuling District	556.4	267.3	2691.7	8.5	174.8	26.4
长寿区	Changshou District	608.8	302.0	587.4	19.9	396.3	53.0
江津区	Jiangjin District	620.8	342.9	820.2	15.8	254.4	23.9
合川区	Hechuan District	720.7	337.0	775.6	25.3	132.0	43.2
永川区	Yongchuan District	668.9	469.4	875.8	29.2	222.4	57.6
南川区	Nanchuan District	746.7	416.8	952.0	48.6	176.7	25.2
綦江区	Qijiang District	496.8	215.2	923.0	11.7	50.5	14.8
大足区	Dazu District	585.4	321.1	506.7	62.8	84.7	29.5
潼南区	Tongnan District	527.8	284.8	2706.8	67.6	63.2	47.8
铜梁区	Tongliang District	592.1	358.8	1175.9	23.9	140.2	55.8
荣昌区	Rongchang District	659.6	388.5	1071.7	55.0	73.7	25.2
璧山区	Bishan District	399.8	259.3	1733.5	10.8	346.3	43.9
万州区	Wanzhou District	451.8	205.1	906.0	16.9	348.4	21.0
黔江区	Qianjiang District	535.4	141.3	457.3	36.1	94.9	4.4
开州区	Kaizhou District	434.6	150.2	330.5	22.0	337.6	19.8
梁平区	Liangping District	468.7	265.1	617.0	21.0	126.8	21.6
武隆区	Wulong District	489.0	114.5	1496.5	27.9	82.4	8.9
城口县	Chengkou County	504.2	29.5	245.6	16.7	10.1	2.3
丰都县	Fengdu County	525.9	201.7	598.3	33.6	99.0	13.4
垫江县	Dianjiang County	533.7	274.3	640.4	28.1	114.9	26.8
忠 县	Zhongxian County	572.9	303.4	378.6	46.0	484.9	18.2
云阳县	Yunyang County	449.6	144.6	520.1	21.5	240.2	12.5
奉节县	Fengjie County	503.8	88.1	353.7	32.0	387.5	5.5
巫山县	Wushan County	451.3	52.2	479.2	37.0	167.2	1.8
巫溪县	Wuxi County	515.5	37.3	498.5	29.5	29.5	2.6
石柱县	Shizhu County	686.6	235.9	975.4	28.4	42.2	9.6
秀山县	Xiushan County	763.7	333.0	770.8	88.8	197.9	10.8
酉阳县	Youyang County	494.0	155.6	415.4	38.6	32.3	2.4
彭水县	Pengshui County	562.1	110.6	579.0	45.8	15.5	0.8

注：本表数据按乡村人口计算。

Note:Data in this table are calculated by rural population.

4-36 各区县主要畜禽产品人均产量（2016年）
Per Capita Output of Major Livestock and poultry Products by Region of Chongqing（2016）

单位：公斤/人

地　区	Region	肉类总产量 Output of Meat	猪肉 Pork	牛肉 Beef	羊肉 Mutton	禽肉 Meat of Poultry	兔肉 Meat of Rabbit	禽蛋产量 Poultry Eggs
重庆市	**Chongqing**	**96.0**	**68.9**	**4.2**	**1.9**	**17.5**	**3.3**	**21.6**
渝中区	Yuzhong District							
大渡口区	Dadukou District	31.7	22.9		0.4	7.7	0.7	6.8
江北区	Jiangbei District	44.3	32.6		1.4	10.0	0.2	10.3
沙坪坝区	Shapingba District	10.6	7.6		0.2	2.7	0.1	1.7
九龙坡区	Jiulongpo District	18.8	12.7		0.2	5.7	0.2	4.3
南岸区	Nan'an District	1.7	1.5			0.2		1.0
北碚区	Beibei District	34.1	26.7	0.1	0.3	6.7	0.3	10.4
渝北区	Yubei District	98.0	50.9	0.6	0.7	33.5	11.5	20.3
巴南区	Ba'nan District	96.2	77.3	0.3	0.4	16.6	1.2	31.0
涪陵区	Fuling District	92.9	72.7	2.8	0.6	15.4	1.2	17.4
长寿区	Changshou District	110.8	79.2	1.6	0.2	28.5	1.3	86.9
江津区	Jiangjin District	87.9	65.6	0.5	0.3	17.0	4.3	25.0
合川区	Hechuan District	94.6	75.5	0.6	0.4	15.8	2.2	26.4
永川区	Yongchuan District	146.0	83.8	0.4	0.4	48.0	12.7	21.6
南川区	Nanchuan District	153.0	110.7	5.5	0.9	34.5	0.7	21.2
綦江区	Qijiang District	81.2	64.9	3.3	0.9	10.4	1.6	19.7
大足区	Dazu District	86.0	66.1	0.3	0.4	18.1	1.2	17.2
潼南区	Tongnan District	84.6	74.6	1.1	0.3	7.4	0.7	21.2
铜梁区	Tongliang District	150.2	77.6	0.6	1.1	64.0	5.9	90.0
荣昌区	Rongchang District	156.7	115.1	1.5	0.4	33.9	5.4	23.0
璧山区	Bishan District	176.9	47.4	0.2	0.6	116.0	11.9	16.7
万州区	Wanzhou District	67.2	55.8	1.8	0.5	8.5	0.4	9.4
梁平区	Liangping District	93.5	64.2	4.4	0.6	24.0	0.3	13.5
城口县	Chengkou County	114.0	76.2	4.6	3.8	28.6	0.3	24.0
丰都县	Fengdu County	95.3	54.5	22.7	2.7	15.2	0.2	36.6
垫江县	Dianjiang County	92.4	78.2	1.4	0.4	11.1	1.1	26.8
忠　县	Zhongxian County	104.8	71.4	4.3	1.3	9.4	17.9	34.6
开州区	Kaizhou District	75.8	53.5	1.6	4.4	6.7	9.5	10.2
云阳县	Yunyang County	85.8	64.7	6.6	7.4	5.0	1.4	25.1
奉节县	Fengjie County	74.6	63.0	3.4	2.8	5.1	0.3	12.4
巫山县	Wushan County	88.2	73.4	1.5	5.7	6.7	0.9	10.8
巫溪县	Wuxi County	110.7	88.7	1.8	5.9	13.4	0.7	7.7
黔江区	Qianjiang District	136.2	120.9	11.3	0.3	3.5	0.1	5.0
武隆区	Wulong District	117.0	93.3	11.7	6.4	4.8	0.6	8.3
石柱县	Shizhu County	112.3	69.5	22.1	0.6	8.9	10.7	9.5
秀山县	Xiushan County	109.6	82.2	9.3	0.9	17.0	0.1	12.6
酉阳县	Youyang County	86.6	62.7	11.3	7.1	5.3	0.0	5.8
彭水县	Pengshui County	95.4	72.5	15.8	1.7	5.2	0.1	15.0

注：本表数据按乡村人口计算。

Note:Data in this table are calculated by rural population.

主要指标解释

农林牧渔业总产值 指以货币表现的农、林、牧、渔业全部产品和对农林牧渔业生产活动进行的各种支持性服务活动的价值总量，它反映一定时期内农林牧渔业生产总规模和总成果。1957 年以前的农林牧渔业总产值中包括了厩肥和农民自给性手工业（如农民自制衣服、鞋、袜，自己从事粮食初步加工等）。1958 年及以后，林业中增加了村及村以下竹木采伐产值；牧业中取消了厩肥产值；副业中取消了农民自给性手工业产值，增加了村及村以下办的工业产值；渔业中增加了海洋捕捞水产品产值。1980 年及以后，在副业中增加了农民家庭兼营工业商品部分的产值。从 1984 年起村及村以下工业产值划归工业。从 1993 年起取消副业，将野生动物的捕猎划入牧业、野生植物采集和农民家庭兼营商品性工业划归农业。从 2003 年起，执行新的国民经济行业分类标准，农林牧渔业总产值中包括了农林牧渔服务业产值。林业中增加了森林采运业产值。农业中取消了家庭兼营商品性工业产值，将野生林产品的采集划归林业。第一次农业普查以后，由于畜牧业产品年报数据与普查数据之间存在一定的差距，国家统计局农调总队对畜牧业年报数据与普查数据进行衔接，相应的畜牧业产值进行调整。第二次农业普查后，国家统计局再次对种植业、畜牧业、林业、渔业、服务业数据进行了衔接与调整。

农林牧渔业总产值的计算方法通常是按农、林、牧、渔业产品及其副产品的产量分别乘以各自单位产品价格求得；少数生产周期较长，当年没有产品或产品产量不易统计的，则采用间接方法匡算其产值；然后将四业产品产值相加并加上农林牧渔服务业产值即为农林牧渔业总产值。

粮食产量 指全社会的产量。包括国有经济经营的、集体统一经营的和农民家庭经营的粮食产量，还包括工矿企业办的农场和其他生产单位的产量。粮食除包括稻谷、小麦、玉米、高粱、谷子及其他杂粮外，还包括薯类和豆类。其产量计算方法，豆类按去豆荚后的干豆计算；薯类（包括甘薯和马铃薯，不包括芋头和木薯）1963 年以前按每 4 公斤鲜薯折 1 公斤粮食计算，从 1964 年开始及以后改为按 5 公斤鲜薯折 1 公斤粮食计算。城市郊区作为蔬菜的薯类（如：马铃薯等）按鲜品计算，并且不作粮食统计。其他粮食一律按脱粒后的原粮计算。1989 年以前全国粮食产量数据主要靠全面报表取得，1989 年开始使用抽样调查数据。

油料产量 指全部油料作物的生产量。包括花生、油菜籽、芝麻、向日葵籽，胡麻籽（亚麻籽）和其他油料。不包括大豆，也不包括木本油料和野生油料。花生以带壳干花生计算。

水产品产量 指人工养殖的水产品和天然生长的水产品的捕捞量。包括海水的鱼类、虾蟹类、贝类和藻类以及内陆水域的鱼类、虾蟹类和贝类，不包括淡水生植物。水产品产量是通过各级水产和统计部门逐级上报取得数据。1995 年及以前，贝类中牡蛎按鲜肉计算；蚶、蛤、蛙按 5 斤鲜品折 1 斤计算。1996 年以后则统一按鲜品计算。

猪、牛、羊肉产量 指当年出栏并已屠宰后除去头蹄下水后带骨肉（即胴体重）的重量。

期初（末）畜禽存栏头（只）数 指报告期初（末）农村各种合作经济组织和国营农场、农民个人、机关、团体、学校、工矿企业，部队等单位以及城镇居民饲养的大牲畜、猪、羊、家禽等畜禽的存栏头（只）数。

农作物播种面积 指实际播种或移植有农作物的面积，凡是实际种植有农作物的面积，不论种植在耕地上还是种植在非耕地上，均包括在农作物播种面积中。在播种季节基本结束后，因遭灾而重新改种和补种的农作物面积，也包括在内。它是反映我国耕地面积利用情况的一个重要指标。目前，农作物播种面积主要包括粮食、棉花、油料、糖料、麻类、烟叶、蔬菜和瓜类、药材和其它农作物九大类。

有效灌溉面积 指具有一定的水源，地块比较平整，灌溉工程或设备已经配套，在一般年景下当年能够进行正常灌溉的耕地面积。在一般情况下，有效灌溉面积应等于灌溉工程或设备已经配备，能够进行正常灌溉的水田和水浇地面积之和。它是反映我国耕地抗旱能力的一个重要指标。

农用化肥施用量 指本年内实际用于农业生产的化肥数量，包括氮肥、磷肥，钾肥和复合肥。化肥施用量要求按折纯量计算数量。折纯法化肥施用量是把氮肥、磷肥和钾肥分别按含氮、含五氧化二磷、含氧化钾的百分之一百成份折算后的数量。复合肥按其所含主要成分折算。公式为：

折纯量= 实物量×某种化肥有效成份含量的百分比

农业机械总动力 指主要用于农、林、牧、渔业的各种动力机械的动力总和。包括耕作机械、排灌机械、收获机械、农用运输机械、植物保护机械、牧业机械、林业机械、渔业机械和其他农业机械［内燃机按引擎马力折成瓦（特）计算，电动机按功率折成瓦（特）计算］。不包括专门用于乡、镇、村、组办工业、基本建设、非农业运输、科学试验和教学等非农业生产方面用的动力机械与作业机械。

乡村从业人员 指乡村人口中劳动年龄在16周岁以上实际参加生产经营活动并取得实物或货币收入的人员，包括劳动年龄内经常参加劳动的人员，也包括超过劳动年龄但经常参加劳动的人员，但不包括户口在家的在外学生、现役军人和丧失劳动能力的人，也不包括待业人员和家务劳动者。从业人员按从事主业时间最长（时间相同按收入）分为农业从业人员、工业从业人员、建筑业从业人员、交通运输业、仓储及邮电通信业从业人员、批零贸易及餐饮业从业人员、其他非农行业从业人员。

（五）

农民工

migrant worker

5-1 全市农民工数量（2013-2016年）
The Number of Migrant Workers（2013-2016）

	计量单位	2013年	2014年	2015年	2016年
一、全市农民工数量	**万人**	**748.8**	**746.0**	**729.1**	**736.7**
按农民工类型分					
1、举家外出的农村劳动力	万人	245.7	256.0	284.7	288.7
2、外出（乡外）务工或自营农民工	万人	357.5	345.9	299.4	280.7
3、乡内务工或自营农民工	万人	145.6	144.1	145.0	167.3
二、全市乡村劳动力数量	**万人**	**1328.8**	**1313.0**	**1309.2**	**1302.5**
农民工数量占比	%	56.4	56.8	55.7	56.6

说明：1、农民工是指户籍为本地农业户口，且在本年度从事非农务工或非农自营活动6个月及以上的农村劳动力。2、本表农民工数量是国家统计局反馈的推算数。3、抽样方法及样本量。对于举家外出的农户，采用整群抽样方法，全市抽取了160个调查小区，涉及2.9万个农户；对于没有举家外出的农户，采用与规模大小成比例的概率抽样方法，全市抽取了1560个农户。4、除本表外，本《年鉴》发布的有关农民工数据，农民工口径均未包括举家外出的农村劳动力。

5-2 农民工基本情况（2011-2016年）
Basic Conditions of Migrant Workers（2011-2016）

计量单位：%

	2011年	2012年	2013年	2014年	2015年	2016年
调查的农民工数量	**100.00**	**100.00**	**100.00**	**100.00**	**100.00**	**100.00**
一、按性别分						
男性	65.44	66.03	64.80	65.48	65.46	66.16
女性	34.56	33.97	35.20	34.52	34.54	33.84
二、按年龄分						
16-19岁	2.22	1.28	3.44	2.47	1.89	1.58
20-24岁	9.70	7.54	11.63	11.36	11.37	11.07
25-29岁	10.47	9.57	14.95	16.25	15.28	13.93
30-34岁	12.31	13.46	10.49	10.26	10.57	11.83
35-40岁	30.31	29.59	19.65	16.08	14.00	11.18
41-50岁	24.13	27.37	28.33	28.98	32.95	33.55
51-60岁	8.25	7.99	8.98	10.98	11.06	13.35
61-65岁	2.12	2.27	1.93	2.36	2.02	2.05
66岁及以上	0.48	0.94	0.60	1.26	0.86	1.46
三、按文化程度分						
未上过学	0.72	1.13	1.0	1.0	1.1	1.1
小学	15.25	14.50	15.5	16.5	14.1	12.5
初中	65.25	65.63	65.8	63.3	62.5	61.2
高中	15.73	15.19	13.9	14.8	16.4	18.4
大学专科	3.04	3.55	2.8	3.0	4.5	5.2
大学本科			0.9	1.4	1.3	1.7
研究生			0.1	0.0	0.1	0.0
四、接受技能培训情况						
接受过农业技术培训人数的占比	14.29	15.09	8.50	8.95	10.33	12.59
接受过非农技术培训人数的占比	27.46	29.78	33.27	23.60	26.47	27.22

5-3 农民工参加医疗保险和养老保险情况（2011-2016 年）

The Conditions of Participate in Medical Insurance and Pension Insurance of Migrant Workers(2011-2016)

计量单位：%

	2011 年	2012 年	2013 年	2014 年	2015 年	2016 年
调查的农民工数量	100.00	100.00	100.00	100.00	100.00	100.00
一、参加医疗保险的人数的占比						
1.新型农村合作医疗	95.08	94.58	92.59	93.25	91.87	91.28
2.城镇职工基本医疗保险	2.85	3.45	3.07	2.80	3.55	3.34
3.（城镇）居民基本医疗保险	0.00	0.00	2.95	3.46	3.73	4.74
4.公费医疗	0.00	0.00	0.06	0.05	0.00	0.00
5.商业医疗保险	0.34	0.44	0.12	0.05	0.24	0.29
6.其他医疗保险	0.24	0.30	0.36	0.38	0.61	0.35
7.没有参加任何医疗保险	1.64	1.48	1.08	0.38	0.31	0.12
二、参加养老保险的人数的占比						
1.新型农村社会养老保险	54.63	54.68	67.15	67.18	68.03	70.02
2.城镇职工基本养老保险	4.83	6.51	5.12	4.88	5.81	5.27
3.（城镇）居民社会养老保险	0.00	0.00	6.27	6.81	4.52	4.57
4.商业养老保险	2.46	2.42	0.96	0.88	1.28	1.00
5.其他养老保险	3.67	3.11	1.51	1.87	2.75	1.58
6.没有参加任何养老保险	34.51	33.33	19.35	18.77	17.97	17.62

5-4 农民工从业区域、从事行业和职业（2011-2016 年）
The Working Area ,Industry and Occupation of Migrant Workers（2011-2016）

计量单位：%

	2011 年	2012 年	2013 年	2014 年	2015 年	2016 年
调查的农民工数量	100.00	100.00	100.00	100.00	100.00	100.00
一、本年度主要从业区域的构成情况						
1.乡内	33.11	34.66	31.10	32.05	35.09	39.93
2.乡外县内	11.29	11.54	10.73	12.84	11.37	9.84
3.县外省内	13.75	12.23	19.41	19.87	18.77	19.56
4.省外国内	41.70	41.57	38.76	35.18	34.72	30.68
5.国外及港澳台地区	0.14	0.00	0.00	0.05	0.06	0.00
二、本年度从事主要行业的构成情况						
1.第一产业	0.48	0.20	0.24	0.22	0.00	0.23
（1）农、林、牧、渔业	0.48	0.20	0.24	0.22	0.00	0.23
2.第二产业	65.83	64.99	61.42	63.23	58.13	52.58
（2）采矿业	3.91	3.99	2.53	2.31	2.20	1.58
（3）制造业	33.59	31.16	25.74	25.80	25.79	23.48
（4）电力、热力、燃气及水的生产和供应业	1.11	1.04	2.23	2.03	1.28	1.23
（5）建筑业	27.22	28.80	30.92	33.10	28.85	26.29
3.第三产业	33.69	34.81	38.34	36.55	41.87	47.19
（6）批发和零售业	5.26	5.33	10.19	9.39	11.25	10.42
（7）交通运输、仓储和邮政业	0.97	1.58	5.06	4.94	6.17	6.44
（8）住宿和餐饮业	7.43	7.50	7.96	8.01	7.03	7.49
（9）信息传输、软件和信息技术服务业	6.18	6.80	2.05	1.48	1.28	1.76
（10）金融业	0.19	0.25	0.24	0.27	0.49	0.23
（11）房地产业	0.43	0.25	0.42	0.16	0.43	0.18
（12）租赁和商务服务业	0.72	0.79	1.39	1.15	0.79	1.76
（13）科学研究和技术服务	0.14	0.20	0.60	0.44	0.49	0.23
（14）水利、环境和公共设施管理业	0.05	0.05	0.18	0.27	0.18	0.47
（15）居民服务、修理和其他服务业	7.77	6.31	7.66	6.31	8.07	11.36
（16）教育	0.29	0.74	0.36	0.77	0.79	1.46
（17）卫生、社会工作	1.50	1.73	0.78	1.37	2.02	1.81
（18）文化、体育和娱乐业	0.53	1.04	0.48	0.55	0.86	1.05
（19）公共管理、社会保障和社会组织	2.22	2.27	0.96	1.43	2.02	2.52
（20）国际组织	0.00	0.00	0.00	0.00	0.00	0.00
三、本年度从事主要职业的构成情况						
1.企业负责人			0.54	0.93	0.49	1.05
2.专业技术人员			15.97	13.56	18.22	17.86
3.办事人员和有关人员			5.36	5.93	5.93	5.62
4.商业、服务业人员			20.92	16.85	18.77	17.27
5.农、林、牧、渔、水利业生产人员			0.96	1.37	0.61	1.70
6.生产、运输设备操作人员及有关人员			28.09	27.77	22.80	22.78
7.军人			0.06	0.11	0.12	0.18
8.不便分类的其他从业人员			28.09	33.48	33.07	33.55

说明：本表 2011 年和 2012 年无职业结构划分

5–5 农民工的从业类型、从业时间和收入（2011–2016 年）

Working type,Time and Income of Migrant Workers（2011–2016）

单位：个

	计量单位	2011 年	2012 年	2013 年	2014 年	2015 年	2016 年
调查的农民工数量		100.00	100.00	100.00	100.00	100.00	100.00
一、本年度本地务农							
1.农民工中从事过本地务农的人数占比	%	20.80	20.61	19.59	18.11	14.67	13.52
2.其人均本地务农时间	月	2.37	2.26	2.34	2.24	2.47	2.54
二、本年度本地非农自营							
1.农民工中从事过本地非农自营的人数占比	%	9.03	8.97	11.93	11.86	12.16	14.29
2.其人均非农自营时间	月	9.62	9.79	9.09	8.90	9.59	9.37
3.其人均非农自营收入	元	23676.91	29006.11	24138.77	27689.45	34260.43	35099.07
三、本年度本地非农务工							
1.农民工中从事过本地非农务工的人数占比	%	24.13	25.74	20.98	22.89	25.37	27.63
2.其人均非农务工时间	月	9.27	9.48	8.53	8.60	9.18	9.60
3.其人均非农务工收入	元	17207.80	19158.51	22961.87	26372.60	28627.98	33662.90
四、本年度外出务工							
1.农民工中从事过外出务工的人数占比	%			67.15	65.92	62.78	58.61
2.其人均外出务工时间	月			10.10	10.11	10.14	10.09
3.其人均外出务工收入	元			32154.92	36016.33	36832.92	38252.87
4.其人均寄带回金额	%			15231.94	17038.31	18929.95	21096.61
5.其人均生活消费总支出	元			9123.63	9282.73	10440.99	11115.43
五、本年度外出自营							
1.农民工中从事过外出自营的人数占比	%			1.99	2.41	2.14	1.87
2.其人均外出自营时间	月			10.77	10.09	10.21	9.84
3.其人均外出自营收入	元			48000.00	62090.91	42342.86	50750.00
4.其人均寄带回金额	%			14090.91	32618.18	21400.00	27093.75
5.其人均生活消费总支出	元			14333.33	15790.91	12714.29	13543.75
附记：本年度外出务工和自营							
1.农民工中从事过外出务工和自营的人数占比	%	66.8	65.3	69.1	68.3	64.9	60.5
2.其人均外出务工和自营时间	月	10.25	9.96	10.12	10.11	10.14	10.08
3.其人均外出务工和自营收入	元	24453.33	25892.79	32610.79	36937.84	37014.51	38640.00
4.其人均寄带回金额	%	11409.07	11925.37	15199.11	17588.92	19011.35	21282.39
5.其人均生活消费总支出	元	7121.23	7894.48	9273.51	9512.74	10515.91	11190.65

说明：2011–2012 年外出没有区分务工和自营，统一为外出从业

5-6 外出农民工从业地区（2011-2016年）
Working Area of Migrant Workers（2011-2016）

计量单位：%

	2011年	2012年	2013年	2014年	2015年	2016年
调查的外出农民工数量	100.00	100.00	100.00	100.00	100.00	100.00
一、外出从业区域						
(一）本省	37.40	36.40	43.70	47.98	46.42	48.93
1、乡外县内	16.82	17.60	15.50	18.77	17.42	16.08
2、县外省内	20.58	18.81	28.20	29.21	29.00	32.85
(二）省外	62.60	63.60	56.30	52.02	53.58	51.07
1、东部地区	50.61	48.64	47.11	42.31	43.03	38.50
北京	0.43	0.38	1.58	0.89	1.04	0.88
天津	0.36	0.23	0.26	0.16	0.09	0.00
河北	0.14	0.38	0.00	0.24	0.47	0.49
辽宁	0.14	0.08	0.79	0.16	0.38	0.19
上海	2.02	1.59	1.75	1.21	1.69	2.24
江苏	0.87	0.68	2.10	1.38	0.85	1.56
浙江	7.36	8.16	10.51	10.28	7.44	6.53
福建	9.24	8.76	8.93	6.23	10.83	6.73
山东	0.43	0.83	0.18	0.16	0.00	0.58
广东	29.53	27.49	20.84	21.12	20.15	19.20
海南	0.07	0.08	0.18	0.49	0.09	0.29
2、中部地区	3.39	3.25	1.75	2.10	2.26	2.14
山西	0.87	0.60	0.00	0.65	0.47	0.10
吉林	0.00	0.00	0.09	0.00	0.09	0.19
黑龙江	0.00	0.23	0.18	0.00	0.19	0.10
安徽	0.72	0.30	0.18	0.08	0.19	0.00
江西	0.22	0.15	0.00	0.16	0.47	0.19
河南	0.07	0.08	0.35	0.24	0.09	0.29
湖北	1.44	1.81	0.70	0.89	0.66	1.36
湖南	0.07	0.08	0.26	0.08	0.09	0.19
3、西部地区	8.38	11.71	7.44	7.52	8.19	9.94
内蒙古	0.22	0.23	0.44	0.24	0.19	0.10
广西	0.07	1.66	0.00	0.08	0.09	0.39
重庆	37.40	36.40	43.70	47.98	46.42	48.93
四川	2.89	3.93	2.54	2.51	3.30	4.00
贵州	1.16	0.45	0.70	0.65	0.38	1.27
云南	2.31	2.27	2.19	2.75	2.35	1.85
西藏	0.00	0.00	0.18	0.24	0.38	0.78
陕西	0.22	0.23	0.35	0.00	0.00	0.68
甘肃	0.14	0.23	0.00	0.00	0.19	0.00
青海	0.14	0.08	0.18	0.40	0.00	0.19
宁夏	0.22	0.08	0.00	0.00	0.09	0.00
新疆	1.01	2.57	0.88	0.65	1.22	0.68
4、其他地区	0.22	0.00	0.00	0.08	0.09	0.00
港澳台	0.22	0.00	0.00	0.00	0.00	0.00
国外	0.00	0.00	0.00	0.08	0.09	0.00
二、外出从业地区类型						
1.直辖市	22.96	20.09	28.02	23.38	24.86	27.10
2.省会城市	21.59	19.41	21.89	22.41	23.16	17.84
3.地级市	22.17	23.56	21.28	21.68	22.50	19.98
4.县市城区	23.75	25.23	23.38	21.93	20.72	23.39
5.建制镇	7.87	9.97	4.38	8.33	7.53	10.04
6.村委会	0.87	0.30	0.26	0.24	0.38	0.19
7.其他地区	0.79	1.44	0.79	2.02	0.85	1.46

5-7 外出农民工外出方式、工作变更及居住情况（2011-2016 年）
Conditions of Way Out,Job Change and House Situation Of Migrant Workers（2011-2016）

	计量单位	2011 年	2012 年	2013 年	2014 年	2015 年	2016 年
调查的外出农民工数量	%	100.00	100.00	100.00	100.00	100.00	100.00
一、外出方式构成							
1.政府（单位）组织	%	2.17	1.59	0.61	1.05	1.04	0.78
2.中介组织介绍	%	1.30	1.59	1.40	1.38	1.51	1.66
3.亲朋好友介绍	%	49.89	49.40	47.99	48.22	42.66	42.20
4.自发	%	43.54	44.03	47.90	45.23	50.66	51.95
5.其他	%	3.10	3.40	2.10	4.13	4.14	3.41
二、务工期间更换工作情况							
更换工作人数占外出农民工的比重	%			21.72	11.73	10.36	10.04
其人均更换工作的次数	次			1.50	1.73	1.58	1.89
三、外出从业住所类型构成							
1.单位宿舍	%	27.51	24.02	24.08	20.47	22.79	21.54
2.工地工棚	%	14.95	16.39	17.95	21.12	15.82	14.04
3.生产经营场所	%	3.47	4.53	6.04	5.26	4.24	6.04
4.与人合租住房	%	23.32	28.93	20.67	20.06	26.37	23.20
5.独立租赁住房	%	18.70	16.54	22.77	22.01	21.09	23.00
6.务工地自购房	%	1.08	1.28	1.75	1.54	1.79	1.95
7.乡外从业但回家居住（老家）	%	6.43	5.82	4.38	6.07	5.37	5.56
8.其他	%	4.55	2.49	2.36	3.48	2.54	4.68

说明：2011 年和 2012 年无务工期间更换工作情况相关数据

5-8 外出农民工从事行业与职业（2011-2016 年）
Industry and Occupation of Migrant Workers（2011-2016）

计量单位：%

	2011 年	2012 年	2013 年	2014 年	2015 年	2016 年
调查的外出农民工数量	100.00	100.00	100.00	100.00	100.00	100.00
一、本年度从事主要行业的构成情况						
1.第一产业	0.72	0.30	0.35	0.32	0.00	0.39
（1）农、林、牧、渔业	0.72	0.30	0.35	0.32	0.00	0.39
2.第二产业	71.12	71.60	69.35	70.87	68.36	63.26
（2）采矿业	2.45	2.04	1.58	2.18	1.41	1.46
（3）制造业	38.63	36.48	32.05	31.72	32.58	29.34
（4）电力、热力、燃气及水的生产和供应业	1.30	1.13	2.36	1.62	1.41	1.27
（5）建筑业	28.74	31.95	33.36	35.36	32.96	31.19
3.第三产业	28.16	28.10	30.30	28.80	31.64	36.35
（6）批发和零售业	3.90	4.38	5.78	5.34	6.31	5.46
（7）交通运输、仓储和邮政业	1.30	2.04	3.59	3.72	4.52	5.26
（8）住宿和餐饮业	3.39	3.70	7.18	8.58	7.34	7.02
（9）信息传输、软件和信息技术服务业	7.65	7.40	2.54	1.70	1.41	2.24
（10）金融业	0.14	0.30	0.35	0.24	0.56	0.29
（11）房地产业	0.58	0.38	0.61	0.24	0.47	0.29
（12）租赁和商务服务业	0.72	0.98	1.40	1.21	0.75	2.14
（13）科学研究和技术服务	0.22	0.30	0.61	0.40	0.47	0.29
（14）水利、环境和公共设施管理业	0.07	0.08	0.18	0.40	0.19	0.10
（15）居民服务、修理和其他服务业	7.87	5.66	7.01	5.26	6.40	9.94
（16）教育	0.07	0.30	0.00	0.40	0.47	0.68
（17）卫生、社会工作	0.87	0.68	0.44	0.57	1.22	0.97
（18）文化、体育和娱乐业	0.65	1.13	0.35	0.24	1.04	0.97
（19）公共管理、社会保障和社会组织	0.72	0.76	0.26	0.49	0.47	0.68
（20）国际组织	0.00	0.00	0.00	0.00	0.00	0.00
二、本年度从事主要职业的构成情况						
1.企业负责人			0.00	0.65	0.28	0.49
2.专业技术人员			17.95	14.00	20.43	21.25
3.办事人员和有关人员			5.78	5.34	5.84	4.39
4.商业、服务业人员			17.34	14.64	14.41	15.40
5.农、林、牧、渔、水利业生产人员			0.96	1.05	0.38	0.97
6.生产、运输设备操作人员及有关人员			30.39	30.34	25.05	23.68
7.军人			0.00	0.16	0.00	0.00
8.不便分类的其他从业人员			27.58	33.82	33.62	33.82

说明：本表 2011 年和 2012 年无职业结构划分

5-9 外出农民工从业时间与收入（2011-2016 年）
Employment Time and Income of Migrant Workers（2011-2016）

	计量单位	2011 年	2012 年	2013 年	2014 年	2015 年	2016 年
调查的外出农民工数量	%	100.00	100.00	100.00	100.00	100.00	100.00
一、按从事当前工作的时间长度分							
1 年以下	%	22.89	4.38	17.34	15.94	8.85	12.67
1-2 年	%	21.66	26.51	12.78	13.35	16.85	15.50
2-5 年	%	31.48	42.82	39.58	35.76	32.96	40.35
5 年及以上	%	23.97	26.28	30.30	34.95	41.34	31.48
二、按每月平均工作的天数分							
15 天以下	%			1.05	1.38	0.75	1.66
15-22 天	%			21.72	24.43	24.58	20.47
22-26 天	%			46.76	45.23	52.07	54.00
26 天以上	%			30.47	28.96	22.60	23.88
三、按每天平均工作的小时数分							
不到 6 小时	%	0.29	0.23	0.09	0.16	0.28	0.19
6-8 小时	%	0.65	0.91	1.49	1.29	1.41	2.73
8-10 小时	%	67.51	69.03	67.08	66.02	73.92	69.98
其中：8 小时	%	56.39	56.72	45.97	45.79	57.72	50.97
10-12 小时	%	27.22	26.13	28.55	30.34	22.79	24.85
12 小时及以上	%	4.33	3.70	2.80	2.18	1.60	2.24
四、按每月平均收入分							
800 元以下	%			0.09	0.00	0.00	0.00
800-1000 元	%			0.35	0.00	0.00	0.00
1000-1500 元	%			3.85	0.32	0.56	0.39
1500-2000 元	%			8.49	3.64	3.30	3.02
2000-3000 元	%			39.32	27.35	22.69	19.49
3000-5000 元	%			42.64	59.55	58.19	58.67
5000 元及以上	%			5.25	9.14	15.25	18.42
附记：							
人均从事当前工作的时间长度	年	3.69	4.38	4.71	4.91	5.06	4.94
人均每月工作的天数	日	24.81	24.72	24.85	24.65	24.43	24.56
人均每天工作的时间长度	小时	8.84	8.79	8.88	8.88	8.65	8.75
人均月收入	元	2296.83	2508.96	2898.30	3331.51	3575.62	3761.93

5-10 外出农民工的社会保障与福利情况（2011-2016 年）
Conditions of Social Security and Welfare of Migrant Workers（2011-2016）

	计量单位	2011 年	2012 年	2013 年	2014 年	2015 年	2016 年
调查的外出农民工数量	%	100.00	100.00	100.00	100.00	100.00	100.00
一、按从业的劳动关系分							
1、无固定期限劳动合同工	%	16.75	16.92	15.06	13.83	15.63	14.52
2、一年及以上劳动合同工	%	23.61	15.86	19.61	17.15	17.33	19.30
3、一年以下劳动合同工	%	5.13	3.93	3.42	2.75	2.82	3.22
4、没有劳动合同	%	49.60	57.55	56.65	58.33	57.72	56.24
5、自营	%	3.18	3.02	3.06	4.69	5.18	5.46
6、其他	%	1.73	2.72	2.19	3.24	1.32	1.27
二、缴纳五险一金的人数占比							
1、缴纳养老保险	%	14.44	10.80	13.05	12.54	16.48	13.16
2、缴纳工伤保险	%	25.92	18.13	30.12	26.29	25.52	22.81
3、缴纳医疗保险	%	22.67	12.69	16.55	15.78	16.85	12.87
4、缴纳失业保险	%	7.65	6.34	8.23	7.44	11.68	9.65
5、缴纳生育保险	%	4.98	4.46	4.73	5.10	9.04	6.73
6、缴纳住房公积金	%	4.48	3.63	3.24	2.75	4.14	3.51
三、按单位或雇主提供伙食情况分							
1、每天提供三顿	%	23.54	14.50	13.49	13.53	16.52	17.35
2、每天提供两顿	%	11.54	9.62	13.22	11.78	12.29	11.81
3、每天提供一顿	%	14.58	19.07	15.06	15.20	15.01	16.72
4、不提供，但补贴部分伙食费	%	9.19	9.13	7.76	7.82	9.97	6.37
5、不提供，也没有补贴	%	41.15	47.68	50.46	51.67	46.22	47.75
四、按单位或雇主提供住宿情况分							
1、提供住宿	%	45.71	45.59	45.84	43.67	40.08	40.75
2、不提供住宿，但住房有补贴	%	14.65	11.94	13.96	15.03	15.71	12.64
3、不提供住宿，也没有住房补贴	%	39.64	42.47	40.20	41.30	44.21	46.60
五、单位或雇主拖欠工资情况							
1、被拖欠工资人数	%	0.23	0.08	0.28	0.00	0.60	0.58
2、其人均被拖欠工资的金额	元			3333		17500	8300

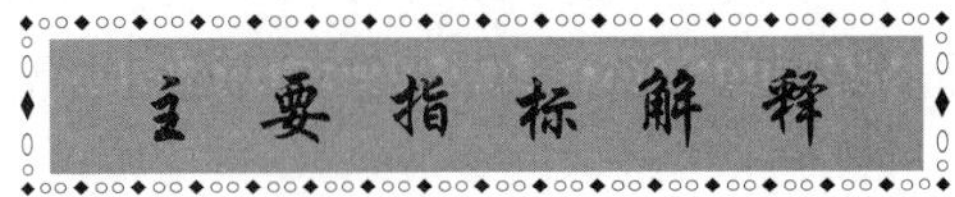

主要指标解释

农民工　农民工是指户口性质为本乡农业户籍，在本年度内，在本乡或本乡外从事非农活动（非农自营和务工）6个月及以上的农村劳动力。举家外出的农村劳动力和在乡外从事农业务工的农村劳动力也视为农民工。

（六）

规下企业

Enterprises below Designated Size

6-1 规模以下工业主要统计指标（1998–2016 年）
Main Indicators of Industrial Enterprises below Designated Size（1998–2016）

年份 Year	调查单位数（个）Number of Enterprises Surveyed（unit）	年末全部从业人员（人）Number of Employees at Year-end（person）	工业总产值 Gross Industrial Output Value		工业增加值 Value-added of Industry	
			数量（万元）Value（10 000yuan）	指数（上年=100）Index（preceding Year=100）	数量（万元）Value（10 000yuan）	指数（上年=100）Index（preceding Year=100）
1998	93322	1020723	3193723			
1999	79760	1036569	3740350	117.1		
2000	76406	1083894	4431557	118.5		
2001	93847	1097705	5086780	114.8		
2002	104366	1196461	5827373	114.6		
2003	109318	1111697	6700000	115.0		
2004	106667	1004140	7235161	108.0	2295716	104.1
2005	107709	978342	8097972	111.7	3061400	109.7
2006	87253	951360	9232549	114.3	3059200	111.9
2007	93488	980967	10208150	119.4	3381960	115.1
2008	97893	1051453	12037818	124.3	3988129	113.2
2009	101262	868190	11638868	109.6	3856876	112.3
2010	106112	882216	12444614	117.2	4123274	112.5
2011	97592	1031747	18833847	122.7	6239653	115.5
2012	116850	1093981	21542790	111.3	7137126	111.1
2013	120087	1121986	25476535	109.5	8440376	110.9
2014	143433	1181061	27979021	110.1	9269450	111.1
2015	92554	683378	13870991	107.4	4595459	109.2
2016	109324	714461	14575149	106.8	4828747	109.5

注：1、工业总产值指数按现价计算,工业增加值指数按可比价计算。
2、2008 年数据为经济普查数据。
3、2015 年起数据为样本轮换后数据。

Note:1. Gross output value index of industry is calculated at current price, whereas value–added of industry index is calculated at constant price.
2. The data of 2008 refers to data of Economic Census（2008）.
3. The data after 2015 refers to data after sample rotation.

6-2 规模以下工业产值构成（1998-2016 年）
Gross Output Value's Composition of Industrial Enterprises below Designated Size（1998-2016）

年份 Year	工业总产值（万元） Gross Industrial Output Value（10 000yuan）	工业企业 Industrial Enterprises		个体工业 Individually-owned Industrial Enterprises	
		产值（万元） Output Value （10 000yuan）	比重（%） Proportion（%）	产值（万元） Output Value （10 000yuan）	比重（%） Proportion（%）
1998	3193723	1795121	56.2	1398602	43.8
1999	3740350	1941459	51.9	1798891	48.1
2000	4431557	1975110	44.6	2456447	55.4
2001	5086780	2177829	42.8	2908951	57.2
2002	5827373	2390392	41.0	3436981	59.0
2003	6700000	3000000	44.8	3700000	55.2
2004	7235161	3416227	47.2	3818934	52.8
2005	8097972	4212443	52.0	3885529	48.0
2006	9232549	5805565	62.9	3426984	37.1
2007	10208150	6512135	63.8	3696015	36.2
2008	12037818	8603051	71.5	3434767	28.5
2009	11638868	8403722	72.2	3235146	27.8
2010	12444614	8559626	68.8	3884988	31.2
2011	18833847	14487787	76.9	4346060	23.1
2012	21542790	17094709	79.4	4448081	20.6
2013	25476535	20734313	81.4	4742222	18.6
2014	27979021	22767279	81.4	5211742	18.6
2015	13870991	11286825	81.4	2584166	18.6
2016	14575149	11858341	81.4	2716808	18.6

注：1、2008 年数据为经济普查数据。
2、2015 年起数据为样本轮换后数据。
Note:1.The data of 2008 refers to data of Economic Census（2008）.
2.The data after 2015 refers to data after sample rotation.

6-3 规模以下工业企业主要统计指标（1998-2016 年）
Main Indicators of Industrial Enterprises below Designated Size（1998-2016）

年份 Year	调查单位数（个） Number of Enterprises Surveyed（unit）	年末全部从业人员（人） Number of Employees at Year-end （person）	工业总产值（万元） Gross Industrial Output Value （10 000yuan）	主营业务收入（万元） The Main Business Income （10 000yuan）
1998	17718	629753	1795121	1674177
1999	17023	595196	1941459	1801190
2000	14064	462381	1975110	1925917
2001	14159	505092	2177829	2053561
2002	14116	479715	2390392	2200729
2003	16838	506457	3000000	2860000
2004	16714	485834	3416227	3316829
2005	18324	519559	4212443	3989797
2006	17532	601729	5805565	5634957
2007	17899	580818	6512135	6244825
2008	27361	657153	8603051	8463128
2009	21372	482544	8403722	8247589
2010	22491	421242	8559626	8400115
2011	32680	732960	14487787	14268846
2012	38440	757639	17094709	16925454
2013	41347	773430	20734313	20529023
2014	46761	825573	22767279	22541860
2015	33695	453987	11286825	11175073
2016	41196	453890	11858341	11740932

注：1、本表中工资总额 1998—2006 年的统计口径为货币工资和收入、实物收入以及由企业为劳动者个人支付的社会保险费；2007 年的统计口径为货币工资和收入、实物收入，不包括企业为劳动者支付的社会保险；2011-2016 年工资总额指的是应付职工薪酬（贷方累计发生额）。

2、2008 年数据为经济普查数据。

3、2015 年数据为样本轮换后数据。

Note: 1.Total Wages in the table contains monetary wages and income, natural income, and social insurance premium paid by the company during 1998-2006, while after 2007 it contains monetary wages and income, natural income without social insurance premium paid by the company; during 2011-2016 it is employee compensation payable（credit cumulative amount）.

2.The data of 2008 refers to data of Economic Census（2008）.

3.The data of 2015 refers to data after sample rotation.

6-3 规模以下工业企业主要统计指标（1998-2016 年）
Main Indicators of Industrial Enterprises below Designated Size（1998-2016）

续表（continued）

年份 Year	税金总额（万元） Total Taxes （10 000yuan）	#所得税（万元） Income Tax （10 000yuan）	营业利润（万元） Business Profits （10 000yuan）	工资总额（万元） Total Wages （10 000yuan）	折旧（万元） Depreciation （10 000yuan）
1998	110571	53586	11872	128381	85369
1999	89110	8713	24741	228712	76666
2000	105899	15769	-3371	301599	111428
2001	145905	22162	-2294	356405	143344
2002	153293	8669	46345	331481	86714
2003	107000	17700	66200	308000	76600
2004	285606	10321	111371	432442	92129
2005	301188	17718	168400	483975	140848
2006	288510	40094	408206	674731	204503
2007	352932	46888	461819	773570	244678
2008			1286653	1139369	349307
2009	205400	19808	374943	1131059	267935
2010	292218	46381	905838	743884	207213
2011	990435	358530	1760803	1615186	558486
2012	939805	286059	2188213	2100720	661881
2013	1011704	129317	2415750	2546493	763550
2014	909857	114414	2500080	2673555	1077935
2015	336319	33113	1196583	1353047	554396
2016	373190	56592	1192781	1455601	554173

注：1、本表中工资总额 1998—2006 年的统计口径为货币工资和收入、实物收入以及由企业为劳动者个人支付的社会保险费；2007 年的统计口径为货币工资和收入、实物收入，不包括企业为劳动者支付的社会保险；2011-2016 年工资总额指的是应付职工薪酬（贷方累计发生额）。

2、2008 年数据为经济普查数据。

3、2015 年数据为样本轮换后数据。

Note: 1.Total Wages in the table contains monetary wages and income, natural income, and social insurance premium paid by the company during 1998-2006, while after 2007 it contains monetary wages and income, natural income without social insurance premium paid by the company; during 2011-2016 it is employee compensation payable（credit cumulative amount）.

2.The data of 2008 refers to data of Economic Census（2008）.

3.The data of 2015 refers to data after sample rotation.

6-4 个体经营工业主要统计指标（1998-2016 年）
Main Indicators of Individually-owned Industrial Enterprises（1998-2016）

年份 Year	单位数（个） Number of Enterprises（unit）	年末全部从业人员（人） Number of Employees at Year-end（person）	营业收入（万元） Business Income（10 000yuan）
1998	75604	390970	1398602
1999	62737	441373	1798891
2000	62342	621513	2456447
2001	79688	592613	2908951
2002	90250	716746	3436981
2003	92480	605240	3700000
2004	89953	518305	3818934
2005	89385	458783	3885529
2006	69721	348641	3426984
2007	75589	400149	3696015
2008	70532	394300	3434767
2009	79890	385646	3244853
2010	83621	460974	3884988
2011	64912	298787	4346060
2012	78410	336342	4404041
2013	78740	348556	4695270
2014	96672	355488	5160141
2015	58859	229391	2558580
2016	68128	260571	2689909

注：2015 年起数据为样本轮换后数据。
Note：The data after 2015 refers to data after sample rotation.

6-5 各区县规模以下工业增加值（2016 年）
Value-added of Industry below Designated Size by Region（2016）

地区	Region	工业增加值（万元） Value-added of Industry (10 000 yuan)	不变价速度（%） Index of Constant Price (preceding year=100)
重庆市	**Chongqing**	**4828747**	**9.5**
万州区	Wanzhou District	164295	10.3
涪陵区	Fuling District	135734	12.0
渝中区	Yuzhong District	8589	2.1
大渡口区	Dadukou District	51363	5.7
江北区	Jiangbei District	22260	1.9
沙坪坝区	Shapingba District	222112	6.0
九龙坡区	Jiulongpo District	145528	0.1
南岸区	Nan'an District	67603	7.1
北碚区	Beibei District	115746	4.6
綦江区	Qijiang District	112112	8.3
大足区	Dazu District	312049	11.1
渝北区	Yubei District	89635	7.0
巴南区	Ba'nan District	349349	8.0
黔江区	Qianjiang District	34058	10.4
长寿区	Changshou District	60303	11.6
江津区	Jiangjin District	236212	12.3
合川区	Hechuan District	245095	11.7
永川区	Yongchuan District	109012	12.2
南川区	Nanchuan District	98821	11.5
璧山区	Bishan District	331065	12.2
铜梁区	Tongliang District	325854	9.8
潼南区	Tongnan District	272284	12.1
荣昌区	Rongchang District	78362	11.0
开州区	Kaizhou District	117884	9.6
梁平区	Liangping District	126149	9.6
武隆区	Wulong District	45695	11.0
城口县	Chengkou County	10460	9.5
丰都县	Fengdu County	60947	9.3
垫江县	Dianjiang County	205528	10.0
忠　县	Zhongxian County	133179	9.9
云阳县	Yunyang County	176930	9.7
奉节县	Fengjie County	37073	9.8
巫山县	Wushan County	30840	8.8
巫溪县	Wuxi County	8195	8.3
石柱县	Shizhu County	97687	10.7
秀山县	Xiushan County	113182	10.9
酉阳县	Youyang County	52970	10.6
彭水县	Pengshui County	24626	7.6

6-6 各区县规模以下工业企业增加值（2016 年）
Value-added of Industrial Enterprises below Designated Size by Region (2016)

地区	Region	工业增加值（万元） Value-added of Industry (10 000 yuan)	不变价速度（%） Index of Constant Price (preceding year=100)
重庆市	**Chongqing**	**3928668**	**10.0**
万州区	Wanzhou District	121256	11.2
涪陵区	Fuling District	91530	13.1
渝中区	Yuzhong District	8589	2.1
大渡口区	Dadukou District	50465	5.7
江北区	Jiangbei District	22185	1.9
沙坪坝区	Shapingba District	202880	6.0
九龙坡区	Jiulongpo District	129572	0.0
南岸区	Nan'an District	60735	7.2
北碚区	Beibei District	112512	4.6
綦江区	Qijiang District	108140	8.4
大足区	Dazu District	300123	11.1
渝北区	Yubei District	83331	7.8
巴南区	Ba'nan District	304202	8.2
黔江区	Qianjiang District	16400	12.3
长寿区	Changshou District	59457	11.8
江津区	Jiangjin District	205860	12.6
合川区	Hechuan District	228186	12.1
永川区	Yongchuan District	91127	13.1
南川区	Nanchuan District	93323	11.6
璧山区	Bishan District	239177	13.3
铜梁区	Tongliang District	300373	9.9
潼南区	Tongnan District	222620	12.6
荣昌区	Rongchang District	68845	11.4
开州区	Kaizhou District	95740	9.7
梁平区	Liangping District	92285	10.4
武隆区	Wulong District	40373	11.2
城口县	Chengkou County	7819	10.8
丰都县	Fengdu County	53368	9.5
垫江县	Dianjiang County	191653	10.4
忠　县	Zhongxian County	95780	10.8
云阳县	Yunyang County	102723	10.7
奉节县	Fengjie County	20403	11.5
巫山县	Wushan County	27704	9.0
巫溪县	Wuxi County	6261	9.0
石柱县	Shizhu County	78569	11.3
秀山县	Xiushan County	59205	12.8
酉阳县	Youyang County	37446	11.9
彭水县	Pengshui County	18528	8.0

6-7 规模以下工业企业不同观察指标综合经营景气指数（2012-2016 年）
Business Survey Index of Industrial Enterprises below Designated Size（2012-2016）

季度	Quarter	企业景气指数 Business Survey Index	企业家信心指数 Entrepreneur Expectation Index	流动资金 Circulating Funds	企业融资 Fundraising	劳动力需求 Labor Demand
2012 年 1 季度	1st. Quarter Of 2012	114.5		70.6	70.3	81.2
2012 年 2 季度	2nd. Quarter Of 2012	109.5		69.3	71.0	80.1
2012 年 3 季度	3rd. Quarter Of 2012	107.8		67.7	70.8	81.6
2012 年 4 季度	4th. Quarter Of 2012	97.1	95.4	69.4	75.6	87.0
2013 年 1 季度	1st. Quarter Of 2013	108.2	113.8	71.3	76.7	85.8
2013 年 2 季度	2nd. Quarter Of 2013	104.1	106.6	71.6	77.4	87.9
2013 年 3 季度	3rd. Quarter Of 2013	105.1	107.3	70.6	76.0	87.9
2013 年 4 季度	4th. Quarter Of 2013	101.8	97.3	71.6	73.4	87.4
2014 年 1 季度	1st. Quarter Of 2014	108.5	111.1	75.8	80.7	89.6
2014 年 2 季度	2nd. Quarter Of 2014	109.8	104.7	77.4	82.8	83.2
2014 年 3 季度	3rd. Quarter Of 2014	107.9	99.4	75.0	81.1	85.3
2014 年 4 季度	4th. Quarter Of 2014	106.0	94.4	71.9	79.1	90.8
2015 年 1 季度	1st. Quarter Of 2015	101.4	108.3	75.8	88.7	94.7
2015 年 2 季度	2nd. Quarter Of 2015	105.1	104.0	76.5	88.1	99.8
2015 年 3 季度	3rd. Quarter Of 2015	104.0	102.6	75.4	88.8	106.5
2015 年 4 季度	4th. Quarter Of 2015	103.5	92.0	76.2	89.0	105.0
2016 年 1 季度	1st. Quarter Of 2016	105.8	103.6	80.9	89.8	83.8
2016 年 2 季度	2nd. Quarter Of 2016	105.2	95.7	84.0	91.3	71.0
2016 年 3 季度	3rd. Quarter Of 2016	108.0	98.7	84.4	91.4	68.6
2016 年 4 季度	4th. Quarter Of 2016	106.4	91.6	86.5	92.1	71.3

6-8 规模以下服务业企业主要统计指标（2016 年）
Main Indicators of Services Enterprises below Designated Size（2016）

指 标 名 称	计量单位	2016 年	增长速度%
1.企业数	个	72068	5.0
2.营业收入	万元	7394083	10.9
3.营业成本	万元	4133148	11.1
4.营业税金及附加	万元	194987	-4.5
5.销售费用	万元	547932	25.6
6.管理费用	万元	1214133	5.8
7.财务费用	万元	98175	-1.2
8.营业利润	万元	770363	1.9
9.利润总额	万元	811690	0.2
10.应付职工薪酬	万元	2000157	11.3
11.应交增值税	万元	123217	32.7
12.从业人员平均人数	人	623682	7.1

主要指标解释

工业 指从事自然资源的开采，对采掘品和农产品进行加工和再加工的物质生产部门。具体包括：（1）对自然资源的开采，如采矿、晒盐、森林采伐等（不包括禽兽捕猎和水产捕捞）；（2）对农副产品的加工、再加工，如粮油加工、食品加工、轧花、缫丝、纺织、制革等；（3）对采掘品的加工、再加工，如炼铁、炼钢、化工生产、石油加工、机器制造、木材加工等，以及电力、自来水、煤气的生产和供应等；（4）对工业品的修理、翻新，如机器设备的修理、交通运输工具（包括小卧车）的修理等。

工业企业 必须同时具备下列条件：有固定或相对固定的生产组织、场所、设备和从事工业生产的人员；常年从事工业生产活动，或全年开工三个月以上的季节性工业生产活动；能够同农业及其他生产行业分开核算（会计上独立核算）；向当地工商行政管理部门领取了营业执照。

个体工业单位 生产资料归劳动者个人所有，以个体劳动为基础，从事工业生产活动，劳动成果归劳动者个人占有和支配的一种经营单位。包括：（1）按照《民法通则》和《城乡个体工商户管理暂行条例》规定经各级工商行政管理机关登记注册、领取《营业执照》的个体工业户。具体是指公民在法律允许范围内，依法经核准登记，从事工业活动的个体劳动者。（2）没有领取《营业执照》但实际从事工业生产活动的城镇、农村个体经营单位。但不包括农民家庭以辅助劳力或利用农闲时间进行的一些兼营性的工业、商业及其它活动。

工业总产值 以货币形式表现的，工业企业或个体经营单位在报告期内生产的工业最终产品或提供工业性服务的总价值量。工业总产值的内容包括三部分：生产的成品价值、对外加工费收入、自制半成品在制品期末期初差额价值。（1）成品价值：指企业或个体经营单位在本年内生产，并在本年内不再进行加工，经检验合格、包装入库的已经销售和准备销售的全部工业成品（包括半成品）价值合计。成品价值中包括企业生产的自制设备及提供给本企业在建工程、其他非工业部门和生活福利部门等单位使用的成品价值，但不包括用订货者来料加工的成品（半成品）价值。（2）对外加工费收入：指企业在本年内完成的对外承做的工业品加工（包括用订货者来料加工生产）的加工费收入和对外工业品修理作业所收取的加工费收入。对外加工费收入按不含应交增值税（销项税额）的价格计算，可根据会计“产品销售收入”科目的有关资料取得。对于以对外加工生产为主，对外加工费收入所占比重较大的企业，如果对外加工费收入出现跨年度支付的情况，为保证总产值生产口径计算的准确性，则应将对外加工费收入按实际情况调整，记录本年应实际收取的对外加工费收入。（3）自制半成品在制品期末期初差额价值。自制半成品在制品期末期初差额价值等于自制半成品在制品期末价值减去期初价值后的余额，如果期末价值小于期初价值，该指标为负值，企业在计算产值时，应按负值计算，不能作为零处理。

工业增加值 指工业企业在报告期内以货币形式表现的工业生产活动的最终成果，是企业全部生产活动的总成果扣除了在生产过程中消耗或转移的物质产品和劳务价值后的余额，是企业生产过程中新增加的价值。

主营业务收入 指企业确认的销售商品、提供劳务等主营业务的收入。根据会计“主营业务收入”科目的期末贷方余额填报。执行2006年《企业会计准则》的企业，如未设置该科目，以“营业收入”代替填报。

税金总额 指企业报告期内应交纳的各种税金总和，包括产品销售税金及附加（城市维护建设税、消费税、资源税、营业税和教育费附加）、增值税、所得税、以及房产税、印花税、车船使用税和土地使用税等。

所得税 指企业按税法规定，应从生产经营等活动的所得中缴纳的税金。根据会计“利润表”中“所得税”项目的本期金额数填报。

营业利润 指企业从事生产经营活动所取得的利润，即主营业务收入减主营业务成本和主营业务税金及附加，加其他业务利润，减去营业费用、管理费用、财务费用后的金额。本指标根据会计“利润表”中对应指标的“本年累计数”填列。

本年折旧 指企业在报告期内提取的固定资产折旧合计数。根据会计“财务状况变动表”中“固定资产折旧”项的数值填报。若企业执行2001年《企业会计制度》，根据会计核算中《资产减值准备、投资及固定资产情况表》内“当年计提的固定资产折旧总额”项本年增加数填报。

应付职工薪酬（贷方累计发生额） 指企业为获得职工提供的服务而给予各种形式的报酬以及其他相关支出。包括职工工资、奖金、津贴和补贴，职工福利费，医疗保险费、养老保险费、失业保险费、工伤保险费和生育保险费等社会保险费，住房公积金，工会经费和职工教育经费，非货币性福利，因解除与职工的劳动关系给予的补偿，其他与获得职工提供的服务相关的支出。执行2006年《企业会计准则》的企业，根据会计科目“应付职工薪酬”的本年贷方累计发生额填报；未执行2006年《企业会计准则》的企业，应将本年上述职工薪酬包含的科目归并填报。

从业人员期末人数 指在本单位工作，取得工资或其他形式劳动报酬的期末实有人员数，是在岗职工、劳务派遣人员及其他从业人员期末人数之和。不包括离开本单位仍保留劳动关系的职工。